Getrude Aretz (Hrsg.)

Napoleon I - Briefe an Frauen

Aretz, Getrude (Hrsg.): Napoleon I – Briefe an Frauen
Hamburg, SEVERUS Verlag 2013
Nachdruck der Originalausgabe, Leipzig, Wien 1938

ISBN: 978-3-86347-490-4
Druck: SEVERUS Verlag, Hamburg, 2013

Bibliografische Information der Deutschen Nationalbibliothek:
Die Deutsche Nationalbibliothek verzeichnet diese Publikation in der
Deutschen Nationalbibliografie; detaillierte bibliografische Daten sind
im Internet über http://dnb.d-nb.de abrufbar.

© **SEVERUS Verlag**
http://www.severus-verlag.de, Hamburg 2013
Printed in Germany
Alle Rechte vorbehalten.

Der SEVERUS Verlag übernimmt keine juristische Verantwortung
oder irgendeine Haftung für evtl. fehlerhafte Angaben und deren
Folgen.

seVerus
Verlag

NAPOLEON ALS JUNGER OFFIZIER
Nach einem Gemälde von Philippoteaux

Vorwort

Napoleon war bekanntlich ein außerordentlich eifriger Briefschreiber, das heißt, er diktierte oft an einem einzigen Tage 15—20 Briefe. Seitdem er zur Macht gelangt war, schrieb er nur selten eigenhändig. Seine gesamte Korrespondenz wird auf 70.000 bis 80.000 Briefe angegeben, die noch zum Teil in ausländischen Archiven und in Privatsammlungen verstreut sind, denn die von Napoleon III. herausgegebene „Correspondance de Napoleon Ier", die in den Jahren 1858 bis 1870 in 32 Bänden erschien, enthält zwar den größten Teil, aber nicht alle Briefe, die Napoleon schrieb. Ebenso verhält es sich mit den verschiedenen ergänzenden Briefsammlungen, die später von Baron Du Casse, Léon Lecestre, Léonce de Brotonne, de Grouchy, Pélissier usw. herausgegeben wurden. (Siehe Quellenangabe am Schlusse des Bandes.

Unter dieser ungeheuren Zahl Briefe militärischen, politischen, diplomatischen, privaten Inhalts sind einige Hundert an Frauen gerichtet. Es sind keine Liebesbriefe. Die schrieb er ausschließlich an Josephine, manchmal an Marie Louise und einige an die Freundin und Geliebte, die Gräfin Marie Walewska. Es gibt indes unzählige andere Briefe Napoleons an Frauen seiner Kreise, Freunde wie Feinde. Er schrieb an die Mutter, an die Frauen seiner harten Jugend, Madame Permon, Madame Clary, an seine drei Schwestern, Elisa, Pauline und Karoline. An die Frauen seines Aufstieges, die beiden Adoptivtöchter Hortense und Stephanie de Beauharnais. An die Königinnen und Fürstinnen, denen er Throne und Reiche nahm oder schenkte: Marie Karoline von Neapel, Marie Louise von Etrurien, die Königinnen von Spanien, von Bayern, die Königin Luise von Preußen, Großherzogin Luise von Weimar. Ferner an seine königliche Schwiegertochter, Auguste von Bayern, und seine Schwägerin Katharina von Württemberg. An die

Fürstin Hatzfeld, die Prinzessin Ferdinand von Preußen, die Frauen seiner Marschälle und Generale. Alle diese Briefe sind in *deutscher Bearbeitung bisher unbekannt* und auch den Franzosen nur in wissenschaftlichen Sammlungen oder den Gelehrten in Archiven und Privatsammlungen zugänglich. Ich habe sie hier zum erstenmal mit den Briefen an Josephine geschlossen herausgegeben, denn gerade diese, an so verschiedene Frauen gerichteten Briefe sind es, die uns den Menschen Napoleon in seiner ganzen Entwicklung, von seiner Jugend bis zu seinem Sturz von der Höhe nahebringen. *Es sind Dokumente, die das Leben geschrieben,* das Leben eines Mannes, das von Leidenschaften, Stürmen, politischen und seelischen, geschüttelt wird, in dem der Herrscher- und Machtgedanke schon im Knaben gärt, im Jüngling weiterschreitet und im Mann zum vollen Ausdruck kommt. Daneben aber verzehrt den Mann der Tat und des Willens die Liebe und Leidenschaft zur Frau, stehen Weichheit und Güte eines Vaters, die Besorgtheit eines im Familienglück schwelgenden Gatten, die Achtung und Verehrung für die Mutter, brüderliche Zuneigung oder auch Bevormundung für die eigenwilligen Schwestern, und die unerschütterlichen Gefühle des Freundes, der nie im Unglück und in der Not versagt.

Diese Briefe Napoleons an Frauen sind meist aufs engste mit seinen Staatshandlungen, seinen Taten auf den verschiedensten Kriegsschauplätzen, seiner Politik verknüpft. Daher sind sie in der Gesamtheit und Geschlossenheit der Spiegel des Herrscher- und Menschendaseins Napoleons, wie ihn keine Biographie besser vor Augen führen kann. Von den Jugendbriefen an die Mutter angefangen bis zu dem letzten Verzweiflungsschrei des Verlassenen, vom Unglück Geschlagenen, nach dem Liebsten, was er besitzt, nach Frau und Kind sich Sehnenden, sind diese Briefe erstaunlich in ihren Gefühlen, in ihrer Sprache, ihren Gedanken. Das interessanteste Gemisch von aufwühlenden Leidenschaften, wahrem inneren Empfinden und von unbeugsamem Herrenmenschentum, ehrgeizigem Streben nach Macht und Größe, das keine Hindernisse kennt.

Napoleons ganzes Leben, sein unermeßliches Glück und die gewaltige Tragik seines Schicksals liegen in diesen persönlichen Niederschriften. Wir sehen ihn als sechzehnjährigen Jüngling, als er die ersten Briefe an die Mutter schreibt, in seiner erstaunlichen Intelligenz und Entwicklung. Wir sehen ihn als armen korsischen Offizier in Paris im Kampfe ums Dasein ringen. Wir folgen ihm nach Toulon, bis zum 13. Vendémiaire, dem Beginne seines Ruhmes und seines Aufstieges, wie er dazu beiträgt, das neue Europa mit aufzubauen. Wir begleiten ihn in den Briefen an Josephine nach Italien. Wir erfahren aus ihnen den Siegesjubel über die glänzenden Erfolge des kaum 26jährigen Generals bei Montenotte, Millesimo, Lodi, Arcole. Wir hören denselben Mann, der von einem Schlachtfeld zum andern eilt, der Tausende und aber Tausende junger Menschen hinmorden sieht, der Elend, Greuel, Schreckenstaten täglich erlebt, durch das stärkste der Gefühle, die Liebe, hingerissen, von wahnsinniger Sehnsucht, maßlosem Trennungsleid und quälender Eifersucht gepackt, schmachten nach der Einzigen, Unvergleichlichen, nach Josephine, für die er einmal sogar nahe daran ist, seine ganze Karriere hinzuwerfen. Zu ihr eilen, sie umschlingen, sie zu sehen, das ist sein einziger Gedanke. Und doch erfahren wir gerade aus diesen von Leidenschaft durchglühten Briefen das meiste über seine militärischen Operationen im Feldzug von Italien. Es ist, als läsen wir mitunter ein Tagebuch aus dem Felde.

Der Kampf mit seinen ärgsten Feinden, den Engländern, beginnt schon früh. Die Fürsten auf den europäischen Thronen glauben im Schutze des machtvollen Inselreiches sich ungestraft ihren politischen Intrigen gegen den kleinen „korsischen Usurpator" hinzugeben, der bereits beginnt, nach der Weltmacht zu zielen. Unter ihnen ist die Tochter Maria Theresias, die kluge, aber gefährliche Königin Marie Karoline von Neapel die ärgste. Napoleons Briefe an diese Frau sind wahre Meisterwerke an Schärfe und Klarheit, erstaunlicher Geschmeidigkeit und knappster Ausdrucksform seines Machtwillens, mit dem er sie niederschmettert, vernichtet, als wäre sie nicht die auf dem Throne Geborene, sondern eine kleine, unvernünftige, aber sehr gefährliche Frau — durch ihre Verblendung. Auch die Briefe an die intelligenteste seiner Schwestern, die Fürstin Elisa von Toskana, sind in diesem gewaltigen Herrscherton gehalten, dem sich alle beugen müssen.

Wie ein Filmstreifen rollen die Ereignisse der Zeit, das Konsulat, das Kaiserreich, die Kriege des Eroberers von 1805—1809, die verhängnisvolle Scheidung, die ehrgeizige Heirat mit der Kaisertochter, die furchtbare Katastrophe in Rußland, das Ringen der Völker auf den deutschen Kriegsschauplätzen, der Vernichtungskampf in Frankreich, der Sturz von der Höhe, die Hundert Tage und schließlich der Zusammenbruch der napoleonischen Weltmacht in erschütternder Unmittelbarkeit in diesen Briefen Napoleons ab. Das Verhältnis Napoleons zu Frauen, ob Geliebte, Gattin, Mutter, Schwester, Freundin oder Bekannte, ob politische Feindin oder Anhängerin, wird in diesen Briefen in ein neues Licht gestellt.

Sie sind ohne Frage ein historisches Dokument von unschätzbarem Wert, sowohl für den Historiker als für den Psychologen.

          Gertrude Aretz

I. Vom Militärschüler bis zum Oberbefehlshaber

Der erste Brief des jungen Napoleon an eine Frau ist an seine Mutter gerichtet. Er ist sechzehn Jahre alt und Militärschüler in Paris. Er hat am 24. Februar 1785 den Vater verloren. Carlo Bonaparte starb mit 39 Jahren an Magenkrebs in Montpellier, im Hause seiner dort lebenden korsischen Freunde, der Permon. Durch seinen frühen Tod ist die arme korsische Advokatenfamilie ihres Ernährers und Beschützers beraubt. Frau Letizia steht mit ihren acht Kindern, von denen das älteste, Joseph, erst siebzehn Jahre alt und noch ohne Beruf, ihr kaum eine Stütze sein kann, fast mittellos da. Denn der Bonvivant Carlo hat für die Seinen kein Vermögen hinterlassen. Letizia ist vorläufig auf Gönner und einflußreiche Freunde angewiesen, bis ihre Söhne in der Lage sein werden, für sie zu sorgen. Doch schon jetzt betrachtet sich ihr Napoleon als das Oberhaupt der Familie. Zwar hat der Vater auf dem Sterbebett dem Ältesten das Schicksal der Familie ans Herz gelegt, Joseph fehlt indes die Energie und die innere Reife dazu. Er soll Advokat werden und Geld verdienen. Sein Studium in Pisa hält ihn einige Zeit fern von der Mutter in Ajaccio. Viel schwerer noch hat es Napoleon in Paris, wenigstens aber kann er die Gesuche der Mutter um Unterstützung und Hilfe durch die dort lebenden Freunde der Familie an die richtige Stelle gelangen lassen. Was in seinen jungen Kräften steht tut er. Er hofft zuversichtlich, einmal sein Glück zu machen.

Vorläufig ist der Schmerz über den Tod des Vaters, an dem er besonders hängt, in ihm so heftig, daß er es in den ersten Tagen nicht über sich gewinnt, seiner Mutter ein paar tröstende Worte zu schreiben. Immer wieder reißt ihm der maßlose Kummer die Feder aus der Hand. „Gott allein weiß, welchen Vater wir an ihm verloren haben! Wie zärtlich und sorgend er für uns war!" ruft er schmerzlich in einem Briefe an seinen Onkel und Vormund, den Archidiakon Luciano aus. Endlich, nach vier Wochen, entschließt er sich, auch an seine Mutter zu schreiben.

An Frau Letizia di Buonaparte geb. Ramolino in Ajaccio

Paris, den 28. März 1785.

Meine liebe Mutter,

erst heute hat sich mein Schmerz ein wenig beruhigt, und ich beeile mich, Ihnen für alle Güte, die Sie uns angedeihen ließen, zu danken. Trösten Sie sich, meine liebe Mutter. Die Umstände erfordern es. Wir werden unsere Liebe und Dankbarkeit verdoppeln und glücklich sein, wenn wir Sie dadurch ein wenig über den Verlust Ihres geliebten Gatten zu trösten vermögen.

Ich beende meinen Brief, geliebte Mutter. Mein Schmerz überwältigt mich. Ich bitte Sie, beruhigen Sie sich. Meine Gesundheit ist vorzüglich. Täglich bete ich zu Gott, er möge Ihnen eine ebenso gute schenken. Grüßen Sie Zia Gertrude, Minana Saveria. Minana Fesch usw.

Ihr Sie sehr liebender Sohn
N a p o l e o n e di B u o n a p a r t e

PS. Die Königin von Frankreich (Marie Antoinette) ist am 27. März, 7 Uhr abends, eines Prinzen genesen. Er heißt Herzog der Normandie.

*

Drei Jahre liegen zwischen dem ersten und dem zweiten uns erhaltenen Brief an die Mutter. Napoleon ist jetzt schon Artillerieoffizier, in Garnison in Auxonne. Sein Regiment „La Fère" steht seit 1787 dort. Das Sumpfklima von Auxonne bekommt ihm schlecht. Er ist oft krank. Er fiebert. Die Sorge um seine und seiner Familie Zukunft verursachen ihm schlaflose Nächte. Zerstreuungen und Vergnügen, wenn sie mit Geldausgaben verbunden sind, kann er sich nicht leisten. Doch er verkehrt ab und zu in der Gesellschaft des kleinen Garnisonstädtchens. Die Familien des Kriegskommissars Naudin und des reichen Holzhändlers Chabert laden ihn ein. Frau Naudin und Manesca Pilet, Chaberts hübsche junge Nichte, hinterlassen einen flüchtigen Eindruck auf den ernsten jungen Offizier. Mehr aber interessiert ihn die Wendung, die die Politik zu nehmen scheint. Die Lage Korsikas und seine eigene machen ihm die größte Sorge. In den royalistisch gesinnten Salons der Garnison werden die in den Pariser Kammern sich abspielenden Debatten lebhaft besprochen. Es grollt bereits bedenklich am politischen Himmel Frankreichs. Den Leutnant Buonaparte interessieren vorläufig am meisten die zerrütteten Staatsfinanzen. Was wird werden, wenn so und so viele Staatsbeamte und Offiziere ihren Abschied erhalten, weil der König ein großes Heer nicht mehr bezahlen kann? Noch ist in dem zwanzigjährigen Artillerieoffizier kaum etwas von dem zukünftigen Republikaner zu spüren, während sein jüngerer Bruder Lucien bereits in Korsika beginnt, sich zum Verteidiger der Revolution zu entwickeln. Napoleon, im Gegenteil, hofft damals noch, daß die Erfolge des Dritten Standes nur vorübergehend seien. Als Offizier im Dienste des Königs verlangt man von ihm eine royalistische Gesinnung. Er bekundet sie aus dem Gefühl heraus, daß er und seine Brüder dem König ihre militärische Erziehung durch Freistellen in den französischen Kadettenschulen verdanken. Auch seine älteste Schwester Marianna (Elisa) wird in Saint-Cyr, einem königlichen Fräuleininstitut, auf Kosten des Staates erzogen. Fortwährend reicht der arme Offizier Gesuche ein, um das Los der Seinen nach Möglichkeit zu bessern. Meist sind sie erfolglos gewesen. 1787, während eines Urlaubes in Paris, hat sich der Leutnant Bonaparte sogar entschlossen, persönlich an die Türen einflußreicher Persönlichkeiten zu klopfen. Ebenfalls ohne Erfolg. Jetzt aber, nach zwei Jahren vergeblichen Wartens, hofft er von dem royalistischen Siege in dieser stürmischen Zeit alles Heil. Außer der Politik, die so nahe ist, einen völligen Umsturz in Frankreich herbeizuführen, beschäftigt ihn seine Heimatinsel Korsika. Wer besser als die Mutter kann ihm Auskunft geben, was dort vorgeht? Und so schreibt Napoleon:

An Frau Letizia di Buonaparte in Ajaccio

Auxonne, den 12. Januar 1789.

Meine liebe Mutter,

endlich bin ich wieder so weit hergestellt, daß ich Ihnen ausführlicher schreiben kann. Die Gegend hier ist wegen der vielen Sümpfe und der häufigen Überschwemmungen des Flusses, der alle Gräben mit verpestetem Wasser füllt, sehr ungesund. Ich habe mit zeitweisen Unterbrechungen heftiges Fieber gehabt. Nachdem es vier Tage völlig verschwunden war, packte es mich plötzlich wieder für längere Zeit. Das hat mich außerordentlich geschwächt. Ich habe stark phantasiert, und es dauerte lange, ehe ich mich ganz wieder erholte. Jetzt, da das Wetter wieder besser ist, wo Schnee und Eis geschmolzen, Wind und Nebel verschwunden sind, gesunde ich zusehends. Ich habe diese Besserung in meinem Befinden gleich benutzt, um Herrn von Campy zu schreiben. Sobald er geantwortet hat, teile ich es Ihnen mit.

Diese für die Finanzen Frankreichs so unglückliche Zeit bringt auch die Regelung unserer Angelegenheiten schrecklich in Rückstand. Hoffen wir jedoch, daß wir das lange, peinliche Warten recht bald überstanden haben und man uns für alles entschädigen wird.

Der König hat eine Anleihe von 30 Millionen aufgenommen. Die Diskontobank hat sie ihm zu 5 % und zahlbar im Jahre 1792 verschafft. Wir dürfen also getrost das Ende der Unternehmungen der Generalstände abwarten.

Wie es scheint hat die Zwietracht bei den drei Ständen Einkehr gehalten, und der Dritte Stand hat bereits mit einer Überzahl Deputierter den Sieg davongetragen. Doch dieser Sieg hat nicht viel zu sagen! Wenn er nicht die Abstimmung pro Kopf, anstatt pro Stand erreicht, was so alt ist wie die Monarchie selbst, ist nichts zu machen. Die Geistlichkeit und der Adel scheinen entschlossen zu sein, ihre Rechte und Privilegien tapfer zu verteidigen. Außer diesen allgemeinen Zwistigkeiten gibt es nicht eine Provinz, in der nicht vier oder fünf Parteien um irgendetwas kämpfen. Jedenfalls sind die Einberufungsschreiben noch nicht befördert worden. Die Stände können sich daher nicht vor Mai oder Juni versammeln.

Wie Sie wissen, ist der König von Spanien (Karl III.) vor einigen Monaten gestorben. Der von England (Georg III.) ist dem Wahnsinn verfallen, und die Regentschaft ist nach langem Hin und Her dem Prinzen von Wales anvertraut worden. Der Kaiser (Joseph II.) ist in Lebensgefahr. Man behauptet, er hat die Wassersucht.

Infolge der Kälte sind die Feldarbeiten vorläufig eingestellt. Dänemark, das Schweden den Krieg erklären wollte, wurde durch die Einwände des Berliner und Londoner Hofes daran verhindert.

Wie es scheint, beschäftigt sich der Kriegsrat mit der Neugestaltung unserer Kabinettsorder. In einem Monat werden wir darüber Bescheid wissen. Dann werden wir ja sehen, was sie mit uns machen wollen. Jedenfalls wird das Ingenieurkorps schlecht wegkommen. Vor zwei Monaten sprach man davon, es auf 150 Offiziere zu reduzieren. Diese Aussicht ist nicht gerade glänzend. Es sind deren 350, und das ist ohne Zweifel zu viel.

Was hat sich inzwischen in Korsika ereignet? Schreiben Sie mir etwas über Joseph. Ist er nach Pisa gegangen oder ist er in Korsika geblieben?

Leben Sie wohl. Viele Grüße an Zio Luciano, Maman, Minana und alle anderen, auch an „Monsieur Louis". Marianna (Elisa) geht es gut.

Eigentlich bin ich recht in Sorge, denn seit Oktober habe ich aus Korsika keine Nachricht erhalten. Schreiben Sie mir also so bald als möglich.

Ihr Sie liebender Sohn
N a p o l e o n e   d i   B u o n a p a r t e

*

Weder das Klima von Auxonne noch seine eigene Dürftigkeit bessern die Gesundheit Napoleons. Um die Sorgen zu vergessen und keine Extraausgaben in seiner freien Zeit zu haben, stürzt er sich in die Arbeit. Er vergißt dabei alles. Auch das Essen. Die Beliebtheit, die er bei seinem obersten Vorgesetzten genießt, spornen den Ehrgeizigen zu noch größerer Arbeitsfreudigkeit an. Der General hat ihm, dem kaum Zwanzigjährigen — zum großen Ärger älterer Regimentskameraden — den Auftrag erteilt, einen Schießübungsplatz anzulegen. Eine Arbeit, die den jungen Artilleristen maßlos interessiert. Zehn Tage hintereinander arbeitet er von morgens vier Uhr bis tief in den Abend hinein an der Spitze von 200 Mann, die man ihm dazu zur Verfügung stellt. Auch an seiner theoretischen Ausbildung arbeitet Napoleon unaufhörlich weiter. Oft ist es zu viel, was er dem jungen Gehirn zumutet. Er selbst fürchtet es. „Was mich am meisten dabei beunruhigt", klagt er dem Onkel Fesch, „ist meine Gesundheit. Sie scheint mir nicht besonders fest." Dennoch überwindet sein zäher Körper alle Anstrengungen und Entbehrungen. Dazu kommt der feste Wille des ehrgeizigen jungen Mannes, keiner körperlichen Schwäche zu unterliegen, die ihn möglicherweise zu dem heißgeliebten Soldatenstand untauglich machen könnte. Er richtet sein Leben danach ein. Er ist mäßig und meidet die Exzesse der Jugend. Schon sein Geldbeutel gebietet es ihm. Frau Letizia in Korsika aber macht sich Sorgen, die schlechte Gesundheit ihres Sohnes könne vielleicht ihre Ursache in dem unregelmäßigen, ausschweifenden Leben haben, wie es die meisten seiner Regimentskameraden führen. Mit gutem Gewissen kann Napoleon ihr darauf im Juli 1789 aus Auxonne antworten:

Liebe Mutter,

ich habe hier keine andere Zerstreuung als die Arbeit. Ich ziehe mich nur einmal in der Woche gut an. Seit meiner Krankheit schlafe ich nur noch sehr wenig. Es ist erstaunlich: ich gehe um zehn Uhr zu Bett und stehe um 4 Uhr morgens auf. Ich esse nur einmal am Tage. Doch das bekommt mir sehr gut. N a p o l e o n

*

Wenn es ihm körperlich gut tut, moralisch leidet er bitter unter all den Entbehrungen, die er sich auferlegen muß. Er ist empfindlich und stolz. Und die Sorgen um Zukunft und Familie lasten wie Blei auf ihm. Denn später sagt Napoleon einmal zu Caulaincourt, seinem Großstallmeister und Vertrauten: „Alle diese Sorgen vergifteten meine Jugend. Sie haben meinen Charakter beeinflußt. Sie haben mich vor der Zeit gereift."

*

Diese Frühreife, durch die harte Schule des Lebens erworben, kommen dem „Sohne der Revolution" in den sechs Jahren, die zwischen dem vorhergehenden Brief an die Mutter und dem folgenden an Frau Permon liegen, gut zustatten. Seine Lehrzeit als Republikaner hat er hinter sich. Die völlige Umwälzung des französischen Staatssystems hat auch in Napoleons Privatverhältnissen große Veränderungen hervorgerufen. Nach der Belagerung von Toulon beginnt seine Karriere jenen fabelhaften Aufstieg zu nehmen, der fast einzig in der Geschichte dasteht. Der

Vierundzwanzigjährige ist zum Brigadegeneral ernannt, und nur noch einmal, bis zum 13. Vendémiaire, scheint das Schicksal mit ihm zu grollen. Von da an aber leuchtet ihm sein Stern, an den er glaubt, dem er vertraut.

Manche Frau kreuzt in dieser sturmbewegten Zeit den Weg des jungen Offiziers. An keine aber ist uns von seiner Hand eine Zeile geblieben. Weder an Caroline du Colombier, noch an Manesca Pilet sind Briefe Napoleons vorhanden. Auch Louise Tureau de Lignières, die hübsche, leichtlebige Frau des Volksvertreters Tureau vor Toulon, erhielt kein geschriebenes Liebeswort von ihm, dem sie ihre Gunst schenkte. Dieser junge, von Ehrgeiz und Ruhmessucht durchglühte Korse hält sich nicht lange beim Flirt und bei der Liebe auf. Die auf ihn einstürmenden Ereignisse und sein Beruf nehmen ihn ganz in Anspruch. Zum Briefeschreiben an Frauen hat er keine Zeit. Noch ist ihm die Frau nicht zum inneren Erlebnis geworden. Die junge Désirée Clary lernt er erst später kennen.

Zum Unglück häufen sich die Sorgen wieder von neuem. Beinahe wird dem General Bonaparte der 9. Thermidor, der den Sturz der beiden Robespierre und das Ende der Schreckensherrschaft herbeiführt, verhängnisvoll. Seine Freundschaft zu dem jüngeren Robespierre bringt ihn in Verdacht. Er wird verhaftet und in das Fort Carré bei Antibes gebracht. Saliceti, sein bester Freund, veranlaßt seine Gefangennahme.

Nur die ausgezeichneten Verbindungen und der gute Ruf, den der General Bonaparte bei den einflußreichen Volksvertretern genießt, geben ihm die Freiheit wieder. Sein Kopf ist gerettet, aber seine Karriere unterbrochen. Er bleibt eine Zeitlang ohne Verwendung in der Armee. Eine große Enttäuschung für ihn, der sich bereits allen Kampfes ums Dasein enthoben geglaubt hat. Überdies eine ungeheure Beleidigung seiner Soldatenehre. Er hat sich bei Toulon fürs Vaterland tapfer eingesetzt. Als Brigadegeneral der Küstenarmee hat er bereits Wesentliches geleistet. Die Einnahme von Saorgio, Oneille und Tanaro sind sein Werk gewesen. Nun setzt man ihn gefangen, ehe man ihm Gelegenheit gegeben hat, sich zu verteidigen. Er protestiert energisch gegen diese Ungerechtigkeit. „Hört mich an! Macht dem mich umgebenden Druck ein Ende! Gebt mir die Achtung der Patrioten zurück! Eine Stunde später schenke ich den Böswilligen gern mein Leben. Ich achte es gering. Ich habe es so oft aufs Spiel gesetzt. Ja, nur der Gedanke, es könne dem Vaterland noch von Nutzen sein, gibt mir die Kraft, diese Last mutig zu ertragen." So schreibt der General Bonaparte an die Volkskommissare Albitte und Saliceti, die Urheber seines Unglückes.

Auch der Frau, an die der untenstehende Brief gerichtet ist, schüttet er sein von Wut und Gram übervolles Herz über diese Angelegenheit aus. Gleichzeitig hofft er, sie werde dem falschen Freund Saliceti seinen Brief zeigen. Frau Permon ist eine langjährige Freundin seiner Familie. Auch sie ist Korsin und kennt Napoleon seit seiner Kindheit. Sie hat tiefen Einblick in sein Werden. Sie sieht den jungen Bonaparte um die Existenz ringen, als er arm und ohne Anstellung in Paris umherirrt, schlecht gekleidet, schlecht genährt. Sie sieht ihn die ersten Stufen der Macht emporsteigen, von derem Glanze später auf ihre Tochter Laura goldene Strahlen fallen. Denn jener arme Bonaparte, der bei Frau Permon mit seinem Freund Saliceti die Mahlzeiten einnimmt, weil er nicht die Mittel besitzt, im Gasthaus zu speisen, macht Fräulein Permon später zur Herzogin von Abrantès und zur Gouverneurin von Paris, mit Andoche Junot, seinem besten Freund und ehemaligem Adjutanten. Beinahe wäre die kleine Laura des Generals Bonaparte Stieftochter geworden.

Unter dem ancien régime haben die Permons sich als reiche Armeelieferanten in Montpellier niedergelassen. Die Revolution ruiniert sie, und sie ziehen nach Paris. Bald nach dem 13. Vendémiaire stirbt Herr Permon, seine Frau Panoria, eine reizvolle stattliche Erscheinung Mitte Dreißig, als Witwe zurücklassend. Wie früher verkehrt der fünfundzwanzigjährige General Bonaparte fast täglich in ihrem Hause. Nicht nur das gastfreie Haus zieht ihn an, sondern wohl mehr die liebenswürdige Gastgeberin. Seit sein Bruder Joseph verheiratet ist, verlangt es auch Napoleon sehnlichst nach einem Heim. Er hat es eigentlich mit Désirée Clary erhofft, doch in dem Wirbel des Pariser Lebens scheint ihm auch Frau Permon, die reife, welterfahrene Dame mit den einflußreichen Verbindungen zur Finanzwelt, nicht ohne Interesse. Er macht ihr auf jeden

Fall einen Heiratsantrag. Aber die kluge Freundin seiner Mutter nimmt ihn nicht ernst. Sie bleibt ihm die mütterliche Beraterin, und die Freundschaft zwischen beiden wird in keiner Weise durch ihre Absage erschüttert.

Als Napoleon ihr schreibt, ist bereits ein Jahr seit seiner Enttäuschung über den korsischen Freund vergangen. Der Konventskommissar Saliceti ist jetzt selbst in Gefahr, ins Gefängnis zu kommen, denn er wird von den Behörden steckbrieflich verfolgt. Während des Aufstandes am 1. Prairial 1795 hat er sich stark durch sein Verhalten kompromittiert. Sein Kopf steht auf dem Spiel. Bonaparte weiß, daß Saliceti sich im Hause ihrer gemeinsamen Freundin und Beschützerin versteckt hält. Es wäre ihm als General ein leichtes, ihn auszuliefern. Statt dessen schreibt er:

An Frau Panoria Permon in Paris

Paris, den 30. Prairial des Jahres III.
(18. Juni 1795)

Madame Permon,

ich habe niemals für einen Narren gelten wollen, würde es jedoch in Ihren Augen sein, wenn ich Ihnen nicht sagte, daß ich seit mehr als drei Wochen weiß, daß Saliceti sich bei Ihnen verborgen hält. Erinnern Sie sich Frau Permon, was ich Ihnen sagte? Am 1. Prairial hatte ich bereits die innere Gewißheit, jetzt weiß ich es positiv. — Saliceti, ich hätte Dir alles Schlechte, das Du mir zufügtest, wiedervergelten können! Ich hätte mich auf diese Weise rächen können! Du handeltest schlecht an mir, ohne daß ich Dich beleidigt hatte. Wessen Rolle ist jetzt wohl die schönere, die Deinige oder die meinige? Ja, ich hätte mich rächen können. Ich habe es nicht getan. Vielleicht glaubst Du, Du habest das nur Deiner Wohltäterin zu verdanken? Allerdings ist das nicht ganz von der Hand zu weisen. Aber auch ohne Frau Permon wäre mir Dein Kopf heilig gewesen. Denn Du bist entwaffnet, verbannt. Geh, suche Dir in Frieden eine Zufluchtsstätte, aus der Du mit besseren Gefühlen für Dein Vaterland zurückzukehren vermagst. Mein Mund wird ewig verschlossen bleiben und niemals Deinen Namen nennen. Gehe in Dich! Achte vor allem meine Beweggründe, ich verdiene es, denn sie sind edel und großmütig...

Madame Permon, meine Wünsche begleiten Sie, ebenso wie Ihr Töchterchen (Laura). Sie sind zwei schwache schutzlose Wesen. Die Vorsehung und die Segenswünsche eines Freundes werden mit Ihnen sein. Seien Sie vor allem vorsichtig und halten Sie sich nie an größeren Orten auf.
Leben Sie wohl. Empfangen Sie meine herzlichsten Grüße
B u o n a p a r t e

*

Napoleon hielt Wort: er verwendete Saliceti, dessen große Fähigkeiten er wohl erkannte, sowohl unter dem Konsulat als unter dem Kaiserreich. Als er seinem Bruder Joseph Bonaparte den Thron von Neapel verlieh, ernannte er den beiderseitigen Jugendfreund zum neapolitanischen Polizeiminister und räumte ihm den weitgehendsten Einfluß auf die Staatsgeschäfte in Neapel ein.

*

Die Heiratsabsichten des Generals Bonaparte kommen in Paris von 1795 an zur vollen Reife. Seit einem Jahr schon kennt er ein reizendes junges Mädchen, die Schwägerin des eben verheirateten Josephs. Als Frau Letizia und ihre Töchter in Nizza leben, machen sie die Bekanntschaft der reichen Kaufmannsfamilie Clary. Von dieser Zeit an entspinnt sich zwischen der siebzehnjährigen Désirée und dem General Bonaparte ein Flirt. Es ist anfänglich nichts Ernstes. Erst in Paris nimmt der Gedanke an eine Ehe mit Désirée Napoleon ganz in Anspruch. Nun aber so intensiv, daß er förmlich schwelgt in Zukunftsplänen für sein Heim mit Désirée. Wie so viele andere, die ihr Heil von der Reaktion erwarten, lebt auch Napoleon auf gut Glück in der allgemeinen Verwirrung der Zeitumstände. Seine Mittel sind ziemlich beschränkt. Und das in einer Zeit, wo das Bedürfnis nach Luxus und Reichtum in allen Menschen unersättlich ist, nachdem sie die Jahre des Schreckens und Elends hinter sich haben. In einer Zeit, wo es dem Unbemittelten an allem fehlt, der Reiche indes Tausende und Abertausende an einem Abend für eine einzige Laune, an Frauen und Genüsse verschwendet. Der unbemittelte junge Offizier mit dem Generalstitel und der Börse eines Leutnants, dem es noch nicht gelungen ist, durch seinen beginnenden Ruhm auch materielle Früchte zu genießen, denkt an eine reiche Heirat. Désirées Vater ist 1793 als Großindustrieller der Seifenfabrikation in Marseille gestorben und hat seiner Familie ein ansehnliches Vermögen hinterlassen. Joseph hat mit der älteren Tochter Julie eine glänzende Partie gemacht. Sie hat 150.000 Franken Mitgift bekommen. Warum soll ihm, Napoleon, der doch bereits einen Namen und einen Titel hat, ein solches Glück nicht auch beschieden sein? Außerdem liebt er das junge Mädchen.

Unter Josephs Beihilfe spinnt sich der Roman Napoleons mit Désirée weiter. Der Bruder vermittelt die Briefe der Liebenden und gibt dem in Paris Weilenden auch sonst Nachricht über sie. Mit ihr verheiratet zu sein, ein Haus in der Stadt, eins auf dem Lande, Pferde und Wagen zu haben, das sind die sehnlichsten Wünsche des zukünftigen jungen Ehemannes, der es sich damals noch nicht träumen läßt, daß ihm einst die Schätze der Welt zur Verfügung stehen. Napoleons Briefe an Joseph in dieser Zeit sind voll von Heiratsplänen.

Wahrscheinlich hat er darüber auch ausgiebig mit seiner Braut korrespondiert. Vielleicht fänden wir in diesen Briefen an Désirée ein Gegenstück zu den Liebesbriefen des Generals Bonaparte an Josephine! Leider sind sie uns nicht erhalten geblieben. Désirée hat sie vernichtet, während sie einige ihrer eigenen an ihn bis zu ihrem Tod aufbewahrte. An Stelle dieser ersten Liebesbriefe besitzen wir nur einen Brief Napoleons an Désirées Mutter aus dieser Zeit.

Die Clarys sind in Marseille allerhand Schereien ausgesetzt. Als Kapitalisten waren sie ohnehin verdächtig und gefährdet. Viele Mitglieder der Familie hatten bereits ihr Leben auf dem Schafott gebüßt. Ein Bruder Frau Clarys war emigriert, ein Sohn neapolitanischer Konsul in Marseille und durch das Verhalten der Neapolitaner ebenfalls verdächtig. Zwei Töchter haben adlige Männer geheiratet. Der Jüngste, Etienne Clary, ist vom Revolutionsgericht verhaftet worden und nur durch die Fürsprache seines Schwagers Joseph Bonaparte freigekommen. Napoleon selbst, den der 13. Vendémiaire wieder zu Ansehen gebracht hat, tut alles, der Familie seiner Braut Erleichterung zu schaffen. Er ist Oberbefehlshaber der Armee des Innern und hat auf den allmächtigen Barras großen Einfluß. Seine Verbindungen in Paris setzen ihn in den Stand, Privilegien zu verschaffen. Er hat manchen einflußreichen Kriegskommissar zum Freund. So glaubt er auch, daß Stanislaus Fréron, der einst mit Barras seiner eigenen bedürftigen Familie in Marseille die nötigen Unterstützungen verschafft hat, den Clarys von Nutzen sein kann. Als er Fréron zu Frau Clary schickt, ahnt der General Bonaparte freilich nicht, daß sich seine schöne fünfzehnjährige Schwester Pauline in den Vierzigjährigen bis über die Ohren verliebt und er in sie. Fréron, den Napoleon später keinesfalls zum Schwager wünscht, denn er hat bessere Verbindungen für Pauline in Aussicht, empfiehlt er aufs wärmste in seinem Brief

An die Bürgerin Cathérine Marcelle Clary in Marseille

Paris, den 19. Vendémiaire des Jahres IV.
(11. Oktober 1795)

Madame,

Fréron begibt sich in einem Auftrag nach Marseille und wird Ihnen diesen Brief überbringen. Ich bitte Sie, Madame, ihn so freundlich empfangen zu wollen, wie Sie mich selbst behandeln. Er ist ein sehr gefälliger, zu jedem Dienst bereiter Mensch und ein guter Kerl. Ich habe ihm von der Freundschaft erzählt, die ich Ihrer Familie entgegenbringe, und so wird er sich bemühen, Ihnen nützlich zu sein. Tun Sie, was Sie können, damit er seinen Aufenthalt in Marseille als angenehm empfindet.

Alles geht gut hier. Die Royalisten sind besiegt. Aber Sie brauchen die Wiederkehr des Terrors nicht zu fürchten. Wir verabscheuen ihn ebenso wie Sie. Wenn mich wichtige Geschäfte nicht in Paris zurückhielten, wäre ich gern nach Marseille gekommen, doch der Konvent hat mich dazu ernannt, unter den Befehlen Barras' die Armee des Innern zu befehligen.

Leben Sie wohl, Madame. Meine Verehrung für Frau Pluvinal und Fräulein Sophie, ebenso für Ihre Frau Nichte. Eine Empfehlung an Clary (Etienne). Versichern Sie ihm sowie Ihrer ganzen Familie, daß ich mich für sie ebenso interessieren werde, wie für Sie selbst, Madame.

Buonaparte

Keinen Gruß an Désirée von ihm! Vorbei der Traum von einer Ehe mit ihr. Auch in den Briefen Napoleons an Joseph Bonaparte ist plötzlich die Hymne Désirée verstummt. Niemals erwähnt er wieder ihren Namen. Böse Zungen behaupteten damals, er habe sich einen Korb geholt, die Clarys hätten an einem Bonaparte in der Familie genug gehabt. Dagegen spricht indes, daß der junge General bereits eine Rolle spielte und aller Wahrscheinlichkeit nach eine große Zukunft vor sich hatte. Die Clary hatten also keinen Grund diesen Schwiegersohn zu verschmähen, zumal sie in jener für reiche Leute gefährlichen Zeit eine Verbindung mit einem republikanischen hohen Offizier sehr wohl gebrauchen konnten. Es sind also andere Gründe gewesen, die diese Ehe zum Scheitern brachten. Waren es die vielen schönen Frauen in Paris, durch die Napoleon anderen Sinnes wurde? Jene eleganten Verführerinnen, denen er bei Barras, bei dem reichen Bankier Ouvrard, bei der scharmanten Julie de Récamier oder der extravaganten Theresia Tallien begegnete? Diese Frauen, von denen er an Joseph einmal schrieb: „Nur hier in Paris wissen sie, welches Reich ihnen gehört... Hier gibt es die schönsten Frauen der Welt!" Hatte ihn der Glanz der Weltstadt den Kopf verwirrt? Hatten ihn die schönen koketten Augen, der Geist, der Luxus und die Leichtlebigkeit der Pariserinnen die kleine Provinzlerin aus Marseille vergessen lassen? Wie anders ist das Leben hier und dort! Die meisten dieser vornehmen Frauen sind nur knapp dem Schafott entgangen. Sie haben monatelang in Kerkern gesessen, haben Elend, Schmutz und Verkommenheit kennengelernt. Jetzt stürzen sie sich in einen Taumel seligen Genießens. Das Heute ist herrlich. Das Morgen kann schon wieder die Hölle sein. Weiß man es? Lauert vielleicht nicht schon der Tod in irgendeinem Winkel?

In einer dieser ausgelassenen Gesellschaften des Direktoriums begegnet der General Bonaparte der Frau, die mit ihm zu den Höhen des Thrones emporsteigt, die er mit dem ganzen Feuer der Jugend liebt und nie vergißt. Josephine de Beauharnais! Im Salon Theresia Talliens sehen sie sich zum erstenmal, im November 1795. Die elegante, äußerst scharmante Kreolin fällt besonders durch ihre exotische Erscheinung auf. Sie besitzt mehr als Schönheit. Sie hat jenen vollkommenen weiblichen Reiz, der die Männer magisch zu ihr hinzieht. Sie ist mittelgroß, sehr schlank. Wenn sie geht, hat sie die geschmeidigen Bewegungen ihrer Rasse. Ihr herrliches Haar schimmert rötlichmatt, wie die Kastanien des Südens. Sie hat zwar schadhafte Zähne, aber der pikant geformte Mund versteht es, diesen Mangel vergessen zu lassen. Napoleon nimmt zuerst die sanfte sympathische Stimme, dann die große gesellschaftliche Routine Josephines und ihre reizende Liebenswürdigkeit gefangen. Sie kommt aus der großen Welt, aus jener Welt, die durch die Revolution begraben wurde. Trotzdem sie manches hinter sich hat und die Gesellschaft der Parvenüs und Kriegsgewinnler ihr Milieu geworden ist, manchen dieser starken Männer der Freiheit zum Geliebten erkor, ist Josephine, die Vicomtesse de Beauharnais, die Aristokratin in ihrem Äußern und ihrem Auftreten geblieben. Für den jungen Republikaner Bonaparte, der selbst so stolz auf seine kleine adlige Abstammung ist, bedeutet diese Frau, die es versteht mit unnachahmlichem Charme die Honneurs bei Barras zu machen, die Verkörperung alles Eleganten und Vornehmen. Er verfolgt Frau von Beauharnais mit seinen brennenden Blicken. Der Duft ihres Haares, die langbewimperten schönen dunkelgrauen Augen, die matte Haut ihrer entblößten Schultern, die lässigen biegsamen Bewegungen ihres Körpers berauschen ihn. Und bald ist er völlig im Banne dieser bezaubernden Frau, die nicht mehr ganz jung ist.

Eine Zeitlang bleiben seine Beziehungen zu Josephine de Beauharnais rein gesellschaftlich. Von Natur aus Frauen gegenüber schüchtern, wagt es der General Bonaparte, den die Frauen bisher nicht verwöhnt haben, nicht allzu oft Frau von Beauharnais aufzusuchen. Er fürchtet ihr zu mißfallen. Sie macht ihm deshalb einen ganz leisen Vorwurf. Vielleicht ist es bei ihr nur gesellschaftliche Form, als sie ihm rasch ein paar Zeilen sendet und ihm sagt: „Warum kommen Sie nicht? Ist Ihnen meine Freundschaft so wenig wert?" Napoleon aber nimmt ihre Worte ernst. Er antwortet sofort:

An die Bürgerin Beauharnais in Paris

Paris, den 28. Vendémiaire des Jahres IV.
(20. Oktober 1795)

Madame,

ich begreife die Veranlassung zu Ihrem Brief durchaus nicht... (unleserlich)... Ich bitte Sie inständig, glauben Sie an meine Freundschaft. Niemand ersehnt die Ihre mehr als ich. Und niemand wünscht mehr als ich, sie Ihnen zu beweisen... Wenn es meine Zeit gestattete, hätte ich Ihnen gern persönlich diesen Brief gebracht.

Buonaparte

*

Das Jahr 1795 geht dem Ende zu. Frau von Beauharnais und der General Bonaparte treffen oft in den Salons des Direktoriums zusammen. Er weicht nicht mehr von ihrer Seite. Er sieht nur sie, spricht nur mit ihr. Nur in ihrer Nähe fühlt er sich glücklich.

Eines Abends, nach einer Gesellschaft bei Barras im Kleinen Luxembourg, ist Bonaparte völlig entflammt von der schönen Kreolin. Er hat sie in ihr Heim in der Rue Chantereine begleitet. Seitdem er weiß, daß Josephine seine Liebe nicht verschmäht, befindet er sich in einem schwer zu beschreibenden Taumel des Glückes. In seiner grenzenlos verliebten Verwirrung nennt er am Morgen nach diesem Abend die Geliebte in seinem Brief einmal Du, einmal Sie. Es ist kaum sieben Uhr morgens, als er ihr jenen ersten, von Leidenschaft und Glut durchfluteten Brief schreibt:

„Ich erwache ganz erfüllt von Dir, meine geliebte Freundin! Dein Bild und der berauschende Abend von gestern haben mein ganzes Innere in Aufruhr gebracht. Du hast meine Sinne berauscht. Süße, unvergleichliche Josephine! Welchen merkwürdigen Eindruck machen Sie auf mein Herz? Sind Sie schlecht gelaunt, traurig oder sorgenvoll, so bricht mir das Herz vor Leid, und die Unruhe Ihres Freundes kennt keine Grenzen. Bin ich indes ruhiger, wenn ich mich dem starken Gefühl, das mich beherrscht, hingebe und von Ihren Lippen, Ihrem Herzen die Flamme einsauge, die mich verzehrt?

Ach, in dieser Nacht fühlte ich wohl, daß ich mit Ihrem Bild nicht Sie selbst besitze!

Du gehst mittags weg. In drei Stunden sehe ich Dich. Inzwischen, mio dolce amor, tausend Küsse. Um Gottes willen, erwidere sie nicht, sie versengen mich.

Buonaparte

*

Frau von Beauharnais teilt anfangs durchaus nicht diese glühende Leidenschaft. Der kleine magere Korse mit dem gelben Gesicht, den tiefliegenden brennenden grauen Augen, den straffherunterhängenden schwarzen ungepuderten Haaren, den eckigen Bewegungen und dem wortkargen Benehmen in großer Gesellschaft macht nur insofern Eindruck auf sie, als ihm der Ruf seines militärischen Genies vorausgeht. Der 13. Vendémiaire hat Bonaparte mit einem Schlag zum Mann des Tages gemacht. Es ist gut, sich die Freundschaft und Liebe eines solchen Mannes nicht zu verscherzen. Aber es kommen Frau von Beauharnais Bedenken. Ist die Liebe Napoleons zu ihr auch ganz echt, uneigennützig, ohne jede Berechnung? Will er, der arme Offizier nicht etwa durch ihren Einfluß bei Barras hochkommen? Sie sagt es ihm. Dieser Verdacht ist Napoleon außerordentlich schmerzlich, ihm, der Josephine mit der ganzen heißen Glut eines zum erstenmal wahrhaft Liebenden, mit der völligen Hingabe seines Wesens und seines südlichen Temperaments liebt!

In den ersten Tagen des Januar schreibt er ihr; ohne anfangs das vertraute „Du" zu gebrauchen:

An die Bürgerin Beauharnais in Paris

(Paris), 9 Uhr morgens (1796).

Liebe Freundin,

ich habe Sie gestern mit einem unendlich schmerzlichen Gefühl im Herzen verlassen und mich sehr verärgert schlafen gelegt. Mich dünkt, die Achtung vor meinem Charakter müßte einen derartigen Gedanken, wie Sie ihn gestern Abend aussprachen, in Ihrem Herzen gar nicht aufkommen lassen. Wäre er in Ihnen vorherrschend, so wären Sie sehr ungerecht, Madame, und mich machte es tief unglücklich.

Sie glaubten also, ich liebe Sie nicht um Ihrer selbst willen? Ja, um wessen willen denn? Ach, Madame, ich müßte mich sehr verändert haben! Wie konnte eine so reine Seele nur einen solchen Gedanken fassen? Noch bin ich ganz erstaunt darüber. Unfaßbarer aber noch ist mir das Gefühl, das ich bei meinem Erwachen empfand. Ohne Groll und wider meinen Willen zwingt es mich zu Ihren Füßen. Kann man sich schwächer und unwürdiger zeigen als ich?

Über welche seltsame Macht verfügst Du, unvergleichliche Josephine? Ein Gedanke von Dir vergiftet mein Leben, zerreißt mir das Herz, das von den widersprechendsten Gefühlen erfüllt ist. Mit einem Male spüre ich, wie stark ich mit Dir verbunden bin, trotz alledem. Eine weniger düstere Stimmung fesselt mich wieder an Dich! Sie führt mich von neuem zu Dir und macht am Ende *mich* zum Schuldigen. Ich fühle es wohl: wenn wir uns streiten, müßtest Du mein Herz und meinen Verstand für unzurechnungsfähig erklären. Du hast beide bezaubert, und sie gehören noch immer Dir!

Du aber, mio dolce amor, Du hast die Nacht nicht schlaflos verbracht. Hast Du auch nur ein einziges Mal an mich gedacht? Ich gebe Dir drei Küsse: einen auf Dein Herz, einen auf Deinen Mund und einen auf Deine Augen.

* Buonaparte

Für die Vicomtesse de Beauharnais ist diese feurige Liebessprache, die zum erstenmal mit so ungestümer Gewalt in dem jungen Korsen zum Ausdruck kommt, etwas ganz Neues. Manchmal erscheint er ihr „drôle" in seiner brüsken Liebesleidenschaft. Bis jetzt hat sie nur das seichte Liebesgeflüster der mehr oder weniger geistreichen Kavaliere des „Ancien Régime", oder die Zweideutigkeiten eines Barras kennengelernt. Auch sie erlebt zum erstenmal diese elementare Gewalt der Liebe. Die unverhohlene Bewunderung ihrer ganzen Person, die Anbetung und die verzehrende Sehnsucht nach ihr schmeichelt und beglückt schließlich auch sie. Barras und anderen ist sie nur die Vermittlerin tollen Genießens gewesen. Sie begehrten nicht ihr Herz. Napoleon aber — er liebt Josephine. Er will sie ganz allein für sich haben — er will mit niemand teilen. Sein

Glück gipfelt in der Ehe mit ihr. Er ist Korse. Er will mit der geliebten Frau eine Familie gründen. Ihre beiden fünfzehn- und dreizehnjährigen Kinder Eugen und Hortense liebt er schon jetzt wie seine eigenen. Gehören sie doch ihr, der Unvergleichlichen!

Am 7. März 1796 heiratete er Josephine. Die Stunden des Zusammenseins mit ihr sind gezählt. Zwei Tage nach der Hochzeit zieht der General Bonaparte als Oberbefehlshaber der Italienischen Armee ins Feld. Schmerzgebrochen scheidet er. Am 11. abends hat er sie verlassen. Bei der nächsten Station, in Châtillon, als man ihm die Pferde wechselt, setzt er sich hin und schreibt an Josephine voll Sorge und Liebe. Mein Gott, er hat vergessen, sie mit genügend Geld zu versehen. Vielleicht zahlt man ihr seine noch ausstehenden Gelder nicht aus... Darauf ein zweiter Brief. Napoleon hat, scheint es, vergessen, daß sie jetzt Frau Bonaparte heißt, denn er adressiert:

An die Bürgerin Beauharnais, rue Chantereine Nr. 6, in Paris

Chanceaux, den 24. Ventôse des Jahres IV.
(14. März 1796)

Geliebte Freundin,

ich habe Dir von Châtillon aus geschrieben und Dir eine Vollmacht gesandt, damit Du gewisse, mir zukommende Summen einziehen kannst...

Jeder Augenblick entfernt mich weiter von Dir, angebetete Freundin. Jeden Augenblick finde ich mich weniger stark, die Trennung zu ertragen. Fortwährend denke ich an Dich. Meine Phantasie erschöpft sich in dem Gedanken, was Du wohl jetzt tust. Sehe ich Dich im Geiste traurig, so bricht mir fast das Herz, und ich leide unendlich. Weiß ich Dich heiter, ausgelassen im Kreise Deiner Freunde, so werfe ich Dir vor, wie schnell Du die schmerzliche Trennung vergessen hast. Dann bist Du in meinen Gedanken leichtfertig, oberflächlich, keines wahren, tiefen Gefühls fähig.

Du siehst, ich bin nicht leicht zufriedenzustellen, meine liebe Freundin. Anders ist es, wenn ich fürchte, daß Deine Gesundheit gefährdet oder daß Du traurig sein könntest, ohne daß ich weiß warum. Dann beklage ich, wie schnell man mich von Dir, Geliebte, getrennt hat. Ich fühle wohl, wie gut Du in Deiner angeborenen Güte zu mir bist, doch zufrieden bin ich erst, wenn ich weiß, daß Dir nichts Unangenehmes zustößt. Fragt man mich, ob ich gut geschlafen habe, so ist es mir immer, als müßte ich erst einen Brief von Dir erhalten, ehe ich antworte, um zu wissen, daß auch Du gut geschlafen hast.

Die Krankheiten, das Elend und die Greuel der Menschen berühren mich erst, wenn ich daran denke, sie könnten auch Dich, meine gute Freundin, treffen. Mein guter Stern, der mich stets in den größten Gefahren beschützt hat, sei über Dir, Josephine! Ich selbst will mich ohne seinen Schutz jeder Gefahr preisgeben. Ach! Sei nicht heiter, sondern ein wenig traurig! Dein Herz aber, Josephine, soll vor Kummer bewahrt bleiben wie Dein Körper vor Krankheit. Du weißt, was unser guter Ossian darüber sagt.

Schreibe mir bald einen langen, langen Brief, meine geliebte Freundin, und empfange tausend Küsse der zärtlichsten und treuesten Liebe   B u o n a p a r t e

*

Endlich erreichen ihn auch Josephines Briefe. Gleich mehrere auf einmal. Die anfänglich Kühle haben die heißen Liebesworte ihres Napoleon aus der Gleichgültigkeit erweckt. Sie sehnt sich nach ihm, wie er nach ihr. Aber ihr Sehnsuchtsschrei ist versengende Flamme für den Armen, der vor großen schwierigen Aufgaben des Feldzugs steht. Er hofft die Österreicher unter General Beaulieu in einer glänzenden Schlacht zu besiegen. Dennoch findet er Zeit, seitenlang an seine Josephine zu schreiben. Die Liebe zu ihr und der Ruhm auf dem Schlachtfelde sind für ihn zwei unzertrennliche Dinge. Wird er Josephine je wiedersehen? Eine Kugel kann ihn treffen. Ohne sie noch einmal gesehen zu haben, — zu sterben —, dieser Gedanke ist dem sonst harten Soldaten unerträglich.

*

An die Bürgerin Bonaparte bei der Bürgerin Beauharnais, rue Chantereine No 6 in Paris
Porto Maurizio, 14. Germinal des Jahres IV.
(3. April 1796)

Ich habe alle Deine Briefe erhalten, doch keiner hat einen solchen Eindruck auf mich gemacht, als Dein letzter.

Was denkst Du, meine angebetete Freundin, mir solche Worte zu schreiben? Weißt Du nicht, daß meine Lage an und für sich schon furchtbar genug ist und daß man nicht nötig hat, meine Qualen noch zu vermehren und mein ganzes Innere in Aufruhr zu bringen? Welch ein Brief! Welche Gefühle schilderst Du mir! Sie sind Feuer, sie verzehren mein armes Herz!

Meine einzige Josephine! Fern von Dir kenne ich keine Freude. Fern von Dir ist die Welt eine Einöde, in der ich vereinsamt bin und der Süße entbehre, mein Herz in das Deine zu ergießen. Du hast mir mehr als mein Herz geraubt! Du bist der einzige Gedanke meines Lebens. Wenn mich die Fülle der Arbeit langweilt, oder wenn ich den Ausgang der Angelegenheiten fürchte, wenn die Menschen mich anekeln, wenn ich nahe daran bin, das Leben zu verwünschen, dann lege ich die Hand auf mein Herz. Dort befindet sich Dein Bild. Ich betrachte es, und die Liebe ist für mich das vollkommenste Glück. Alles erscheint mir heiter — die Zeit ausgenommen, in der ich getrennt von Dir, geliebte Freundin, bin.

Wie hast Du es fertig gebracht, mich so ganz an Dich zu fesseln, mein ganzes Sein und Denken mit Dir zu verschmelzen? Das ist Zauberei, süße Freundin! Und dieser Liebesrausch wird nur mit meinem Leben enden. Für Josephine zu leben ist mein einziger Wunsch!

Ich tue alles, um zu Dir zu kommen. Ich sterbe, um mich Dir zu nähern. Ach, ich Unsinniger! Merke ich denn nicht, daß ich mich immer weiter von Dir entferne? Welche unermeßliche Strecken, welche Länder trennen uns! Wieviel Zeit vergeht, ehe Du diese Worte, die schwachen Beweise eines tiefbewegten Herzens, worin nur Du allein herrschest, lesen wirst? Ach, anbetungswürdige Frau! Ich weiß nicht, welches Schicksal mir bevorsteht. Wenn es mich aber noch länger von Dir fernhält, kann ich es nicht mehr ertragen. Nein, so weit reicht mein Mut nicht.

Es gab eine Zeit, wo ich mit meinem Mute prahlte. Manchmal, wenn ich sah, wieviel Böses mir die Menschen zufügten und ich einem ungewissen Schicksal entgegenging, da konnte ich dem Unglück ins Auge schauen, ohne die Stirn zu runzeln oder im geringsten darüber erstaunt zu sein. Der Gedanke aber, meine Josephine könne krank sein, besonders der grausame, furchtbare Gedanke, sie könne mich weniger lieben, macht mich traurig, niedergeschlagen. Dann habe ich nicht einmal mehr den Mut zum Zorn oder zur Verzweiflung. Sonst sagte ich mir oft: die Menschen können dem nichts anhaben, der furchtlos in den Tod geht. Nun aber, zu sterben, ohne von Dir geliebt zu sein, zu sterben, ohne diese Gewißheit zu haben, das ist Höllenqual, das ist gänzliche Vernichtung! Der Gedanke daran versetzt mir den Atem.

Meine einzige Gefährtin, die das Schicksal bestimmt hat, die gefährliche Reise durchs Leben mit mir zu machen, der Tag, an dem ich Dein Herz nicht mehr besäße, wäre mein Sterbetag. Doch genug, meine süße Freundin. Mein Herz ist traurig, mein Körper müde, mein Geist erschlafft. Die Menschen langweilen mich. Ich sollte sie verwünschen, denn sie ziehen mich ab von dem Herzen, das ich liebe.

Ich bin in Porto Mauricio bei Oneglia. Morgen bin ich in Albenga. Die beiden Armeen stehen sich gegenüber. Wir suchen uns zu täuschen. Der Geschickteste wird den Sieg erringen. Mit Beaulieu bin ich ganz zufrieden. Er manövriert gut und ist stärker als sein Vorgänger (Graf Wallis). Hoffentlich schlage ich ihn auf glänzende Weise. Mache Dir keine Sorgen. Liebe mich wie Deine Augen — nein, das genügt nicht — liebe mich wie Dich selbst, mehr als Dich selbst: wie Deine Seele, Deine Gedanken, Dein Leben, Dein Alles!

Süße Freundin, verzeihe. Ich rede im Fieber. Der, dem Du allein Leben verleihst und der so stark empfindet, ist schwach.   B o n a p a r t e

PS. Für Barras, Sucy, Madame Tallien aufrichtige Freundschaft, an Frau Chateaurenault ein paar Höflichkeiten. Für Eugen und Hortense wahre Liebe. Leb wohl, leb wohl! Ich lege mich ohne Dich zu Bett. Ohne Dich muß ich ruhen! Bitte, laß mich schlafen. Immer wieder schließe ich Dich in meine Arme. O, glücklicher Traum! — Doch — Du bist es nicht selbst!

*

Brief um Brief fliegt zu ihr. Die Sehnsucht verzehrt ihn immer mehr. Fast täglich schreibt er. Alles, was er denkt, was er empfindet, legt er in den Briefen an Josephine nieder. Manche Lücke reißt der Krieg in die Reihen der jungen Offiziere, die Bonaparte von Sieg zu Sieg folgen. Manchen Freund verliert er. Von Toulon her kennt er Chauvet, den er zum Kriegskommissar bei der Italienischen Armee ernennen ließ. Seinen Tod beklagt Napoleon aufs tiefste. Die Greuel der Revolution und die Schrecken des Kriegs haben in ihm weder Mitgefühl noch Trauer über ein zu früh dahingegangenes Menschenleben erstickt. Der Mann, der Tausende um des Ruhmes willen in den Tod schickt, kann über einen gefallenen Freund klagen! Er denkt über das Mysterium des Lebens und des Todes nach, den er täglich in der schrecklichsten Form vor Augen sieht. Er weint.

An die Bürgerin Bonaparte, wohnhaft bei der Bürgerin Beauharnais, rue Chantereine No. 6 Chaussée d'Antin, in Paris

Albenga, 16. Germinal des Jahres IV.
(5. April 1796)

Es ist ein Uhr nachts, geliebte Freundin. Soeben bringt man mir einen Brief, der mich tief bewegt. Chauvet ist tot! Er war Oberkriegskommissar bei der Armee. Du hast ihn manchmal bei Barras gesehen. Liebe Freundin, ich bedarf des Trostes. Ich muß Dir schreiben, muß Dir, die Du so viel über mich vermagst, meinen Kummer mitteilen. Was ist die Zukunft, was die Vergangenheit? Was sind wir? Welch magisches Fluidum umgibt uns und verbirgt uns Dinge, die wir gern ergründen möchten? Wir werden geboren, wir leben, wir sterben mitten unter Wundern. Ist es da wohl erstaunlich, daß Priester, Astrologen und Quacksalber diesen seltsamen Zustand benutzt haben, um unsern Geist nach Gefallen und nach ihren eigennützigen Phantasien zu beherrschen und zu lenken?

Chauvet ist tot! Er war mir sehr ergeben. Er hätte dem Vaterland die wesentlichsten Dienste geleistet. Seine letzten Worte waren: er verreise, um sich zu mir zu begeben. Nun sehe ich überall seinen Schatten. Er schwebt in der Luft, seine Seele ist in den Wolken. Ach, ich Unsinniger! Ich vergieße Tränen der Freundschaft. Wer aber sagt mir, daß ich nicht noch andere zu weinen habe? Seele meines Lebens, schreibe mir mit jedem Kurier. Sonst sterbe ich!

Ich bin hier äußerst beschäftigt. Beaulieu setzt seine Armee in Bewegung. Wir stehen uns gegenüber. Ich bin ziemlich erschöpft, denn ich sitze fortwährend im Sattel.

Leb wohl, leb wohl! Jetzt gehe ich zu Bett, denn der Schlaf tröstet mich. Im Traum sehe ich Dich an meiner Seite und schließe Dich in meine Arme. — Aber ach! Wenn ich erwache, bin ich 300 Stunden von Dir entfernt!

Viele Grüße an Barras, an Tallien und an seine Frau.

* Bonaparte

Josephine, die Leichtlebige, nimmt in Paris die Sehnsuchtsschreie des fernen Mannes nicht so ernst. Paris, das Lockende, das Verführerische hält sie fest. Ihre Briefe sind oft nur flüchtig hingeworfene Billetts. Während Napoleon im Pulverrauch und Schlachtengetümmel lange Seiten an sie fertigbringt und nur an sie denkt, unterhält und flirtet sie in Paris mit einem jungen Adjutanten und läßt sich den Hof machen. Um Napoleons Eifersucht abzulenken, neckt die Schlaue ihn selbst mit eifersüchtigem Gerede. Aber es ist ihr nicht ernst. Sie weiß: Er liebt sie, nur sie allein, — und leidet. Die beißende Ironie in seinem Brief ist nur ein dünner Mantel für seine Herzensqual.

An die Bürgerin Bonaparte bei der Bürgerin Beauharnais, rue Chantereine, No. 6, in Paris

Albenga, den 18. Germinal des Jahres IV.
(7. April 1796)

Geliebte Freundin,

ich habe soeben Deinen Brief erhalten, den Du unterbrochen hast, um, wie Du schreibst — eine Landpartie zu machen! Und Du quälst mich mit Eifersüchteleien, mich, der ich von Arbeit und Strapazen vollkommen erschöpft bin? Ach, meine liebe Freundin!... Natürlich habe ich unrecht. Im Frühling ist es so schön auf dem Lande. Und außerdem befand sich wahrscheinlich der neunzehnjährige Liebhaber dort... Du könntest ja einen Augenblick verlieren, wenn Du an mich schreibst, an mich, der 300 Meilen entfernt von Dir weder lebt noch genießt, der nur in dem Gedanken an Dich sein Leben fristet, der Deine Briefe liest, wie wenn man nach sechsstündiger Jagd sein Lieblingsgericht verschlingt.

Ich bin unzufrieden mit Dir. Dein letzter Brief ist kalt wie die Freundschaft. Ich finde darin nicht das glühende Feuer Deiner Augen, das ich zuweilen darin zu erblicken glaubte. Doch, wie seltsam bin ich! Deine ersten Briefe fand ich schädlich für mein Herz. Der Aufruhr, den sie in mir entfachten, störte meine Ruhe und bannte mir die Sinne. Ich wünschte Deine Briefe kälter, und jetzt durchdringen sie mein Herz mit der Kälte des Todes.

Die Angst, von Josephine nicht geliebt zu werden, der Gedanke, sie untreu zu wissen... nein, ich schaffe mir Leiden! Es gibt der wahren Schmerzen so viele. Muß man sich da noch eingebildete schaffen? Du kannst mir diese grenzenlose Liebe nicht eingeflößt haben, ohne sie selbst zu empfinden. Bei Deinem Charakter, Deinem Denken, Deinem Verstand kann man nicht als Vergeltung für so große Hingabe den Todesstoß versetzen.

Frau von Chateaurenaults Brief habe ich erhalten. Ich habe sofort an den Minister geschrieben... Morgen werde ich Frau Chateaurenault selbst antworten. Sage ihr die üblichen Höflichkeiten von meiner Seite. Für Madame Tallien und Barras aufrichtige Freundschaftsgrüße.

Du sagst mir nichts über Dein schlechtes Befinden. Ich verfluche es! Leb wohl bis morgen, mio dolce amore. Ein Gedenken meiner einzigen Frau, eine Gunst des Schicksals, das allein sind meine Wünsche! Ein einziges Mal denke nur an mich, so wie ich jeden Augenblick an Dich denke.

Mein Bruder (Joseph) ist hier. Er hat meine Heirat mit Freuden erfahren und brennt darauf, Dich kennenzulernen. Ich will versuchen, ihn zu bereden, daß er nach Paris geht. Seine Frau (Julie Clary) ist von einer Tochter entbunden worden. Er schickt Dir eine Schachtel Bonbons aus Genua. Von mir wirst Du Orangen, Parfüm und Orangenblütenwasser erhalten.

Junot und Murat lassen sich Dir empfehlen.

B o n a p a r t e

*

Schließlich hält Napoleon die Trennung von der geliebten Frau nicht länger mehr aus. Die Siege von Montenotte und Millesimo tragen seinen Namen in die Welt. Doch was ist ihm das alles — ohne Josephine! Es wird ein Waffenstillstand mit dem General Colli — wenn auch nur ein kurzer — abgeschlossen werden: Dann hat der Oberbefehlshaber der Italienischen Armee ein paar Tage der Ruhe. Sie mit Josephine zu genießen, ist sein erster Gedanke. Sie muß kommen, rasch, ohne Aufenthalt soll sie zu ihm eilen! Joseph, sein Bruder, vor dem er keine Geheimnisse hat, den er liebt, dessen Zukunft ihm besonders am Herzen liegt, bringt ihr den Brief, den Napoleon in dem Wiedersehensglück adressiert:

An meine süße Freundin.
                    Hauptquartier Carru, 5. Floréal
                    (24. April 1796)

Mein Bruder wird Dir diesen Brief übergeben. Ich empfinde die aufrichtigste Freundschaft für ihn und hoffe, er wird auch die Deine erwerben. Die Natur hat ihn mit einem sanften, sich immer gleichbleibenden, unwandelbaren und guten Charakter begabt. Er besitzt sehr viele gute Eigenschaften. Ich schreibe an Barras, daß man Joseph zum Konsul in irgendeiner italienischen Hafenstadt ernenne. Er sehnt sich danach, mit seiner kleinen Frau fern vom Strudel der Geschäfte zu leben. Ich empfehle ihn Dir besonders.

Deine Briefe vom 16. und 21. habe ich erhalten. Du hast also mehrere Tage verstreichen lassen, ohne mir zu schreiben! Was tust Du denn immer? Meine liebe, süße Freundin, ich bin nicht eifersüchtig, nur manchmal sehr unruhig. Komme geschwind! Ich sage es Dir im voraus: wenn Du zögerst, wirst Du mich krank finden. Die Strapazen und Deine Abwesenheit — das ist zu viel auf einmal.

Deine Briefe sind das Glück meiner Tage, und unsere glücklichen Tage sind nicht häufig.

Junot bringt 22 Fahnen nach Paris. Du mußt mit ihm zurückkommen, hörst Du? Mein Unglück wäre ungeheuer, mein Schmerz untröstlich, ich würde unsäglich leiden, wenn ich das Mißgeschick hätte, ihn allein zurückkehren zu sehen.

Meine angebetete Freundin, er wird Dich sehen! Er wird in Deiner Nähe atmen. Vielleicht gewährst Du ihm die einzige, die unschätzbare Gunst, Deine Wange zu küssen! Und ich, ich werde allein, weit, weit weg von Dir sein! Doch Du kommst mit ihm, nicht wahr? Du wirst hier, hier an meiner Seite, an meinem Herzen, in meinen Armen ruhen. Nimm Flügel! Komm! Komm! Aber reise bequem. Der Weg ist lang, schlecht und anstrengend. Gott, wenn Dein Wagen umwürfe, oder Dir sonst ein Unglück zustieße, wenn die Anstrengung...! Komme schnell! Aber reise langsam, meine angebetete Geliebte, und sei oft und lange in Gedanken bei mir.

Ich habe einen Brief von Hortense erhalten. Sie ist reizend. Ich will ihr schreiben. Ich liebe sie sehr und werde ihr bald die Parfüms schicken, die sie wünscht.

Lies bitte das Kapitel von Carthon und denke, fern von Deinem Freunde, ohne Sorge und Vorwürfe an ihn.

Einen Kuß auf Dein Herz. Bonaparte

PS. Ich weiß nicht, ob Du Geld nötig hast. Du hast mir nie von Deinen Angelegenheiten gesprochen. Im Fall Du welches brauchst, verlange es von meinem Bruder (Joseph). Er hat 200 Louisd'or von mir. Wenn Du jemandem eine Anstellung verschaffen möchtest, so schicke ihn zu mir, ich werde ihn verwenden. Chateaurenault könnte ebenfalls zu mir kommen.

*

Josephine hat es nicht eilig. Die sehnsüchtigen Rufe seines heißen korsischen Herzens finden keinen Widerhall in dem ihren. Sie kommt vorläufig nicht. Um eine Ausrede ist sie nicht verlegen. Sie täuscht ihren leidenden Körper vor, dem eine beginnende Schwangerschaft — so sagt sie ihm wenigstens — Beschwerden macht. Sie weiß, in einem solchen Zustand wird Napoleon sie keinesfalls einer anstrengenden Reise aussetzen. Die List gelingt vollkommen, und gleichzeitig macht sie ihn zum glücklichsten Menschen auf der Welt durch diese Nachricht. Ein Kind! Er wird einen Sohn haben! Von ihr, der geliebtesten der Frauen! Napoleon ist außer sich vor Freude. Aber welche Fürsorge, welche Angst, welche unendliche Liebe für die Leidende. Und welche Reue darüber, daß er auch nur einen Augenblick glauben konnte, sie liebe ihn nicht und wolle nicht kommen, spricht aus seinem Brief. Napoleon ist nach dem glänzenden Siege von Lodi inzwischen als Befreier Italiens im Triumph in Mailand eingezogen. Die Huldigungen einer ganzen Nation, ja der Welt, werden ihm entgegengebracht. Ohne Josephine — was ist ihm das alles? Sie ist krank. Die Eifersucht quält ihn.

An Josephine Bonaparte

Hauptquartier Tortona, mittags, den 27. Prairial des Jahres IV. (15. Juni 1796)

Mein Leben ist ein ununterbrochener quälender Traum, geliebte Freundin. Eine furchtbare Ahnung raubt mir den Atem. Ich lebe nicht mehr. Ich habe mehr als mein Leben, mehr als mein Glück, mehr als meine Ruhe verloren! Ich bin ganz hoffnungslos. Ich schicke Dir einen Boten. Er soll nur vier Stunden in Paris bleiben und mir sofort Deine Antwort bringen.

Schreibe mir zehn Seiten. Das allein kann mich ein wenig trösten. Du bist krank. Du liebst mich. Ich habe Dich gekränkt. Du bist guter Hoffnung. Und ich kann nicht bei Dir sein! Dieser Gedanke entsetzt mich. Ich habe Dir so großes Unrecht getan, daß ich nicht weiß, wie ich es wieder gutmachen soll. Ich mache Dir Vorwürfe, daß Du in Paris bleibst. Und Du bist krank! Verzeihe mir, geliebte Freundin. Die Liebe, die Du mir eingeflößt hast, beraubt mich aller Vernunft. Nie werde ich sie wieder finden, denn von diesem Übel wird man nie geheilt.

Meine Ahnungen sind so furchtbar, daß ich schon zufrieden wäre, Dich zwei Stunden an mein Herz drücken und mit Dir sterben zu können. Wer pflegt Dich? Ich vermute, Du hast Hortense kommen lassen. Ich liebe dieses gute Kind noch tausendmal mehr, seit ich weiß, daß sie Dich ein wenig trösten kann. Für mich allein gibt es keinen Trost, keine Ruhe, keine Hoffnung, ehe der Kurier zurück ist, den ich Dir sende. Erst, wenn Du mir in einem langen Brief auseinandergesetzt hast, was Dir fehlt und bis zu welchem Grad Deine Erkrankung ernst zu nehmen ist, werde ich ruhiger sein. Sollte sie gefährlich sein, dann wisse, daß ich sofort nach Paris eile. Meine Gegenwart wird zu Deiner Besserung beitragen. Immer war ich vom Glück begünstigt. Nie hat das Schicksal meinem Willen widerstanden. Heute aber werde ich in meinem Einzigen, meinem Teuersten schwer betroffen.

Josephine! Wie konntest Du mich so lange ohne Nachricht lassen? Dein letzter lakonischer Brief ist vom 3. dieses Monats. Er macht mich noch jetzt traurig. Dennoch trage ich ihn immer bei mir. Dein Bild, Deine Briefe sind immer vor meinen Augen.

Ich bin nichts ohne Dich. Kaum begreife ich, daß ich leben konnte, ehe ich Dich kannte. Ach! Josephine! Wenn Du mein Herz kenntest, würdest Du da vom 29. (Mai) bis zum 16. (Juni) mit Deiner Abreise von Paris gezögert haben? Würdest Du treulosen Freunden Dein Ohr leihen, die Dich vielleicht von mir entfernen wollen? Ich habe die ganze Welt in Verdacht. Ich hasse alles, was Dich umgibt. Ich hoffe nun bestimmt, daß Du am 5. Juli in Lyon und am 15. in Mailand bist.

Josephine, wenn Du mich liebst, wenn Du glaubst, daß die Reise Deiner Gesundheit schadet, dann schone Dich. Ich wage es doch nicht, Dir zu einer so langen Reise, und noch dazu bei dieser Hitze, zu raten. Reise wenigstens mit vielen Unterbrechungen, wenn Du überhaupt dazu imstande bist. Schreibe mir von jedem Rastorte aus und schicke mir Deine Briefe mit Eilboten.

Alle meine Gedanken vereinigen sich in Deinem Schlafzimmer, an Deinem Bett, an Deinem Herzen. Deine Krankheit beschäftigt mich Tag und Nacht. Ich habe weder Appetit, noch finde ich Schlaf, noch Interesse für die Freundschaft, den Ruhm, das Vaterland! Du, nur Du lebst in mir; die übrige Welt kümmert mich ebenso wenig, als wäre sie nicht vorhanden. Es liegt mir an der Ehre, weil Dir daran gelegen ist, am Siege, weil es Dir Vergnügen macht. Ohne dies hätte ich schon längst alles im Stich gelassen, um mich Dir zu Füßen zu werfen. Zuweilen sage ich mir wohl: ich beunruhige mich ohne Grund; schon ist sie wiederhergestellt; sie reist ab, sie ist vielleicht schon unterwegs, schon in Lyon! O, eitler Wahn! Du liegst in Deinem Bett, leidend, doch tausendmal schöner, interessanter, anbetungswürdiger! Du bist blaß, aber Deine Augen sind desto schmachtender. Wann wirst Du wieder gesund sein? Warum kann ich nicht der Kranke von uns beiden sein! Stärker und mutiger würde ich die Leiden besser ertragen. Wie grausam ist doch das Schicksal! Es trifft mich in Dir. Nur der Gedanke tröstet mich bisweilen, daß es wohl vom Schicksal abhängt, Dich aufs Krankenlager zu werfen, von niemandem jedoch, daß ich genötigt bin, Dich zu überleben.

Sage mir, meine süße Freundin, daß Du überzeugt bist, daß ich Dich über alle Begriffe hinaus liebe, daß alle meine Zeit Dir geweiht ist, daß nie eine Stunde vergeht, in der ich nicht an Dich denke. Nie ist es mir in den Sinn gekommen, an eine andere Frau zu denken. Sie sind in meinen Augen alle ohne Anmut, Schönheit und Geist. Du, nur Du allein, so wie Du bist, so wie ich Dich sehe, kannst mir gefallen und mein ganzes Innere, meine Seele in Dich aufnehmen. Du nimmst all mein Sein in Anspruch. Keine Falte meines Herzens ist Dir verborgen, alle meine Gedanken gehören Dir. Meine Kräfte, meine Arme, mein Geist, alles, alles ist Dein. Meine Seele lebt in Deinem Körper, und der Tag, an dem Du Dich ändern oder gar aufhören würdest zu leben, wäre auch mein Todestag. Die Natur, die Erde sind in meinen Augen nur schön, weil Du sie bewohnst.

Wenn Du das alles nicht glaubst, wenn Dein Herz nicht davon überzeugt und durchdrungen ist, so bin ich tieftraurig, denn dann liebst Du mich nicht. Es ist ein magnetischer Strom zwischen zwei Menschen, die sich lieben.

Du weißt, ich könnte es nicht ertragen, wenn Du einen Geliebten hättest: ihn sehen und ihm das Herz durchbohren wäre das Werk eines Augenblicks! Und dann würde ich, wenn ich es könnte, die Hand an Deine geheiligte Person legen... Nein, das würde ich niemals wagen! Aber ich, ich würde von einem Leben scheiden, in dem ich von dem tugendhaftesten Geschöpfe betrogen worden wäre. Josephine, ich bin stolz auf Deine Liebe! Das Unglück ist der Probierstein, der uns gegenseitig die Kraft unserer Leidenschaft offenbart.

Ein Kind, liebenswürdig wie seine Mutter, wird in Deinen Armen das Licht erblicken! Es wird lange Zeit an Deinem Herzen liegen. O, ich Unglücklicher! ich würde mich mit einem einzigen Tag begnügen! Tausend Küsse auf Deine Augen, Deine Lippen, Deinen Mund, auf Dein Herz. Angebetete Frau, welche Macht übst Du über mich aus! Ich bin krank, weil Du krank bist. Außerdem habe ich noch ein heftiges Fieber.

Halte den Boten nicht länger als sechs Stunden auf, damit er sogleich zurückkehre, um mir den teuren Brief meiner Königin zu überbringen.

Erinnerst Du Dich noch des Traumes, in welchem ich Dir Deine Schuhe und Deine Kleider wegnahm, um Dich ganz in mein Herz eingehen zu lassen? Bonaparte

*

Je weniger Josephine schreibt, je länger sie zögert zu ihm zu kommen, desto mehr steigert sich der Liebestaumel, die Eifersucht, die wahnsinnige Sehnsucht des Generals Bonaparte. Sie begreift ihn nicht. Wie kann er nur von ihr verlangen ihm in den Krieg zu folgen? Hat das vielleicht jemals Alexander de Beauharnais von ihr gefordert? Sie findet Bonaparte recht komisch, aber sie weiß auch: gegen seinen eisernen Willen ist nicht anzukommen. Er liebt sie mehr als seinen Ruhm, aber diesen Ruhm will er nur mit ihr genießen. Endlich entschließt sie sich, abzureisen. Sie ist bereits unterwegs zu ihm, als er ihr den folgenden Brief schreibt, ohne Bestimmtes über ihre Abreise zu wissen.

An die Bürgerin Bonaparte in Paris

Hauptquartier Pistoia in Toskana, den 8. Messidor des Jahres IV. (26. Juni 1796)

Seit einem Monat habe ich von meiner Freundin nur drei Briefe von wenigen Zeilen erhalten. Was hat sie denn so Wichtiges zu tun? Hat sie niemals das Bedürfnis an ihren Freund zu schreiben? Oder auch nur an ihn zu denken? Leben, ohne an Josephine zu denken, wäre für Deinen Freund der Tod. Dein Bild verschönt mein Dasein. Es macht mich froh, wenn ich mich traurigen und finsteren Gedanken und meinem maßlosen Schmerz überlasse...

Vielleicht kommt doch ein Tag, an dem ich Dich wiedersehe! Jetzt aber zweifle ich nicht, daß Du noch in Paris weilst. Nun, an diesem Tag des Wiedersehens, will ich Dir alle die Briefe zeigen, die ich nicht absandte, weil sie töricht waren. Nein, dumm waren sie, ja das ist der richtige Ausdruck dafür. Mein Gott, Josephine! die Du andere so verliebt machen kannst, ohne selbst Liebe zu empfinden, sage mir, wie man von dieser Krankheit geheilt wird! Ich würde alles darum geben, um dieses Heilmittel zu kennen.

Du hättest am 5. Prairial abreisen sollen. In meiner Einfalt erwartete ich Dich am 15. Als ob eine hübsche Frau ihre Gewohnheiten, ihre Freunde, Madame Tallien, ein

Diner bei Barras, ein neues Theaterstück und Fortuné (ihren Hund), ja Fortuné im Stich ließe! Du liebst sie alle mehr als Deinen Mann. Für ihn hast Du nur ein wenig Achtung und einen sehr kleinen Teil von jener Güte übrig, an der Dein Herz so reich ist.

Wir wollen einmal Dein Unrecht und Deine Fehler rekapitulieren, Josephine. Ich will mir einbilden, Dich nicht mehr zu lieben. Ach, da merke ich schon, daß ich Dich noch viel mehr liebe. Meine unvergleichliche kleine Frau, ich muß Dir endlich alles sagen. Spotte meiner, bleibe in Paris, habe Liebhaber vor aller Welt, schreibe niemals! Ich werde Dich trotzdem noch tausendmal lieber haben. Ist das nicht Narrheit, Fieber, Wahnsinn? Und nie werde ich davon geheilt werden. Doch, ich werde genesen. Aber sage mir nicht, Du seiest krank. Suche Dich nicht zu rechtfertigen. Mein Gott! Ich habe Dir verziehen. Ich liebe Dich wahnsinnig. Nie wird mein armes Herz aufhören, Dich, geliebte Freundin, anzubeten.

Wenn Du mich nicht liebtest, wäre es mein Verhängnis. Du hast mir nicht geschrieben, weil Du krank warst. Du bist nicht gekommen, weil es das Schicksal nicht wollte. Und dann — Dein Kranksein — Dein Kind — es regte sich bereits, daß es Dir Schmerzen verursachte!

Nun aber bist Du durch Lyon gereist, wirst am 10. (Juli) in Turin sein und am 12. in Mailand eintreffen. Dort sollst Du mich erwarten. Dann bist Du in Italien, aber ich werde trotzdem noch weit, weit von Dir entfernt sein.

Leb wohl, meine über alles Geliebte. Einen Kuß auf Deinen Mund, einen andern auf Dein Herz und einen dritten Deinem Kinde.

Wir haben mit Rom (23. Juni 1796 in Bologna) Frieden geschlossen und werden viel Geld erhalten. Morgen werden wir in Livorno sein, und sobald ich kann, werde ich in Deinen Armen, zu Deinen Füßen, an Deinem Herzen liegen.   B o n a p a r t e

*

Endlich hat sein Sehnen ein Ende. In Verona erfährt der General Bonaparte die Nachricht vom Eintreffen der Erwarteten vor Mailand. Es hält ihn keine Minute länger von ihr fern. Er eilt ihr entgegen. An der Porta Vercellina trifft er mit Josephine am 12. Juli zusammen. Welches Glück, welche Freude! Doch Napoleons Zeit ist bemessen. Wenige Tage später ruft ihn die Pflicht, oder besser Wurmser, wieder ins Feld. Die Belagerung von Mantua beginnt am 18. Juli. Bonapartes Hauptquartier befindet sich am 17. in Marmirolo. Noch ist die Begegnung mit der Geliebten wie ein Rausch in ihm. Und daß sie ihm gleich geschrieben, daß sie sogar bitterlich geweint hat, als er von ihr ging, das macht ihn unendlich glücklich.

An Josephine Bonaparte in Mailand
            Marmirolo, den 29. Messidor, 9 Uhr abends
                       (17. Juli 1796)

Ich erhalte soeben Deinen Brief, meine angebetete Freundin. Er hat mein Herz mit Freude erfüllt. Tausend Dank für die Mühe, die Du Dir genommen, mich von Deinem Befinden zu unterrichten. Heute wird es Dir wohl besser gehen, ja ich bin überzeugt, Du bist schon ganz gesund. Ich rate Dir dringend zu reiten. Es wird auf Deine Gesundheit nur wohltuend wirken.

Seit ich wieder fern von Dir bin, bin ich immer traurig. Glücklich bin ich nur in Deiner Nähe. Ich denke fortwährend an Deine Küsse, Deine Tränen. Deine reizende Eifersucht und Dein Zauber, unvergleichliche Josephine, entfachen immer wieder von neuem die wildlodernde Flamme meines Herzens und meiner Sinne. Wann werde ich endlich, frei von Sorgen und Kriegsgeschäften, alle meine Zeit bei Dir verbringen können? Wann werde ich nichts anderes zu tun haben, als Dich zu lieben? An nichts anderes als an das Glück zu denken, es Dir zu sagen und zu beweisen? Ich will Dir Dein Pferd schicken, hoffe aber, daß Du bald zu mir (ins Hauptquartier) kommen kannst.

Vor einiger Zeit glaubte ich Dich zu lieben, doch seit ich Dich wiedergesehen habe, weiß ich, daß ich Dich noch tausendmal mehr liebe. Je länger ich Dich kenne, desto heißer bete ich Dich an. Das beweist, wie falsch der Grundsatz La Bruyères' ist: die Liebe kommt mit einem Male. Alles in der Natur geht seinen Gang und hat seine verschiedenen Grade der Steigerung. Ach, laß mich, ich bitte Dich, wenigstens einige Deiner Fehler sehen! Sei weniger schön, weniger reizend, weniger zärtlich, weniger gut. Sei vor allem niemals eifersüchtig. Weine niemals. Deine Tränen bringen mich um allen Verstand. Sie regen mich furchtbar auf. Glaube mir, es steht nicht mehr in meiner Macht, auch nur einen Gedanken zu fassen, der nicht Dir gehört, eine Idee, die sich nicht mit Dir verbindet.

Ruhe Dich gut aus. Erhole Dich recht schnell. Komme bald zu mir, damit wir wenigstens, ehe wir sterben, sagen können: wir waren so viele Tage glücklich.

Millionen Küsse, selbst für Fortuné (den Hund), trotz seiner Garstigkeit. B o n a p a r t e

*

„Wurmser soll mir Deine Tränen teuer bezahlen", hatte Napoleon zu Josephine gesagt, als er sie beim Abschied in Mailand weinen sah. Und er hielt Wort. Zwölf Tage belagerte er aufs hartnäckigste Mantua, bis er am 30. Juli die Belagerung aufgab, um Wurmser bei Castiglione ein paar Tage später, im August, zu schlagen. Wurmser ist ein ebenbürtiger Gegner. Er macht es Napoleon gewiß nicht leicht. Und doch vergeht kein Tag in dieser Zeit, an dem der General Bonaparte nicht an Josephine in Mailand schreibt. Eine schöne Mondnacht stimmt ihn elegisch. Er denkt an Vergil, seinen Lieblingsdichter, während der Kanonendonner eine Weile schweigt.

Marmirolo, 13. Messidor, 2 Uhr nachmittags
(18. Juli 1796)

Meine geliebte Freundin,

ich habe die ganze Nacht unter den Waffen zugebracht. Mit einem kühnen und glücklichen Schlag hätte ich Mantua genommen, doch der See ist plötzlich zurückgetreten, so daß meine bereits eingeschiffte Kolonne nicht eintreffen konnte. Heute Abend fange ich es auf andere Weise an. Das Ergebnis wird dann befriedigender sein.

Ich erhielt soeben einen Brief von Eugen (Josephines Sohn) und schicke ihn Dir. Bitte schreibe den lieben Kindern in meinem Namen und sende ihnen einige Geschenke. Sage ihnen auch, daß ich sie wie meine eigenen Kinder liebe. Alles, was Dir gehört, ist tief in meinem Herzen eingegraben, und es gibt darin keinen Unterschied mehr zwischen Dein und mein.

Ich sorge mich sehr zu wissen, wie es Dir geht und was

Du tust. Ich war im Dorfe Vergils. Der Mond goß sein silbernes Licht über das Seeufer aus, und meine Gedanken waren immerdar bei Josephine.

Am 18. hat der Feind einen allgemeinen Ausfall gemacht. Er hat uns 200 Mann getötet und verwundet und hat selbst bei seinem überstürzten Rückzug 500 Mann verloren.

Es geht mir gut. Ich gehöre nur meiner Josephine. Vergnügen und Glück kenne ich nur in ihrer Gesellschaft.

In Brescia sind drei neapolitanische Regimenter angekommen, die sich infolge des Vertrags, den ich mit Pignatelli (26. Juni in Pistoia) abgeschlossen, von der österreichischen Armee getrennt haben.

Ich habe meine Tabakdose verloren. Wähle mir bitte eine etwas flache aus und lasse irgend etwas Hübsches eingravieren; lege eine Haarlocke von Dir bei.

Tausend Küsse ebenso heiß, wie Du kalt bist. Liebe ohne Ende, und Treue, die jeder Prüfung standhält! Ehe Joseph abreist, wünsche ich mit ihm zu sprechen.

*
Bonaparte

Josephine wohnt in Mailand in dem herrlichen Palazzo Serbelloni. Um sie herum bildet sich bald ein Kreis junger glänzender Generalstabsoffiziere. Sie alle legen der Gattin ihres gefeierten Oberbefehlshabers ihre Huldigung zu Füßen. Sie ist glücklich. Sie erntet fast ebensoviel Ruhm als Bonaparte selbst. Sie tanzt und unterhält sich ausgezeichnet. Ihre Tränen sind längst getrocknet. Der junge Hauptmann Charles, ein Adjutant des Generals Leclerc, derselbe, auf den Napoleon schon einmal in Paris eifersüchtig sein zu müssen glaubte, ist in Mailand. Er macht Josephine den Trennungsschmerz vergessen. Sie läßt zwei Tage hingehen, ehe sie an Napoleon schreibt — zwei lange Tage, ohne ein Zeichen von ihr! Welche Ewigkeit für ihn! Mitten im Schlachtenlärm vor Mantua klagt er um dieses Vergessen:

An Frau Bonaparte in Mailand

Marmirolo, den 1. Thermidor des Jahres IV.
(19. Juli 1796)

Meine geliebte Freundin,

schon seit zwei Tagen bin ich ohne Nachricht von Dir. Wohl dreißigmal habe ich mir immer dasselbe gesagt. Begreifst Du, wie traurig das ist? Du weißt ja nicht, welche zarte und einzige Sorge Du mir einflößt.

Gestern haben wir einen Sturm auf Mantua unternommen. Wir haben es mit Feuerbomben und Mörsern beschossen. Die ganze Nacht stand die elende Stadt in Flammen. Es war ein furchtbares, aber imposantes Schauspiel. Wir haben uns mehrerer Außenwerke bemächtigt. Heute Nacht eröffnen wir die Laufgräben. Morgen begebe ich mich mit dem Hauptquartier nach Castiglione, wo ich die Nacht zu verbringen gedenke.

Aus Paris erhielt ich einen Kurier, der zwei Briefe für Dich hatte. Ich habe Sie gelesen. Obwohl mir das ganz natürlich schien und Du mir auch früher die Erlaubnis dazu gegeben hast, fürchte ich doch, Du könntest mir deshalb böse sein. Das betrübt mich unendlich. Anfangs wollte ich sie wieder versiegeln. Pfui, wie häßlich! Wenn ich unrecht getan habe, so bitte ich Dich um Verzeihung. Ich schwöre Dir, es geschah nicht aus Eifersucht. Nein, gewiß nicht. Ich habe in dieser Hinsicht eine zu hohe Meinung von meiner angebeteten Josephine. Dennoch wünschte ich, Du gäbest mir unumschränkte Vollmacht, alle Deine Briefe zu lesen. Dann brauchte ich wenigstens keine Gewissensbisse und Befürchtungen mehr zu haben.

Soeben kommt Achill als Kurier aus Mailand an. Keinen Brief von meiner angebeteten Freundin! Leb wohl, mein einziges Lieb! Wann wirst Du zu mir kommen können? Ich werde Dich selbst von Mailand abholen. Tausend Küsse, so heiß wie mein Herz, so rein wie das Deine.

Ich habe den Kurier rufen lassen. Er sagte mir, daß er bei Dir gewesen sei, Du ihm aber nichts aufzutragen hattest. Pfui! Du Böse, Du Garstige, Du Grausame, Du Tyrannin, Du kleines, süßes Ungeheuer! Du lachst über meine Drohungen, über meine Torheit. Ach, Du weißt genau, daß, wenn ich könnte, ich Dich in mein Herz einsperren und darin gefangenhalten würde.

Schreibe mir, daß es Dir gut geht, Du fröhlich bist und mich zärtlich liebst. B o n a p a r t e

*

Seine Operationen gegen Wurmser führen ihn bereits in der zweiten Hälfte des Juli nach Castiglione, Lonato,

Peschiera, Brescia. Wieder ist es die Sehnsucht nach Josephine, die ihm keine Ruhe läßt. Sie soll zu ihm ins Hauptquartier kommen. Oder, wenn das unmöglich ist, dann will er selbst versuchen, einen Abstecher nach Mailand zu machen — und wenn es auch nur für einen kurzen Augenblick ist — er muß sie wiedersehen. Die Gerüchte, die man über Josephines Untreue aussprengt, glaubt er nicht im Ernst. Manch eifersüchtiges Wort schleicht sich zwar in seine Briefe an die geliebte Frau. Doch vorläufig spielt Napoleon noch mit diesem Gedanken. Er neckt Josephine mit dem jungen Anbeter, mit dem Gecken Hippolyte Charles und schreibt:

An Madame Josephine Bonaparte in Mailand
den 3. Thermidor des Jahres IV, 8 Uhr morgens
Castiglione, 21. Juli 1796

Ich hoffe bei meiner Ankunft heute Abend einen Brief von Dir, geliebte Freundin, zu erhalten. Du weist, welche Freude mir Deine Briefe bereiten, und ich bin gewiß, Du schreibst sie gern. Heute Nacht breche ich nach Peschiera, ins Gebirge... nach Verona, auf. Von dort gehe ich nach Mantua und vielleicht — nach Mailand, um mir einen Kuß zu holen. Du schreibst mir ja, Deine Küsse seien nicht eingefroren. Ich hoffe, Du bist dann wieder völlig hergestellt und kannst mich ins Hauptquartier begleiten, um mich dann nie mehr zu verlassen.

Bist Du nicht die Seele meines Lebens und der Gedanke meines Herzens?

Ich schicke Dir ein Stück Florentiner Taft, woraus Du Dir ein schönes Kleid machen lassen kannst, das Du an Sonntagen und den Tagen trägst, an denen Du Dich besonders schön machen mußt. Du siehst, wie freigebig ich bin. Es kostet nicht mehr als 30 Franken. Das ist jedoch nicht alles. Ich werde Dir noch ein hübsches Kleid aus Crêpe senden. Schreibe mir, bitte, und gib mir Qualität, Größe und Farbe an. Ich werde es Dir nach Bologna schicken, damit Du es dort in Empfang nehmen kannst.

Die Leute, die Du protegierst, sind zwar etwas hitzig und haben es sehr eilig, doch ich freue mich, für sie etwas tun zu können, was Dir angenehm ist. Sie sollen nach Mailand kommen. Nur müssen sie sich noch etwas gedulden.

Nun kennst Du Mailand sicher schon sehr gut. Vielleicht hast Du den Liebhaber gefunden, den Du suchtest. Und wenn Du ihn gefunden hast — es ist gewiß nicht meine Schuld —. Vermute ich richtig oder nicht? ... Doch nein! Wir wollen eine bessere Meinung von uns haben.

Übrigens sagt man mir, daß Du jenen Herrn (einen Herrn Monglas), den Du mir für die Armeelieferungen empfiehlst, schon sehr lange und sehr gut kennst. Wenn das wahr ist, so wärest Du ein Ungeheuer.

Was tust Du jetzt? Wahrscheinlich schläfst Du. Und ich bin nicht bei Dir, um Deinen Atem zu spüren, Deine Anmut zu bewundern und Dich mit Zärtlichkeiten zu überschütten! Fern von Dir sind die Nächte so lang, so monoton, so traurig. In Deiner Nähe bedauert man, daß es nicht immer Nacht ist.

Lebe wohl Schöne, Gute, Unvergleichliche, Göttliche. Tausend glühende Liebesküsse überallhin, überallhin.

Bonaparte

*

Da Napoleon selbst auch nicht für eine Stunde abkommen kann, dringt er darauf, daß Josephine nicht länger mehr zögert und ihm ins Feld folgt. Gleich am nächsten Tag schreibt er ihr wieder deshalb. Sie soll nach Brescia kommen, wo er in den nächsten Tagen zu sein gedenkt.

Castiglione, den 4. Thermidor des Jahres IV.
(22. Juli 1796)

Liebe Freundin,

das Heer erfordert meine Anwesenheit in dieser Gegend. Ich kann mich unmöglich bis Mantua entfernen, denn ich brauchte fünf bis sechs Tage dazu. Während dieser Zeit können Bewegungen stattfinden, die meine Anwesenheit hier notwendig machen.

Du versicherst mir, Deine Gesundheit sei gut. Ich bitte Dich daher, komme nach Brescia. Ich schicke Dir sofort Murat (seinen Adjutanten), damit er für Dich dort eine Unterkunft vorbereitet, wie Du sie wünschest.

Ich glaube es wäre gut, wenn Du am 6. in Cassano übernachtetest, nachdem Du ziemlich spät von Mailand abgereist bist. Am 7. kommst Du nach Brescia, wo der zärtlichste Geliebte Dich erwartet. Ich bin ganz verzweifelt, meine liebe Freundin, wie Du nur glauben kannst, mein Herz könne sich anderen Frauen zuwenden. Es gehört Dir, weil Du es Dir erobert hast, und es wird ewig nur Dir gehören. Ich verstehe nicht, warum Du von Frau T(ureau) sprichst, um die ich mich genau so wenig kümmere wie um die Frauen in Brescia. Wenn es Dir übrigens unangenehm ist, daß ich Deine Briefe öffne, so soll es das letzte Mal gewesen sein. Ein Brief von Dir ist nicht angekommen.

Leb wohl, meine süße Freundin, schreibe mir oft. Komme schnell und bald zu mir und sei glücklich und ohne Sorgen. Alles geht gut. Mein Herz gehört Dir fürs Leben.

Gib dem Generaladjutanten Miollis den Kasten mit den Medaillen wieder zurück. Er schrieb mir, er hätte ihn Dir übergeben. Die Menschen sind schlecht und haben so böse Zungen. Man muß stets über alles im Reinen sein.

Gesundheit, Liebe und baldige Ankunft in Brescia!

Ich besitze in Mailand einen Wagen. Er ist gleichzeitig für die Stadt und fürs Land zu gebrauchen. Bediene Dich seiner, um hierher zu reisen. Bringe Dein Silberzeug und einen Teil der notwendigsten Gegenstände mit. Lege die Reise in kleinen Etappen zurück und während der kühlen Tageszeit, damit Du Dich nicht ermüdest. Die Truppe braucht nur drei Tage, um nach Brescia zu marschieren. Mit der Post sind es vierzehn Wegstunden. Ich rate Dir, am 6. in Cassano zu übernachten. Am 7. komme ich Dir soweit wie möglich entgegen.

Leb wohl, meine Josephine. Tausend zärtliche Küsse.

* Bonaparte

Nun gibt es keine Ausrede mehr für die lebenslustige Josephine. Sie reist von Mailand ab. Kurz vor Brescia jedoch muß sie wieder umkehren, denn die Truppenbewegungen für die nahe Schlacht bei Castiglione machen jeden Zugang und Aufenthalt unmöglich. Napoleon hat Josephine nicht gesehen. Am 3. und 5. August schlug er in zwei Schlachten den General Wurmser und brachte ihm empfindliche Verluste bei. Mit Josephines Bild im Herzen stürmt er weiter vorwärts. Die glänzenden Siege können ihn indes nicht über die Trennung von ihr trösten. Kaum ist sie wieder in Mailand, so schreibt er besorgt von dem noch pulvergeschwärzten Schlachtfeld aus seinem Hauptquartier:

Brescia, den 10. Fruktidor des Jahres IV.
(10. August 1796)

Ich komme soeben an, meine anbetungswürdige Freundin. Mein erster Gedanke ist, Dir zu schreiben. Die Sorge um Dein Befinden und Dein Bild haben mich während der ganzen Zeit nicht einen Augenblick verlassen. Und ich werde nicht früher ruhig, als bis ich einen Brief von Dir habe. Ich erwarte ihn mit großer Ungeduld. Du kannst Dir nicht vorstellen, wie ich mich um Dich sorge. Ich ließ Dich traurig, kummervoll und halb krank (in Mailand) zurück. Wenn Dich die tiefste und zärtlichste Liebe glücklich machen könnte, müßtest Du es sein... Die Arbeit erdrückt mich fast.

Leb wohl, meine süße Josephine. Lieb mich, laß Dir's gut gehen und denke oft, oft an mich.   B o n a p a r t e

*

Josephine in Mailand hat wieder sehr wenig Zeit, an ihren Mann zu denken, noch viel weniger aber an ihn zu schreiben. Ihre Gleichgültigkeit bringt ihn fast zur Verzweiflung. Die Grausame, sie versüßt sein anstrengendes gehetztes Leben von einem Schlachtfeld, von einem Hauptquartier zum andern nicht einmal durch ein paar zärtliche Worte. Und dennoch ist Napoleons Herz voll von Sorge um sie.

An Madame Bonaparte in Mailand

Brescia, den 14. Fruktidor des Jahres IV.
(31. August 1796)

Meine liebe Josephine,

ich breche soeben nach Verona auf. Ich hatte gehofft, von Dir einen Brief zu erhalten. Ich bin in schrecklicher Sorge um Dich. Als ich Dich in Mailand verließ, warst Du nicht ganz wohl. Ich bitte Dich, laß mich nicht in einer solchen Ungewißheit. Du hast mir versprochen öfter zu schreiben, und Dein Mund sprach, was Dein Herz empfand. Wie kannst Du, der die Natur Sanftmut, Anmut und alles, was anziehend ist, verlieh, den vergessen, der Dich so heiß und innig liebt? Drei Tage keinen Brief von Dir! Und ich schreibe Dir so oft. Die Trennung ist schrecklich. Die Nächte sind so lang, so langweilig und leer. Die Tage sind einförmig.

Allein mit meinen Gedanken, meinen Arbeiten, den vielen Schreibereien, den Menschen und ihren hochtrabenden Plänen, besitze ich heute nicht einmal ein paar Zeilen von Dir. Nicht den kleinsten Brief, den ich an mein Herz drücken könnte.

Das Hauptquartier ist aufgebrochen. Ich selbst reise in einer Stunde. Heute Nacht erhielt ich einen Kurier aus Paris. Er brachte für Dich nur den beifolgenden Brief. Er wird Dir gewiß Freude machen.

Denke an mich, lebe für mich, sei oft in Gedanken bei Deinem über alles Geliebten und denke, daß es für ihn nur *ein* zu fürchtendes Unglück gibt. Das wäre, wenn ihn seine Josephine nicht mehr liebte.

Tausend süße zärtliche Küsse nur für Dich.

Lasse sofort Herrn Monglas (einen ihrer Schützlinge) nach Verona abreisen. Ich werde ihn unterbringen. Er muß jedoch vor dem 18. eintreffen. B o n a p a r t e

*

Drei Tage später neue Sehnsuchtsrufe nach Josephines Briefen. Eine große Schlacht bereitet sich vor: die von Montebello. Vorpostengefechte sind bereits im Gange, und wenn den Oberbefehlshaber Bonaparte auch die Hoffnung auf einen glänzenden Erfolg belebt, so verläßt ihn doch nie der Gedanke an Josephine. Selbst wenn er ihr von militärischen Bewegungen berichtet, wenn sein Kopf schwer von Ideen über die nächsten Operationen ist, kehrt er rasch wieder zu der Sprache der Liebe zurück. So schreibt er ihr aus:

Ala, den 17. Fruktidor des Jahres IV.
(3. September 1796)

Anbetungswürdige Freundin,

wir stehen im offenen Felde. Wir haben die feindlichen Vorposten über den Haufen gerannt und ihnen acht bis zehn Pferde und ebenso viele Reiter genommen. Das Heer ist lustig und guter Dinge. Ich hoffe, wir schließen gut ab und können am 19. in Trient einziehen.

Keinen Brief von Dir! Das beunruhigt mich tatsächlich. Und doch versichert man mir, Du befändest Dich wohl. Ja, Du habest sogar einen Ausflug auf dem Comosee gemacht. Mit Ungeduld erwarte ich täglich den Kurier, der mir Nachricht von Dir bringen soll. Du weißt, wie teuer mir Deine Briefe sind. Fern von Dir lebe ich nicht. Mein Lebensglück ist nur in der Nähe meiner süßen Josephine. Denke an mich. Schreibe mir oft, sehr oft! Das ist das einzige Mittel gegen diese grausame Trennung. Hoffentlich ist sie bald vorüber. Bonaparte

Der große Sieg von Montebello ist einer der schönsten Tage im Leben des Feldherrn Bonaparte. Es ist das Glänzendste, was er bis jetzt geleistet hat. Große Ländergebiete kommen dadurch an Frankreich. Er ist stolz auf diesen Ruhm. Glücklich aber macht ihn der Gedanke allein, die Frau, die er über alles liebt, nun endlich wieder an sein Herz drücken zu können. Welcher Jubel über diesen Sieg und das nahe Wiedersehen mit Josephine klingt aus seinem Brief an

Madame Josephine Bonaparte in Mailand

Montebello, den 24. Fruktidor des Jahres IV.
(10. September 1796)

Meine geliebte Freundin,

der Feind hat 18.000 Gefangene verloren, der Rest ist getötet oder verwundet. Es bleibt Wurmser mit einer Kolonne von 1500 Reitern und 5000 Mann Infanterie nichts weiter übrig, als sich in die Festung Mantua zu werfen. (Was der österreichische General auch wirklich am 15. September tat.)

Niemals haben wir einen so dauernden und großen Sieg errungen. Italien, Friaul, Tirol sind der Republik sicher. Der Kaiser von Österreich muß ein zweites Heer ausrüsten. Artillerie, Brückentrain, Bagage, alles ist genommen.

In wenigen Tagen werden wir uns wiedersehen, Geliebte. Das ist der süßeste Lohn für alle meine Anstrengungen, für alle meine Mühe.

Tausend feurige, liebeglühende Küsse

Bonaparte

Kaum kann er erwarten, bis er nach der Schlacht alles erledigt hat, um zu Josephine zu eilen. Wann wird endlich diese Zeit des Hoffens und Harrens für Napoleon zu Ende sein!

An Madame Josephine Bonaparte in Mailand

Ronco, den 26. Fruktidor des Jahres IV.
(12. September 1796)

Seit zwei Tagen, meine liebe Josephine, bin ich hier. Ich habe ein schlechtes Bett, schlechtes Essen und bin recht mißgestimmt, daß ich von Dir getrennt sein muß.

Wurmser ist eingeschlossen. Er hat 3000 Reiter und 5000 Infanteristen zur Verfügung. Augenblicklich steht er in Porto Legnago und versucht, sich auf Mantua zurückzuziehen. Das wird ihm jedoch bald unmöglich sein. Sobald diese Angelegenheit erledigt ist, bin ich in Deinen Armen.

Ich küsse Dich millionenmal   B o n a p a r t e

*

Immer wieder hat er Grund, der koketten und schreibfaulen Frau Vorwürfe zu machen. Leise träufelt von neuem das Gift der Eifersucht in sein empfindsames Herz. Er warnt sie. Er droht ihr. Nimm Dich in acht, Josephine, Du Treulose!

An Madame Bonaparte in Mailand

Verona, am ersten Ergänzungstag des Jahres IV.
(17. September 1796)

Meine teure Freundin,

ich schreibe Dir so oft, Du aber schreibst mir wenig. Du bist ebenso schlecht, garstig, ja ganz abscheulich, wie leichtsinnig. Einen armen Mann, einen zärtlichen Geliebten betrügen, das ist treulos. Soll er deshalb seine Rechte verlieren, weil er fern, weil er mit Arbeit, Strapazen und Mühseligkeiten beladen ist? Was bleibt ihm ohne Josephine, ohne die Versicherung ihrer Liebe noch auf Erden? Was soll er ohne das alles?

Gestern haben wir ein sehr blutiges Gefecht gehabt. Der Feind hat viele Leute verloren und ist vollständig geschlagen worden. Wir haben ihm die Außenwerke von Mantua genommen.

Leb wohl, anbetungswürdige Josephine. In einer dieser Nächte werden sich Deine Türen krachend öffnen, und wie ein Eifersüchtiger werde ich mich in Deine Arme stürzen.

Tausend Liebesküsse   B o n a p a r t e

*

Endlich langen Briefe von der Schweigsamen an. Sie versetzen den beinahe an ihr wirklich Zweifelnden in die glücklichste Begeisterung. Die Anstrengungen und Aufregungen der Schlachten haben Napoleon aufs Krankenlager geworfen. Er fiebert. Josephines Briefe machen ihn gesund. Ach, wären sie nur nicht so kühl! Er findet darin nicht die Flamme erwidert, die sein heißes, korsisches Herz versengt. Wieder nimmt er zur Ironie seine Zuflucht, um ihr nicht sein ganzes seelisches Elend zu entdecken.

An Madame Josephine Bonaparte in Mailand

Modena, den 26. Vendémiaire des Jahres V.
9 Uhr abends (17. Oktober 1796)

Liebe Josephine,

vorgestern bin ich den ganzen Tag im Felde gewesen. Gestern lag ich zu Bett. Fieber und heftige Kopfschmerzen verhinderten mich, Dir, meine angebetete Freundin, zu schreiben. Aber ich habe Deine Briefe erhalten, habe sie an mein Herz und meine Lippen gedrückt, und der Schmerz über Deine Abwesenheit und die hundert Meilen, die uns voneinander trennen, ist verschwunden. Ich sah Dich neben mir. Nicht launenhaft, nicht gereizt, sondern sanft und zärtlich, mit jener weihevollen Güte, die nur meine Josephine besitzt. Es war ein Traum. Kannst Du Dir wohl vorstellen, daß er mein Fieber geheilt hat?

Und doch, wie kalt sind Deine Briefe! So kalt, als wären wir schon fünfzig Jahre miteinander verheiratet. Sie atmen Freundschaft, und aus ihnen sprechen die Gefühle des Lebenswinters. Pfui! Josephine! Das ist sehr garstig, sehr schlecht, äußerst heimtückisch von Ihnen. Was bleibt Ihnen noch zu tun übrig, um mich völlig beklagenswert zu machen? Mich nicht mehr zu lieben. Ach, das ist längst geschehen. Mich hassen? Beinahe wünsche ich es. Denn alles erniedrigt, nur der Haß nicht. Doch Gleichgültigkeit mit einem Herzen von Stein — das Auge starr — der Gang schlaff...

Tausend, tausend Küsse, so zärtlich wie mein Herz.
Es geht mir ein wenig besser. Ich breche morgen auf.
Die Engländer räumen das Mittelmeer. Korsika ist unser!
Gute Nachricht für Frankreich und die Armee.

Bonaparte

Es ist das erste Mal, daß der General Bonaparte wieder nach langer Zeit an die einst so geliebte Heimatinsel denkt. Es ist ihm gelungen, eine Division nach der von den Engländern besetzten Insel zu senden, die dann endgültig, am 22. Oktober 1796, in französischen Besitz kommt. Es ist nur ein kleiner Erfolg im Vergleich zu den großen Taten auf dem Hauptkriegsschauplatz, die hinter Napoleon liegen und ihm noch bevorstehen. Und doch findet er die Eroberung Korsikas der Erwähnung wert. Es ist seine Heimat! Zehn Tage vor der großen Schlacht von Arcole, die Bonaparte wohl zum populärsten General der Welt macht, schreibt er an Josephine zwei Briefe. Der eine ist noch vertrauend, der andere wieder von Unruhe erfüllt. Man könnte glauben, dieser große Schlachtenlenker habe nichts weiter zu tun gehabt, als nur an Josephines Untreue zu denken.

An Madame Josephine in Mailand

Verona, den 19. Brumaire des Jahres V.
(9. November 1796)

Meine liebe Freundin,

seit vorgestern bin ich in Verona. Obwohl ich sehr erschöpft bin, fühle ich mich sonst ganz wohl. Ich habe viel Arbeit und liebe Dich immer noch leidenschaftlich. Jetzt reite ich aus.

Tausend und abertausend Küsse. Bonaparte

Zwei Tage vor der Schlacht von Arcole:

An Madame Josephine Bonaparte in Mailand

Verona, den 3. Frimaire des Jahres V.
(13. November 1796)

Liebe Freundin,

ich liebe Dich überhaupt nicht mehr. Im Gegenteil, ich verabscheue Dich. Du bist häßlich, ungeschickt, dumm, reizlos. Du schreibst mir nie. Du liebst Deinen Mann nicht. Du weißt genau, welches Vergnügen ihm Deine Briefe bereiten, und Du schreibst ihm nicht einmal ein paar flüchtige Zeilen.

Was tun Sie denn den ganzen Tag, Madame? Welches wichtige Geschäft raubt Ihnen die Zeit, an Ihren Herzallerliebsten zu schreiben? Welche Neigung erstickt die Liebe, jene zärtliche, treue Liebe, die Sie mir versprachen? Wer kann der wunderbare, der neue Geliebte sein, der Ihre ganze Zeit in Anspruch nimmt? Der über Ihre Tage verfügt und Sie verhindert, sich mit Ihrem Mann zu beschäftigen? Josephine, nehmen Sie sich in acht! In einer der nächsten Nächte werden Ihre Türen eingedrückt werden und ich stehe vor Ihnen!

Doch, im Ernst. Ich bin wirklich besorgt, meine liebe Freundin, so lange nichts von Dir zu hören. Schreibe mir schnell vier Seiten voll liebenswürdiger Dinge, die mein Herz mit Freude und Glück erfüllen.

Bald, bald hoffe ich Dich in meine Arme zu schließen. Dann will ich Dich mit Küssen, so heiß wie der Äquator, bedecken. Bonaparte

*

Nach diesem Brief, am 15. bis 17. November, siegt Bonaparte bei Arcole. Offen steht ihm nun der Weg nach Mailand, zu ihr, der Einzigen, von der er für alle ausgestandenen Gefahren, für alle Anstrengungen den herrlichsten Lohn ihrer Liebe empfangen wird. Nur noch Tage trennen Napoleon von Josephine, als er ihr schreibt:

An Madame Josephine Bonaparte in Mailand
               Verona, den 5. Frimaire des Jahres V.
               (24. November 1796)

Bald hoffe ich, meine süße Freundin, in Deinen Armen zu liegen. Ich liebe Dich wahnsinnig. Mit diesem Kurier schrieb ich nach Paris. Alles geht gut. Wurmser ist gestern vor Mantua geschlagen worden.

Es fehlt Deinem Mann nur die Liebe seiner Josephine, um glücklich zu sein. Bonaparte

*

So schnell er kann, reist Napoleon zu ihr nach Mailand. Ohne sie von seiner Ankunft bestimmter zu benachrichtigen, stürmt er in den Palazzo Serbelloni. Klopfenden frohen Herzens eilt er die marmornen Stufen zu ihren Gemächern hinan, um sich mit einem Schrei des Glückes in ihre Arme zu werfen. — Welche Enttäuschung! Im Schloß ist alles still. Niemand antwortet auf seinen Ruf „Josephine! Josephine!" Um schnell zu ihr zu gelangen, hätte er Flügel haben mögen. — Und sie — sie ist nicht da! Sie ist nicht in Mailand — sie ist in Genua! Mit Hippolyte Charles... Diesmal versteht Napoleon. Das Leben freut ihn kaum noch. Er hat das Vertrauen zu Josephine verloren. Traurig, fast schmerzgebrochen schreibt er:

An Frau Bonaparte in Genua

Mailand, den 7. Frimaire des Jahres V.
3 Uhr nachmittags (27. November 1796)

Liebe Freundin,

ich komme in Mailand an, ich stürze in Deine Wohnung, ich habe alles im Stich gelassen, um Dich zu sehen, um Dich in meine Arme zu schließen. — Du warst nicht da! — Du amüsierst Dich in Städten, wo man Feste gibt. Du gehst, wenn ich komme. Du kümmerst Dich nicht mehr um Deinen Napoleon. Eine Laune ließ Dich ihn lieben — die Unbeständigkeit macht ihn Dir gleichgültig.

An Gefahren gewöhnt, weiß ich ein Mittel gegen die Kümmernisse und Leiden des Lebens. Das Unglück, das mich betroffen, ist kaum wieder gut zu machen. Ich habe es nicht verdient.

Ich werde bis zum 9. (Frimaire) hier bleiben. Laß Dich in Deinem Vergnügen nicht stören. Das Glück gehört Dir. Die ganze Welt ist überglücklich, wenn sie Dir nur gefallen kann. Dein Mann allein ist sehr, sehr unglücklich.

B o n a p a r t e

*

Die ganze Nacht irrt der Enttäuschte in dem leeren Palast wie ein Irrsinniger umher. Die Zimmer sind noch von Josephines Duft durchdrängt. Auf den Tischen und Stühlen liegen Gegenstände, die sie noch eben in Gebrauch gehabt hat. Sie erinnern Napoleon schmerzlich an sie. Sein Herz leidet unter der entsetzlichen Gewißheit, daß Josephine ihn betrügt. Und doch vergibt er ihr schon fast am nächsten Tag. Sie hat an Berthier, seinen Freund und Generalstabschef, geschrieben, daß sie der vielen Festlichkeiten wegen, die man ihr zu Ehren in Genua gab, nichts von sich habe hören lassen können. Das genügt Napoleon. Er resigniert, aber fleht nicht mehr um Josephines Liebe, als er schreibt:

An Frau Josephine Bonaparte in Genua

Mailand, den 8. Frimaire des Jahres V.
8 Uhr abends (28. November 1796)

Meine liebe Freundin,

soeben kommt der Kurier zurück, den Berthier nach Genua hat abgehen lassen. Du hast also keine Zeit gehabt, mir zu schreiben. Ich begreife. Umgeben von Vergnügungen und Zerstreuungen tätest Du unrecht, für mich auch nur das geringste Opfer zu bringen.

Berthier war so liebenswürdig und zeigte mir Deinen Brief. Es ist nicht meine Absicht, Dich in Deinen Dispositionen und den Festen, die man Dir bereitet, zu stören. Das ist nicht der Mühe wert um meinetwillen. Das Glück oder Unglück eines Mannes, den Du nicht liebst, kann Dich nicht interessieren.

Mein Verhängnis und mein Lebensziel aber ist es, Dich zu lieben, Dich glücklich zu machen, nichts zu tun, was Dich kränken könnte. Sei glücklich. Mache mir keine Vorwürfe. Nimm keinen Anteil an dem Glück eines Mannes, der nur für Dich, nur in Dir lebt, der nur froh ist, wenn Du froh, nur glücklich, wenn Du glücklich bist. Würde ich von Dir eine Liebe wie die meinige verlangen, so wäre das falsch. Warum von der zarten Spitze wünschen, daß sie ebenso schwer wiege wie das Gold? Wenn ich Dir alle meine Wünsche, alle meine Gedanken, jeden Augenblick meines Lebens opfere, so gehorche ich eben dem Einfluß, den Deine Reize, Dein Wesen und Deine ganze Person über mein unglückliches Herz zu gewinnen gewußt haben. Es ist meine Schuld, daß die Natur mich nicht mit Gaben ausgestattet hat, die Dich fesseln. Was ich jedoch von Josephine verdiene, ist ein wenig Rücksicht, ein wenig Achtung, denn — ich liebe sie bis zum Wahnsinn — und ganz allein.

Leb wohl, anbetungswürdige Frau. Leb wohl, meine Josephine. Soll das Schicksal alles Leid und allen Schmerz in meinem Herzen anhäufen, meiner Josephine allein mag es nur glückliche Tage schenken. Wer verdiente es mehr als sie? Wenn sie mich wirklich nicht mehr lieben kann, dann will ich meinen großen Schmerz tief in mein Inneres verschließen und mich begnügen, ihr, wo ich kann, nützlich zu sein...

Ich öffne noch einmal diesen Brief — um Dir einen Kuß zu geben... Ach! Josephine... Josephine!

            B o n a p a r t e

*

Man hat dem General Bonaparte in Mailand nichts erspart. Er hat alles über das leichtfertige Leben seiner Frau mit anhören müssen. Seine Mutter, seine Schwestern, sogar seine Adjutanten tragen ihm die Redereien zu. Napoleons Herz ist wund. Seine Josephine, an die er geglaubt, an deren Liebe und Hingebung er fast zugrunde gegangen ist, sie hat ihn betrogen —! Alles in ihm verlangt nach Trost, nach Liebe und, trotz allem — nach Josephine, die allein ihn über alles hinwegzuhelfen vermag. Aber sie ist in Genua! Als sie bald darauf doch zu ihm eilt, hat Napoleon ihr vergeben. Noch ist sie die einzige Frau in seinem Herzen.

*

In Mailand richtet der General Bonaparte nur ein einziges Mal einen Brief an eine andere Dame als an Josephine. Der Gatte der unglücklichen jungen Frau ließ sein Leben für seinen Oberbefehlshaber. Es war bei Arcole, mitten im wütendsten Kampfgetümmel. Der General Bonaparte ist in Gefahr, von einer Kartätsche getroffen zu werden. Da wirft sich sein Adjutant, Oberst Muiron, ihm entgegen, deckt ihn mit seinem Körper und erhält die Kugel, die für Napoleon bestimmt ist. Selbstverständlich ist die Witwe der weitgehendsten Unterstützung des Oberbefehlshabers gewiß.

Der Brief, den der General Bonaparte an die Witwe des jungen Adjutanten schreibt, um ihr seinen Tod persönlich mitzuteilen, gibt Zeugnis, trotz seiner Knappheit, von der Aufrichtigkeit des Schmerzes, den Napoleon jedes Mal empfindet, wenn einer seiner Getreuen von seiner Seite gerissen wird.

An die Bürgerin Muiron in Paris

Verona, 29. November 1796.

Madame Muiron,

Muiron ist an meiner Seite auf dem Schlachtfeld von Arcole gefallen. Sie haben einen geliebten Gatten verloren und ich einen Freund, dem ich seit langem verbunden war. Aber das Vaterland verliert mehr als wir beide. Es verliert einen nicht nur durch seine Fähigkeiten, sondern auch durch seinen seltenen Mut ausgezeichneten Offizier.

Wenn ich Ihnen in irgendeiner Weise nützlich sein kann, Ihnen oder Ihrem Kinde, so bitte ich Sie, ganz auf mich zu zählen. B o n a p a r t e

*

Einen Monat später löst der General Bonaparte sein Versprechen ein. Er hat sich energisch für Madame Muiron beim Direktorium verwendet und teilt ihr das Resultat mit:

An die Bürgerin Muiron in Paris

Mailand, den 8. Nivôse des Jahres V.
(28. Dezember 1796)

Bürgerin,

Ihrem Wunsche gemäß finden Sie beiliegend eine Abschrift meiner Briefe an das Direktorium. Ich weiß, mit welchem Interesse es die tapferen Verteidiger des Vaterlandes schätzt und hoffe, daß mein Schreiben Beachtung findet.

Beigeschlossen finden Sie auch sechs Empfehlungsschreiben an jedes der Mitglieder des Direktoriums sowie an den Polizeiminister. Gehen Sie zum General Dupont. Er wird Ihnen sagen, wenn der Augenblick am günstigsten ist, über Ihre Angelegenheiten zu verhandeln und wenn Sie die Briefe am besten vorlegen können.

Durch den ersten meiner Adjutanten, den ich nach Paris sende, lasse ich Ihnen eine Unterstützung für Ihr Kind zukommen.

Ich bitte Sie, Madame, seien Sie versichert, daß ich jederzeit bereit bin, Ihnen nützlich zu sein.

B o n a p a r t e

*

Auf Josephine hat jener traurige Brief ihres Napoleon aus Mailand vom 8. November einen merkwürdigen Eindruck gemacht. Erst jetzt beginnt sie, wie es scheint, seine Liebe ernster zu nehmen. Und je kühler er sich zeigt, desto verliebter, desto eifersüchtiger wird sie selbst. Aber die Illusionen Napoleons hat sie zerstört. Nur noch bisweilen flammt die Glut der Leidenschaft in seinen Briefen in Ausdrücken der Sehnsucht auf. Zärtliche Liebe bringt er Josephine noch immer entgegen, und nie wird sie in seinem Herzen ganz verlöschen. Nie wird die Sorge um sie ihn verlassen. Ihr Dasein ist eng mit dem seinen verknüpft. Eine Existenz ohne Josephine ist für Napoleon undenkbar. Aber welcher Unterschied zwischen seinen Briefen vor dem Siege von Arcole und denen bis zum endgültigen Friedensschlusse von Leoben! Die Lebensgefährtin, die Kameradin, die noch immer liebste Freundin hat die leidenschaftlich begehrte Geliebte verdrängt. Jetzt mischen sich unter die Zärtlichkeiten, die er ihr schreibt, viel öfter sachliche Mitteilungen über militärische und diplomatische Handlungen, über Geschäfte und Sorgen seines anstrengenden Dienstes.

Anfang des Jahres 1797 ist der General Bonaparte aufs neue in Verona, dessen Bewaffnung und Verteidigung er dem General Masséna anvertraute. Zwei Tage vor der Schlacht von Rivoli schreibt Napoleon:

An Madame Bonaparte in Mailand

Verona, 23. Nivôse des Jahres V.
(12. Januar 1797)

Meine liebe Josephine,

kaum war ich von Roverbella aufgebrochen, als ich erfuhr, daß der Feind sich bei Verona gezeigt hatte. Masséna traf sofort die glücklichsten Maßnahmen. Wir haben 600 Gefangene gemacht und drei Geschütze genommen. Den General Brune (Brigadegeneral in der Division Masséna) haben sieben Kugeln getroffen, ohne daß er ernstlich verwundet wurde. Sie durchlöcherten nur seine Uniform. Das nennt man Glück!

Ich küsse Dich viel tausendmal. Es geht mir gut. Wir haben nur zehn Tote und hundert Verwundete.

Bonaparte

Auch während der Unterhandlungen mit den päpstlichen Gesandten über die Ratifikation des Vertrages von Tolentino mit Pius VI. unterrichtet er Josephine von manchem Wichtigen. Jetzt möchte sie so gern zu ihm ins Hauptquartier nach Ancona kommen. Er schlägt es ihr ab. Er ist zu sehr von Geschäften aller Art in Anspruch genommen. Obwohl er sich schrecklich ohne Josephine langweilt, soll sie in Bologna bleiben, das er ihr jetzt zum Aufenthalt angewiesen hat.

An Madame Bonaparte in Bologna
           Ancona, den 22. Pluviôse des Jahres V.
                (10. Februar 1797)
Liebe Freundin,
  seit zwei Tagen sind wir in Ancona. Nach einem Kleingewehrfeuer und einem Handstreich haben wir die Zitadelle genommen. Wir haben 1200 Gefangene gemacht. Die fünfzig Offiziere habe ich in ihre Heimatsorte geschickt.
  (Am nächsten Abend.) Ich bin noch immer in Ancona. Ich lasse Dich nicht herkommen, weil noch nicht alles beendet ist. Doch ich hoffe, in ein paar Tagen ist alles vorüber. Die Gegend hier ist übrigens sehr unfreundlich und flößt allen Angst ein.
  Morgen begebe ich mich in die Berge. Du schreibst mir gar nicht — und solltest mir doch täglich Nachricht geben!
  Ich bitte Dich, jeden Tag spazieren zu gehen. Das wird Dir gut tun.
  Ich gebe Dir eine Million Küsse. Niemals habe ich mich so gelangweilt in diesem häßlichen Krieg.
  Leb wohl, meine süße Freundin. Denke an mich, Deinen
                  *   Bonaparte

Es ist ihm aber doch sehr bald leid, Josephine nicht bei sich zu haben. Schon am 13. Februar ruft er sie, das heißt er verspricht es ihr wenigstens, sie kommen zu lassen.

An Madame Bonaparte in Bologna
           Ancona, den 25. Pluviôse des Jahres V.
                (13. Februar 1797)
  Ich habe keinen Brief von Dir, meine liebe Freundin. Ich zweifle nun nicht mehr, daß Du mich nicht liebst. Ich sende Dir Zeitungen und verschiedene Briefe. Augenblick-

lich breche ich auf, um über die Berge zu gehen. Sobald ich weiß, wie ich mich zu verhalten habe, lasse ich Dich zu mir kommen. Es ist mein sehnlichster Wunsch.

Tausend und aber tausend Küsse   B o n a p a r t e

*

Josephine hat wieder zur unfehlbaren List gegriffen. Sie weiß, wenn sie sich krank fühlt, ist Napoleons Zärtlichkeit um so größer. Ist sie aber auch noch traurig, dann kennt seine Verzweiflung und Sorge keine Grenzen. Die kapriziöse Kreolin versteht ihren Mann wunderbar zu nehmen. Wenn er sie nicht haben will, nun gut, dann wird sie nach Paris abreisen. Sofort fliegt ein Brief Napoleons:

An Madame Bonaparte in Bologna
            (Tolentino), den 28. Pluviôse des Jahres V.
                    (16. Februar 1797)
Meine Freundin,

Du bist krank, Du bist traurig. Du schreibst mir nicht mehr. Willst nach Paris zurückkehren! Liebst Du denn Deinen Freund überhaupt nicht mehr? Dieser Gedanke quält mich unsäglich. Meine süße Freundin, das Leben ist für mich unerträglich, seit ich weiß, wie traurig Du bist.

Ich schicke Dir sofort Moscati (einen von ihm sehr geschätzten italienischen Arzt, den Napoleon später zum Grafen und Großwürdenträger der Krone macht). Er soll Dich pflegen. Auch ich bin nicht recht gesund. Mein Schnupfen ist noch immer nicht beseitigt. Ich bitte Dich, Josephine, schone Dich. Liebe mich ebenso wie ich Dich liebe, und schreibe mir jeden Tag. Ich sorge mich schrecklich um Dich.

Moscati habe ich aufgetragen, Dich nach Ancona zu begleiten, wenn Du kommen willst. Ich werde Dir dorthin schreiben, um Dich wissen zu lassen, wo ich mich befinde.

Vielleicht schließe ich mit dem Papst Frieden. Dann bin ich bald bei Dir. Das ist der heißeste Wunsch meines Herzens.

Ich gebe Dir hundert Küsse. Glaube mir, nichts kommt meiner Liebe gleich, außer meiner Sorge um Dich. Schreibe mir alle Tage.

Leb wohl, liebe, liebe Freundin.   B o n a p a r t e

*

Drei Tage später, am 19., unterzeichnet der General Bonaparte den erwähnten Friedensvertrag mit dem Papst. Josephine erhält sofort, noch am gleichen Tag Nachricht davon. Es ist ein Riesenerfolg, der in der ganzen Welt das größte Aufsehen erregt und Bonapartes Namen immer berühmter macht. Er aber, der Sieger über die Macht Roms, erleidet sogar an diesem Ruhmestage Höllenqualen um die schweigsame Josephine. Sein Brief ist aus

>Tolentino, den 1. Ventôse des Jahres V.
>(19. Februar 1797)

Liebe Freundin,

der Frieden mit Rom ist soeben abgeschlossen worden. Bologna, Ferrara, die Romagna gehören der französischen Republik. Der Papst gibt uns binnen kurzem 30 Millionen und viele Kunstwerke.

Morgen breche ich nach Ancona auf. Von dort begebe ich mich nach Rimini, Ravenna und Bologna. Wenn es Deine Gesundheit erlaubt, so komme nach Rimini oder Ravenna. Doch schone Dich, ich bitte Dich dringend!

Kein Wort von Deiner Hand? Großer Gott, was habe ich denn getan! Ich denke nur an Dich. Ich liebe nur Josephine, lebe nur für mein Weib. Ich bin nur dann glücklich, wenn meine Freundin glücklich ist — und dafür soll ich eine so harte Behandlung von ihr verdient haben?

Ich beschwöre Dich, meine Freundin, denke oft an mich und schreibe mir täglich. Entweder bist Du krank, oder Du liebst mich nicht mehr. Glaubst Du, mein Herz sei aus Stein? Interessiert Dich mein Kummer so wenig? Ach, Du kennst mich nicht. Ich kann's nicht glauben. Du, der die Natur Geist, Sanftmut und Schönheit verlieh, Du, die ganz allein in meinem Herzen herrscht, Du weißt gewiß nur zu gut, welche unumschränkte Macht Du über mich hast.

Schreibe mir, denke an mich und liebe mich.

Fürs Leben Dein   B o n a p a r t e

*

Endlich, im Frühjahr 1797, kann Napoleon sich mehr Ruhe gönnen. Auf der schönsten der Boromäischen Inseln, auf Isole Bella, wird der gefeierte italienische Sieger sich mit Josephine von allen Strapazen erholen. Die ganze Familie ist um den berühmten Bruder und Sohn versammelt. Wenn der General in Mailand weilt, dann hält er in dem nahen Schlosse von Mombello beinahe schon wie ein Herrscher Hof. Hier empfängt Bonaparte die fremden Unterhändler, hier schließt er Verträge ab, die die Welt in Erstaunen setzen. Nach Schloß Mombello und Isola Bella beruft er Künstler und Gelehrte. Alle Berühmtheiten und Ehrgeizigen eilen herbei, um dem Manne zu huldigen, dessen ungeheure Popularität bereits seinem Ruhme gleichkommt. Die schönsten Frauen der italienischen Gesellschaft wetteifern mit der graziösen Frau des Obergenerals und seinen drei jungen hübschen Schwestern in ihrem Luxus an Kleidern und in ihrer Koketterie. Die beliebtesten Sängerinnen und Schauspielerinnen Italiens suchen den dunklen brennenden Blick des jungen Feldherrn. Der aber sieht sie kaum. Er sieht nur Josephine, die leicht und anmutig um ihn weilt und in seinen Augen alle Vergleiche mit anderen Frauen zunichte macht.

So vergeht die Zeit mit Festen, Empfängen, Konzerten und Unterhaltungen für die schönen Frauen in des Generals Gefolge. Für ihn meist noch mit großen ermüdenden Organisations- und Verwaltungsarbeiten, bis der Frieden von Rastatt Ende des Jahres 1797 den glorreichen Feldzug Napoleons in Italien beschließt.

II. Der Konsul

Im Dezember 1797, von Rastatt kommend, wo er am 1. mit Graf Cobenzl die Militärkonvention unterzeichnet hat, ist Napoleon wieder in Paris. Wieder bei Josephine! Sein Glück, mit ihr ein paar Monate lang zusammen zu sein, ist vollkommen. Das kleine Haus in der Rue Chantereine, die man jetzt ihm zu Ehren Rue de la Victoire nennt, wird ihm zum Paradies, zum Tuskulum. Er hat ein Heim, ein Heim, nach dem er sich so sehr gesehnt hat. Und Josephine ist darin die Herrin. Vier Monate kann Napoleon, dessen bürgerlicher korsischer Familiensinn im Glück der Ehe die Vollendung sieht, sich diesem Genuß hingeben. Ohne Arbeit ist für ihn allerdings auch jetzt das Leben nicht. Der Krieg ist sein Beruf. Schon bereitet sich ein neuer Feldzug vor. Das Direktorium hat ihn am 3. April vorerst einmal nach dem Kriegshafen Brest gesandt, um dort den Befehl über die Seekräfte zu übernehmen. Kurz darauf, am 12. April, erfolgt seine Ernennung zum Oberbefehlshaber der Orientarmee. Das Schicksal ruft ihn an die Ufer des Nils, zu den Pyramiden, die bald Zeugen seines Ruhms und seines Genies sein werden. Der Zweck der Expedition ist, die Pforte zu einem Bündnis gegen Rußland und England zu bewegen. Denn Ägypten ist die wichtigste türkische Provinz und die Besetzung durch die Franzosen ein gewaltiges Zwangsmittel.

Im Mai 1798 verläßt Napoleon Paris. Josephine begleitet ihn bis Toulon. Der Abschied ist bitter schwer, nicht nur für ihn, auch für Josephine. Sie weint. Er geht in ein unbekanntes Land, in einen Krieg gegen Völker, deren Kriegführung ihm fremd ist, und beide wissen nicht, wann und ob sie sich wiedersehen werden. Das Direktorium hofft, Bonaparte recht lange von Paris fern zu halten, weil die täglich wachsende Macht des Generals ihm unbequem ist.

Während er auf dem „Orient" neuem Ruhm aber auch neuen Fährnissen und Strapazen entgegensegelt, beschäftigt ihn die Ausführung des ungeheuren gewagten Unternehmens: die Eroberung Ägyptens und Syriens. Immer neue, riesenhafte Pläne gebiert Napoleons Gehirn. Sein unermüdlicher Geist, seine Schaffenskraft lassen ihm keinen Augenblick Zeit und Ruhe. Nur für die Gedanken an Josephine ist noch genügend Platz in seinem Kopf. Da er nicht an sie schreiben kann, spricht er auf dem Schiff mit seiner Umgebung täglich von ihr.

Nach einer Seereise von sechs Wochen landet der General Bonaparte mit seinen Truppen in Alexandria. Kaum aber hat er den Fuß an Land gesetzt, so erfährt er bald darauf durch seinen Freund und Adjutanten Junot wieder neue Untreuen über Josephine. Junot kehrt mit Aufträgen vom Direktorium aus Paris zurück und hat nichts Eiligeres zu tun, als die Klatschereien über die leichtsinnige Frau Bonaparte ihrem Mann brühwarm wiederzuerzählen. Man munkelt sogar, Charles wohne in ihrem Hause, und in dem für sie neuerworbenen Malmaison hat man sie und ihn des öfteren im Park spazieren gehen sehen.

Napoleon trifft diesmal diese Nachricht schwer. So schwer, daß er den Gedanken einer Scheidung von Josephine in Betracht zieht. Seine Liebe gehört von diesem Augenblick an nicht mehr nur ihr allein. — Eine reizende blonde junge Frau, Bellilotte Fourès, tröstet ihn bald in Ägypten über das Leid, das Josephine ihm zufügt. Briefe Napoleons aus Ägypten an die Ungetreue sind nicht vorhanden. Hat er nie geschrieben? Das ist sehr unwahrscheinlich. Ihre Tochter Hortense de Beauharnais, die spätere Königin von Holland, die die Liebesbriefe Napoleons an ihre Mutter herausgab, wird die Briefe aus Ägypten wahrscheinlich unterdrückt haben. Sicher enthielten sie zuviel Nachteiliges über Josephine und zuviel Privates über Bonapartes beabsichtigte Scheidung. Übrigens werden es nicht viele gewesen sein. Die Gelegenheit, aus Ägypten nach Frankreich Nachrichten zu senden, bot sich nur selten und war mit den größten Schwierigkeiten verknüpft. Die Engländer fingen alles ab. Möglich, daß mancher Brief des Oberbefehlshabers an seine Frau ebenfalls in ihre Hände geraten ist.

Trotz allem mehr oder weniger begründeten Gerede weilen Napoleons Gedanken fortwährend auch in Ägypten bei Josephine in Paris. Die Briefe an seine Brüder Joseph und Louis sind voll von Bemerkungen über sie. Er empfiehlt sie ihrer Obhut. Sie sollen sich um sie kümmern, an seiner Statt für sie sorgen. Sein ganzer, großer Kummer über Josephine spricht sich in einem Brief an Joseph aus Kairo aus. „Ich habe viel häuslichen Kummer", klagt Napoleon, ... „der Schleier ist nun vollkommen gelüftet." Die trübsten Gedanken beherrschen ihn auch jetzt, wie damals in Italien. Das Leben ekelt ihn. „Deine Freundschaft ist mir viel wert", beendet er den Brief an den Lieblingsbruder. „Um völlig zum Menschenhasser zu werden, fehlt mir nur noch, Deine Freundschaft zu verlieren und daß auch Du mich verrätst. Es ist unendlich traurig, wenn man in seinem Herzen alles an Gefühlen für einen einzigen Menschen aufstapelt."

Der schwierige Feldzug erfordert Napoleons ganzes Genie, seine ganze Tatkraft. Immer neue Pläne durchkreuzen sein Hirn. Er durchzieht die ungeheure Wüste Syriens mit seinem Heer, besiegt die Muselmanen und erntet, wie in Italien, immer neue Erfolge für Frankreich.

Acht Monate hält in Ägypten der Roman des Oberbefehlshabers mit der blonden Bellilotte an. Bonaparte macht kein Hehl aus dieser Verbindung. Er glaubt jetzt nicht einmal, es Josephine schuldig zu sein, dieses Verhältnis geheimzuhalten. Nach Syrien nimmt er indes die Geliebte nicht mit. Sie bleibt in Kairo. Er schreibt ihr zärtliche Briefe. Leider hat Madame Fourès sie später vernichtet, wahrscheinlich um ihres Mannes und ihrer Familie willen, denn sie war verheiratet. Sie verbrannte die Beweise einer Liebe, zu der der im Innersten verwundete Napoleon von dem einzigen Gedanken geleitet wurde, ein Kind zu haben. Das wäre der beste Grund für ihn zur Scheidung von Josephine gewesen. Bellilotte, „la petite sotte", wie Napoleon sie einmal scherzend deswegen nannte, weil sie ihm den erhofften Nachfolger nicht schenkte, war es nicht bestimmt, mit Bonaparte den zukünftigen Thron zu teilen.

•

Der Feldzug in Ägypten fordert viele Opfer. Seuchen und Krankheiten sind ebenso große Feinde wie die verschlagenen und gefürchteten Mamelucken. Auch der Seekrieg gegen die Engländer ist schwierig und hartnäckig. Vor Abukir verliert der General Bonaparte in der heißen Seeschlacht einen seiner besten Freunde, einen zwar nicht immer geschickten, aber tapferen Seemann, den Admiral Brueys. Wie immer, wenn Napoleon einen seiner Tapferen fallen sieht, beschleichen ihn die traurigsten Gefühle. Mitleid erfüllt sein Herz, und Gedanken über das Mysterium des Lebens und Sterbens beschäftigen seine Phantasie. Die Trostesworte, die er meist bei solchen Anlässen den Zurückgebliebenen schreibt, sind der Ausdruck seiner innersten Menschlichkeit. Denn Menschlichkeit besitzt er trotz aller Schrecken, trotz allen Elends, die er als Feldherr und Staatsmann gezwungen ist über die Welt zu verbreiten.

So schreibt er an die Witwe des Admirals:

An die Bürgerin Brueys in Paris

Hauptquartier Kairo, den 2. Fruktidor des Jahres VI.
(19. August 1798)

Madame,

Ihr Gatte ist, während er an Bord seines Schiffes kämpfte, von einer Kanonenkugel getötet worden. Er ist ohne zu leiden gestorben. Er hat den schönsten, von allen Soldaten beneideten Tod erlitten.

Ich nehme an Ihrem Schmerz aufs tiefste Anteil. Der Augenblick, der uns von dem geliebten Wesen für immer trennt, ist furchtbar. Er entrückt uns der Erde und läßt uns selbst fast den körperlichen Schmerz des Todeskampfes empfinden. Alle seelischen Regungen erlöschen, und unser Geist bewahrt die Verbindung mit der übrigen Welt nur noch durch ein alles verzerrendes Schreckbild. Die Menschen erscheinen uns kälter, egoistischer, als sie in Wirklichkeit sind. In diesem Zustand fühlt man, es wäre besser zu sterben, wenn wir nicht die Pflicht hätten zu leben. Drückt man jedoch nach den ersten Aufwallungen des Schmerzes seine geliebten Kinder ans Herz, dann führen uns die Tränen und die Gefühle der Zärtlichkeit zur Wirklichkeit zurück. Und man lebt für die Seinigen.

Ja, Madame, weinen Sie mit ihnen. Behüten Sie ihre Kindheit, pflegen Sie ihre Jugend und erzählen Sie ihnen von ihrem Vater, von Ihrem großen Schmerz, von dem Verlust, der Ihnen und dem Vaterland widerfahren ist. Und wenn Ihre Seele durch Ihre und die Liebe Ihrer Kinder der Welt wiedergegeben ist, dann schätzen Sie ein wenig die Freundschaft und das lebhafte Interesse, die ich der Frau meines Freundes stets entgegenbringen werde.

Seien Sie überzeugt, Madame, es gibt Menschen, wenn auch wenige, die auserlesen sind, Schmerzliches zu erleben, weil sie die Schmerzen der Seele am leidenschaftlichsten und tiefsten empfinden.   B o n a p a r t e

*

Als General Bonaparte diesen Brief schreibt, steht er selbst unter dem Eindruck, einen Menschen verloren zu haben, an dem er mit allen Fasern seines Herzens und seiner Seele hing: Josephine! Nicht der Tod, sondern das Leben hat sie ihm entrissen. Was vielleicht schlimmer ist.

*

Anderthalb Jahre hält der ägyptische Feldzug Napoleon von Frankreich und von Josephine fern. Die Lage der Republik wird täglich verzweifelter. Die einzige Hoffnung, alles zum Besseren im Innern des Landes zu führen, ist Frankreichs berühmtester General. Mit Ungeduld erwarten die Franzosen Bonapartes Rückkehr. Er hat seinen Ruhm und seinen Namen bis an die fernsten Grenzen Asiens getragen. Er hat schon einmal Frankreich aus dem Chaos gerettet. Als er nun wirklich am 17. Vendémiaire 1799 (9. Oktober) in Fréjus landet, da atmet ganz Frankreich erleichtert auf.

Weniger befreiend mag auf die schuldbewußte Josephine Napoleons Rückkehr gewirkt haben. Allerdings hatte sie es sich wohl leichter gedacht, ihn mit ihrem unwiderstehlichen Zauber zu versöhnen. Diesmal ist er ernstlich und aufs tiefste verletzt. Drei Tage lang bleibt Napoleon unversöhnlich. Er sieht sie nicht, er begrüßt sie nicht, sie darf sich ihm nicht nahen. Auch ihre Tränen rühren ihn scheinbar nicht. Er will sich scheiden lassen. Dieser Gedanke martert und quält ihn Tag und Nacht. Von Josephine scheiden — von ihr — die sein ganzes Leben bedeutet — ach nein, er liebt sie noch immer! Er kann nicht von ihr los —. Am dritten Tag haben ihre Reue, ihre Tränen, ihr Charme ihn besiegt. Er vergibt — und vergißt. Aber die Treue hält er ihr nicht mehr.

Einen Monat später ist sie die erste Frau Frankreichs. Der 18. Brumaire (9. November 1799) stellt Napoleon an die

Spitze des Staates. Mit ihm steigen Josephine und ihre Kinder höher und höher. Ihr Sohn Eugen ist seit seinem 15. Jahr der persönliche Adjutant seines Adoptivvaters. Er begleitet ihn in den zweiten Italienischen Feldzug, der im Frühjahr 1800 beginnt.

Am 6. Mai dieses Jahres verläßt der Erste Konsul Paris, um das Oberkommando der Reservearmee von Italien persönlich zu übernehmen. Am 20. unternimmt er an der Spitze seiner Truppen den äußerst schwierigen Übergang über den St. Bernhard. Ehe er die letzte größere Schweizer Stadt hinter sich läßt, schreibt er ein paar zärtliche Worte:

An Madame Josephine Bonaparte in Paris

(Lausanne), 26. Prairial des Jahres VIII.
(16. Mai 1800)

Geliebte Freundin,

ich breche soeben auf, um in Saint-Maurice zu übernachten. Keinen einzigen Brief von Dir! Das ist nicht nett von Dir. Ich schrieb Dir mit jedem Kurier.

Eugen soll übermorgen eintreffen. Ich bin ein wenig erkältet, doch es wird weiter nicht schlimm werden.

Tausend zärtliche Dinge für Dich, meine gute kleine Josephine, Ich küsse alles, was Dir gehört.

B o n a p a r t e

*

In Mailand angekommen, ist Napoleons erster Gedanke wieder: Josephine! Er ist immer noch erkältet. Ein furchtbares Gewitter, das ihn bis auf die Haut durchnäßte, hatte ihn und seine beiden Begleiter, den Sekretär Bourrienne und den Rat Petiet, in der Ebene vor Mailand überrascht. Sie sind gezwungen gewesen, in einem Bauernhaus in der Nähe der Stadt Schutz zu suchen. Am 2. Juni nimmt Napoleon von Mailand Besitz und stellt die Zisalpinische Republik wieder her. Noch an diesem Tage, oder gleich am nächsten in der Früh, schreibt er an Josephine:

Mailand (den 2. oder 3. Juni 1800)

Liebe Freundin,

ich bin in Mailand. Bin sehr erkältet. Ich kann den Regen nicht vertragen, bin ihm jedoch einige Stunden lang vollkommen ausgesetzt gewesen. Es geht mir indes etwas besser. Ich rate Dir, nicht hierherzukommen. In einem Monat bin ich wieder zurück. Dann hoffe ich Dich wohlauf zu finden. Ich gedenke nach Pavia und der Stradella aufzubrechen. Wir sind Herren von Brescia, Cremona und Piacenza.

Tausend zärtliche Dinge. Murat (sein Schwager und bester Reitergeneral) geht es ausgezeichnet.

Bonaparte

*

Abgesehen davon, daß Napoleon durch die Vorbereitungen zu den beiden großen Schlachten von Montebello (am 9. Juni) und Marengo (am 14. Juni) alle Hände voll zu tun und keine Zeit für ein Zusammentreffen mit seiner Frau hat, will er sie jetzt auch aus anderen Gründen nicht im Hauptquartier haben. Er ist nicht mehr der junge Träumer mit dem liebebedürftigen Herzen voll Sehnsucht nach der zarten Frauenhand, die ihn das Häßliche des Kriegs und der Geschäfte für Stunden vergessen läßt. Er ist der vielbeschäftigte Mann, das Staatsoberhaupt, auf dem alles ruht, der geniale Machthaber, vor dem bereits die Welt zu zittern beginnt, aber auch bewundernd zu ihm aufschaut. Der Name des Siegers von Marengo ist in aller Munde. Er bezaubert auch die Frauen. Und jetzt ist Napoleon nicht mehr der spröde junge General, den nur *eine*, seine Josephine, interessiert. Die schöne berühmte Sängerin Giuseppina Grassini ist in Mailand neben dem Ersten Konsul Bonaparte die gefeiertste Persönlichkeit. Drei Jahre früher hatte er zwar ihre herrliche Stimme im Schloß von Mombello gehört, aber ihre Frauenschönheit hatte ihn damals kalt gelassen. Jetzt ist es anders. Jetzt bringt er ihr auch als Frau Interesse entgegen. Giuseppina Grassini begleitet ihn bald darauf nach Paris und wird dort fast ebenso begeistert empfangen und gefeiert als ihr berühmter Geliebter, der Sieger von Marengo. Doch die zärtlichen Stunden, die der Erste Konsul seiner neuen Mätresse schenken kann, sind kurz. Die Staatsgeschäfte nehmen ihn völlig in Anspruch. Sein Verhältnis muß auch vor Josephine geheimgehalten werden. Das paßt weder für das südliche Temperament Giuseppinas, noch ist es die Erfüllung ihres Traums, eine offizielle Rolle am Konsularhofe zu spielen. Eines Tages geht sie mit dem Geiger Rode auf und davon, und später wird sie die Freundin des größten und gefährlichsten Gegners Napoleons: Lord Wellingtons. Briefe Napoleons an die schöne italienische Sängerin sind ebensowenig vorhanden wie an ihre Nachfolgerin seiner Huld, die Pariser Schauspielerin George, und andere aus dieser Zeit. An jene Frauen, die ihm ein paar flüchtige Stunden Glück schenkten, schrieb Napoleon nicht oder nur kurze Billetts mit dem Wunsche, sie bei sich zu sehen. Er befahl — und sie kamen. Sie besaßen weder seine Seele noch sein Herz, — stets aber seine Dankbarkeit. Er vergaß keine von ihnen, und keine konnte sich beklagen, unversorgt von ihm gegangen zu sein. Wenn Frauen ihn baten, etwas für sie zu tun, konnten sie seiner Hilfe gewiß sein. So jene Ungenannte, an die er schrieb

Paris, den 21. Vendémiaire des Jahres IX.
(13. Oktober 1800)

Madame,

ich erinnere mich sehr genau an die rührenden Freundschaftsbeweise, die Ihr Sohn mir vor ungefähr zwei Jahren in einem Briefe nach Douai kundtat. Seitdem nahm ich mir täglich vor, ihn wissen zu lassen, wie sehr ich mich damals darüber gefreut habe. Es ist mir daher außerordentlich angenehm, daß Sie mir das jetzt von neuem ins Gedächtnis zurückrufen. Vor allem aber, daß ich in der Lage bin, etwas für Sie tun zu können, das Ihnen Freude macht.

*   B o n a p a r t e

In den Briefen des Ersten Konsuls an Josephine lodert nicht mehr die Flamme, die in den Briefen des Generals Bonaparte brannte. Aber es spricht aus ihnen immer jener besorgt liebevolle Ton, den nur jemand anzuschlagen weiß, der wirkliche Zuneigung zu dem anderen empfindet. Napoleon ist ein sorgsamer Gatte und Vater. Seine Frau und seine Kinder — ihre Kinder — sind sein Glück. Zu allen Zeiten, mögen die Kugeln um seinen Kopf fliegen, mögen Pläne und Arbeit noch so sehr auf ihm lasten, mögen die Strapazen im Felde ihn ermüden, er gedenkt stets seiner Frau daheim. Kommt er in irgendeiner Stadt an, so ist das erste, ein Brief an Josephine. Ist sie irgendwo zur Kur, erkundigt er sich eingehend nach ihrem Befinden. Wo er ihr eine Freude bereiten kann, tut er es.

Malmaison ist das eigentliche Heim Josephines. Hier lebt ihre Persönlichkeit in allem, was sie umgibt. Aus ihrer tropischen Heimat Martinique hat sie die Vorliebe für schöne exotische Pflanzen, Blumen und Vögel bewahrt. Das ganze Schloß ist belebt mit den seltensten Exemplaren der tropischen Flora und Fauna. Josephine gibt für seltene Blumen Unsummen aus. Auch in Paris sind ihre Zimmer voll davon. Napoleon teilt diese Blumensehnsucht mit ihr. Auch er liebt Malmaison am meisten. Nur nicht ohne Josephine. Um ihre Kinderlosigkeit zu beheben, gebraucht sie öfter die Kur in Plombières, denn sie weiß, wie sehnlichst ihr Mann einen leiblichen Erben erhofft. Was hätte sie darum gegeben, ihm diesen Wunsch erfüllen zu können. Alles, seine Politik, sein korsischer Familiensinn fordern Kinder. Ohne Nachkommen wird sie eines Tages der Politik weichen müssen. Dieses Gespenst vor Augen, reist Josephine von einem Badeort zum andern. Umsonst. Die Jahre einer Frau lassen sich nicht zurückrechnen. Um nochmals Mutter zu werden, ist sie kaum noch jung genug. Sie ist vierzig. Und doch hofft sie noch manches Jahr. Noch denkt der Erste Konsul nicht an Scheidung von der geliebten Frau. Noch ist das Konsulat auf Lebenszeit nicht errichtet.

An Frau Bonaparte in Plombières

Paris, den 7. Prairial des Jahres X.
(27. Mai 1801)

Meine Freundin,

es ist so schlechtes Wetter, daß ich in Paris geblieben bin. Malmaison ist so öde ohne Dich. Das Fest war schön, aber es hat mich ein wenig ermüdet. Das blasenziehende Pflaster, das man mir auf den Arm gelegt hat, verursacht mir noch immer große Schmerzen.

Ich habe für Dich aus London Pflanzen und Blumen erhalten und sie Deinem Gärtner geschickt. Wenn in Plombières ebenso schlechtes Wetter ist, wie hier, dann wirst Du sehr unter den Bädern zu leiden haben.

Tausend liebe Dinge für Dich und an Mama und Hortense. B o n a p a r t e

Zwei Jahre später versucht Josephine nochmals in Plombières die Heilquellen gegen ihre Unfruchtbarkeit. Der Wunsch nach einem Erben ist bei Napoleon jetzt zur Notwendigkeit geworden. Im August 1802 ist ihm das Konsulat auf Lebenszeit erteilt worden mit dem Recht, einen Nachfolger zu ernennen. Es liegt nahe, daß er diese Erbschaft am liebsten einem Sohne übertragen hätte. Die Hoffnung, ihn doch noch von Josephine zu bekommen, läßt ihn die zärtlichsten Worte für sie finden, als er ihr die folgenden Briefe schreibt:

An Frau Bonaparte in Plombières

Malmaison, 30. Prairial des Jahres XI.
(19. Juni 1803)

Meine liebe Freundin,

ich habe noch keine Nachricht von Dir, hoffe jedoch, daß Du bereits mit der Kur begonnen hast. Wir sind hier alle ein wenig traurig, obgleich das liebenswürdige Mädchen (die zwanzigjährige Hortense de Beauharnais, die inzwischen Madame Louis Bonaparte geworden ist) die Honneurs des Hauses wunderbar macht.

Seit zwei Tagen quälen mich meine Schmerzen etwas. Der dicke Eugen (de Beauharnais) ist gestern Abend hier angekommen. Es geht ihm ausgezeichnet.

Ich liebe Dich wie am ersten Tage, weil Du über alle Maßen gut und liebenswürdig bist.

Hortense sagte mir, sie wolle Dir schreiben.

Tausend zärtliche Dinge und einen süßen Kuß.

Ganz der Deine

Bonaparte

*

An Frau Bonaparte in Plombières

Malmaison, den 4. Messidor des Jahres XI.
(23. Juni 1803)

Ich habe Deinen Brief erhalten, liebe kleine Josephine. Mit Bedauern sehe ich, daß Dich die Reise angestrengt hat. Einige Tage der Ruhe werden Dir gut tun. Ich bin gesund. Gestern jagte ich in Marly und habe mich leicht am Finger verletzt, als ich einen Eber schoß.

Hortense geht es ganz gut. Dein dicker Sohn (Eugen) war ein wenig krank, aber es geht ihm jetzt wieder besser. Ich glaube heute Abend spielen die Damen (in Malmaison) den Barbier von Sevilla. Das Wetter ist herrlich.

Ich bitte Dich, sei überzeugt, daß nichts aufrichtiger ist, als die Gefühle, die ich für meine kleine Josephine hege.
Ganz der Deine
Bonaparte

*

Josephine ist nie frei von Eifersucht. Sie weiß, Mademoiselle George kommt oft nach Saint-Cloud. Sie ist erst fünfzehn Jahre alt! Doch in Napoleons Beziehungen zu der jungen Schauspielerin spielt sein Herz eine sehr geringe Rolle. Georginas Besuche bedeuten für den Ersten Konsul Zerstreuung und Abwechslung, nichts anderes. Seine Liebe gilt noch immer Josephine. Als Doktor Corvisart, der eben begonnen hat, Napoleons ständiger Hausarzt zu sein und später des Kaisers Leibarzt wird, ihm mitteilt, die Kur Josephines scheine ihm erfolgreich zu werden, ist Napoleon sehr glücklich und schreibt den Ausspruch des Arztes sofort an seine Frau, um auch ihr seine Freude darüber mitzuteilen, daß sein sehnlichster Wunsch, ein Kind von ihr zu haben, nun wohl bald sich erfüllen werde.

An Frau Bonaparte in Plombières
Malmaison, den 8. Messidor des Jahres XI.
(27. Juni 1803)

Durch Deinen Brief, meine gute kleine Frau, erfuhr ich, daß Du unpäßlich gewesen bist. Corvisart sagte mir, das sei ein gutes Zeichen. Die Kur würde den gewünschten Erfolg haben und Deiner Gesundheit zuträglich sein. Dich aber leidend zu wissen, tut meinem Herzen sehr weh.

Gestern habe ich die Porzellanfabriken von Sèvres und Saint-Cloud besichtigt.
Tausend liebe Dinge an alle
Ewig Dein
Bonaparte

*

Die Kur in Plombières ist für Josephine beendet. Leider bewahrheitet sich die Annahme des erfahrenen Mediziners auch diesmal nicht. Aber die Freude Napoleons über das Wiedersehen mit Josephine ist groß und herzlich.

An Frau Bonaparte in Plombières
     Malmaison, 12. Messidor des Jahres XI.
        (1. Juli 1803)

Ich habe Deinen Brief vom 10. Messidor erhalten, meine liebe Josephine. Du sprichst aber weder über Deine Gesundheit noch über die Wirkung der Bäder. Wie ich sehe, gedenkst Du in acht Tagen zurück zu sein. Das freut Deinen Freund ungemein, denn er langweilt sich schrecklich ohne Dich... Du mußt den General Ney empfangen. Er begibt sich nach Plombières. Wenn er wieder nach Paris zurückkehrt, wird er sich verheiraten.

Hortense hat gestern die Rosine im Barbier von Sevilla gespielt. Wie gewöhnlich mit außerordentlicher Intelligenz.

Ich bitte Dich zu glauben, daß ich Dich ewig liebe. Kaum kann ich es erwarten, bis ich Dich wiedersehe. Alles ist traurig und öde ohne Dich   B o n a p a r t e

*

Einen ganz anderen Ton schlägt Napoleon in seinen Briefen an sogenannte „starke Frauen" an. Er schätzt diesen Frauentypus nicht, besonders nicht, wenn sie sich, wie die Königin Marie Karoline von Neapel, in die Politik ihrer Männer mischen. Außerdem weiß er, wie bitter die Königin, die kluge Tochter Maria Theresias, ihn haßt. Unter den regierenden Fürstinnen ist sie seine größte und wohl auch stärkste Gegnerin. Trotzdem sie von Bonaparte schon einmal, 1799, aus ihren Staaten vertrieben worden war, schürt sie die Flamme der Auflehnung gegen den verhaßten Usurpator unaufhörlich in ganz Italien. Nach dem Siege von Marengo leidet sie schwer unter der Schmach der Niederlage und ihr Haß wird immer stärker. Er nützt ihr wenig. Unverkennbar, das ist ihr und den meisten europäischen Fürstenhäusern klar, zielt dieser Bonaparte schon auf absolutistische Formen hin. In blinder Wut lehnt Marie Karoline von Neapel sich gegen ihn auf, den Korsen, den sie den Abschaum der Menschheit nennt, und dem sie doch indirekt die Wiedereinsetzung in ihre Staaten verdankt. Sie intrigiert gegen ihn mit den Engländern, seinen hartnäckigsten Feinden. Besonders räumt sie ihrem Premierminister Francis Edward Acton, einem Engländer von Geburt, den weitgehendsten Einfluß ein. Später wird Acton zwar auf Verlangen Bonapartes aus Neapel entfernt. Er intrigiert indes weiter und beeinflußt alle Handlungen Ferdinands IV. und Marie Karolines. Marie Karoline verkennt vollkommen Bonapartes Macht. Sie ahnt nicht, daß er sie und ihre ganze Familie mit einem Schlage vernichten kann. Vorläufig ist er freilich noch nicht der Herrscher, er ist nur der erste Mann des französischen Staates. Es liegt noch nicht in seiner Allgewalt, Throne zu zertrümmern und neue aufzurichten. Aber bereits fühlt man in seinem Ton an widerspenstige Fürsten das kalte Herrschende, das unbedingt Gehorsam Fordernde eines Allgewaltigen, gegen den es keine Widerrede gibt. Trotz aller Höflichkeit, ja vielleicht sogar ritterlicher Courtoisie einer Frau gegenüber, ist der Brief des Ersten Konsuls schneidend kühl.

An die Königin Marie Karoline von Neapel

Brüssel, den 9. Thermidor des Jahres XI.
(28. Juli 1803)

Ich habe den Brief Eurer Majestät mit der größten Aufmerksamkeit gelesen und bitte Sie, überzeugt zu sein, daß ich, obwohl ich Ihnen viel Böses zugefügt habe, auch den Wunsch habe, Ihnen nützlich zu sein.

Nach dem gegenwärtigen Stand der Dinge liegt es in Frankreichs Politik, die Ruhe bei allen seinen Nachbarn aufrechtzuerhalten. Frankreichs auswärtige Politik geht dahin, einen schwächeren Staat zu stützen, dessen Wohlstand dem Gedeihen des französischen Handels von Nutzen ist.

Da Eure Majestät offen und freimütig an mich geschrieben hat, will ich Ihnen ebenso offen antworten. Wie können Sie verlangen, daß ich das Königreich Neapel in seinen geographischen und politischen Verhältnissen berücksichtige, wenn ich an der Spitze aller Ministerien einen Mann sehe, der in Ihrem Lande ein Fremder ist und seine ganze Kraft, seine Sympathie und seinen Reichtum auf England überträgt? Um so mehr, da das Königreich Neapel weniger durch den Willen und die Grundsätze seines Herrschers als durch seinen Premierminister regiert wird.

Ich bin also durch kluge Vorsicht dazu bestimmt, Neapel als ein von einem englischen Minister regiertes Land zu betrachten. Es widerstrebt mir außerordentlich, mich in die inneren Angelegenheiten der anderen Staaten zu mischen, und nur um gegen Eure Majestät offen zu sein, gebe ich Ihnen den wahren Grund an, warum alle gegen Neapel ergriffenen Maßnahmen, über die Sie sich beklagen, gerechtfertigt sind.

Im übrigen hoffe ich, Sie, Majestät, zu überzeugen, welch großen Wert ich auf alles lege, was den Kontinent beruhigen, zur Ordnung bringen und zu seinem Glück und Gedeihen beitragen kann. Bonaparte

Als General hat Napoleon früher den Witwen seiner auf dem Schlachtfeld gefallenen Freunde und Kriegskameraden nur seine Hilfe und Verwendung bei den höchsten Stellen und Ministerien versprechen können, allerdings meist mit dem besten Erfolg. Als Erster Konsul und Staatsmann ist er in der Lage, den Zurückgebliebenen seiner Tapferen die weitgehendste Unterstützung zuteil werden zu lassen. Und er tut es in einer Weise, die bei den Betreffenden nicht den beschämenden Gedanken, für einen großen schmerzlichen Verlust mit Geld abgefunden zu werden, aufkommen lassen. Im Gegenteil, sie sollen das Gefühl haben, daß er auch im Herzen an ihrem Unglück teilnimmt, nur seine Dankbarkeit nicht anders beweisen kann, als eben mit einer pekuniären Versorgung. So z. B. beim Tode des Generals Watrin, an dessen Witwe der Erste Konsul schreibt:

An Frau verwitwete Watrin

Paris, 3. Vendémiaire des Jahres XII.
(26. September 1803)

Madame,

der Finanzminister wird Ihnen 12.000 Fr. überweisen lassen. Vom Kriegsminister müssen Sie bereits eine Urkunde erhalten haben über eine Pension von 3000 Fr. Es sind schwache Beweise meines Interesses für Ihre Lage und für das Andenken, das ich Ihrem Gatten für die geleisteten Dienste auf dem Schlachtfelde bewahre. Ich werde jede Gelegenheit ergreifen, Ihnen, Madame, nützlich zu sein. Bonaparte

Ein hartes Kapitel für Napoleon ist seine Familie. Beinahe hat er mehr zu tun, die Seinigen zu regieren als sein ganzes großes Reich. Er sorgt für sie, er verschafft seinen Brüdern und Schwestern Reichtum und Größe, Ansehen und Ruhm. Später gibt er ihnen Länder und Throne. Er begeht ungeheure Fehler dabei. Er schadet sich selbst oft dadurch. Doch es ist seine Familie! Sie soll mit ihm auf gleicher Höhe stehen. Tyrannisch setzt er meist seinen Willen durch, weil es seine Politik gebietet. Gleichzeitig aber ist er unendlich schwach gegen die, mit denen ihn die Bande des Bluts verbindet. Wenige der Bonaparte danken es ihm. Keiner ist sich bewußt, was er dem mächtigen Bruder schuldet. Alle halten sich für geborene Herrscher. Später vermengen sie die Intrigen ihres Privatlebens mit der Politik ihrer Höfe. Nicht weniger als seine drei Brüder machen Napoleon die drei Schwestern zu schaffen. Ihre Ansprüche, ihre Verschwendungssucht, die an Größenwahn grenzende Einbildung, der kleinliche Neid, die Ränke, mit denen sie sich gegenseitig verfolgen, ihre Herrschsucht oder ihr Leichtsinn erschweren Napoleon nicht nur die Einigkeit in der Familie, sondern oft auch in seinen Ländern. Am meisten Nachsicht zeigt er gegen seine Schwestern, denen er fast allen ihr lockeres Privatleben vorzuwerfen hätte. Doch er mischt sich nur dann hinein, wenn der Skandal zu große Dimensionen annimmt oder, wenn es ihm darauf ankommt, die Ehre und das Ansehen des eigenen Namens zu schützen. Der leichtsinnigen Pauline, die er einmal selbst als die schönste Frau der Welt bezeichnet, gibt er stets die väterlichsten Ratschläge in bezug auf ihr Verhalten in der Ehe. Er weiß, sie nimmt es mit der Treue und der Moral nicht genau. Das geht ihn weiter nichts an, ob sie Liebhaber hat, aber sie muß den äußeren Anstand wahren. Besonders, als sie als erste der Familie eine Fürstenkrone trägt. Nachdem sie in erster Ehe einen der tapfersten Offiziere des Generals Bonaparte, den General Leclerc, geheiratet hatte und Anfang 1803 aus Santo Domingo als Witwe zurückgekehrt war, hält ihr Bruder Joseph für sie einen zweiten Gatten bereit. Einen jungen italienischen Grandseigneur, den Fürsten Camillo Borghese, der nicht nur über den glänzenden Titel, sondern auch über großen Reichtum verfügt. Napoleon sagt beides für seine schöne Schwester zu. Ein Fürst ist damals noch eine Seltenheit in der Familie Bonaparte. Und so findet die Hochzeit am 31. August 1803 statt. Im Geheimen, ohne Wissen Napoleons, der das Trauerjahr ganz hingehen lassen wollte. Er aber war in Boulogne, und Paulette mochte nicht länger Witwe sein. Als sie jedoch dann der alten Fürstin Borghese, der Schwiegermama in Rom, den ersten Besuch machen soll, hat die leichtsinnige Paulette nicht viel Lust, das schöne Paris zu verlassen. Es bedarf erst der Machtworte Napoleons, ehe sie reist. Und er wünscht vor allem, daß sie nach Rom mit ihrem Gatten gehe, aus dem sie sich schon bald nach der Hochzeit nichts mehr macht. Napoleon aber hält mehr als andere auf die Wahrung des Anstandes und des äußeren Scheins. Er gibt Pauline Verhaltungsmaßregeln, damit sie in der altaristokratischen Gesellschaft in Rom ja keine Formfehler begehe. Er kennt seine kleine tolle Schwester nur zu gut. Doch auch er hält sich an die Form. Für ihn ist sie jetzt nicht mehr Paulette, sondern die Frau Fürstin Borghese. Er schreibt:

An die Fürstin Pauline Borghese in Paris

Boulogne, 19. Brumaire des Jahres XII.
(11. November 1803)

Frau Fürstin Borghese,

ich werde noch einige Tage abwesend sein. Die kalte Jahreszeit naht. Bald werden die Alpen mit Schnee und Eis bedeckt sein. Reisen Sie daher so bald als möglich nach Rom. Zeichnen Sie sich dort durch Ihre Sanftmut, Ihre Liebenswürdigkeit gegen alle Welt und durch außerordentliche Zuvorkommenheit gegen die verwandten oder befreundeten Damen des Hauses Ihrer Schwiegermutter aus. Man erwartet von Ihnen mehr als von jeder anderen. Richten Sie sich vor allem nach den Sitten des Landes. Schätzen Sie nie etwas gering. Sie müssen alles gut und schön finden und nicht etwa sagen: in Paris ist das viel besser. Erweisen Sie dem Heiligen Vater, den ich sehr liebe, große Hochachtung und kindliche Zuneigung. Durch seine einfachen Sitten ist er der Stellung würdig, die er innehat. Das liebste wäre mir, wenn man mir von Ihnen sagte, daß Sie gut seien.

Die einzige Nation, die Sie nicht bei sich empfangen dürfen, sind die Engländer, solange wir miteinander Krieg führen. Ja, sie dürfen sie überhaupt nicht in Ihrer Gesellschaft aufnehmen oder dulden.

Lieben Sie Ihren Mann. Seien Sie das Glück Ihrer Familie und vor allem: seien Sie nicht leichtsinnig und launisch. Sie sind vierundzwanzig Jahre alt und sollten nun wirklich reif und vernünftig sein. Ich liebe Sie und werde immer mit großer Freude hören, daß Sie glücklich sind.

Ihr Sie liebender Bruder Bonaparte

*

Die Ermahnungen Napoleons nützen nichts. Pauline kann und will sich in Rom nicht eingewöhnen. Sie findet es langweilig. Es ist nicht Paris. Man überwacht ihr Leben in der Ewigen Stadt viel zu viel. Trotzdem auch ihre Mutter, Frau Letizia Bonaparte, in Rom weilt, kann Pauline die Abneigung gegen alles, was römisch ist, auch gegen ihren Mann, nicht überwinden. Sie, von der ihr Bruder Napoleon einmal behauptete, sie sei Römerin vom Scheitel bis zur Sohle, sie langweilt sich entsetzlich in der herrlichen Stadt. Es hilft nichts, Napoleon muß immer wieder ein Donnerwort sprechen. Er steht kurz vor der höchsten Erhebung seiner Macht. Seit März 1804 finden im Senat täglich Sitzungen und Verhandlungen über die Verleihung der Kaiserwürde an Napoleon statt. In der Gesetzgebenden Körperschaft wird vom Ersten Konsul die gesamte bürgerliche Gesetzgebung in einem einzigen Gesetzbuch, dem „Code civil des Français", später „Code Napoléon", vereinigt, und er hat dennoch Zeit, sich mit den Kleinigkeiten des Privatlebens seiner kapriziösen Schwester Pauline zu beschäftigen, die es sich in den Kopf gesetzt hat, allein nach Paris zurückzukehren und ihren Mann in Rom zu lassen, der sie langweilt und stört.

An die Fürstin Borghese

Paris, den 16. Germinal des Jahres XII.
(6. April 1804)

Madame und liebe Schwester,

ich habe mit großem Bedauern gehört, daß Sie nicht so vernünftig waren, sich den Sitten und Gewohnheiten Roms anzupassen. Sie behandeln die Leute dort verächtlich und haben die Augen nur auf Paris gerichtet. Obwohl ich mit sehr großen Angelegenheiten beschäftigt bin, möchte ich Ihnen doch meine Wünsche mitteilen, in der Hoffnung, daß Sie sich danach richten werden.

Lieben Sie Ihren Mann und Ihre Familie. Seien Sie zuvorkommend, passen Sie sich den römischen Sitten an. Überlegen Sie wohl: wenn Sie sich noch in Ihrem Alter schlechten Einflüssen hingeben, dann können Sie nicht mehr auf mich zählen.

Sie können versichert sein, Sie werden in Paris keine Aufnahme finden. Nur in Begleitung Ihres Gatten empfange ich Sie. Wenn Sie sich mit ihm überwerfen, so tragen Sie allein die Verantwortung dafür. Denn der Aufenthalt in Frankreich wird Ihnen untersagt. Außerdem verscherzen Sie sich dadurch Ihr Glück und meine Freundschaft.

Ihr Sie liebender Bruder   B o n a p a r t e

*

Da Napoleon seiner Schwester Paris versagt, reist sie von einem Badeort zum andern. In Plombières und Aachen trifft sie öfter mit Josephine zusammen. Aber schließlich öffnet der Bruder ihr auch wieder die Tore der Zauberstadt Paris — mit Camillo Borghese. Kein Mitglied seiner Familie soll fehlen bei dem großen Ereignis, das so kurz bevorsteht.

III. Der Kaiser

Am 18. Mai 1804 verkündet ein Senatsbeschluß in Paris die Erhebung des Ersten Konsuls Bonaparte zum Kaiser der Franzosen. Josephine, seine ganze Familie steigen mit zu der Höhe empor, auf der er angelangt ist. In einigen Monaten wird Josephine mit ihm gekrönt werden. Ein tiefes Gefühl der Dankbarkeit für die Frau, der seine Jugend gehört, die er über alles geliebt hat, veranlaßt ihn bei dieser Gelegenheit zum Staatsrat Roederer zu sagen: „Wenn ich Josephine zur Kaiserin mache, so ist das nur recht und billig. Ich bin vor allem ein gerechter Mann. Denn, hätte man mich ins Gefängnis geworfen, statt auf den Thron zu erheben, Josephine würde ebenfalls mein Unglück geteilt haben. Es ist nur gerecht, daß sie auch meine Größe teilt. Ja, sie soll gekrönt werden, und wenn es mich 200.000 Mann kostet."

Josephine ist glücklich. Die Scheidung scheint ihr wieder fernergerückt, seit Napoleon ihren Eugen adoptierte. Sie glaubt ihre Stellung an der Seite Napoleons jetzt befestigt, obwohl gerade seine Thronbesteigung ihr hätte Sorgen machen sollen, denn der Thron verlangt mehr als alles einen Erben. Daran denkt sie vorläufig nicht. Sie hofft immer noch auf eine erfolgreiche Badekur. Diesmal ist es Aachen, von dem sie alles erwartet, und mit ihr der Kaiser. Sie reist jetzt mit einem zahlreichen Hofstaat. Man nennt sie Majestät. Alles beugt sich vor ihr. Napoleon hat sich in seinen Briefen an sie nicht verändert. Immer bleibt er gleich menschlich, gleich besorgt, gleich liebevoll für sie.

Aber mit einem nicht zu verkennenden Stolz schreibt er von der Nordküste den ersten Brief an

Ihre Majestät, die Kaiserin Josephine, in Paris
   Pont de Briques, 2. Thermidor des Jahres XII.
Madame und geliebte Frau, (21. Juni 1804)

 seit den vier Tagen, die ich von Dir entfernt bin, habe ich ununterbrochen auf dem Pferd gesessen. Es hat indes meiner Gesundheit nicht im geringsten geschadet.

Maret teilte mir Deine Absicht mit, Montag (nach Aachen) abzureisen. Wenn Du die Fahrt in kleinen Tagereisen machst, kannst Du gemächlich ins Bad reisen, ohne Dich zu sehr anzustrengen.

Da der Wind heute Nacht sehr stark war, hat sich eines der im Hafen verankerten Kanonenboote losgerissen und ist auf einer Klippe festgerannt, die eine Meile von Boulogne entfernt liegt. Schon glaubte ich alles, Mann und Maus, verloren, aber alle sind gerettet worden. Es war ein großartiges Schauspiel: Die Alarmschüsse, die mit Wachtfeuern bedeckte Küste, das wütende, schäumende Meer und die Menschen die ganze Nacht hindurch in der angstvollen Ungewißheit, die Unglücklichen gerettet oder untergehen zu sehen! Zwischen Ewigkeit, Ozean und Nacht schwebte ein guter Geist. Um fünf Uhr morgens hellte sich alles auf. Alle wurden gerettet! Mit dem Gefühl, einen romantischen, epischen Traum erlebt zu haben, legte ich mich schlafen. Hätten mir die Müdigkeit und der durchnäßte Körper Zeit gelassen an etwas anders als an Schlaf zu denken, ich hätte mir einbilden können, ich sei ganz allein auf der Welt. Napoleon

*

Zum erstenmal unterzeichnet er seine Briefe mit Napoleon, später nur mit dem charakteristischen großen N. Die Besichtigung der Nordküste und die Inspizierung des Lagers von Boulogne halten ihn einige Wochen im August von Paris fern, während sich die Kaiserin in Aachen befindet. Er sorgt sich um sie.

An die Kaiserin Josephine in Aachen

Boulogne, den 15. Thermidor des Jahres XII.
(3. August 1804)
Meine Freundin,

ich hoffe bald zu erfahren, daß Dir die Kur gut bekommt. Es tut mir recht leid, daß Du so viele Unannehmlichkeiten hattest. Ich wünsche, daß Du mir oft schreibst. Meine Gesundheit ist, obwohl ich ziemlich angestrengt bin, ausgezeichnet. In einigen Tagen werde ich in Dünkirchen sein und Dir von dort aus schreiben.

Eugen ist nach Blois abgereist.

Ich bedecke Dich mit Küssen Napoleon

*

An die Kaiserin Josephine in Aachen

Boulogne, 18. Thermidor des Jahres XII.
(6. August 1804)

Meine Freundin,

seit Mitternacht bin ich in Calais. Heute Abend gedenke ich nach Dünkirchen aufzubrechen. Ich bin mit dem, was ich sehe, zufrieden, und auch gesundheitlich geht es mir gut. Ich wünschte, Dir bekämen die Bäder ebensogut wie mir die Bewegung, der Anblick der Lager und des Meeres.

Eugen ist nach Blois abgereist. Hortense geht es gut. Louis (Bonaparte, Hortenses Mann) befindet sich in Plombières.

Ich habe große Sehnsucht nach Dir. Du bist noch immer zu meinem Glück nötig. Tausend zärtliche Dinge für Dich.

Napoleon

*

Am meisten liegt ihm der Erfolg der Kur Josephines am Herzen. Glaubt er wirklich noch immer daran, daß ihm die 41jährige Frau den Erben schenken wird? Wo er auch ist, immer denkt er daran.

An die Kaiserin Josephine in Aachen

Ostende, 26. Thermidor des Jahres XII.
(14. August 1804)

Meine Freundin,

ich habe seit einigen Tagen keine Nachricht von Dir. Und ich hätte doch so gern etwas über die gute Wirkung Deiner Kur erfahren, auch darüber, wie Du Deine Zeit verbringst.

Seit acht Tagen bin ich in Ostende. Übermorgen werde ich in Boulogne sein und an einem glänzenden Fest teilnehmen. Laß mich durch den Kurier wissen, was Du zu tun gedenkst und wann Deine Badekur zu Ende ist.

Mit dem Heere und der Flotte bin ich sehr zufrieden. Eugen ist immer noch in Blois. Von Hortense höre ich überhaupt nichts mehr, gerade als befände sie sich im Kongo. Ich will ihr schreiben und sie tüchtig ausschelten.

Viele zärtliche Dinge für Dich   Napoleon

*

In Boulogne erinnert ein eingetroffener Brief den Kaiser an die ersten glücklichen Stunden einer jungen Liebe, in Valence. Er stand als Leutnant dort in Garnison und lernte ein sehr junges Mädchen, Fräulein Caroline du Colombier, kennen. Der blutjunge Offizier verliebte sich in sie. Sie gaben sich kleine Stelldicheins in der blühenden Sommerpracht. „Aber", sagte Napoleon später, „man wird es kaum glauben: unser ganzes Glück bestand darin, miteinander Kirschen zu essen." Als Caroline du Colombier, die inzwischen Frau von Bressieux geworden war, dem zu Ruhm und Macht gekommenen Jugendfreund nach Boulogne schrieb und ihm die Stunden von einst ins Gedächtnis zurückrief, auch den Kaiser um eine Gunst für ihren Bruder bat, da gewährte er ihr sofort die Bitte. Er antwortete:

An Madame Caroline de Bressieux, geb. du Colombier, in Lyon

Pont de Briques (Lager von Boulogne)
2. Fruktidor des Jahres XII (20. August 1804)

Madame,

Ihr Brief war mir sehr angenehm. Ich habe mich Ihrer und Ihrer Frau Mutter stets gern erinnert und werde die erste Gelegenheit ergreifen, um Ihrem Bruder nützlich zu sein. Aus Ihrem Briefe ersehe ich, daß Sie in Lyon wohnen. Da muß ich Ihnen aber gerechte Vorwürfe machen, daß Sie mich, während ich dort war (im Januar 1802) nicht besucht haben, denn es wird mir immer das größte Vergnügen bereiten, Sie zu sehen.

Seien Sie von meinem Wunsche überzeugt, Ihnen stets gefällig und angenehm zu sein. N a p o l e o n

*

Er sah Caroline im Jahre 1805 wieder. Doch sie hatte sich so zu ihrem Nachteil im Äußeren verändert, daß Napoleon fast erschrak. Sie war beinahe unförmig dick geworden. Dennoch vergaß der Kaiser die Jugendzeit nicht. Er ernannte Frau von Bressieux zur Hofdame seiner Mutter und Herrn von Bressieux zum Generalverwalter der Forsten. Außerdem machte er ihn zum Reichsbaron. So waren alle seiner Dankbarkeit sicher, die einmal in der Jugend seinen Weg gekreuzt und ihm Glück geschenkt hatten.

Am 27. August ist die Inspektionsreise an der französischen Nordküste zum Zwecke eines Krieges mit England beendet und der Kaiser tritt seine Reise an die linksrheinischen Ufer an. In Aachen trifft er mit der lange ersehnten Josephine zusammen, reist dann über Köln bis Mainz allein weiter, wo er sich wieder mit ihr vereint. Während seines Aufenthaltes in Mainz statten viele deutsche Fürsten dem neuen Kaiser der Franzosen ihre Besuche ab, und die Festlichkeiten nehmen in der Zeit vom 20. September bis 3. Oktober, in der sich das französische Kaiserpaar in Mainz aufhält, kein Ende. Dann begibt Josephine sich direkt nach Saint-Cloud, während Napoleon die Rückreise über Worms, Frankental, Kaiserslautern, Kreuznach, Simmern und Trier antritt. Da er befürchtet, Josephine könne in ihrer neuen, noch ungewohnten hohen Stellung vielleicht Dinge sagen oder tun, die von der Welt bekrittelt würden, schreibt er ihr sofort die nötigen Verhaltungsmaßregeln.

An die Kaiserin Josephine in Saint-Cloud

Trier, den 14. Vendémiaire des Jahres XIII.
(6. Oktober 1804)

Ich komme soeben an, meine liebe Freundin. Um dieselbe Zeit wirst Du in Saint-Cloud eingetroffen sein. Ich befinde mich wohl. Erteile T(alleyrand) keine Audienz und weigere Dich, ihn zu empfangen. Empfange auch B(ernadotte) nur vor aller Welt und gewähre ihm keine Privataudienz. Versprich die Unterzeichnung von Ehekontrakten nur, wenn ich sie unterzeichnet habe.

Ganz der Deine   N a p o l e o n

*

Wieder machen ihm die Intrigen und unterirdischen, haßerfüllten Wühlereien der Königin Marie Karoline von Neapel zu schaffen. Am meisten empört Napoleon die raffinierte Art, in der sie trotz alledem Briefe voll heuchlerischer Ergebenheit an den „Usurpator" schreibt. Sie ist die größte Kriegshetzerin am Wiener Hof in dem bald ausbrechenden Krieg von 1805. Und in Italien zettelt sie den Aufruhr gegen die französische Oberherrschaft an. Napoleon läßt sich von ihrer Scheinheiligkeit nicht düpieren. Er schreibt ihr einen Brief, den sich die ehrgeizige Königin von Neapel kaum hinter den Spiegel gesteckt haben wird, denn er sagt ihr geradezu den Ruin ihres Herrscherhauses voraus.

An Ihre Majestät, die Königin Marie Karoline von Neapel

Paris, 12. Nivôse des Jahres XIII.
(2. Januar 1805)

Madame,

der Brief Eurer Majestät wurde mir von Herrn Marchese de Gallo (neapolitanischem Gesandten in Paris) übergeben. Es fällt mir schwer, die darin enthaltenen Gesinnungen mit den feindlichen Absichten in Einklang zu bringen, die man in Neapel zu nähren scheint. Ich habe mehrere Briefe Eurer Majestät in Händen, die keinen Zweifel über Ihre wahren geheimen Absichten aufkommen lassen. Wie groß aber auch der Haß Eurer Majestät gegen Frankreich sein mag, die Erfahrung, die Liebe zu Ihrem Gatten, zu Ihren Kindern, zu Ihrer Familie müßte Ihnen doch etwas mehr Zurückhaltung auferlegen und Ihnen eine Ihren eigenen Interessen entsprechendere Haltung vorschreiben. War es Ihnen, Majestät, die Sie sich an Geist von allen Frauen so sehr unterscheiden, denn nicht möglich, sich von den Vorurteilen Ihres Geschlechts zu befreien und Staatsangelegenheiten nicht wie Herzensangelegenheiten zu behandeln? Schon einmal haben Sie Ihr Königreich verloren. Zweimal sind Sie die Ursache eines Kriegs gewesen, der die Dynastie Ihres Vaters beinahe ganz vernichtet hätte. Wollen Sie denn auch noch zu einem dritten Krieg Veranlassung geben? Auf Wunsch Ihres Gesandten sind bereits 10.000 Russen nach Korfu gesandt worden. Wie? Ist Ihr Haß so blind, Ihre Liebe für England so überspannt, daß Sie, obwohl Sie überzeugt sind, das erste Opfer zu sein, den ganzen Kontinent entflammen und diese nur für England glückliche Bewegung zu Wege bringen wollen? Ich gestehe, so starke Leidenschaften könnten Anspruch auf meine Achtung haben, wenn nicht die einfachsten Vernunftgründe ihren Leichtsinn und ihre Ohnmacht erkennen ließen. Ihr Neffe, Kaiser (Franz II.) von Österreich, teilt Ihre Gesinnungen keineswegs. Er will den Krieg, der seinem Reich nur geringe Vorteile brächte, nicht von neuem beginnen. Sogar Rußland, das von Ihrem Gesandten gezwungen wurde, 10.000 Mann nach Korfu zu schicken, weiß recht wohl, daß es dadurch nicht mit Frankreich kriegführen kann. Übrigens ist der Kaiser Alexander (I.) nicht kriegerisch gesinnt. Doch angenommen, das Unglück Ihrer Familie und der Sturz Ihres eigenen Thrones ließen Rußland und England zu den Waffen greifen, glauben dann Eure Majestät wirklich, ich, von dem Sie eine so kriegerische Meinung haben, würde untätig bleiben, um von meinen Nachbarn abzuhängen? Majestät! Lassen Sie sich folgendes gesagt sein: Bei dem ersten Krieg, zu dem Sie die Veranlassung geben, werden Sie und Ihre Nachkommen aufgehört haben zu regieren! Ihre Kinder müßten dann in ganz Europa umherirren und bei Verwandten um Unterstützung betteln. Sie selbst hätten durch Ihr unverantwortliches Benehmen den Ruin Ihrer Familie auf dem Gewissen, während ein gütiges Geschick und meine Nachsicht sie Ihnen erhalten würde. Verzichtet man so leicht auf eines der schönsten Reiche der Welt? Es täte mir indes leid, wenn Eure Majestät meine Offenheit für eine Drohung hielten. Nein, denn wenn es meine Absicht gewesen wäre, mit dem König von Neapel Krieg zu führen, so hätte ich es sofort getan, als die ersten Russen in Korfu einzogen. Dazu wäre eine umsichtige Politik gezwungen gewesen. Doch ich will Frieden haben mit Neapel, mit ganz Europa, ja auch mit England. Ich fürchte indes den Krieg mit niemand, denn ich bin imstande, ihn mit jedem zu führen, der mich herausfordert. Ich kann auch den neapolitanischen Hof bestrafen, ohne den Groll von irgend jemand zu befürchten! Befolgen Sie meinen brüderlichen Rat, Majestät, und rufen Sie die Führer der Miliz zurück. Provozieren Sie keinerlei Rüstung. Verabschieden Sie die Franzosen, die Sie gegen Ihr eigenes Vaterland aufhetzen. Berufen Sie von Petersburg einen Gesandten ab, dessen Schritte nur die neapolitanischen Angelegenheiten verderben und das Land in unvermeidliche Gefahren stürzen. Verabschieden Sie Herrn Elliot, der nichts weiter als Verschwörungen anzettelt und an allen Unruhen in Neapel schuld ist. Schenken Sie Ihr Vertrauen dem Oberhaupte Ihres Hauses und — ich wage es zu sagen — auch ein wenig mir. Seien Sie nicht so sehr Ihr eigener Feind, daß Sie ein Königreich verlieren, welches Sie sich inmitten der größten Umwälzungen bewahrt haben, in denen so viele Staaten zugrunde gegangen sind. Gewiß ist mein Brief nicht schmeichelhaft für Eure Majestät, im Gegenteil, er wird Ihnen höchst unangenehm sein. Und dennoch bitte ich Sie, darin einen Beweis meiner Achtung zu sehen. Nur an eine Person von starkem, über das Gewöhnliche sich erhebendem Charakter nehme ich mir die Mühe so offen zu schreiben. Und somit bitte ich Gott, Frau Schwester und Kusine, daß er Eure Majestät in seinen heiligen und gnädigen Schutz nehme.

Napoleon

*

Marie Karoline schlägt Napoleons Ratschläge, sich mit ihm gut zu stellen, wie immer in den Wind. Seine Polizei und Spione haben ihm erneut Briefe der Königin in die Hände gespielt, die ihm alle ihre Machenschaften aufdecken. Er versucht nochmals in einem langen Brief, freilich wieder vergebens, diese Franzosenhasserin zur Vernunft zu bringen.

An die Königin Marie Karoline von Neapel

Malmaison, 2. Ventôse des Jahres XIII.
(21. Februar 1805)

Madame,

der Brief Eurer Majestät vom 25. Januar ist mir durch den Marchese de Gallo überreicht worden. Ich habe ihm sofort eine Privataudienz gewährt, als ich erfuhr, er habe mir von Ihnen einen Brief zu übergeben. Ein direkter Briefaustausch mit Eurer Majestät wäre mir angenehm, selbst wenn er nicht von Nutzen sein sollte.

Verzeihen Sie, Madame, die Offenheit, mit der ich öfter gezwungen sein werde, zu Ihnen zu sprechen. Ihr Gesandter (Gallo) kam in die höchste Verlegenheit, als ich ihn mit der Art der in meinen Händen befindlichen Schriftstücke bekanntmachte, die mir vor einigen Monaten nicht den geringsten Zweifel über Ihre geheimen Dispositionen ließen. Gott soll mich indes davor bewahren, zu denken, Sie könnten Ihre Absichten nicht ändern. Haß und Zuneigung verändern sich, nur die Regeln einer vernünftigen und wahren Politik verändern sich niemals. Alle Leute, die aus Neapel kommen, ob es Franzosen oder Fremde sind, stimmen darin überein, daß Eure Majestät in keiner Weise den Haß verbergen, den Sie Frankreich entgegenbringen. Und obwohl Ihr Brief einige verbindliche Phrasen für mich enthält, kann man sich des ersten Eindruckes des Hasses Eurer Majestät nicht erwehren. Auch der Mäßigung und Gerechtigkeit, die Sie in meiner Verwaltung zu sehen geruhen, ist es nicht geglückt, mir Ihre vollkommene Freundschaft zu erwerben. Sie beurteilen mich zweifellos richtig genug, um überzeugt zu sein, daß ich über Ihre Maßnahmen nicht erstaunt bin. Nur das eine wundert mich: täglich festzustellen, daß eine in ihrer Regierung oft erfolgreiche Königin nicht weiß, daß es die Stellung eines Herrschers, leider zu seinem Unglück, erheischt, des öfteren Gefühle verbergen zu müssen, die er als einfacher Privatmann nur schwer beherrschen könnte.

Nach allem, was mir Herr de Gallo sagte, gebe ich die Hoffnung nicht auf, daß Eure Majestät anderer Ansicht uns gegenüber werde. Und wenn ich mich eines Tages rühmen kann, diese Veränderung herbeigeführt zu haben, so würde ich es als ehrenvollste Eroberung betrachten, erstens weil ich Sie persönlich ganz besonders achte, zweitens, weil ich Ihr Herz wieder gewonnen hätte, das sich ja nicht ganz einem Volke verschließen kann, dessen Sprache und Literatur Sie lieben und dessen Liebenswürdigkeit Sie oft zu würdigen wußten.

Eure Majestät beschweren sich über die Anwesenheit französischer Truppen in Ihrem Königreich. Sie können sich aber auch darüber beklagen, daß in einer Ihrer Provinzen englische Truppen liegen. Der Aufenthalt der Franzosen ist eine Folge des Florenzer Vertrages, der die Beziehungen unserer beiden Staaten festsetzte. Ohne Frage ist das für Sie ein Unglück, aber ein unvermeidliches Unglück, das Sie als eine Folge der Ereignisse betrachten müssen, die Sie von Ihrem Throne stürzten. So viel ich konnte, habe ich diese Last erleichtert. Auf ein einfaches Verlangen hin und gegen die Bestimmungen des Florenzer Vertrages habe ich zugestanden, für den Sold (dieser Truppen) aus meinem Schatz aufzukommen. Hätte mir dieser erste Akt von Nachgiebigkeit etwas Vertrauen eingebracht und hätte ich mich mit dem Gedanken vertraut machen können, daß sich 3000 bis 4000 Franzosen in Tarent in Sicherheit befanden, ich hätte zweifellos meine Truppen auf diese Anzahl beschränkt, denn ich wollte nur diesen vorgeschobenen Posten in der Levante halten, damit die Räumung Maltas und Korfus von den Mächten gesichert war, die diese Inseln besetzt halten. Die Feindschaft Eurer Majestät hat mich aber im Gegenteil gezwungen, immer mehr den Maßnahmen zu mißtrauen, zu denen Sie sich hinreißen lassen. Ich habe diese Division in ziemlicher Stärke halten müssen, um nichts zu befürchten. Ja, ich mußte sie sogar noch mehr verstärken, weil die Ankunft russischer Truppen in Korfu diese Notwendigkeit forderte. Natürlich werde ich nicht in einem direkten Briefwechsel mit Ihnen zum Vergnügen über die Ankunft russischer Truppen in Korfu diskutieren. Die Schutzherrschaft Rußlands über Neapel, die ich selbst proklamiert habe, war ohne Nachteil, solange es keine Truppen in der Nähe hatte. Heute aber ist sie für Eure Majestät gefährlicher, ja vielleicht ist sie für Ihr Haus verhängnisvoller als die Revolution selbst. Die Verproviantierung des Forts Sankt Elmo, die Richtung, die Sie verschiedene aufständige Führer einschlagen ließen, die Sucht, in den Dienst des Königs von Neapel Männer einzustellen, die dem Land fremd, durch ihren wütenden Haß gegen ihr Vaterland bekannt sind und ihr Ministerportefeuille und ihren Degen ohne Skrupel überallhin tragen, ferner die vor wenigen Tagen bewiesene Geringschätzung, als man erfuhr, daß das Geschwader von Toulon abgesegelt sei: beweist das alles nicht haarscharf, daß in den Räten Eurer Majestät keine Mäßigung herrscht? Daß Sie weder Zeit noch Umstände noch die Menschen schätzen? Daß Sie das Gewitter herbeiziehen, anstatt es zu bannen?

Ist es denn so schwer, ruhig zu bleiben? Ist es so schwer, die Staaten zu schonen und sein Volk nicht zugrunde zu richten, indem man mit Gewalt ein einziges Sandkorn aufhebt und damit das Gleichgewicht der Welt erschüttert? Eine Beihilfe von 10.000 Neapolitanern würde dieses Gleichgewicht allerdings kaum ins Wanken bringen, aber es würde den König (Ferdinand) in Kriege verwickeln, ihn sofort kennzeichnen, seine Finanzen ruinieren und sein Glück untergraben. Gewiß, es herrschen auch jetzt noch mächtige Kriegsleidenschaften in den verschiedenen Teilen Europas, doch trotz allem ist die Allgemeinbewegung der Ideen für den Frieden. Die gegenwärtige Generation braucht Ruhe. Und sollte es dennoch zum Kriege kommen, so würde Eure Majestät als erstes Opfer in Ihrer Verlassenheit fühlen, daß die Lage Ihres Landes, der Charakter Ihres Volkes und die Stellung der Staaten zweiten Ranges von Ihnen verlangen, in Frieden zu leben, sich mit dem Wohlstand im Innern zu beschäftigen und bestrebt zu sein, mit aller Geschicklichkeit, die die Umstände erfordern, alle Stürme fernzuhalten. Denn das geringste Unwetter könnte Ihren Untergang herbeiführen und Ihr Dasein mit Bitternis erfüllen.

Wahrscheinlich werden Eure Majestät finden, daß mein Brief reichlich viel Moralpredigten enthält. Vielleicht enthält er auch manches Unangenehme für Sie. Mag sein, Unmöglich aber können Sie in der Unparteilichkeit und der Lage, in der ich mich befinde, die Absicht verkennen, daß mir Ihre persönliche Ruhe, die Ruhe Ihrer Familie und Ihres Volkes am Herzen liegt.

Und, wirklich! Welches Interesse kann ich haben, Ihre Staaten umzuwälzen und Ihren Thron zu stürzen? Das einzige, woran mir wirklich liegt, ist, daß das Kabinett im wahren Interesse des Volkes geleitet wird, daß der Hof dazu den Antrieb gibt, und daß König und Volk Frankreich die Gefühle entgegenbringen, die sie vor zwanzig Jahren hegten. Das, liebe Schwester und Kusine, ist das einzige, worum ich bitte, das einzige, das Gedeihen, Ruhe und Glück dem großen Lande sichern können, das Ihrer Herrschaft unterstellt ist. N a p o l e o n

*

Ist es nicht die Politik, so ist es die Familie, die Napoleon fortwährend in Atem hält. Am meisten Sorge macht ihm jetzt der jüngste seiner Brüder, der Luftikus Jérôme. Schon sehr jung zeigt er Neigung zu maßloser Verschwendung, zu Frauen, Luxus und Genuß. Ob 16 oder 60 Jahre, Jérôme bleibt immer der gleiche. Jederzeit wirken vor allem Frauen berauschend auf ihn. Um ihm ein wenig Lebensernst und die Liebe zum Seemannsberuf beizubringen, sendet ihn Napoleon im Jahre 1802 mit einer Expedition nach den Kolonien. Jérôme, den das Abenteuerleben mehr interessiert als der Dienst, kommt nicht wieder. Eine Reihe Zwischenfälle und die mit englischen Schiffen bedeckten Meere halten ihn zwei lange Jahre von Frankreich fern, wo inzwischen sein großer Bruder den Thron besteigt. Das Schicksal verschlägt Jérôme nach Baltimore. Dort werden dem Zwanzigjährigen Huldigungen dargebracht, als wäre er selbst der gefeierte Held Napoleon. Er denkt nicht mehr an Rückkehr. Er verliebt sich in ein schönes amerikanisches Mädchen, die Tochter eines millionenreichen Kaufmannes, Elisabeth Patterson. Am 24. Dezember 1803 verheiratet er sich mit ihr, ohne seines Bruders Napoleon Einwilligung dazu zu haben, der seit seiner Kindheit auf ihn väterliche Gewalt ausübt. Im Frühjahr des Jahres 1804 trifft daher auch der kategorische Befehl des Kaisers bei Jérôme in Baltimore ein, unverzüglich Amerika zu verlassen — natürlich ohne Elisabeth. Sie existiert für den Kaiser Napoleon nicht. Jérôme gehorcht — nur mit dem Unterschied, daß er Elisabeth, seine Frau, mitnimmt. Und das gereicht ihm zur Ehre. Nur in Napoleons Meinung nicht. Als er erfährt, daß Jérôme nach Europa zurückgekehrt ist, schreibt er aus Italien an seine Mutter, die jetzt den offiziellen Titel „Madame Mère" führt, im höchsten Zorn über den „Ungeratenen". Seine Empörung ist so groß, daß er sogar das unschuldige Mädchen mit den beleidigendsten Ausdrücken bedenkt und sie als Jérômes Mätresse hinstellt.

An Madame Mère

    Schloß Stupinigi, 2. Floréal des Jahres XIII.
      (22. April 1805)
Madame und liebe Mutter,

 Jérôme Bonaparte ist mit der Frau, mit der er lebt, in Lissabon angekommen. Ich habe diesem hoffnungsvollen Sohne Befehl erteilt, sich über Perpignan, Toulouse, Grenoble und Turin nach Mailand zu begeben, und ihn gleichzeitig wissen lassen, daß, wenn er einen andern Weg einschlägt, er sofort verhaftet wird. Fräulein Patterson, die mit ihm lebt, hat sich vorsichtshalber von ihrem Bruder begleiten lassen. Ich habe Befehl erteilt, sie nach Amerika zurückzuschicken. Entzieht sie sich meinen Befehlen und kommt sie nach Bordeaux oder nach Paris, so wird sie nach Amsterdam gebracht, um dort auf dem ersten besten amerikanischen Schiff eingeschifft zu werden. Ich werde den jungen Mann mit aller Strenge behandeln, wenn er sich während der einzigen Zusammenkunft, die ich ihm bewillige, seines Namens nicht würdig zeigt und darauf besteht, seine Liaison fortzusetzen! Ist er nicht willens, sich von der Schande, die er meinem Namen angetan, indem er eines erbärmlichen Frauenzimmers wegen seine Fahnen im Stich ließ, rein zu waschen, so werde ich mich für immer von ihm lossagen. Vielleicht gebe ich damit ein Beispiel, das die jungen Soldaten lehrt, bis zu welchem Grade ihre Pflichten geheiligt sind, und das sie von der Größe ihres Verbrechens, wenn sie ihre Fahnen einer Frau wegen verlassen, überzeugt! Sollte er sich doch nach Mailand begeben, so schreiben Sie ihm. Sagen Sie ihm, daß ich wie ein Vater zu ihm gewesen, er daher heilige Pflichten gegen mich zu erfüllen habe und ihm zu seinem Heile nichts anderes übrig bleibt, als meine Ratschläge zu befolgen. Sprechen Sie auch mit seinen Schwestern darüber, damit sie ihm ebenfalls schreiben, denn wenn ich einmal sein Urteil gesprochen habe, bin ich unerschütterlich, und sein Leben ist für immer vernichtet!

Ihr Sie liebender Sohn   Napoleon

*

Weshalb der Kaiser gegen die bürgerliche Elisabeth Patterson so wütete, ist nicht klar zu erkennen. Sie hätte ebensogut, wie Julie Clary in Spanien und Désirée in Schweden, auf einem Thron sitzen können. Denn auch sie waren bürgerlicher Herkunft. Napoleon aber läßt die Ehe seines Bruders mit Elisabeth Patterson durch den Erzkanzler Cambacérès für nichtig erklären. Der Papst verweigert die Nichtigkeitserklärung, und das hat ihm Napoleon nie vergessen. Jérôme muß sich dennoch fügen. Er verzichtet auf Elisabeth und schreibt am 6. Mai an seinen Bruder, er bereue seinen Schritt. Das versöhnt Napoleon und Jérôme darf an Napoleons Krönung zum König von Italien in Mailand am 8. Mai teilnehmen.

Die junge Frau Jérôme Bonaparte wird mit Geld abgefunden. Um diese heikle Angelegenheit auf geschickte Weise in die Wege zu leiten, beauftragt der Kaiser die klügste seiner Schwestern, Elisa, damit. Er selbst befindet sich bereits in Italien zur bevorstehenden Krönung, als er schreibt:

An die Prinzessin Elisa, Fürstin von Lucca und Piombino

Alessandria, 16. Foréal des Jahres XIII.
(6. Mai 1805)

Liebe Schwester,

Herr Jérôme ist angekommen. Ich bin mit seinem Benehmen zufrieden. Sein Sekretär ist in Mailand. Er soll sich zu Fräulein (!) Patterson begeben, um ihr die Sachlage klar zu machen und sie wissen zu lassen, daß ihre Ehe, die vom kirchlichen und gesetzlichen Gesichtspunkt aus ungültig ist, es auch in ihren eigenen Augen sein müsse. Sprechen Sie mit Herrn Lecamus (Jérômes Sekretär) und schreiben Sie in diesem Sinne an Jérôme. Überzeugen Sie ihn von der Notwendigkeit, daß er unbedingt das mir gegebene Versprechen genau erfülle, denn nur unter dieser Bedingung kann ich ihm meine Freundschaft wieder zuwenden.

N a p o l e o n

*

Napoleons Brüder und Schwestern führen seit seiner Thronbesteigung den Titel Kaiserliche Prinzen und Prinzessinnen mit der Anrede Kaiserliche Hoheit. Auch die angeheirateten Schwäger und Schwägerinnen werden damit ausgezeichnet. Und im März 1805 beschenkt er seine Schwester Elisa Bacciochi mit einem Fürstentum, einem kleinen zwar, immerhin aber einem Reich, in dem sie allein herrscht. Nicht aus brüderlicher Zuneigung gibt er Piombino Elisa, sondern aus rein politischen Gründen. Napoleon liebt Elisa von allen Geschwistern am wenigsten. Aber er schätzt ihre Energie und Klugheit. Sie hat zwar etwas Besseres und Größeres erwartet. Vorläufig aber scheint sie zufrieden und findet sich, wie alle Bonaparte, sehr rasch in die Rolle der Herrscherin. Es scheint, als wäre sie auf dem Throne geboren. Und da ihr mächtiger Bruder einmal lobend von ihr gesagt hat, sie sei sein bester Minister, wird ihr Ehrgeiz noch mehr angestachelt, seine Achtung zu gewinnen. Wenn Napoleon sie besonders auszeichnet, fühlt sie sich ihm verwandt. Nur daß Napoleon ihre Zivilliste in gewissen Grenzen hält, macht ihr noch einigen Kummer. Das soll aber anders werden. Wenige Tage nach ihrem Einzug in Lucca schreibt der Kaiser:

An die Frau Fürstin Bacciochi, Elisa Napoleon

Saint-Cloud, 5. Thermidor des Jahres XIII.
(24. Juli 1805)

Liebe Schwester,

da der König von Spanien mir sechs Ordensbänder des Goldenen Vließes gesandt hat, habe ich eines für Ihren Mann bestimmt. Der Fürst von Masserano wird ihn ihm überreichen. Meinem Schatzmeister Estève habe ich Befehl erteilt, Ihnen 30.000 Franken zuzustellen für Ihre Einrichtung in Lucca. Außerdem bestätige ich Ihnen die Ihnen bewilligte Rente. Diese Rente und Ihre Einkommen aus dem Fürstentum Lucca müssen Ihnen genügen.

Schicken Sie mir die Liste der Personen, die Sie mir für Ihren zu bildenden Hofstaat vorzuschlagen haben. Fügen Sie auch die Liste der für die Vervollständigung des Senats zu ernennenden Mitglieder bei. N a p o l e o n

*

Mitte Juli 1805 ist das französische Kaiserpaar von der Krönung aus Italien nach Paris zurückgekehrt. Doch bereits am 2. August begibt Napoleon sich aufs neue nach Boulogne, und Josephine geht nach Plombières. Sie ist wie immer schreibfaul. Napoleon spottet, als befände sich die Kaiserin weit weg von ihm, in Martinique, auf ihrer Heimatinsel.

An die Kaiserin Josephine in Plombières

Im Lager von Boulogne, 25. Thermidor des Jahres XIII.
(13. August 1805)

Liebe Freundin,

ich hätte gern gewußt, wie es denen in Martinique geht. Ich höre indes nicht sehr oft von Dir. Du vergißt Deine Freunde. Das ist nicht schön. Ich wußte gar nicht, daß das Wasser von Plombières dieselbe Eigenschaft besitzt wie das der Lethe.

Ich stelle mir vor, daß Du, wenn Du das Wasser von Plombières trinkst, sagst: „Ach, Bonaparte, wenn ich sterbe, wer wird Dich dann lieben? Weit gefehlt! Nicht wahr? Alles hat sein Ende: Schönheit, Geist, Gefühl, sogar der strahlende Sonnenschein. Was aber niemals enden wird, das ist mein Wunsch, Josephine immer glücklich zu wissen, die Freude, die sie genießt... (einige Worte im Original unleserlich)... und die Güte meiner Josephine... (unleserlich). Selbst wenn Du meiner spottetest, würde ich nicht weniger zärtlich sein.

Leb wohl, meine Freundin. Gestern habe ich die englische Kreuzerflotte angreifen lassen. Alles ist gut gegangen.

Napoleon

*

Elisa, die neue Fürstin von Lucca und Piombino, schickt dem Kaiser täglich einen Kurier mit einem Bericht über die Verwaltung ihrer Staaten. Sie ist so klug, sich scheinbar seinen Anordnungen zu fügen, wenn sie dann auch meist ihren Willen durchsetzt. Ihre Briefe sind kurz und klar. Es steht nichts Überflüssiges darin, genau wie in den seinen an sie. Er wird sofort verstanden. Er braucht nur eine Sache anzudeuten. Meist kommt sie seinen Wünschen durch ihre eigene Klugheit entgegen. Und dabei versteht sie es meisterhaft, Napoleon als Herrscher zu schmeicheln. Keine Gelegenheit läßt sie ungenützt, ihm seinen unsterblichen Ruhm und seine Größe vor Augen zu führen. Sie verlangt sein Bild, das in ihrem Palast hängen soll, zur Freude und Bewunderung ihrer Untertanen. Man merkt Napoleon die Genugtuung darüber an, als er ihr antwortet:

An Elisa Napoleon, Fürstin von Lucca und Piombino
  Im Lager von Boulogne, 1. Fruktidor des Jahres XIII.
             (19. August 1805)
Liebe Schwester,

ich habe meinem Palastmarschall Auftrag erteilt, Ihnen mein Bild zu senden, um das Sie baten, weil Sie annehmen, es werde den Luccesen Freude machen. Schicken Sie mir Einzelheiten über Ihre Küsten und über den Bestand Ihrer Batterien, die Sie dort benötigen. Ich werde Ihnen Geschütze senden.   Napoleon

*

IV. Feldzüge gegen Österreich und Preußen

1805—1806

Der Krieg mit Österreich steht bevor. Bereits am 16. August 1805 hat Napoleon einen Befehl erlassen, 80.000 Mann an der österreichischen Grenze aufzustellen. Am 23. September beruft er eine außerordentliche Sitzung des Senats in Paris ein und unterbreitet ihm die feindliche Haltung Österreichs. Er übernimmt persönlich den Oberbefehl über das Heer. Schon am nächsten Tag reist Napoleon ab. Josephine begleitet ihn bis Straßburg. Nur wenige Tage sind sie beisammen. Am 1. Oktober geht Napoleon über den Rhein. Die Kaiserin bleibt vorläufig wo sie ist. Sie soll ihm später nach München folgen. Napoleons Briefe an sie aus dieser Zeit sind fast wie ein Tagebuch, oder wie militärische Bulletins, in knappen Worten gehalten, manche im Telegrammstil.

An die Kaiserin Josephine in Straßburg

(Ludwigsburg), den 10. Vendémiaire des Jahres XIV.
10 Uhr morgens (2. Oktober 1805)

Meine Freundin,

ich bin noch hier und befinde mich wohl. Heute reise ich nach Stuttgart ab, wo ich am Abend eintreffen werde. Die großen Bewegungen beginnen. Die württembergische und die badische Armee vereinigen sich mit meinem Heere. Ich habe eine ausgezeichnete Stellung. Ich liebe Dich

* Napoleon

Napoleon begibt sich erst am 4. nachmittags nach Stuttgart zu seinem Verbündeten, dem Kurfürsten Friedrich Wilhelm von Württemberg, und am Abend ist er wieder in Ludwigsburg, von wo er schreibt:

An die Kaiserin Josephine in Straßburg

(Ludwigsburg), den 12. Vendémiaire des Jahres XIV.
Mittags (4. Oktober 1805)

Liebe Freundin,

ich bin in Ludwigsburg. Heute Nacht reise ich ab. Noch immer nichts Neues. Meine ganze Armee ist auf dem

Marsche. Das Wetter ist prachtvoll. Meine Vereinigung mit den Bayern hat stattgefunden. Ich befinde mich wohl. In wenigen Tagen hoffe ich, etwas Interessantes berichten zu können.

Laß Dir's gut gehen und glaube an meine aufrichtige Liebe. Der Hof hier ist sehr schön. Eine sehr schöne Jungvermählte. Überhaupt sehr angenehme Menschen, sogar unsere Kurfürstin scheint, obgleich sie eine Tochter des Königs von England ist, außerordentlich gut zu sein.

Napoleon

*

Diese Kurfürstin, die Napoleon so vertraut mit dem Worte „unser" bezeichnet, ist die zweite Frau des Kurfürsten Friedrich Wilhelm Karl von Württemberg, Charlotte Auguste Mathilde von England, Tochter Georgs III. Sie wird später durch die Heirat Jérôme Bonapartes mit Auguste von Württemberg verwandt mit dem Hause Napoleons. Die Jungvermählten sind Prinz Paul von Württemberg und eine Nichte des Königs von Preußen, bei deren Hochzeit der Kaiser der Franzosen zugegen ist. Da er keine Zeit hat, sich um ein passendes Hochzeitsgeschenk zu kümmern, denn er marschiert weiter mit der Armee, beauftragt er Josephine damit. Der Übergang über die Donau bei Donauwörth steht bevor.

An die Kaiserin Josephine in Straßburg

Ludwigsburg, 13. Vendémiaire des Jahres XIV.
(5. Oktober 1805)

Liebe Freundin,

ich breche soeben auf, um meinen Marsch fortzusetzen. Du wirst fünf bis sechs Tage ohne Nachricht von mir sein. Doch sei ohne Sorge, liebe Freundin. Es hängt mit den Operationen zusammen, die stattfinden werden. Alles geht gut, so gut, wie ich es nur wünschen kann.

Ich habe hier der Hochzeit des Sohnes des Kurfürsten mit einer Nichte des Königs von Preußen beigewohnt. Ich möchte der jungen Prinzessin ein Hochzeitsgeschenk machen, etwa im Werte von 36.000 bis 40.000 Franken. Besorge bitte dieses Brautgeschenk und schicke es durch einen meiner Kammerherrn an die Neuvermählte, wenn jene Herren mir nachkommen. Es muß aber sofort bestellt werden.

Leb wohl, meine Freundin. Ich liebe und küsse Dich
Napoleon

*

Was er vorausgesagt, trifft ein. Am 7. Oktober kommt es zum ersten Gefecht am Lech, und am selben Tag geht Napoleon mit seinem Heere über die Donau bei Donauwörth. An den folgenden Tagen, am 8. schlägt Murat die Österreicher bei Wertingen und am 9. siegt Ney bei Günzburg. Diese siegreiche Eröffnung des Feldzuges scheint Napoleon ein gutes Omen für die weitere Entwicklung der Dinge, als er sein Hauptquartier in Augsburg aufschlägt.

An die Kaiserin Josephine in Straßburg

Augsburg, Donnerstag, den 18. Vendémiaire.
11 Uhr morgens (10. Oktober 1805)

Liebe Freundin,

ich habe heute bei dem ehemaligen Kurfürsten von Trier übernachtet. Er hat einen sehr schönen Wohnsitz. Seit acht Tagen bin ich ununterbrochen auf den Beinen. Ziemlich bemerkenswerte Siege haben den Feldzug eröffnet. Obwohl es fast jeden Tag regnet, fühle ich mich sehr wohl. Die Ereignisse folgen rasch aufeinander. Ich habe 4000 Gefangene, 8 Fahnen nach Frankreich gesandt und dem Feinde 14 Geschütze abgenommen.

Leb wohl, meine Freundin, ich küsse Dich
Napoleon

*

Der Erfolg heftet sich an Napoleons Fersen. Schon zwei Tage später berichtet er:

An die Kaiserin Josephine in Straßburg

(Augsburg), den 20. Vendémiaire des Jahres XIV.
11 Uhr abends (12. Oktober 1805)

Liebe Freundin,

meine Armee ist in München. Der Feind befindet sich zum Teil jenseits des Inn. Die andere feindliche Armee, ungefähr 60.000 Mann, halte ich an der Iller, zwischen Ulm und Memmingen, eingeschlossen. Der Feind ist geschlagen, hat völlig den Kopf verloren, und alles verkündet mir einen glücklichen Feldzug, jedenfalls den kürzesten und glänzendsten, den ich je unternommen habe. In einer Stunde breche ich nach Burgau an der Iller (lies: an der Mindel) auf.

Es geht mir gut. Das Wetter aber ist abscheulich. Ich wechsle täglich zweimal die Kleider, so sehr regnet es.

Ich liebe und küsse Dich   N a p o l e o n

*

Am 14. hat Napoleon einen neuen Sieg bei Elchingen zu verzeichnen, allerdings hat auch er ziemliche Verluste, erlitten, obgleich er sie nur zum Teil eingesteht. Aber Mack hat am 17. in Ulm kapituliert. Die österreichische Kaiserfamilie befindet sich bereits auf der Flucht. Der Weg nach Wien ist frei! Vielleicht ist der unter Eugen in Italien gegen Erzherzog Karl kämpfende Masséna schon in Vicenza. Napoleon jubelt es fast trotz der maßlosen Erschöpfung, die ihn nach all den Anstrengungen befällt, in dem Briefe:

An die Kaiserin Josephine in Straßburg

Elchingen, den 27. Vendémiaire des Jahres XIV.
(19. Oktober 1805)

Meine gute Josephine,

ich bin mehr als nötig den Strapazen ausgesetzt gewesen. Eine volle Woche jeden Tag bis auf die Haut durchnäßt und die Füße kalt, das hat mir ein wenig geschadet. Doch heute bin ich nicht ausgegangen, und ich habe mich wieder erholt.

Ich habe mein Ziel erreicht. Ich habe die österreichische Armee durch einfache Märsche vernichtet! 60.000 Gefangene habe ich gemacht, 120 Kanonen, mehr als 90 Fahnen erobert und über 30 Generale gefangengenommen. Nun wende ich mich gegen die Russen (die Verbündeten der Österreicher). Sie sind verloren. Mit meinem Heere bin ich außerordentlich zufrieden. Ich habe nur 1500 Mann verloren. Davon sind zwei Drittel nur leicht Verwundete.

Leb wohl, meine Josephine. Tausend liebe Dinge an alle.

Erzherzog Karl eilt zur Deckung Wiens heran.

Ich denke Masséna ist jetzt in Vicenza.

Sobald ich wegen Italien beruhigt bin, lasse ich Eugen (Beauharnais) in den Kampf eintreten.

Tausend herzliche Grüße an Hortense.

Napoleon

Nochmals kommt er auf den großen Sieg von Elchingen zurück.

An die Kaiserin Josephine in Straßburg

(Im Kloster Elchingen), 29. Vendémiaire
des Jahres XIV. (21. Oktober 1805)

Es geht mir recht gut, meine liebe Freundin. Soeben bin ich im Begriff nach Augsburg aufzubrechen. — Hier habe ich 30.000 Mann feindlicher Truppen die Waffen strecken lassen. Habe 60.000 bis 70.000 Gefangene gemacht, mehr als 90 Fahnen und über 200 Kanonen erobert. Eine solche Katastrophe ist in den militärischen Annalen noch nie verzeichnet gewesen.

Laß Dir's gut gehen. Ich bin ziemlich erschöpft. Seit drei Tagen ist schönes Wetter. Heute geht die erste Kolonne der Gefangenen nach Frankreich ab. Jede Kolonne besteht aus 6000 Mann.
Napoleon

Am 29. Oktober zieht Napoleon als Sieger in München ein. Die Österreicher sind aus Bayern verjagt, beinahe das ganze Heer ist gefangengenommen, und Kurfürst Maximilian kann wieder von seinem Staat Besitz ergreifen. Aber der Aufenthalt des französischen Kaisers in der bayrischen Hauptstadt ist kurz. Josephine muß sich noch gedulden, ehe sie mit ihm zusammentreffen kann. Die sich zurückziehenden feindlichen Truppen und die sie verfolgenden Franzosen überfluten die Heeresstraßen. Josephine sehnt sich nach Napoleon. Er schreibt so lange nicht! Der Krieg, auf den er so stolz ist, nimmt seine ganze Zeit in Anspruch. Er hat noch viel vor. Vor allem hofft er die Russen gründlich zu schlagen, die Russen, „die das englische Gold aus dem äußersten Winkel der Erde herbeigelockt hat", wie Napoleon sich in seiner „Proklamation an das Heer" von Elchingen aus ausdrückt.

Er hat große Eile und wartet nur den Besuch des Kurfürsten ab, den er noch nicht persönlich kennt. Über seinen Aufenthalt in München schreibt er:

An die Kaiserin Josephine in Straßburg

München, Sonntag, den 5. Brumaire des Jahres XIV.

Meine Freundin,

durch Lemarois (seinen Generaladjutanten) erhielt ich Deinen Brief. Mit Bedauern sehe ich daraus, daß Du Dir große Sorgen um mich machst. Man hat mir Einzelheiten erzählt, die mir alle Deine Zärtlichkeit beweisen. Doch Du solltest mehr Kraft und Vertrauen haben. Übrigens hatte ich Dir vorausgesagt, daß ich Dir sechs Tage nicht schreiben werde können.

Morgen erwarte ich den Kurfürsten. Mittags verlasse ich München, um meine Bewegungen am Inn zu stärken. Meine Gesundheit ist leidlich. Unter vierzehn Tagen bis drei Wochen ist nicht an den Rückmarsch über den Rhein zu denken. Du sollst lustig sein, Dich gut unterhalten und immer daran denken, daß wir uns, noch ehe der Monat zu Ende ist, wiedersehen.

Ich marschiere gegen das russische Heer. In einigen Tagen werde ich den Inn überschritten haben.

Leb wohl, meine gute Freundin. Tausend liebe Dinge für Hortense, Eugen und die beiden Napoleone. (Hortenses Söhne, Napoleon Charles und Napoleon Louis.)

Behalte das Brautgeschenk (für die junge Erbprinzessin von Württemberg) noch einige Zeit bei Dir.

Gestern habe ich den Damen des hiesigen Hofes ein Konzert geben lassen. Der Kapellmeister ist ein sehr verdienstvoller Mann. Auch gejagt habe ich in der Fasanerie des Kurfürsten. Du siehst also, daß ich nicht allzu erschöpft bin. Herr von Talleyrand (Minister des Äußern) ist angekommen.

Napoleon

*

Wie Napoleon gesagt, ist er Ende des Monats jenseits des Inn, sein Hauptquartier in Braunau. Der Marsch auf die Hauptstadt Österreichs geht unaufhaltsam weiter. In Wien ist man darüber in Verzweiflung und höchster Bestürzung. Alles steht auf dem Spiel. Man fürchtet sogar für das Ende der Habsburger Monarchie.

An die Kaiserin Josephine in Straßburg

Haag bei Wels, den 11. Brumaire des Jahres XIV.
10 Uhr abends (2. November 1805)

Meine Freundin,

ich bin im vollen Marsch. Es ist sehr kalt. Der Schnee liegt einen Fuß hoch. Das ist ziemlich beschwerlich. Wir halten uns hier immer im Walde auf. Es geht mir recht gut. Meine Angelegenheiten sind zufriedenstellend. Meine Feinde werden sich wohl mehr Sorgen machen als ich.

Ich wünsche bald von Dir einen Brief zu erhalten und zu erfahren, daß Du Dich nicht mehr um mich sorgst.

Leb wohl, meine Freundin. Ich gehe zu Bett.

Napoleon

*

Nicht mehr fern von Wien grollen die Kanonen. Napoleon steht in beängstigender Nähe. Der Wiener Hof irrt teils in Böhmen, teils in Ungarn umher. Alles geht in der Hauptstadt drunter und drüber, als Napoleon seiner Frau schreibt:

An die Kaiserin Josephine in Straßburg

(Linz), Dienstag, den 14. Brumaire des Jahres XIV.
(5. November 1805)

Meine Freundin,

ich bin in Linz. Das Wetter ist schön. Wir sind nur noch 28 Meilen von Wien entfernt. Die Russen halten nicht stand. Sie befinden sich auf dem Rückzug. Das Haus Österreich ist in großer Verlegenheit. In Wien räumt man das ganze Gepäck des Hofes. Möglicherweise ereignet sich in fünf bis sechs Tagen viel Neues.

Ich verlange sehnlichst, Dich wiederzusehen. Meine Gesundheit ist gut. Ich umarme Dich. Napoleon

*

Sein Ziel, in die österreichische Hauptstadt als Sieger einzuziehen, ist erreicht, und das nach einem Feldzug von wenigen Wochen! Im schönen Schloß von Schönbrunn, dem österreichischen Versailles, schlägt Napoleon sein Hauptquartier auf. Er hat alle Hände voll zu tun. An dem Tage seiner Ankunft in Schönbrunn diktiert er allein 15 lange

Briefe an Minister, Generale usw., erteilt Audienzen, trifft Anordnungen für die Organisation der Hauptstadt und die verschiedenen Heeresteile. Erst den zweiten Tag findet er Zeit, auch an Josephine, die er so gern bei sich hätte, ein paar Zeilen zu schreiben.

An die Kaiserin Josephine in Straßburg

(Schönbrunn), den 24. Brumaire des Jahres XIV.
9 Uhr abends (15. November 1805)

Seit zwei Tagen bin ich in Wien, meine gute Freundin. Ich bin ziemlich müde. Bei Tage habe ich die Stadt noch nicht gesehen, nur des Nachts. Morgen empfange ich die Standespersonen und die Behörden. Fast alle meine Truppen befinden sich jenseits der Donau auf der Verfolgung der Russen.

Leb wohl, meine Josephine. Sobald es nur irgend möglich ist, lasse ich Dich hierher kommen.

Tausend zärtliche Dinge   Napoleon

*

Endlich darf Josephine ihm entgegenreisen. Doch bis nach Schönbrunn kommt sie nicht. Es ist, als sollte sie das Schloß nicht kennenlernen, in dem die Wiege der jungen Erzherzogin stand, die vier Jahre später Josephine vom Kaiserthron um des Erben willen verdrängt. In München will Napoleon auf seiner Rückreise nach Paris mit seiner Frau zusammentreffen. Ermahnungen und Reisevorschriften, Winke, wie sie sich den auf dem Throne geborenen Damen in München und Stuttgart gegenüber verhalten soll, füllen fast den ganzen folgenden Brief an sie aus:

An die Kaiserin Josephine in Straßburg

Wien, 25. Brumaire des Jahres XIV.
(16. November 1805)

Meine Freundin,

ich schreibe an Herrn von Harville (Josephines Stallmeister), daß Du nach Baden abreisen und Dich von dort über Stuttgart nach München begeben sollst. In Stuttgart überreichst Du der Prinzessin Paul das Hochzeitsgeschenk. Es genügt, wenn Du Gaben für 15.000 bis 20.000 Franken in den Brautkorb tust. Das übrige verwende für die Geschenke, die Du in München den Töchtern und der Kurfürstin von Bayern machen mußt.

Alles, was Du über Frau von Serent (Palastdame Josephines) erfahren hast, ist nun endgültig geordnet. Nimm auch das Nötige mit, um den Damen und Offizieren, die bei Dir Dienst tuen werden, Geschenke zu machen. Benimm Dich höflich, doch nimm alle Huldigungen als selbstverständlich entgegen. Man ist Dir alles schuldig, während Du nur höflich zu sein brauchst. Die Kurfürstin (von Württemberg) ist die Tochter des Königs von England. Sie ist eine gute Frau, die Du recht lieben, jedoch ohne Ziererei behandeln mußt.

Ich freue mich sehr, Dich wiederzusehen, sobald es meine Geschäfte erlauben. Jetzt begebe ich mich zu meiner Vorhut. Es ist abscheuliches Wetter. Es schneit tüchtig. Im übrigen machen meine Angelegenheiten ausgezeichnete Fortschritte.

Leb wohl, meine liebe Freundin.   Napoleon

*

Die größte und glänzendste Schlacht in der Feldherrnkarriere Napoleons, der Sieg bei Austerlitz, hat Napoleon endgültig zum Herrn über das Schicksal Österreichs und seines Herrscherhauses gemacht und mit einem Schlag jede Hoffnung des Wiener Kabinetts vernichtet. Was wird der „Usurpator" für die Habsburger in Bereitschaft halten? Noch am Abend nach der Schlacht schickt Napoleon den Sohn des Erzschatzmeisters Lebrun nach Straßburg an die Kaiserin, um sie von dem großen Erfolge zu unterrichten.

An die Kaiserin Josephine in Straßburg
       Austerlitz, den 12. Frimaire des Jahres XIV.
              (3. Dezember 1805)
Meine Freundin,

ich habe Dir Lebrun vom Schlachtfeld gesandt. Ich habe die russische und die österreichische Armee, die von den beiden Kaisern befehligt werden, geschlagen. Da ich acht Tage lang bei ziemlich kalten Nächten im Freien biwakiert habe, bin ich jetzt ziemlich erschöpft. Heute Abend übernachte ich im Schlosse des Fürsten Kaunitz (des ehemaligen österreichischen Staatskanzlers). Dort gedenke ich zwei bis drei Stunden zu schlafen. Das russische Heer ist nicht allein geschlagen, sondern auch vernichtet.

Ich küsse Dich   N a p o l e o n

*

Zwei Tage später ein ausführlicher Bericht über die errungenen Erfolge auf dem Schlachtfeld. Josephine ist inzwischen in München angelangt und erwartet Napoleon mit Sehnsucht. Zum erstenmal, am 4. Dezember, ist Napoleon in der Mühle von Saruchitz mit Kaiser Franz zusammengetroffen. Noch läßt er es sich nicht träumen, daß er ihn einmal zu seinem Schwiegervater erwählen wird. Franz ist von Napoleon, den man ihm auch als Mensch in den schwärzesten Farben gezeichnet hat, so überrascht, daß er an seine Frau, die Kaiserin Maria Therese, nach dieser Zusammenkunft schreibt: „Ich bin so glücklich gewesen, wie ich es nur hoffen konnte von einem Sieger, der einen großen Teil meines Reiches in Besitz hat. Er hat sich mir und den Meinigen gegenüber äußerst rücksichtsvoll benommen." Der Frieden ist nah. Napoleon wiederum schreibt über die Zusammenkunft mit Kaiser Franz.

An die Kaiserin Josephine in München

                      Austerlitz, 14. Frimaire des Jahres XIV.
Meine Freundin,   (5. Dezember 1805)

ich habe einen Waffenstillstand geschlossen. Die Russen ziehen sich zurück. Die Schlacht von Austerlitz ist die allerschönste von meinen Schlachten. 45 Fahnen, mehr als 150 Geschütze, die Fahnen der russischen Garde, 20 Generale, 30.000 Gefangene, mehr als 20.000 Tote! Ein furchtbares Schauspiel.

Der Kaiser Alexander ist verzweifelt. Er geht nach Rußland zurück. Gestern habe ich in meinem Biwak den Kaiser von Deutschland (Franz I.) empfangen und mich zwei Stunden mit ihm unterhalten. Wir sind übereingekommen, rasch Frieden zu schließen.

Das Wetter ist noch nicht allzu schlecht. Endlich ist dem Kontinent die Ruhe wieder gegeben! Hoffen wir, daß es bald in der ganzen Welt so ist. Die Engländer werden uns nicht die Stirn bieten können.

Mit großer Freude sehe ich dem Augenblick entgegen, der mich Dir nahe bringt.

Es ist eine leichte Augenkrankheit im Umlauf, die zwei Tage anhält. Mich hat sie indes noch nicht erwischt.

Leb wohl, meine liebe Freundin. Mir geht es ausgezeichnet. Ich sehne mich sehr danach, Dich zu küssen.

Napoleon

*

Der erwähnte Waffenstillstand kommt am 6. Dezember zustande. Kaiser Alexander, dessen Hauptquartier sich in Brünn befindet, muß Hals über Kopf abreisen, als er hört, daß Napoleon auf Brünn in Anmarsch ist. Von Austerlitz schreibt Napoleon noch an Josephine, sogar der russische Oberbefehlshaber befände sich unter den Toten. Buxhöwden starb indes erst 1811.

An die Kaiserin in München

Austerlitz, den 16. Frimaire des Jahres XIV.
(7. Dezember 1805)

Meine Freundin,

ich habe einen Waffenstillstand abgeschlossen. Binnen acht Tagen werden wir Frieden haben. Ich möchte gern wissen, ob Du in München gut angekommen bist. Die Russen ziehen sich zurück. Sie haben große Verluste erlitten. Mehr als 20.000 Tote und 30.000 Gefangene. Ihr Heer ist bis auf ein Viertel zusammengeschmolzen. (Friedrich Wilhelm Graf von) Buxhöwden, ihr Oberbefehlshaber, ist gefallen. Ich habe 3000 Verwundete und 7000 bis 8000 Tote.

Meine Augen schmerzen mich jetzt ein wenig. Es ist eine hier auftretende Krankheit, die aber nicht viel zu bedeuten hat.

Leb wohl, meine Freundin. Ich sehne mich sehr, Dich wiederzusehen.

Heute Abend gedenke ich in Wien zu übernachten.

Napoleon

*

Diese Absicht kommt erst ein paar Tage später zur Ausführung. Statt dessen begibt Napoleon sich nach Brünn, von wo aus er ein wenig ironisch an die Schreibfaule schreibt:

An die Kaiserin Josephine in München

Brünn, den 19. Frimaire des Jahres XIV.
(10. Dezember 1805)

Meine Freundin,

ich habe lange nichts von Dir gehört. Lassen denn die schönen Feste in Baden, Stuttgart und München ganz und gar die armen mit Staub und Blut bedeckten und vom Regen durchnäßten Soldaten vergessen?

Ich gedenke demnächst nach Wien zu gehen. Man arbeitet am Abschluß des Friedens. Die Russen sind fort, weit und breit auf der Flucht. Sie kehren tüchtig geschlagen und erniedrigt nach Rußland zurück.

Ich sehne mich unendlich, bei Dir zu sein. Leb wohl, meine Freundin. Mein Augenübel ist geheilt.

Napoleon

*

Josephine hat indes, wie es scheint, keine Zeit, an ihren vielbeschäftigten Mann im Felde zu schreiben. Daran ist er nun schon gewöhnt. Er ironisiert wie gewöhnlich und redet sie sehr hoheitsvoll mit ihrem Titel und mit Sie an, als er ihr wieder von Schönbrunn aus schreibt. Er ist sehr guter Laune:

An die Kaiserin Josephine in München

(Schönbrunn), den 28. Frimaire des Jahres XIV.
(19. Dezember 1805)

Große Kaiserin!

Nicht einen Brief von Ihnen, seit Sie Straßburg verlassen haben! Sie sind durch Baden, Stuttgart und nach München gereist, ohne ein Wort zu schreiben. Das ist weder liebenswürdig noch zärtlich. Ich bin noch immer in Schönbrunn. Die Russen sind fort. Ich habe einen Waffenstillstand geschlossen. In wenigen Tagen werde ich sehen, was mit mir wird.

Geruhen Sie, sich ein wenig von den Höhen Ihrer Erhabenheit herab mit Ihrem Sklaven zu beschäftigen.

* Napoleon

Am nächsten Tag trifft wieder Nachricht von Josephine ein. Wie immer entschuldigt sie ihr Nichtschreiben mit Krankheit, obwohl sie am bayrischen Hofe von Fest zu

Fest eilt. Aber sie möchte doch gern zu Napoleon nach Schönbrunn und teilnehmen an seinem Ruhm in Wien. Er kann sie dort nicht brauchen. Die Friedensunterhandlungen erfordern seine ganze Konzentration und Tatkraft. Jedenfalls schreibt er über ihr Kommen ausweichend.

An die Kaiserin Josephine in München
Schönbrunn, den 29. Frimaire des Jahres XIV.
(20. Dezember 1805)
Meine liebe Freundin,

ich erhalte soeben Deinen Brief vom 25. Mit Bedauern höre ich, daß Du leidend bist. Das ist allerdings für eine so weite Reise (nach Schönbrunn) in dieser Jahreszeit nicht günstig. Ich weiß noch nicht, was ich tue. Alles hängt von den Ereignissen ab. Nicht mein Wille entscheidet, sondern der Ausgang der Ereignisse.

Bleibe in München. Unterhalte Dich gut, was ja nicht schwer ist, wenn man sich in Gesellschaft so lieber Menschen und in einem so schönen Lande befindet. Ich für meine Person bin außerordentlich beschäftigt. In einigen Tagen werde ich mich entschieden haben.

Leb wohl, meine Freundin. Tausend liebe und zärtliche Dinge. Napoleon

*

Am 26. Dezember findet die Unterzeichnung des Friedens mit Österreich in Preßburg statt, und am 28. reist der Kaiser Napoleon von Wien ab. Er hat sich entschieden, mit der Kaiserin in München zusammenzutreffen. Dort proklamiert er einige Tage später seinen Verbündeten Maximilian Joseph zum König von Bayern. Weitere vierzehn Tage später verheiratet er Josephines Sohn Eugen mit Auguste, der Tochter des bayrischen Königs, und ernennt Eugen zu seinem Nachfolger als König von Italien mit dem Titel Vizekönig.

*

Der erste Brief, den Napoleon an die Adoptivschwiegertochter, die er von Anfang an sehr hoch schätzt, schreibt, ist äußerst herzlich. Man merkt seinem Ton an, wie glücklich Napoleon ist, diese Heirat zustande gebracht zu haben. Das Ehestiften liebt er überhaupt sehr. Es liegt dem

Korsen im Blut, immer die Familie im Auge zu haben. Die kirchliche Trauung des Paares soll in Paris stattfinden. Auguste ist mit ihrer bevorstehenden Reise zu Eugen nach Italien beschäftigt, als ihr Napoleon auf einem ihrer eigenen Briefe antwortet.

Von 1806 an ist der republikanische Kalender in Frankreich abgeschafft und der gregorianische wieder eingeführt.

An die Prinzessin Auguste von Bayern

Meine Tochter, Stuttgart, den 19. Januar 1806.

der Brief, den Sie mir geschrieben haben, ist ebenso liebenswürdig, wie sie selbst. Die Zuneigung, die ich für Sie empfinde, nimmt von Tag zu Tag mehr zu. Das fühle ich an der Freude, die mich überkommt, wenn ich mir alle Ihre schönen Charaktereigenschaften vorstelle. Auch daran merke ich es, daß ich das Bedürfnis habe, öfter durch Sie selbst die Versicherung zu erhalten, wie zufrieden Sie mit jedermann und wie glücklich Sie mit Ihrem Mann sind. Unter allen meinen Angelegenheiten sind mir stets nur die die liebsten, die das Glück meiner Kinder begründen. Glauben Sie mir, Auguste, ich liebe Sie wie ein Vater, und hoffe, daß auch Sie mir die ganze Zärtlichkeit einer Tochter entgegenbringen. Schonen Sie sich auf Ihrer Reise (nach Italien), nehmen Sie sich auch vor dem neuen Klima in acht, wenn Sie ankommen, und ruhen Sie sich öfter aus. Sie haben in diesem einen Monat genug Anstrengungen hinter sich Denken Sie wohl daran, daß ich Sie nicht krank wissen möchte.

Ich beende meinen Brief, liebe Tochter, und erteile Ihnen meinen väterlichen Segen. N a p o l e o n

*

An demselben Tag schreibt er auch einen Brief an seine Schwester Elisa. Sie glaubt, als Mitglied der kaiserlichen Familie kann sie nirgends anders als in der französischen Hauptstadt ihrem ersten Kinde das Leben geben. Es soll nicht in dem kleinen italienischen Provinzstädtchen Lucca zur Welt kommen. Das verbietet die Eitelkeit und der Stolz Elisas. Sie ist eine Bonaparte. Doch Napoleon setzt diesen Wünschen ein energisches Veto entgegen und schreibt von Deutschland aus:

*An meine Schwester, die Fürstin von Lucca und Piombino,
Elisa Napoleon*

Stuttgart, den 19. Januar 1806.
Liebe Schwester,

ich empfing Ihren Kammerherrn Mansi. Meiner Ansicht nach tun Sie unrecht, Ihre Niederkunft nicht in Lucca abwarten zu wollen. Das Klima von Lucca ist weit besser als das Pariser. Und weshalb wollen Sie sich derartige Strapazen auferlegen? Es ist besser, Sie kommen als Gesunde nach Paris, anstatt, daß Sie es für richtig halten, dort leidend zu sein. Außerdem erheischt es die Schicklichkeit, daß Sie gerade jetzt in Ihrem Lande bleiben.

Ich bin im Begriff einen Vertrag zur Vergrößerung Ihres Fürstentums ausarbeiten zu lassen.

In Lucca muß es doch übrigens gute Geburtshelfer geben. Und wenn Sie zu denen kein Vertrauen haben, dann können Sie ja Ihren Arzt aus Paris kommen lassen.

Ihr Sie liebender Bruder

Napoleon

*

Als Napoleon alle diese politischen und Familienangelegenheiten geregelt hat, reist er mit der Kaiserin aus Deutschland nach Paris ab, wo er am 26. Januar eintrifft. Das erste ist, dem König und der Königin von Bayern für die Gastfreundschaft zu danken, die sie ihm gewährt haben. Er schreibt:

An Ihre Majestät, die Königin von Bayern

Paris, 2. Februar 1806
Liebe Frau Schwester,

seit einigen Tagen nach Paris zurückgekehrt, habe ich das aufrichtige Bedürfnis Eurer Majestät zu sagen, was ich für Sie empfinde. Sie haben mir nicht nur die größte Hochachtung, sondern auch zärtliche Freundschaft eingeflößt. Ich würde mich glücklich schätzen, bald Gelegenheit zu haben, Ihnen angenehm zu sein. Napoleon

*

Zwei Tage später wieder ein Brief an die königliche Schwiegertochter, die nun bei ihrem Mann in Italien angelangt ist. Daß sie seinen Sohn Eugen so glücklich macht und durch ihn glücklich ist, läßt Napoleon fast persönlich das gleiche Glück empfinden, und seine Fürsorge um das Wohl dieser einfachen jungen Prinzessin ist grenzenlos. Sie hat ihm wieder geschrieben und er antwortet prompt:

An die Prinzessin Auguste von Bayern

Paris, den 5. Februar 1806.

Meine Tochter,

mit großer Freude erfahre ich Ihre Ankunft in Italien und daß Sie sich gesundheitlich so wohl fühlen, um auch die Reise nach Venedig zurückzulegen. Was mich jedoch in Ihrem Brief am freudigsten berührt hat, ist die Versicherung, wie glücklich Sie sind. Ich nehme stets das größte Interesse an Ihrem Leben. Das wissen Sie. Und ich habe mich nicht getäuscht, als ich hoffte, Sie würden mit Eugen glücklich sein. Glauben Sie mir, ich hätte, wäre ich nicht dieser Meinung gewesen, sofort, von dem Augenblick an, da ich Sie näher kannte, alle meine politischen Interessen Ihrem persönlichen Glück geopfert.

Ihr Brief, meine gute reizende Auguste, ist voll jener zarten Empfindungen, die Ihnen eigen sind. Ich habe Befehl erteilt, man soll für Sie eine kleine Bibliothek zusammenstellen. Vervollständigen Sie Ihre Bildung durch Lesen vieler guter Bücher, damit Sie ganz vollkommen sind.

Ich nehme an, Frau von Wurmb (Augustes alte Erzieherin) ist bei Ihnen. Die Kaiserin (Josephine) schickt Ihnen, wie ich hoffe, verschiedene Pariser Kleider, doch sagen Sie auch mir, was ich Ihnen senden soll, damit Sie sehen, daß ich mich mit Ihnen beschäftige und mit allem, was Ihnen und Eugen angenehm sein kann.

Ruhen Sie sich gut aus. Hier sind viele Krankheiten in Umlauf. Ich weiß nicht, ob in Italien auch so viele Epidemien herrschen.

Ich beende meinen Brief, liebe Tochter, und lege Ihnen mein Volk und meine Soldaten ans Herz (die unter Eugen in Italien kämpfenden Franzosen und Italiener). Seien Sie freigebig gegen die Frauen und Kinder der letzteren. Nichts könnten Sie tun, was mein Herz mehr erfreute.

N a p o l e o n

•

Durch die in Paris herrschende Grippeepidemie ist Frau von Bressieux, die einstige Jugendfreundin Napoleons (Caroline du Colombier) aufs höchste um des Kaisers Gesundheit besorgt und schreibt ihm deshalb, er möchte sie darüber beruhigen. Seine Antwort ist freundlich, wenn auch kurz:

An Frau Caroline de Bressieux, geb. du Colombier in Lyon

Paris, 16. Februar 1806

Madame de Bressieux,

ich habe Ihren Brief erhalten. Er ist mir ein neuer Beweis Ihrer Anhänglichkeit. Mit rührendster Teilnahme bitten Sie mich um ein Wort, das Sie beruhigt, ob ich mich noch immer wohlbefinde. Und mit Freuden ergreife ich die Gelegenheit, es Ihnen zu schreiben.   N a p o l e o n

*

Er denkt an alles. Die kleine Büchersammlung für seine Schwiegertochter Auguste ist nun fertig. Als Napoleon sie ihr senden läßt, verfehlt er nicht, dem lieben Kind auch noch seinen sehnlichsten Wunsch zu erfüllen, ihm sein Bild zu schenken und ein paar herzliche Worte beizufügen.

An die Prinzessin Auguste von Bayern in Italien

Paris, den 25. Februar 1806

Meine Tochter,

ich sende Ihnen mein Bild als Zeichen meiner Hochachtung und Freundschaft für Sie. Ihren letzten Brief habe ich erhalten. Mit großer Freude hörte ich unlängst viel Gutes von Ihnen. Ich hoffe, Sie haben inzwischen Ihre Hochzeitsgabe erhalten. Gleichzeitig sende ich Ihnen die versprochene Büchersammlung.

Sagen Sie Eugen, wie sehr ich ihn liebe und wie froh ich über die Nachricht bin, daß Sie beide miteinander so glücklich sind.

Empfangen Sie, liebe Tochter, meinen Segen.

N a p o l e o n

*

Der Sieger von Austerlitz hat jetzt manchen Thron und manches Reich zur Verfügung, womit er die Mitglieder seiner eigenen Familie beschenkt. Als erster seiner Brüder besteigt Joseph den Thron von Neapel. In dem berühmten Bulletin aus Schönbrunn vom 27. Dezember 1805 hat Napoleon seine Drohung in dem Brief an die widerspenstige Königin Marie Karoline, er werde sie und ihr Haus vernichten, wahrgemacht. Der Welt und den Bourbonen in Neapel hat er verkündet, ihre Dynastie habe aufgehört zu regieren. Im selben Monat, als Joseph König von Neapel wird, im März 1806, schließt der Kaiser mit einem seiner Verbündeten eine andere Familienallianz. Er verheiratet eine Nichte Josephines und seine andere Adoptivtochter, Stephanie de Beauharnais, mit dem Thronfolger von Baden. Seinen schneidigsten Reitergeneral Joachim Murat, dem er seine Schwester Karoline zur Frau gab, erhebt er ebenfalls um diese Zeit zum Großherzog von Cleve und Berg, und im April sitzt Louis Bonaparte mit Josephines Tochter Hortense auf dem Thron von Holland. So setzt Napoleon nach und nach seine ganze Sippe, außer Lucien, über die Reiche, die ihm durch seine Erfolge auf dem Schlachtfelde untertan werden. Und so befestigt er auch das Band mit jenen Fürsten, die ihm verbündet sind. Die Unterzeichnung des Rheinbundes am 17. Juli 1806, mit der Ernennung Napoleons zum Schutzherrn, ist eine starke Stütze für ihn gegen den neuen Krieg, der sich zwischen Frankreich und Preußen im Sommer 1806 vorbereitet.

Es ist indes für Napoleon keine Kleinigkeit, alle die Fürsten und Fürstinnen, seine Brüder, Schwestern, Schwäger und Schwägerinnen auf den Thronen, die er ihnen verleiht, von Paris aus zu regieren. Sie haben nicht nur keine Erfahrung im Regieren, manche nicht einmal Kenntnisse und Talent, sondern sie sind meist höchst eigensinnig und wollen alles allein machen. Der wahre Herrscher über alle diese Pseudokönige aber ist Napoleon. Das Geringste in den Reichen seiner Geschwister geschieht nach seinem Willen. Sogar die Verwaltung und das Militär des winzigen Fürstentums Lucca beschäftigt ihn. Er schreibt an seine dort regierende Schwester, die ihm zuviel Geld für ihre Soldaten ausgibt. Außerdem hat sie den Ehrgeiz, ganz wie der große Bruder, ein Konkordat abzuschließen:

An die Fürstin von Lucca und Piombino, Elisa Napoleon

Liebe Schwester, Paris, den 13. März 1806.

ich habe Ihren Brief vom 25. Februar erhalten. Wenn Sie 150.000 Fr. für Ihre Bataillone ausgegeben haben, so trachten Sie ja, daß es nicht mehr wird. Hinsichtlich des Konkordats dürfen Sie sich auf keinen Fall das französische zum Muster nehmen, sondern das italienische. N.

*

Elisa hat die Absicht, mit dem Klerus, der in Lucca großen, ihrer Ansicht nach allzugroßen Einfluß hat, sehr bald aufzuräumen. Seine Einkünfte sollen an den Staat fallen. Napoleon ist mit diesen Plänen seiner ehrgeizigen Schwester diesmal ganz einverstanden und schreibt:

An die Fürstin von Lucca und Piombino, Elisa Napoleon

Liebe Schwester, Paris, 31. März 1806.

beiliegend finden Sie das Dekret, das ich für das Fürstentum Lucca verfaßte. Sie entnehmen daraus die Erlaubnis zur Reformierung der Mönche und eine ziemliche Gebietsvergrößerung Ihres Reiches. Das Dekret wird morgen im „Moniteur" erscheinen, und in den nächsten Tagen wird alles bekannt sein. N a p o l e o n

*

Elisa läßt sich aber von Napoleon nicht allzuviel sagen, sondern handelt meist nach eigenem Ermessen. Da ihre Maßnahmen nicht immer klug und vorsichtig oder auch mit seiner persönlichen Politik nicht übereinstimmen, so muß er öfter eine energische Sprache mit ihr reden, um sie von Dingen abzuhalten, die ihr und ihm schaden können. Die Abschaffung der Klöster in Lucca betreibt sie ihm mit allzu großer Eile. Und daß sie sich in Pariser Zeitungen von ihren Dichterfreunden wie ein Genie feiern und die Reklametrommel schlagen läßt, verbietet Napoleon ihr geradezu in seinem Brief:

An die Fürstin von Lucca und Piombino, Elisa Napoleon

Liebe Schwester, Paris, den 31. März 1806.

beunruhigen Sie Ihr Volk in Piombino nicht unnütz. Was haben Sie davon, wenn Sie 4 oder 5 Parochien und ein paar Klöster abschaffen? Es ist auch lächerlich, daß alle Ihre Freunde Sie in die Zeitungen bringen. Schreiben Sie ihnen, das gehöre sich nicht. Napoleon

*

Nichstdestoweniger verwaltet Elisa ihr Land in wirtschaftlicher Beziehung glänzend. Mit richtigem Blick unterzieht sie alle Einrichtungen einer wohltuenden Verbesserung und vergrößert dadurch das Einkommen des Staates und ihr eigenes. Auch in der Wahl ihrer Minister und Beamten irrt sie sich selten. Dennoch verlangt Napoleon auch von ihr absolute Unterordnung unter seinen Willen. Er geizt indes auch nicht mit Anerkennung, wenn er die Maßnahmen, die sie trifft, für richtig hält. Die Abschaffung der Klöster findet jetzt seine Billigung.

An die Fürstin von Lucca und Piombino, Elisa Napoleon

Saint-Cloud, 28. April 1806.

Liebe Schwester,

ich habe Ihre verschiedenen Briefe erhalten. Es ist jedoch unerläßlich, daß Sie mir Ihre Verfügungen für das Majorat des Herzogs von Massa (Regnier) unterbreiten.

Der Verkauf der Klostergüter wird Ihnen viel Geld einbringen. Sollte das, was man verlangt hat, allzu übertrieben sein, so könnte man sich schließlich mit einer Pauschale zufrieden geben, die die Hälfte sicherstellte. Soviel aber ist absolut nötig. Napoleon

*

Immer aber geht Elisa in der Klosterfrage ihm allzu stürmisch und energisch vor, und er muß sie wiederholt zur Vorsicht ermahnen.

An die Fürstin von Lucca und Piombino, Elisa Napoleon

Saint-Cloud, den 17. Mai 1806.

Liebe Schwester,

ich erhielt Ihren Brief. Fordern Sie von den Priestern keinen Eid. Das führt zu nichts und legt nur den Keim zu Schwierigkeiten. Verfolgen Sie Ihren Weg. Schaffen Sie die Klöster ab. Gehen Sie indes vorsichtig zu Wege und entfremden Sie sich nicht die Stimmung Ihrer Untertanen.

Es geht täglich ein Kurier von Neapel und von Mailand ab. Richten Sie es so ein, daß Ihre Post mir auf diesem Wege zugehe, indem Sie sie an den nächstliegenden Ort senden, den der Kurier passiert.   N a p o l e o n

*

Elisa ist schließlich klug genug, sich in allen kirchlichen Angelegenheiten und in den Verhandlungen mit dem Papst Pius VII. auf die Seite des gewaltigen Bruders zu stellen, wenn sie sich auch energisch dagegen sträubt, wie sie später einmal sagt, nur „Unterpräfektin von Lucca" zu sein. Die Ratschläge Napoleons in dem folgenden Brief befolgt sie dann wirklich.

An die Fürstin von Lucca und Piombino, Elisa Napoleon

Saint-Cloud, 24. Mai 1806.

Liebe Schwester,

ich erhielt Ihren Brief. Das Breve des Papstes bedeutet nichts, so lange es geheim in Ihren Händen bleibt. Verlieren Sie keinen Augenblick, keine Stunde, um alle Klostergüter Ihrer Domäne einzuverleiben. Beauftragen Sie meinen Gesandten, sich zum Erzbischof zu begeben. Er soll ihm sagen, daß ich von allem, was vorgeht, unterrichtet sei und daß ich nun nicht das Konkordat des Königreiches Italien, sondern das von Frankreich im Fürstentum Lucca bekanntmachen werde. Man wird sich nicht nur des Vermögens der Mönche, sondern auch das des weltlichen Klerus bemächtigen und ihn pensionieren. Wenn man sich nicht gutwillig darein fügt und die geringste Unordnung hervorruft, so lasse ich eine französische Division vorrücken.

Fordern Sie den Priestern keinen Eid ab. Mischen Sie sich in kein Dogma. Bemächtigen Sie sich der Güter der Mönche, das ist die Hauptsache. Das andere lassen Sie gehen, wie es geht. Lassen Sie meinen Gesandten ganz im Geheimen handeln, wie Sie vorschlugen. Ich schreibe an den Erzbischof. Sie beauftragen meinen Minister, ihm den Brief zu übergeben.

Sie stehen mit Ihrem Namen für den beifolgenden Brief an den Papst ein.   N a p o l e o n

PS. Nach reiflicher Überlegung will ich den Brief an den Erzbischof doch heute noch nicht absenden. Lassen Sie ihn zuerst sprechen.

*

Napoleons Sohn, der neue Vizekönig Eugen von Italien, befindet sich auf einer Inspektionsreise im Lande. Die Jungverheirateten sind zum erstenmal getrennt, und Auguste empfindet die Trennung um so schwerer, weil sie Eugen täglich mehr liebt und sich mit ihm verbunden fühlt. In einem Brief an den Kaiser hat sie ihr Herz ausgeschüttet, und Napoleon hat wieder einmal Gelegenheit, über die Liebe ein wenig zu philosophieren, was er gern ausführlicher täte, wenn er mehr Zeit hätte. Er schreibt:

An die Prinzessin Auguste von Bayern in Italien

Saint-Cloud, den 3. Juni 1806.

Meine Tochter,

ich erhielt Ihren Brief vom 26. Mai. Ich kann mir vorstellen, wie einsam Sie sich in der Lombardei fühlen, so allein! Doch Eugen wird bald wiederkommen. Erst, wenn man getrennt ist und sich dann wiedersieht, weiß man, wie sehr man sich liebt. So schätzt man auch die Gesundheit erst dann, wenn man ein wenig Kopfweh hat oder krank ist. Aus allerlei Gründen aber sollten Sie sich doch ein wenig zerstreuen und Leute bei sich sehen. Alles, was ich aus Italien höre, überzeugt mich, daß Sie ein allzu zurückgezogenes Leben führen. Von Frau von Wurmb höre ich gar nichts. Ich hoffe, Sie ist bei Ihnen und Sie haben sie immer noch gern.

Mit großer Freude empfange ich immer Ihre Briefe. Jeden, der aus Italien kommt, befrage ich über Sie und freue mich dann, daß alle Sie fabelhaft finden.

Ihr Sie liebender Vater

Napoleon

*

Im Juni muß Napoleon seiner Schwester Elisa wieder einschärfen, daß sie ihre Post an Freunde in Paris nicht auf dem Umwege über Turin sendet. Da die Fürstin von Lucca bisweilen auch Gegner Napoleons zu ihren Freunden in Paris zählt, besonders diejenigen, die im Hause seines Bruders Lucien verkehren, so liegt ihm daran, eine gewisse Kontrolle über ihre Korrespondenzen zu haben. Und so schreibt er:

An die Fürstin von Lucca und Piombino, Elisa Napoleon in Lucca

Saint-Cloud, 7. Juni 1806.

Liebe Schwester,

Sie brauchen Ihre Briefe nicht nach Turin zu schicken. Mein Kurier von Neapel passiert Bologna. Da ist es für Sie viel kürzer, Sie senden Ihre Post auf diesem Wege.

N.

*

Hortense de Beauharnais hat im Juni, wie erwähnt, mit Napoleons Bruder Louis den holländischen Thron bestiegen. Die Ehe ist höchst unglücklich, und Hortense begibt sich nur widerwillig zu ihrem Mann nach dem Haag. Sie befindet sich eben auf der Reise dorthin und hält sich eigentlich, um Zeit zu gewinnen, länger als sie soll in Schloß Laeken auf. Napoleon ignoriert absichtlich das unglückliche Zusammenleben der beiden, als er schreibt:

An Ihre Majestät die Königin Hortense von Holland

Saint-Cloud, 24. Juni 1806.

Madame und liebe Tochter,

ich habe Ihren Brief erhalten. Aus Laeken erhielt ich Nachricht von Ihnen und vernahm mit großer Freude, daß Sie sich wohl befinden. Hoffentlich erhalte ich recht bald einen Brief von Ihnen aus dem Haag, wo Sie, wie ich weiß, mit großer Ungeduld (von Louis) erwartet werden.

Napoleon

*

In einem zweiten Brief an die unglückliche Königin von Holland gewährt er ihr ein Gnadengesuch für einen jungen Gefangenen:

An die Königin Hortense von Holland in dem Haag

Saint-Cloud, 29. Juni 1806

Meine Tochter,

Donnerstag erhielt ich Ihren Brief. Ich freue mich, daß Sie mit den Holländern zufrieden sind. Sie hätten mir jedoch das Gesuch des Postdirektors von Antwerpen schicken sollen. Sobald ich es in Händen habe, will ich die Sache prüfen und dann sehen, was sich tun läßt, Ihnen zuliebe seinem Bruder eine Strafmilderung zu bewilligen.

Napoleon

*

Alle Ehen, die Napoleon einmal gestiftet hat, wünscht er glücklich zu wissen. Bei Stephanie de Beauharnais hat er auch nicht ganz das Richtige getroffen. Später allerdings gleicht sich das Verhältnis in ihrer Ehe mit dem Thronfolger von Baden zur Zufriedenheit aus. Als sie Paris verlassen hat und zu ihrem Gatten gereist ist, schreibt der Kaiser:

An Stephanie de Beauharnais, Prinzessin von Baden

Madame und liebe Tochter, Saint-Cloud, 8. Juli 1806.

ich sende Ihnen beiliegend einen Brief der Markgräfin von Baden (ihrer Schwiegermutter). Er ist aus Versehen geöffnet worden. Ich hoffe recht bald gute Nachricht von Ihnen zu erhalten. Hat die Hitze während der Reise nicht Ihrer Gesundheit geschadet? Schreiben Sie mir bald, daß Sie zufrieden und glücklich sind. N.

*

Stephanie de Beauharnais aber ist Pariserin. Sie kann sich nicht so rasch in die neuen, viel kleineren Verhältnisse in Karlsruhe eingewöhnen. Sie fühlt auch, daß sie den Prinzen Karl Ludwig, ihren Mann, vorläufig noch nicht liebt und ihre Ehe rein aus politischen Gründen geschlossen betrachtet. Er ist der Enkel des seit seinem Beitritt zum Rheinbund zum Großherzog ernannten Karl Friedrich und sein Thronerbe, da der Erbprinz Karl Ludwig bereits 1801 starb. Stephanie beklagt sich zwar nicht direkt in Paris beim Kaiser, aber Napoleon, der große Menschenkenner, versteht zwischen den Zeilen zu lesen und antwortet auf Stephanies Brief sogleich.

An die Prinzessin Stephanie von Baden in Karlsruhe

Liebe Tochter, Saint-Cloud, den 13. Juli 1806.

ich erhielt Ihren Brief und freue mich, daß es Ihnen gut geht. Lieben Sie Ihren Mann. Er verdient es durch die Zuneigung, die er Ihnen entgegenbringt. Seien Sie gegen den Kurfürsten liebenswürdig. Das ist Ihre Pflicht, denn er ist Ihr Vater. Außerdem ist er ein verdienstvoller und überall geachteter Fürst. Behandeln Sie Ihre Untertanen gut, denn Herrscher sind nur für das Glück ihres Volkes da. Gewöhnen Sie sich an das Land und finden Sie alles gut, denn nichts ist unverschämter, als immer nur von Paris und der Großartigkeit dort zu sprechen, die man doch nicht haben kann, wie man weiß. Das ist ein großer Fehler der Franzosen. Begehen Sie ihn nicht. Karlsruhe ist eine schöne Stadt. Man wird Sie um so mehr lieben und achten, je mehr Sie das Land lieben und achten, in dem Sie leben. Dafür sind die Menschen am meisten empfänglich.

Napoleon

*

Stephanie ist eine gute Tochter und eine kluge Frau. Sie weiß, wieviel sie dem Kaiser verdankt, denn ohne ihn wäre sie die abhängige Verwandte Josephines, eine Beauharnais, geblieben. Sie schickt sich also mit gutem Willen in ihr Los und erfreut Napoleon besonders durch ihre Willfährigkeit. Er weiß, seine väterlichen Ratschläge fallen hier auf fruchtbareren Boden als bei seiner leichtfertigen Schwester Pauline.

An Stephanie de Beauharnais, Prinzessin von Baden

Saint-Cloud, 25. Juli 1806.

Meine Tochter,

ich freue mich sehr, daß es Ihnen in Karlsruhe gefällt, und daß ein jeder sich bemüht, auch Ihnen zu gefallen. Lieben Sie den alten Großherzog, weil er Ihr Vater und einer der achtenswertesten Fürsten seiner Zeit ist. Nie hat er seine Freundschaft für mich verleugnet. Seien Sie besonders freundlich zu seinen Kindern aus zweiter Ehe, denn das sieht er gern. Seien Sie nett mit der Gräfin (Reichsgräfin von Hochberg, die zweite morganatische Gattin des Großherzogs von Baden).

Ich weiß, wie sehr Sie Ihren Mann lieben. Setzen Sie Ihre ganze Klugheit daran, auch ihm zu gefallen.

Napoleon

*

Die Königin Marie Louise von Spanien, Gattin Karls IV., dessen Thron selbst bald ins Wanken kommen soll, bangt, besonders nachdem Elisa Bonaparte in Lucca fortwährend intrigiert, um von Napoleon den Thron von Toskana zu erlangen, für das Schicksal ihrer vorläufig noch dort herrschenden Tochter, der Königin von Etrurien. Mit Schmeicheleien hofft sie den Mann zu gewinnen, in dessen Macht es liegt, Throne zu verschenken und Throne zu stürzen. Und vorläufig meint es auch Napoleon noch ernst mit seinen Versicherungen. Aber schon im Dezember 1807 muß Marie Louise von Etrurien ihren toskanischen Thron der ehrgeizigen Schwester Napoleons abtreten. Als Napoleon der besorgten Königin von Spanien auf ihren Brief antwortet, hat Etrurien noch nichts von ihm zu befürchten.

An die Königin Marie Louise von Spanien in Madrid

Saint-Cloud, den 5. August 1806.
Liebe Frau Schwester,

ich weiß nicht, wie ich Eurer Majestät danken soll für die liebenswürdigen Worte, die Sie geruhen mir über die Ereignisse des letzten Feldzuges (in Österreich) zu sagen. Ich bitte Sie, von dem Interesse überzeugt zu sein, das ich stets Ihrer Tochter, der Königin von Etrurien entgegenbringe. Sie zeichnet sich durch so viele schöne Charaktereigenschaften aus. Zweifeln Sie bitte auch nicht an meinem Wunsche, recht bald Gelegenheit zu haben, Eurer Majestät einen Beweis meiner Freundschaft zu liefern.

Napoleon

*

Nach fünfmonatiger Ehe kann der Prinz Karl von Baden seinem Schwiegervater Napoleon die freudige Mitteilung machen, daß Stephanie ein Kind erwartet. Für den Korsen ist von jeher eine kinderreiche Ehe das Höchste, und handelt sich noch um die Sicherstellung einer Dynastie und Thronfolge, so ist besonders die Frau, die Mutter, seiner höchsten Wertschätzung gewiß. Stephanie de Beauharnais hat ihn also nicht enttäuscht. Er ist stolz auf sie, als er ihr schreibt:

An die Prinzessin Stephanie von Baden in Karlsruhe
            Saint-Cloud, im August 1806.
Liebe Tochter,

der Prinz teilt mir mit, daß Sie sich Mutter fühlen. Darüber freue ich mich außerordentlich. Ich höre nur Gutes von Ihnen. Fahren Sie also fort, nett und lieb gegen alle zu sein. Wie mir scheint, hat man der Markgräfin (Amalie) unrecht getan. Ich kann mir nicht denken, das eine so vollendete Fürstin so etwas tut.

Lieben Sie den Großherzog und suchen Sie ihm zu gefallen. Der größte Trost in seinem Alter sind liebenswürdige und gute Kinder.   N a p o l e o n

*

Auch die liebste Schwiegertochter Auguste sieht ihrer baldigen Niederkunft entgegen. Es ist beschlossen, daß sie ihr erstes Kind in Paris zur Welt bringt. Sie ist daher im Begriff, mit Eugen aus Italien abzureisen. Im Scherz rät ihr Napoleon, was sie tun soll, damit sie nur einen Sohn und kein Mädchen bekomme. Um sie selbst auf der bevorstehenden anstrengenden Reise ist er aufs höchste besorgt.

An die Prinzessin Auguste in Italien
            Saint-Cloud, den 31. August 1806.
Liebe Tochter,

mit großer Freude las ich Ihren Brief vom 10. August. Ich danke Ihnen für alles Liebe, das Sie mir sagen. Sie haben recht, auf meine ganze Freundschaft zu zählen. Schonen Sie sich in Ihrem jetzigen Zustand und bringen Sie nur ja kein Mädchen zur Welt. Ich will Ihnen ein Rezept verraten (um einen Jungen zu bekommen). Aber Sie werden wohl nicht daran glauben: Sie müssen nämlich jeden Tag etwas unvermischten Wein trinken.

Endlich kommen die Angelegenheiten auf dem Kontinent in Ordnung (Anspielung auf die Unterzeichnung des Rheinbundvertrages und die Friedensunterhandlungen mit Rußland, die aber dann doch an der Weigerung des Zaren scheitern). Ich hoffe Ihnen in den nächsten Tagen Instruktionen für Ihre Reise mit Eugen senden zu können. Sie müssen jedoch sehr langsam reisen und sich nicht überanstrengen.

Die Kaiserin hat mir den Brief übergeben, den Sie ihr wegen Ihrer Großmutter (von Mecklenburg-Strelitz) schrieben. Ich habe sofort positive Befehle erteilt, und ich hoffe, Ihre Großmutter ist jetzt zufrieden. Gewiß haben Sie auch erfahren, daß wir ihre Tante sehr gut behandelt haben. Der Prinz, Ihr Bruder, benimmt sich tadellos. Er arbeitet viel. Ich glaube, er will nach Südfrankreich reisen, um die Häfen des Mittelmeeres zu besichtigen. Hoffentlich ruft ihn Ihre Ankunft (in Paris) früher zurück, als er beabsichtigt. Napoleon

*

Dank Elisas Bemühungen in Lucca verbessert sich der Wohlstand des Landes wesentlich. Mit männlicher Tatkraft ist sie immer bemüht, auch in den öffentlichen Einrichtungen Besserung zu schaffen. Das Gefängniswesen bedarf besonders einer Reformierung, und sie legt dem Kaiser einen Entwurf vor. Er antwortet darauf:

An die Fürstin von Lucca und Piombino, Elisa Napoleon

Saint-Cloud, 4. September 1806.

Madame und liebe Schwester,

der Entwurf für die Gefängnisstatuten von Lucca, den Sie mir gesandt haben, entspricht den Grundsätzen der Menschlichkeit, der Gerechtigkeit und der Sparsamkeit, die er benötigte. Ich kann ihn daher nur billigen. Jedoch muß man einen Unterschied zwischen denjenigen Personen machen, die bereits verurteilt sind, und denen, über die noch geurteilt wird (also über Gefangene und Untersuchungsgefangene). Ehe das Gesetz sich über das Schicksal eines Angeklagten ausgesprochen hat, darf er keine anderen Entbehrungen erleiden, als die seiner Freiheit. Ich meine auch, man riskiert sehr viel, wenn man die Gefängnisse jeder bewaffneten Macht entblößt. Unter Gefangenen fehlt es nie an Komplotten, sobald sie die Möglichkeit erspähen, entkommen zu können. Napoleon

*

Für alle diese Kleinigkeiten findet der Staatsmann und Feldherr Zeit, während er sein ganzes Augenmerk auf die neuen Kriegsvorbereitungen und seine weitverzweigte

Diplomatie des Jahres 1806 zu richten hat. Im September ist Napoleon bereit, loszuschlagen, nachdem ihm auch der Rheinbund seine Kontingente für den Krieg gegen Preußen zur Verfügung gestellt hat. Am 25. bricht Napoleon, auch diesmal in Begleitung Josephines, die ihn bis Mainz das Geleite gibt, zur Armee auf. Schon am 1. Oktober überschreitet er den Rhein. Josephine weint, als er von ihr geht. Das Gespenst der Scheidung steht ihr seit einiger Zeit wieder lebendig vor Augen, denn jetzt hat der Kaiser die Gewißheit, daß er leibliche Erben haben kann. Eine seiner Favoritinnen, Eléonore Dénuelle, die er Ende April bei seiner Schwester Karoline kennengelernt hat, fühlt sich Mutter. Josephine weiß darum, denn daß die Beziehungen des Kaisers zu den jungen Hofdamen kein Geheimnis bleiben, dafür sorgen schon die Josephine feindlich gesinnten Schwestern Napoleons. Sie sind es auch, die, lange bevor Napoleon selbst daran dachte, an den fremden Fürstenhöfen Umschau nach einer zweiten Frau zu halten, die Gerüchte verbreiten, er suche beständig nach einer solchen hohen Verbindung. Sobald er im Felde oder auf Reisen an fremden Höfen weilt, glaubt daher die arme Josephine, er könne sich in eine fremde Prinzessin verlieben und dann mit dem festen Entschluß, sich von ihr scheiden zu lassen, zurückkehren. Und so weint sie auch jetzt bitterlich. Aber nicht nur um sie muß Napoleon sich kümmern, sondern auch die anderen jungen Frauen seiner Familie machen ihm Sorgen. Stephanie ist nicht besonders glücklich. Sie möchte nach ein paar Wochen ihrer Ehe schon nach Mainz zu Josephine. Hortense schreibt traurige und unglückliche Briefe aus Holland. Auch sie will unbedingt zu ihrer Mutter nach Mainz. Napoleon beschwichtigt, so gut er es vermag, alle in seinem Brief:

An die Kaiserin Josephine in Mainz

(Würzburg), den 5. Oktober 1806.
Meine Freundin,

es ist nicht unpassend, daß die Erbprinzessin von Baden sich zu Dir nach Mainz begibt. Ich weiß indes nicht, warum Du weinst. Du bereitest Dir unnützerweise Schmerz. Hortense ist gar zu pedantisch. Sie liebt Ratschläge zu erteilen. Sie hat mir geschrieben, und ich werde ihr antworten. Sie soll doch froh und glücklich sein. Nur Mut und Heiterkeit helfen ihr über alles hinweg.

Leb wohl, meine Freundin. Der Großherzog (von Toskana, späterer Großherzog von Würzburg, er war auch im September zum Rheinbund beigetreten), hat mit mir von Dir gesprochen. Er hatte Dich seinerzeit nach seinem Rückzug (in Italien) in Florenz gesehen. Napoleon

*

Hortense sucht Trost im Wohltun. Fortwährend ist sie bemüht, in ihrem Lande Gutes zu tun. Wo sie für einen armen Gefangenen ein Gnadengesuch beim Kaiser erreichen kann, ermöglicht sie es. Und immer ist Napoleon bereit, ihre Bitten zu erfüllen.

An die Königin Hortense von Holland

Würzburg, den 5. Oktober 1806.

Meine Tochter,

ich habe Ihren Brief vom 14. September erhalten. An den Großrichter habe ich einen Befehl gesandt, damit er der Person, für die Sie sich interessieren, das Gnadengesuch bewilligt. Ich freue mich immer, etwas von Ihnen zu hören. Ich wünsche Ihnen alles Gute und bitte Sie, niemals an der tiefen Freundschaft zu zweifeln, die ich für Sie empfinde. Napoleon

*

Josephine ist immer noch sehr traurig in Mainz, obwohl Napoleon ihr beinahe täglich schreibt und sie von allem unterrichtet, was er unternimmt.

An die Kaiserin Josephine in Mainz

Bamberg, 7. Oktober 1806.

Ich reise heute Abend nach Kronach ab, meine liebe Freundin. Meine ganze Armee befindet sich auf dem Marsch. Alles geht gut. Meine Gesundheit ist ausgezeichnet. Ich habe bis jetzt nur einen Brief von Dir erhalten. Eugen und Hortense schrieben mir. Stephanie muß jetzt bei Dir sein. Ihr Mann will in den Krieg. Er ist bei mir.

Leb wohl, tausend Küsse und alles Gute.

Napoleon

*

Während Josephine nur an ihren privaten Kummer denkt, beschäftigen Napoleon gigantische Feldzugspläne. Das berüchtigte erste Bulletin der Großen Armee ist von Bamberg aus am 8. Oktober in die Welt geschleudert worden, das Preußen der Kriegsschuld anklagt und die schöne Königin Luise nebst dem Prinzen Louis Ferdinand als die größten Kriegshetzer bezeichnet. Den höhnenden Spott über die Lichtgestalt Luises hat Napoleon zwar später bereut, aber selbst seine Freunde haben ihm diese Unritterlichkeit gegen eine edle Frau kaum verziehen. Auch Josephine gegenüber erwähnt Napoleon ironisch die Anwesenheit der Königin Luise beim Heere. In der Nacht vor der Schlacht von Jena schreibt er siegessicher:

An die Kaiserin Josephine in Mainz

Gera, den 13. Oktober 1806, 2 Uhr morgens.

Meine liebe Freundin,

heute bin ich in Gera. Meine Angelegenheiten stehen gut, ganz wie ich es mir wünsche. Mit Gottes Hilfe wird in wenigen Tagen, wie ich glaube, alles eine recht gefährliche Wendung für den armen König von Preußen nehmen. Ihn persönlich bedaure ich, weil er gut ist. Die Königin befindet sich mit dem König in Erfurt. Nun, wenn sie so gern eine Schlacht sehen will, so soll sie dieses schauerliche Vergnügen haben.

Mir geht es ausgezeichnet. Ich bin seit meiner Abreise dicker geworden, obwohl ich täglich zwanzig bis fünfundzwanzig Kilometer entweder zu Pferd, zu Wagen oder auf irgendeine andere Weise zurücklege. Ich lege mich um 8 Uhr schlafen und stehe um Mitternacht auf. Manchmal denke ich daran, daß Du um diese Zeit noch nicht einmal zu Bett gehst.

Ganz der Deine

Napoleon

*

Die mörderische Schlacht hat stattgefunden. Der preußische Hof mit dem König und der Königin ist drei Tage vorher von Jena nach Weimar gegangen und wird dort von dem plötzlichen Herannahen der französischen Truppen überrascht. Ganz besonders ist Luise in Gefahr. Sie ist am 14. Oktober sehr früh in höchster Eile nach Norddeutschland aufgebrochen, als sie auf ihrer Flucht bereits die Kanonen von Jena dröhnen hört. In Berlin erfährt die Unglückliche die Niederlagen bei Jena und Auerstädt und es gilt, mit ihren Kindern immer weiter nach Norden zu flüchten. Erst in Memel kann sie sich ein wenig Ruhe gönnen. Aber schmerzgebrochen, seelisch und körperlich krank, verfolgt sie dort die politischen und kriegerischen Auseinandersetzungen, die das Geschick ihres geliebten Volkes entscheiden sollen. Und die Beleidigungen in den Bulletins Napoleons gehen weiter gegen sie. Seine Siege meldet er fast täglich der Kaiserin, meist des Nachts:

An die Kaiserin Josephine in Mainz

Jena, den 15. Oktober 1806, 3 Uhr morgens.

Meine Freundin,

ich habe herrlich gegen die Preußen manövriert. Gestern habe ich einen großen Sieg davon getragen. Sie waren 150.000 Mann. Ich habe 20.000 Gefangene gemacht, 100 Kanonen und mehrere Fahnen erobert. Ich befand mich ganz in der Nähe des Königs von Preußen und hätte ihn beinahe gefangengenommen.

Seit zwei Tagen biwakiere ich. Es geht mir ausgezeichnet. Leb wohl, meine Freundin. Laß Dir's gut gehen und liebe mich.

Wenn Hortense in Mainz ist, so gib ihr, Napoleon und dem Kleinen (ihren Kindern) einen Kuß.

N a p o l e o n

*

Napoleon verfehlt auch nicht, das Bulletin von Jena an Josephine zu senden. Talleyrand hat es ihr bei seiner Durchreise durch Mainz gebracht. Am Tage nach dem Siege, am 15. Oktober, ist Napoleon in Weimar eingezogen, wo für ihn im Schloß die Prunkgemächer hergerichtet sind. Der ganze Hof hat Weimar verlassen, nur die Herzogin Luise ist in dieser grenzenlosen Verwirrung des Kriegsgetümmels geblieben. Sie hat sich vorgenommen, dem Kaiser der Franzosen Rede und Antwort zu stehen für das Verhalten ihres Mannes, Karl Augusts, der es so kühn wagte, dem Gewaltigen zu trotzen und dem Rheinbund nicht beizutreten, sondern sein Kontingent Preußen zur Verfügung zu stellen. Von der Begegnung mit der tapferen deutschen Fürstin sagt Napoleon später zu dem weimarischen Kanzler Müller, sie sei eine edle Frau und ein mutiger Mensch. Nur ihr allein habe Karl August seine Nachsicht zu danken. In dem Briefe an Josephine aus der Stadt Goethes erwähnt Napoleon nichts von jener Begegnung. Ihm ist vor allem wohl, nach dem langen Feldlager wieder einmal in einem Schloß wohnen zu können.

An die Kaiserin Josephine in Mainz
 Weimar, den 16. Oktober 1806, 5 Uhr nachmittags.
Meine gute Freundin,
 Herr Talleyrand wird Dir das Bulletin gezeigt haben. Du wirst daraus meine Siege erfahren haben. Alles kam so, wie ich es berechnet hatte. Niemals ist ein Heer kräftiger geschlagen und vollständiger aufgerieben worden. Es bleibt mir nur noch hinzuzufügen, daß es mir hier gut geht. Trotz der Anstrengungen, des Biwakierens und der vielen schlaflosen Nächte bin ich sogar fetter geworden.
 Leb wohl, meine liebe Freundin. Tausend liebe Dinge auch für Hortense und dem großen Monsieur Napoleon (seinen Lieblingsneffen und Präsumtiverben).
 Ganz der Deine
 Napoleon

*

Von Weimar bricht Napoleon nach Berlin auf. Auf seinem Wege dorthin macht er in Wittenberg halt. Von hier aus schreibt er wieder an Josephine, wie zufrieden er mit allem, was sich ereignet, ist. Erfurt hat sich am 16. ergeben. Am 18. besetzt Davout Leipzig. Am 21. ist der Herzog von Braunschweig in den Schutz Napoleons getreten und die Franzosen stehen vor der preußischen Hauptstadt, mit ihrem Kaiser an der Spitze. Napoleon ist in der besten Laune, als er schreibt:

An die Kaiserin Josephine in Mainz
 Wittenberg, den 23. Oktober 1806, mittags.
Liebe Freundin,
 ich erhielt verschiedene Briefe von Dir, schreibe Dir jedoch nur das eine: Meine Angelegenheiten stehen ausge-

zeichnet. Morgen werde ich in Potsdam und am 25. in Berlin sein. Es geht mir gesundheitlich sehr gut. Die Anstrengungen bekommen mir vortrefflich.

Es freut mich, Dich in Gesellschaft von Hortense und Stephanie zu wissen. Bis jetzt ist das Wetter hier schön gewesen.

Tausend Grüße an Stephanie und alle, ohne Monsier Napoleon zu vergessen.

Leb wohl, meine Freundin. Ganz der Deine

Napoleon

In Sanssouci wohnt Napoleon in den Zimmern Friedrichs des Großen, den er verehrt, wie er Cäsar und Alexander den Großen verehrt. Er besucht die Gruft des großen Königs. Er hält den Säbel Friedrichs in der Hand, über dem der Kaiser Alexander von Rußland, der König und die Königin von Preußen noch vor einigen Monaten einander geschworen haben, an dem heiligen Bündnis gegen den französischen Bedrücker und Eroberer festzuhalten und das preußische Volk zum Siege zu führen. Welche Flut von Gedanken mag auf Napoleon, der in so kurzer Zeit fast die ganze Welt zu seinen Füßen sieht, eingestürmt sein, als er am Grabe Friedrichs stand? An Josephine nur eine kurze Notiz, wie sehr es ihm in dem von dem Geiste des Großen Friedrichs noch durchwehten Schlosse gefalle.

An die Kaiserin Josephine in Mainz

Potsdam, den 24. Oktober 1806.

Ich bin seit gestern in Potsdam, meine liebe Freundin, ich werde bis morgen hier bleiben. Mit meinen Angelegenheiten bin ich nach wie vor sehr zufrieden. Meine Gesundheit ist gut, das Wetter schön. Ich finde Sanssouci äußerst angenehm.

Leb wohl, meine Freundin, Viele Grüße an Hortense und Monsieur Napoleon. Napoleon

*

Nachdem auch die Festung Spandau am 25. vor den Franzosen kapituliert hat, zieht Napoleon am 27. in die preußische Hauptstadt ein und beginnt seinen Aufenthalt mit einem Gnadenakt, der nicht ganz unabsichtlich von ihm für die öffentliche Meinung bestimmt ist. Eine sehr schöne zarte Frau, die Fürstin Hatzfeld, ist zu Napoleon gekommen, um für das Leben ihres Mannes zu bitten. Als Berlin geräumt werden mußte, übernahm Fürst Franz Ludwig von Hatzfeld aus den Händen seines Schwiegervaters, des Gouverneurs Grafen von der Schulenburg-Kehnert, das provisorische Kommando der Stadt. Kurz vor Eintreffen der Franzosen sandte Hatzfeld dem König Friedrich Wilhelm III. einen genauen Bericht über den Zustand der napoleonischen Truppen. Sein Schreiben wurde von Napoleons Geheimagenten abgefangen und Hatzfeld verhaftet. Er sollte binnen wenigen Stunden erschossen werden. Die Fürbitte seiner Frau allein rettete ihn beim Kaiser. Darüber schreibt Napoleon ziemlich ausführlich an die Mutter des bei Saalfeld auf dem Felde der Ehre gefallenen Prinzen Louis Ferdinand:

An die Prinzessin Ferdinand von Preußen
                    Berlin, den 28. Oktober 1806.
Ich habe den Brief Eurer Königlichen Hoheit erhalten. Ich war von der Haltung Frau von Hatzfelds tief erschüttert. Ich machte ihr klar, daß ihr Mann schuldig sei und nach Kriegsbrauch zum Tode verurteilt werden müsse. Doch ich habe dieses furchtbare Urteil vereitelt und ihr den Schmerz erspart, indem ich ihr die Beweisstücke zurückgab. Allerdings tat ich es hauptsächlich, weil mich der tiefe Schmerz und die Sanftmut Frau von Hatzfelds rührten. Dennoch wäre es mir unangenehm, wenn Sie, Königliche Hoheit, darin nicht auch meine Absicht sähen, Ihnen etwas Angenehmes zu erweisen.   N a p o l e o n.

*

Frau von Hatzfeld hat sich noch einmal brieflich bei Napoleon für alles bedankt, und er antwortet auch ihr:

An die Fürstin von Hatzfeld
                    Berlin, den 31. Oktober 1806.
Madame,
Ihr Brief hat mich sehr erfreut. Ich erinnere mich gern des Augenblickes, da ich Ihrem Schmerz ein Ende machen konnte. Was Ihnen auch begegnen mag, wo ich Ihnen nützlich sein kann, jederzeit können Sie sich an mich wenden. Ich will Ihnen gern helfen.   N a p o l e o n

*

Die Übergabe von Prenzlau und Stettin hat stattgefunden, und am 1. November kapituliert auch Küstrin. Nur Magdeburg hält der fürchterlichen Blockade noch stand.

Josephine in Mainz ist traurig, nicht nur wegen der Abwesenheit Napoleons, die sich immer weiter in die Länge zieht. Auch der Krieg mit seinen Greueln und Opfern schneidet ihr ins Herz. Beim Besuche des Ministers Talleyrand hat sie ihre Tränen nicht zurückhalten können, besonders als sie das schreckliche Bulletin gelesen mit den Schmähungen gegen die Königin Luise, von der man ihr so viel Angenehmes gesagt hat. Josephine hat ein weiches Herz. Sie billigt auch nicht immer alles, was Napoleon tut. Talleyrand aber hütet sich, seinem Herrn den wahren Grund ihrer Tränen zu verraten. Noch viel weniger ahnt ihn Napoleon, als er schreibt:

An die Kaiserin Josephine in Mainz

(Berlin), 1. November 1806, 2 Uhr morgens.

Meine Freundin,

Talleyrand trifft soeben hier ein. Er sagte mir, daß Du fortwährend weintest. Weshalb? Was willst Du? Du hast Deine Tochter, Deine Enkel bei Dir, hast gute Nachrichten von mir. Das ist übergenug, um zufrieden und glücklich zu sein.

Das Wetter ist hier herrlich. Während des ganzen Feldzuges hat es kein einziges Mal geregnet. Ich befinde mich außerordentlich wohl, und alles geht aufs Beste.

Leb wohl, meine Freundin. Ich habe einen Brief von Monsieur Napoleon erhalten (der Prinz war damals drei Jahre alt). Doch ich glaube, er ist nicht von ihm, sondern von Hortense.

Tausend Grüße an alle

Napoleon

*

Ein Brief Josephines klärt Napoleon über ihre Tränen und Niedergeschlagenheit auf. Sie nimmt sich kein Blatt vor den Mund. Sie ist traurig und zugleich entrüstet über sein Kriegsbulletin, das die Königin Luise, eine Dame, so wenig zart behandelt. Sie vermißt diesmal jene Großmut und Ritterlichkeit, die Napoleon sonst Frauen gegenüber besitzt, und sagt es ihm. Er geht darüber mit einem seiner

Beweisgründe über gute und sanfte Frauen und einer Schmeichelei für Josephine selbst hinweg. Darauf rühmt er sich seiner „guten Tat" gegen Frau von Hatzfeld. Diese Begnadigung erzählt Napoleon gewissermaßen Josephine als Entschuldigung für seine Härte gegen die Königin Luise.

An die Kaiserin Josephine in Mainz

(Berlin), den 6. November 1806, 9 Uhr abends.

Meine Freundin,

ich habe Deinen Brief erhalten. Du scheinst mir sehr böse zu sein, daß ich so schlecht von den Frauen gesprochen habe. Aber ich hasse intrigante Frauen über alles. Ich bin gute, sanfte und verträgliche Frauen gewöhnt. Diese nur liebe ich. Wenn ich verwöhnt worden bin, so ist das nicht meine, sondern Deine Schuld. Übrigens wirst Du gleich sehen, wie gut ich gegen eine gewesen bin, weil sie sich sanft und gefühlvoll gezeigt hat. Es ist Frau von Hatzfeld. Als ich ihr den (aufgefangenen) Brief ihres Mannes zeigte, sagte sie unter Schluchzen mit tiefem, ganz unschuldigem Empfinden: „Ja, das ist allerdings seine Schrift." Darauf las sie ihn, und ihre Stimme erschütterte mich bis ins Innere. Sie tat mir unendlich leid. „Gnädige Frau", sagte ich zu ihr, „werfen Sie diesen Brief ins Feuer. Dann habe ich nicht mehr die Macht, Ihren Mann zu bestrafen." Sie verbrannte den Brief sofort (im Kamin) und schien äußerst glücklich zu sein. Nun ist ihr Mann ganz sicher. Zwei Stunden später wäre er verloren gewesen. Du siehst also, daß ich gute, naive und sanfte Frauen liebe, denn nur diese ähneln Dir.

Lebe wohl, meine Freundin. Ich befinde mich wohl.

Napoleon

*

Als Napoleon seinerzeit mit der Herzogin Luise in Weimar zusammentraf, hatte er ihr eine Frist gestellt, binnen welcher der Herzog Karl August, der damals nirgends aufzufinden war, zu ihm zurückkehren sollte. Aber der Herzog verschob diese peinliche Vorstellung bei dem zornigen Kaiser immer wieder. Luise von Weimar mußte daher wiederholt für ihn bei Napoleon um Nachsicht bitten. Ihr und seinem geschickten Kanzler von Müller verdankte Karl August allein die Erhaltung seines Landes. Müller wird schließlich zu Napoleon nach Berlin gesandt, um ihm Briefe von der Herzogin zu übergeben und über die Lage Weimars zu unterhandeln. Bei dieser Gelegenheit sagt der Kaiser ihm unter anderem: „Ihre Herzogin hat sich sehr standhaft bewiesen. Sie hat meine ganze Achtung gewonnen. Ich begreife, daß sie durch unser plötzliches Erscheinen in große Bedrängnis kam. Der Krieg ist ein häßliches, ein barbarisches, vandalisches Handwerk. Aber was kann ich dafür? Man zwingt mich dazu, wider meinen Willen." Über das Ausbleiben des Herzogs ist Napoleon aufs äußerste empört, aber als er die Briefe Luises gelesen, schreibt er doch versöhnend:

An die Herzogin Luise von Weimar

Meine liebe Kusine, Berlin, 5. November 1806.

ich habe verschiedene Briefe von Ihnen erhalten. Ich teile Ihren ganzen Schmerz. Alles, was Sie von mir verlangen, habe ich bewilligt. Ich wünsche jedoch, daß das dem Herzog von Weimar zur Lehre diene. Er hat gegen mich ohne Grund Krieg geführt. Er hätte es machen sollen wie der Herzog von Sachsen-Gotha oder wie der Herzog von Braunschweig, der kein Kontingent geliefert hat, dem ich aber doch seine Staaten genommen habe. Alles, was ich für den Herzog (von Weimar) getan habe, geschah nur aus Achtung für Sie. N a p o l e o n

Und an Luises Schwester, die Markgräfin Amalie von Baden, die er ebenfalls sehr schätzt, schreibt er über diese Angelegenheit:

An die Markgräfin Amalie von Baden

Liebe Kusine, Berlin, 8. November 1806.

ich habe Ihren Brief erhalten. Der gute Rat Eurer Hoheit hat auf mich gewaltigen Eindruck gemacht. Aus Achtung für Sie habe ich allen Groll gegen den Herzog von Weimar vergessen. Über den Herzog von Braunschweig (Amalies Schwiegersohn Friedrich Wilhelm) habe ich mich sehr zu beklagen. Wegen Ihrem Sohn, dem Prinzen Karl, seien Sie ohne Sorge. Er hat sich in der Schlacht glänzend benommen. Er verträgt alle Strapazen ausgezeichnet. (Karl ist der Gatte Stephanie de Beauharnais.)

Es bleibt mir nur noch, Eurer Hoheit zu versichern, wie hoch ich Sie achte und wie sehr ich wünsche, Ihnen meine Hochachtung in jeder Beziehung zu beweisen.
Napoleon

*

Eine Verwandte der Herzogin Luise von Weimar, die Erbprinzessin Wilhelmine von Hessen-Darmstadt, geborene Prinzessin von Baden, nimmt Anteil an dem Unglück, das den weimarischen Hof bedroht, und dankt Napoleon für seine Nachsicht. Wieder beklagt er in seiner Antwort an sie den unseligen Krieg, der die Welt in Angst und Unruhe versetzt.

An die Erbprinzessin von Hessen

Berlin, den 8. November 1806.
Liebe Kusine,

aus Ihrem Brief vom 7. November ersehe ich Ihren großen Kummer. Ich nehme allen Anteil daran. Haben Sie Dank, Hoheit, für alles Liebe, das Sie mir sagen. Ich wünschte, unsere Beziehungen gehörten ruhigeren Zeiten an. Wir stehen alle voll Angst zusammengepfercht inmitten eines bösen Gewitters. Diejenigen, die es heraufbeschworen haben, verdienen Ihren und meinen Tadel.

Dennoch bitte ich Eure Hoheit an meine Wertschätzung und Ehrerbietung zu glauben, mit der ich bin
Eurer Hoheit Vetter
Napoleon

*

Der Siegeszug der napoleonischen Heere geht weiter, mehr nach Norden. Die Schlacht bei Lübeck am 6. und 7. November bringt den Franzosen neue Erfolge. Auch Hameln und Magdeburg haben schließlich kapituliert. Dort zieht Marschall Ney am 11. ein. Während der Kaiser noch in Preußens Hauptstadt weilt, schreibt er:

An die Kaiserin Josephine in Mainz

(Berlin), den 9. November 1806.
Meine liebe Freundin,

ich verkünde Dir gute Nachricht. Magdeburg hat sich ergeben. Und am 7. November habe ich in Lübeck 20.000

Mann gefangengenommen, die seit acht Tagen mir immer wieder entkamen. So ist die ganze Armee gefangen. Es bleiben den Preußen jenseits der Weichsel kaum 20.000 Mann. Mehrere meiner Armeekorps befinden sich bereits in Polen. Ich bin noch immer in Berlin. Es geht mir recht gut.

Leb wohl, meine Freundin. Tausend Grüße an Hortense, Stephanie und die kleinen Napoleone.

Ganz der Deine

Napoleon

*

Noch einmal schreibt Napoleon der Prinzessin von Hessen Tröstendes, denn auch ihr Land ist von dem Verbot des Verkaufes englischer Waren betroffen worden.

An die Erbprinzessin von Hessen in Kassel

Berlin, 12. November 1806.

Ich habe den Brief Eurer Hoheit vom 3. November erhalten. Ich danke Ihnen für alles, was Sie mir Angenehmes zu sagen geruhen. An Ihren Sorgen nehme ich allen Anteil. Es ist die Folge der Ereignisse, in die wir uns eingelassen haben. Seit Jahren schon hetzt man wütend zum Krieg. Man ist immer geneigt, die Agenten Englands zu empfangen. Wenn der Krieg Leiden bringt, so erduldet Frankreich die schlimmsten. Ihr Geburtshaus (Baden) allein war so klug, nicht auf die Einflüsterungen der Feinde des Kontinents zu hören. Daher genießt es jetzt auch der Ruhe. Warum hat man nicht überall so klug regiert?

Napoleon

*

Eine ganze Woche ist vergangen, ohne daß Napoleon Zeit zu einem Brief an Josephine gefunden hat. In Berlin hat er alle Hände voll zu tun. Er ist zum Weiterführen des Krieges gegen Rußland, das mit englischem Geld arbeitet, entschlossen. Die von ihm in Deutschland und anderen Ländern besetzten Städte zwingt er, ihre englischen Waren und Besitzungen zu erklären, und am 21. November geht von Berlin aus das berühmte Dekret der Kontinentalsperre gegen England über die erstaunte Welt. Noch nie hat es bis jetzt ein Herrscher gewagt, gegen den zur See und im Handel mächtigsten Staat auf diese Weise vorzugehen.

Während Napoleon in Berlin alle diese Pläne in seinem

Hirn wälzt, quält Josephine in Mainz die Langeweile. Sie möchte den Feldzug am liebsten schon beendet sehen und mit Napoleon nach Paris zurückreisen, oder — wenn das nicht möglich ist — zu ihm kommen. Wie gern hätte sie jetzt alle Gefahren mit ihm geteilt. Bei ihm, in seiner Nähe zu sein, nur das wünscht sie sich. Auch Napoleon zieht ihr Kommen wieder in Betracht, eventuell sogar mit Tochter und Enkeln. Vorläufig aber bleibt es noch bei der Absicht.

An die Kaiserin Josephine in Mainz

(Berlin), den 16. November 1806.
Liebe Freundin,

ich erhalte soeben Deinen Brief vom 11. November und sehe daraus mit Freuden, wie glücklich Du über meine Gefühle (gegen Frau von Hatzfeld) warst. Du bist aber im Unrecht, wenn Du glaubst, ich wolle Dir nur schmeicheln. Ich spreche so zu Dir, wie ich Dich vor mir sehe.

Der Gedanke, daß Du Dich in Mainz langweilst, macht mich sehr traurig. Wenn die Reise nicht so weit wäre, könntest Du hieher kommen, denn vom Feind ist nichts mehr zu sehen. Er steht hinter der Weichsel, das bedeutet mehr als 120 Meilen von hier entfernt.

Ich erwarte Deinen Bescheid und würde mich sehr freuen, auch Monsieur Napoleon zu sehen.

Leb wohl, meine gute Freundin. Ganz der Deine

Napoleon

PS. Ich habe noch sehr viel Arbeit hier zu erledigen und kann noch nicht nach Paris zurückkehren.

*

Trotz des in Aussicht gestellten Wiedersehens mit Napoleon nimmt Josephines Melancholie eher zu als ab. Der Hofklatsch treibt, wenn der Kaiser fern ist, immer die schönsten Blüten in der Umgebung Josephines. Die guten Freundinnen tragen ihr die detailliertesten Geschichten von den Abenteuern Napoleons mit Frauen in der Fremde zu. Dann weint Josephine tagelang und macht Napoleon in ihren Briefen Vorwürfe. Jeden Abend legt sie sich die Karten, die ihr sagen sollen, ob endlich der Bescheid eintreffen werde, daß Napoleon ihr die Abreise gestatte. Aus Paris läßt sie sich von der Wahrsagerin Lenormand alles mögliche aufbinden, obwohl Napoleon ihr die Beziehungen zu der Abenteurerin untersagt und Fräulein Lenormand sogar verhaften und verhören läßt. Auch jetzt hat Josephine sie befragt, und die Sybille hat ihr Schlimmes sowohl privat als politisch geweissagt. Napoleon nimmt diese Klatschereien natürlich nicht ernst. Er verspricht Josephine, ihren Zweifeln bald ein Ende zu machen und sie kommen zu lassen.

An die Kaiserin Josephine in Mainz

(Berlin), den 22. November 1806, 10 Uhr abends.
Meine liebe Freundin,

ich erhalte soeben Deinen Brief und bin recht ärgerlich, Dich traurig zu sehen. Und doch hättest Du allen Grund froh zu sein. Du tust unrecht, Leuten soviel Güte zu erweisen, die sich ihrer unwürdig erweisen. Frau L(enormand) ist eine Närrin und so dumm, daß Du sie doch kennen und ihr kein Gehör schenken solltest. Sei zufrieden und glücklich mit meiner Freundschaft und allem, was Du mir an Gefühlen einflößt. In einigen Tagen will ich entscheiden, ob ich Dich zu mir kommen lasse oder ob Du nach Paris zurückkreisen sollst.

Leb wohl, meine Freundin. Wenn Du willst, kannst Du jetzt nach Darmstadt oder nach Frankfurt gehen. Das wird Dich etwas zerstreuen.

Tausend Grüße auch an Hortense

*   Napoleon

Einige Tage später, als er bereits auf seiner Reise nach Posen begriffen ist, erneute Versprechungen:

An die Kaiserin Josephine in Mainz

(Küstrin), den 26. November 1806.
Liebe Freundin,

ich bin in Küstrin, um einige Erkundungen vorzunehmen. In zwei Tagen werde ich wissen, ob Du mir folgen kannst. Auf jeden Fall kannst Du Dich bereithalten. Ich würde mich freuen, wenn die Königin von Holland (Hortense) Dich begleitete. Die Großherzogin von Baden (Stephanie) soll ihren Mann über diese Angelegenheiten befragen.

Es ist zwei Uhr nachts. Ich bin soeben aufgestanden. Das ist Kriegsbrauch.

Viele liebe Dinge für Dich und alle

Napoleon

V. Politik, Kriege, Liebe und Freundschaft in Polen 1807

Immer weiter entfernt Napoleon sich von Josephine. Noch in der Nacht vom 26. zum 27. reist er über Landsberg und Meseritz nach Polen ab. Er hofft indes nicht lange dort zu bleiben und bald wieder in Berlin zu sein. Dann soll Josephine kommen. Auf seiner Reise schreibt er

An die Kaiserin Josephine in Mainz

Meseritz, den 27. (November) 1806, 2 Uhr morgens.
Meine Freundin,
   ich gedenke einen Abstecher nach Polen zu machen. Meseritz ist die erste Stadt hier. Heute Abend bin ich in Posen. Dann lasse ich Dich nach Berlin kommen, und Du sollst dann an demselben Tage eintreffen wie ich.
   Meine Gesundheit ist gut, das Wetter ziemlich schlecht. Seit drei Tagen regnet es. Meine Angelegenheiten stehen gut. Die Russen sind auf der Flucht.
   Leb wohl, meine Freundin. Tausend liebe Dinge für Hortense, Stephanie und die kleinen Napoleone
N a p o l e o n

*

Die Polen glauben an die Wiederherstellung ihres unabhängigen Königreiches durch Napoleon. Er wird in Posen schon mit offenen Armen empfangen. Murat ist bereits in Warschau und gibt den Polen, hauptsächlich aber den schönen Polinnen, Feste. Auch in Posen tut man alles, um dem Retter Napoleon den Aufenthalt so angenehm wie möglich zu machen. Seine Geschäfte und die Verfolgung der Russen werden ihn indes länger in Polen aufhalten, als er sich anfangs vorgenommen hat. Er schreibt das auch

An die Kaiserin Josephine in Mainz

Posen, 29. November 1806, mittags.
Liebe Freundin,
   ich bin in Posen, der Hauptstadt (!) des großen Polenreiches. Die Kälte beginnt. Ich befinde mich wohl. Wahr-

scheinlich werde ich mich ein wenig in Polen umsehen. Meine Truppen stehen vor den Toren von Warschau.

Leb wohl, meine Freundin. Tausend zärtliche Dinge. Ich küsse Dich herzlich. Napoleon

*

Auf einem Ball in Posen hat er viele schöne Frauen des polnischen Adels kennengelernt. Er ist entzückt, besonders weil sie große Ähnlichkeit im Wesen mit den Pariserinnen haben, aber Josephine können sie seiner Meinung nach nicht aus seinem Herzen verdrängen. Noch hat er nicht die eine gesehen, die er nach Josephine am meisten von allen Frauen liebt: Gräfin Marie Walewska. Noch langweilt er sich mit den polnischen Damen. An einem seiner größten Ruhmestage, dem Jahrestag von Austerlitz, schreibt er:

An die Kaiserin Josephine in Mainz

Meine liebe Freundin, Posen, den 2. Dezember 1806.

heute ist der Jahrestag von Austerlitz! Ich war auf einem Ball, den die Stadt veranstaltete. Es regnet. Es geht mir gut. Ich liebe Dich und sehne mich nach Dir.

Meine Truppen stehen in Warschau. Es ist bis jetzt noch nicht kalt gewesen.

Alle diese Polinnen sind Französinnen. Doch für mich gibt es nur eine Frau. Kennst Du sie? Ich möchte sie Dir gern beschreiben. Ich müßte indes zu sehr schmeicheln, damit Du Dich selbst erkennst. Aber Scherz beiseite. Mein Herz würde nur Gutes von ihr zu sagen haben. O, diese langen Nächte, so ganz allein!

Ganz der Deine

* Napoleon

Mit dem von ihm neugegründeten Königshof in München steht Napoleon in ständigem Briefaustausch. Maximilian Joseph schreibt ihm oft, und auch die Königin sendet ihm bisweilen Briefe, meist privaten Inhalts mit Nachrichten über ihre und seine Kinder, die Neuvermählten Eugen und Auguste. Es ist ein wechselseitiges Versichern ihrer Freundschaft, und bei Napoleon noch der Wunsch, dem Hause Bayern irgendwelche Gefälligkeiten zu erweisen, das ihm als stärkster Verbündeter so gute Dienste leistet.

An die Königin Karoline Friederike von Bayern

Posen, 2. Dezember 1806.
Gnädige Frau Schwester und Kusine,

ich habe Ihren Brief vom 20. November erhalten. Eure Majestät können sich nicht denken, wieviel mir an Ihrer guten Meinung und Ihrer Freundschaft liegt, und wie froh ich wäre, Ihnen angenehm zu sein. Wenn alles geklärt sein wird, würde ich mich glücklich schätzen, für Sie etwas zu tun, was Ihnen Freude bereitet. Niemals dürfen Eure Majestät an der Freundschaft zweifeln, die ich für Sie empfinde.

N a p o l e o n

*

Nach dem Brief Napoleons aus Posen wittert Josephine Gefahr. Die Polinnen sind schön. Er hat es ihr selbst geschrieben und sie erfährt es auch von anderen Herren, die nach Mainz kommen. Ihre Eifersucht ist wieder erwacht. Vor allem weiß sie, daß die polnischen Damen alle mit Bewunderung zu dem Kaiser der Franzosen aufblicken. Sie sehen in ihm alle den Wiedererrichter ihres Königreiches. Manche unter ihnen ist vielleicht aus Patriotismus oder Dankbarkeit bereit, alles für ihn zu opfern. Napoleon weist den Verdacht Josephines, er könne sich Hals über Kopf in eine solche polnische Schöne verlieben, weit von sich. Er kennt vorläufig nur den Provinzadel in Posen. Die Rassepolinnen Warschaus sind ihm noch nicht begegnet. Um Josephine zu trösten, behauptet er jetzt sogar, die Polinnen seien zwar schön, aber nicht geschmackvoll gekleidet.

An die Kaiserin Josephine in Mainz

(Posen), den 3. Dezember 1806, mittags.
Meine liebe Freundin,

ich erhalte soeben Deinen Brief vom 26. November. Ich ersehe daraus zwei Dinge. Erstens schreibst Du, ich lese Deine Briefe nicht. Das ist häßlich von Dir, so zu denken. Diese schlechte Meinung werde ich Dir nicht vergessen. Ferner sagst Du, vielleicht seien gewisse Träume in der Nacht daran schuld, fügst indes hinzu, Du seiest gar nicht eifersüchtig. Wie oft habe ich schon bemerkt, daß wütende Leute bemerken, sie seien gar nicht wütend. Auch Furchtsame sagen oft, sie fürchteten sich nicht. Und so bist Du also der Eifersucht überführt. Das freut mich. Übrigens hast Du unrecht. Ich denke gar nicht an so etwas. Und in den polnischen Steppen denkt man schon gar nicht an die polnischen Schönen.

Gestern hat mir der Adel der Provinz einen Ball gegeben. Es waren wohl sehr schöne, reiche, doch entsetzlich geschmacklos gekleidete Frauen da, obwohl sie Pariser Toiletten trugen.

Leb wohl, meine Freundin. Es geht mir gut. Ganz der Deine   Napoleon

*

Am gleichen Tag trifft ein erneuter Sehnsuchtsschrei von Josephine ein. Sie will unbedingt zu ihm. Es ist eine bange Ahnung in ihr, daß er ihr bald nicht mehr ganz allein gehören wird. Und da Napoleon sich im Grunde in Polen noch langweilt, verspricht er, sie in den nächsten Tagen nachkommen zu lassen, wenn es die Ereignisse erlauben. Er schreibt noch am selben Abend:

An die Kaiserin Josephine in Mainz

Posen, den 3. Dezember (1806), 6 Uhr abends.

Meine liebe Freundin,

soeben trifft Dein Brief vom 27. November ein. Du scheinst Dir verschiedenes in Dein Köpfchen gesetzt zu haben. Dabei kommen mir die Dichterworte in den Sinn: „Frauenwünsche sind wie verzehrendes Feuer."

Du kannst indes beruhigt sein. Ich schrieb Dir, daß ich in Polen sei und Du ebenfalls herkommen könntest, sobald die Winterquartiere bezogen sind. Du mußt Dich also noch ein paar Tage gedulden. Je höher man steht, desto weniger darf man einen eigenen Willen haben. Immer ist man von den Ereignissen und Umständen abhängig. Du kannst inzwischen nach Frankfurt und Darmstadt gehen. In wenigen Tagen hoffe ich Dich kommen zu lassen, doch es hängt ganz von den Ereignissen ab. Die Erregtheit in Deinem Brief beweist mir, daß Ihr schönen Frauen keine Hindernisse kennt. Was Ihr wollt, muß geschehen. Ich hingegen bekenne, daß ich der geknechteste aller Menschen bin. Mein Gebieter hat kein Erbarmen mit mir. Und dieser Gebieter ist die Natur der Dinge.

Leb wohl, meine Freundin, laß Dir's gut gehen. Die Person, von der ich Dir sprechen wollte, ist Frau von... Die Leute reden sehr viel Böses von ihr. Wie man mir sagte, ist sie mehr Preußin als Französin. Ich glaube es nicht. Ich halte sie nur für albern. Sie schwatzt lauter Dummheiten.

Napoleon

Durch Napoleons Zusage etwas erheitert, schreibt Josephine Brief um Brief. Das nahe Wiedersehen mit ihm beglückt sie. Und auch er ist froh darüber.

An die Kaiserin Josephine in Mainz

(Posen), 9. Dezember 1806.

Meine Freundin,

ich habe Deinen Brief vom 1. Dezember erhalten und sehe mit Vergnügen, daß Du heiterer bist. Daß die Königin von Holland (Hortense) Dich begleiten will, freut mich. Ich möchte Dich so gern schon bald auffordern zu kommen, doch wir müssen noch ein paar Tage warten. Meine Angelegenheiten stehen gut.

Leb wohl, meine Freundin. Ich liebe Dich und will Dich glücklich sehen.   *Napoleon*

An nächsten Tag schon wieder ein Brief an die ferne Josephine. In jedem ist die Rede davon, ob sie kommen soll oder nicht. Immer wieder muß Napoleon es verschieben. Bald wird er den Russen bei Pultusk eine Schlacht liefern. Es ist alles noch zu unsicher. Auch die beginnende Kälte befürchtet er. Josephine hat ihm eine warme Decke für den Fall, daß er im Zelt übernachtet, gesandt.

An die Kaiserin Josephine in Mainz

(Posen), 10. Dezember 1806.

Meine gute Freundin,

ein Offizier bringt mir eine Decke von Dir. Sie ist zwar ein wenig kurz und schmal, aber ich danke Dir deswegen doch nicht weniger dafür. Es geht mir ganz gut. Das Wetter ist sehr veränderlich. Meine Angelegenheiten gehen gut vorwärts.

Ich liebe Dich und sehne mich unendlich nach Dir.

Leb wohl, meine Freundin. Ich werde Dir mit mindestens

ebenso großem Vergnügen schreiben, zu kommen, als Du selbst kommst.

Ganz der Deine   N a p o l e o n
Einen Kuß für Hortense, Stephanie und Napoleon.

*

Um sich die freie Zeit, die ihm zwischen seiner Arbeit zur Organisation seiner Truppen bleibt, zu vertreiben, hat Napoleon den berühmten Komponisten und Dirigenten Fernando Paër und einige bedeutende Künstler und Sänger nach Polen kommen lassen, die ihm hauptsächlich italienische Musik vorspielen müssen, denn nur diese liebt und versteht der Kaiser.

Er ist aber weder mit dem Lande, dessen Straßen in schlechtem Zustande sind, noch mit dem polnischen Provinzadel zufrieden. Die Deputation der Polen, die er in Posen empfängt, macht ihm keinen guten Eindruck. Sie scheinen ihm egoistisch und nicht begeisterungsfähig genug, wie er von Posen aus an Murat schreibt. Napoleon verlangt von den Polen größere Aufopferungsfähigkeit und vor allem viel mehr Soldaten. Dagegen hat er am 11. Dezember die Genugtuung, daß auch der Kurfürst Friedrich August von Sachsen dem Rheinbund beigetreten ist, wofür ihn Napoleon mit der Königswürde belohnt. Sein größter Wunsch ist, alles rasch zu erledigen, um von Posen wieder fortzukommen. Er schreibt:

An die Kaiserin Josephine in Mainz

Posen, den 12. Dezember 1806, 7 Uhr abends.

Ich habe keinen Brief von Dir erhalten, meine Freundin. Doch ich weiß, daß es Dir gut geht. Meine Gesundheit ist auch gut. Das Wetter ist sehr mild. Der Winter hat noch nicht begonnen. Aber die Wege sind miserabel in einem Lande, wo es keine Heerstraßen gibt.

Hortense wird also mit Napoleon kommen? Das freut mich außerordentlich. Wie sehr sehne ich mich danach, daß die Dinge sich bald so gestalten möchten, um Dich zu mir (nach Berlin) kommen lassen zu können.

Mit Sachsen habe ich Frieden gemacht. Der Kurfürst ist König und Mitglied des Bundes.

Leb wohl, meine über alles geliebte Josephine.

Ganz der Deine   N a p o l e o n

PS. Für Hortense, Napoleon und Stephanie einen Kuß. Paër, der berühmte Musiker, und seine Frau, die Virtuosin, die Du vor 12 Jahren in Mailand kennengelernt hast, sowie (der Sänger) Brizzi sind hier. Sie musizieren jeden Abend ein wenig bei mir.

*

In Warschau arbeitet man bereits fieberhaft für den Empfang des französischen Kaisers, dessen Ankunft nahe bevorsteht. Napoleon hat vor, sich nur kurze Zeit in der polnischen Hauptstadt aufzuhalten, doch die kriegerischen Ereignisse, die darauf folgen, bestimmen es anders. Vor seiner Abreise aus Posen schreibt er noch rasch.

An die Kaiserin Josephine in Mainz

Meine Freundin,   Posen, den 15. Dezember 1806.

ich bin im Begriff, nach Warschau aufzubrechen. In vierzehn Tagen bin ich wieder hier. Dann hoffe ich Dich nachkommen lassen zu können. Wenn mein Aufenthalt in Warschau sich jedoch in die Länge ziehen sollte, so wäre es mir lieber, wenn Du nach Paris zurückkehrtest. Man erwartet Dich dort sehnlichst. Du weißt ja, ich hänge ganz von den Ereignissen ab.

Alle meine Angelegenheiten stehen ausgezeichnet. Meine Gesundheit ist vortrefflich und es geht mir außerordentlich gut.

Lebe wohl, meine Freundin. Ich habe mit Sachsen Frieden geschlossen.

Ganz der Deine   *   N a p o l e o n

Napoleon geht, wie oft, einem offiziellen Empfang in Warschau aus dem Wege. Am 16. in der Nacht um 3 Uhr ist er von Posen abgereist und am 19. trifft er ganz unverhofft in dunkler Nacht um 4 Uhr in Warschau ein. Er reitet ein gewöhnliches Postpferd und ist nur von seinem Mamelucken Rustam begleitet, als er im Schlosse des Fürsten Poniatowski Einzug hält. Die Warschauer erfahren es erst am nächsten Tag, daß der Langersehnte, den sie als den Begründer der polnischen Freiheit betrachten, bereits in ihrer Mitte weilt. Die kaiserliche Garde und der Train stecken noch draußen auf den unwegbaren polnischen Landstraßen in Schmutz und Morast. Am zweiten Tag schreibt Napoleon über seine Ankunft in Warschau kurz:

An die Kaiserin Josephine in Mainz

Warschau, 20. Dezember 1806, 3 Uhr nachmittags.

Meine Freundin,

ich habe keine Nachricht von Dir. Mir geht es gut. Ich bin seit zwei Tagen in Warschau. Meine Angelegenheiten gehen gut vorwärts. Das Wetter ist sehr mild, ja sogar etwas feucht. Es hat noch keinen richtigen Frost gegeben. Eigentlich herrscht Oktoberwetter.

Leb wohl, meine gute Freundin. Ich habe große Sehnsucht nach Dir, doch ich hoffe, daß Du in fünf oder sechs Tagen zu mir kommen kannst.

Viel Liebes für die Königin Hortense und die kleinen Napoleone.

Ganz der Deine * Napoleon

Seit Napoleon sein Hauptquartier in Warschau aufgeschlagen hat, bekommt die Stadt ein anderes Gesicht. Er ist nicht nur auf dem Schlachtfeld ein Genie, sondern auch ein großer Organisator. In kurzer Zeit gelingt es ihm, Ordnung in dem von Truppendurchzügen arg mitgenommenen Polen zu schaffen und eine provisorische polnische Regierung, mit Poniatowski an der Spitze, einzusetzen. Die Russen rufen ihn ins Feld. Er verfolgt sie bis Pultúsk und schlägt sie dort am 25. und 26. unter dem Marschall Lannes. Aber das schlechte Wetter verhindert ihn, die Verfolgung vorläufig fortzusetzen. Schon nach dem ersten Gefecht bei Golymin, das zwischen Augereau, Davout, Ney, Murat und den Russen stattfindet, schreibt Napoleon noch vom Schlachtfeld aus:

An die Kaiserin Josephine in Mainz

Golymin, den 29. Dezember 1806, 5 Uhr morgens.

Nur ein paar Worte, liebe Freundin. Ich befinde mich in einer elenden Scheune. Ich habe die Russen geschlagen, ihnen 30 Kanonen und ihr Gepäck abgenommen und 6000 Gefangene gemacht. Aber das Wetter ist schrecklich. Es regnet und wir stehen bis zu den Knien im Kot.

In zwei Tagen bin ich wieder in Warschau, von wo aus ich Dir schreiben werde.

Ganz der Deine * Napoleon

In der armseligen alten Scheune, wo der Kaiser nach der großen Schlacht von Pultúsk auf Heu schläft, trifft ein Brief Josephines bei ihm ein. Sie spricht in ihrer Eifersucht von schönen Frauen, mit denen er sicher flirtet und sie betrügt! Vom Regen durchnäßt, mit Kot bespritzt, muß er doch hellauf lachen, als er das liest. Immer wieder die alte Geschichte. Die Damen in der Umgebung der Kaiserin unterlassen es nicht, ihr Neuigkeiten über des Kaisers Abenteuer im Felde zuzutragen. Noch aber ist alles Geschwätz, noch ist alles erfunden, wenigstens, was die Polinnen betrifft. Nur das ist wahr, daß Eleonore Denuelle ihm am 15. Dezember in Paris einen Sohn geschenkt hat. Josephine weiß auch, daß ein Kurier der Prinzessin Karoline Bonaparte nach Pultúsk abgegangen ist, um den Kaiser von seiner Vaterschaft zu benachrichtigen. Das alles ist Grund genug, ihren Verdacht und ihre Eifersucht noch mehr anzufachen. Und der vielbeschäftigte Mann, dem gerade in dieser Zeit alle möglichen militärischen und staatsorganisatorischen Pläne durch den Kopf gehen, läßt sich herbei, in allen Einzelheiten, sogar mit Humor, auf diese privaten Dinge und auf die kleinen Nadelstiche einer eifersüchtigen Frau einzugehen, als er schreibt:

An die Kaiserin Josephine in Mainz

Pultúsk, den 31. Dezember 1806.

Meine liebe Freundin,

über Deine letzten Briefe habe ich doch recht sehr lachen müssen. Du machst Dir von den Schönen des großen Polenlandes eine Vorstellung, die sie gar nicht verdienen. Zwei oder drei Tage hatte ich (in Warschau) das Vergnügen, Paër und zwei Sängerinnen zu hören, die ausgezeichnet musizierten. Deinen Brief aber erhielt ich in einer alten Scheune, wo mir etwas Stroh als Bett, und Staub und Wind als Decke dienten. Morgen werde ich wieder in Warschau sein. Ich glaube, für dieses Jahr ist alles zu Ende. Das Heer ist im Begriff, die Winterquartiere zu beziehen. Über die Abgeschmacktheiten Frau von X... kann ich nur die Achseln zucken. Du solltest aber einmal ernstlich böse werden und ihr raten, nicht mehr so dumm zu sein. So etwas dringt ins Volk und ruft Entrüstung hervor.

Ich verachte Undankbarkeit als den größten Seelenmangel. Anstatt Dich zu trösten, bereitet sie Dir nur Kummer, das weiß ich.

Leb wohl, meine liebe Freundin. Es geht mir gut. Ich halte es nicht für passend, daß Du nach Kassel gehst. Gehe lieber nach Darmstadt. Napoleon

*

Nach Warschau zurückgekehrt, wird Napoleon von den glücklichen Polen mit noch größerem Jubel empfangen als vorher. Überall ertönt das „Vive L'Empereur" aus vielstimmigen Kehlen. Man drängt sich um ihn, man will ihn sehen, am liebsten selbst mit ihm sprechen, von ihm das Wort hören, daß er das Königreich Polen wieder aufrichten wird. Da er des einbrechenden strengen Winters wegen seine Truppen vorläufig nicht mehr gegen die Russen führen kann, soll man sich wenigstens in Warschau nicht langweilen. Er gibt den Polen Feste und Konzerte. Seine Offiziere und Soldaten haben längst die Herzen der polnischen Schönen erobert. Murat und sein glänzender Generalstab tanzen auf den Bällen mit den polnischen Edelfrauen, deren viele nach Warschau von ihren Schlössern gekommen sind, um den Helden, den Retter Polens, von Angesicht zu Angesicht zu sehen. Er aber, Napoleon, er ist noch nicht persönlich auf einem dieser Warschauer Bälle erschienen. Erst in den ersten Tagen des Januar 1807 sagt er sein Erscheinen zu einem zu, den Poniatowski ihm zu Ehren im Namen der Stadt veranstaltet. Auf diesem Ball lernt Napoleon die Frau kennen, die er wohl neben Josephine am meisten geliebt hat: Gräfin Marie Walewska. Sie ist achtzehn Jahre alt, zart, blond, mit sanften blauen Augen. Als er sie am Arme ihres siebzigjährigen Gatten, des Grafen Walewski, durch den Ballsaal schreiten sieht, hält er sie für ein junges Mädchen, vielleicht des Grafen Enkelin oder Nichte. Sie hat ein weißes duftiges Tüllkleid an und Blumen im Haar. Keinen Schmuck, keine Diamanten. Ihre Bescheidenheit fällt Napoleon besonders auf. Sein Blick hängt wie festgebannt an dieser jungen Mädchenerscheinung. Er muß wissen wer sie ist. Und so bittet er seinen Großmarschall und Vertrauten, den General Duroc, sich über sie zu erkundigen. Als Napoleon erfährt, daß dieses Kind mit dem alten Herrn verheiratet ist, wird er nachdenklich. Dann bittet er den Fürsten Poniatowski, die junge Gräfin zu ihm zu führen und sie ihm vorzustellen. Marie Walewska ist so schüchtern, daß sie kaum wagt, zu dem Kaiser aufzublicken, als er sie um einen Tanz bittet, und auf seine Fragen über ihre Familie und ihre Ehe vermag sie kaum zu antworten. Aber als Napoleon sie während des Tanzes fragt, ob er ihr irgendeinen Wunsch erfüllen könne, erwacht plötzlich die Patriotin in Marie Walewska. Sie denkt an die Freiheit Polens. Der Kaiser ist mächtig. Er vermag Polen zu einem freien Königreich zu erheben. Und so sagt sie ihm das. Napoleon lächelt, doch er bindet sich durch kein Versprechen. Er läßt sie nur hoffen. Als er sie nach dem Kontertanz zu den Ihrigen zurückführt, denkt Napoleon nur daran, daß Marie Walewska ihm außerordentlich gut gefällt. Aber an diesem Abend tanzt er nicht wieder mit ihr. Als er den Ballsaal, seiner Gewohnheit nach, früher verläßt als alle andern, verabschiedet er sich noch einmal von der jungen Gräfin und sagt: „Seit ich in Warschau bin, Madame, weiß ich, daß ich etwas für Polen tun muß. Und Sie haben mich darin bestärkt. Ich werde Sie morgen wiedersehen."

Das klingt beinahe wie ein Befehl. Aber Marie Walewska ist glücklich, weil der Kaiser ihr versprochen hat, etwas für Polen zu tun. Über das andere denkt sie weiter nicht nach. Höchstens, daß sie ihm bei der nächsten Begegnung noch um manches für ihr Vaterland bitten will.

Auf Napoleon aber hat Marie Walewska einen unauslöschlichen Eindruck hinterlassen. Am nächsten Morgen nach dem Ball ist er unruhig, er denkt nur an sie, er kann keinen anderen Gedanken fassen. Schließlich beauftragt er Duroc mit dem folgenden Brief:

An die Gräfin Marie Walewska im Palais Walewski in Warschau

(Warschau, im Januar 1807.)

Gräfin,

ich habe nur Sie gesehen, nur Sie bewundert, nur Sie begehrt. Geben Sie mir rasch eine Antwort, die das Feuer zu löschen vermag, das mich verzehrt.   N.

*

Dieser seltsame Liebesbrief des Kaisers steckt an einem wundervollen Rosenstrauß und enthält gleichzeitig eine Einladung zum Diner für den Abend. Die Gräfin ist natürlich über diese unumwundene Erklärung nicht nur erstaunt, sondern entrüstet. Sie schickt Blumen und Brief sofort wieder zurück, und Duroc muß unverrichteter Sache zu seinem Gebieter zurückkehren. Aber Napoleon gibt die Hoffnung nicht auf. Die Einladung zum Diner ist offiziell. Gräfin Walewska kann sie nicht ausschlagen. Poniatowski und ihre Freunde raten ihr dringend hinzugehen, denn sie allein hat Einfluß auf den Kaiser der Franzosen. Als Patriotin ist sie das ihren Landsleuten schuldig. Und so geht Marie in der Obhut der Schwester Poniatowski zu der Tafel des Kaisers. Bei Tisch sind Napoleons Blicke beständig auf Marie Walewska gerichtet. Für ihn existiert an jenem Abend nur diese junge Frau, die seinen Brief unbeantwortet gelassen hat. Die aber doch gekommen ist, um eine Fürbitte für die Polen anzubringen. Doch es kommt zu keiner Unterhaltung zwischen ihnen. Nur seine Augen sprechen. Sie versteht die Blicke nicht zu deuten. Er aber denkt, sie ist nur schüchtern. Er kann sich nicht vorstellen, daß sie seine Gefühle nicht sofort erwidert. Ihm, dem Kaiser, hat sich noch keine Frau verweigert. Sie war doch so begeistert, als er das erstemal mit ihr gesprochen hatte! Am Tage nach diesem Diner schreibt er daher nochmals. Diesmal fleht er fast wie ein wirklich Liebender. Er weiß, er muß einen anderen Ton anschlagen, wenn er das Herz Maries gewinnen will.

An die Gräfin Marie Walewska in Warschau

(Palais Poniatowski, Januar 1807.)

Gräfin,

habe ich Ihnen mißfallen? Ich hatte indes das Recht, das Gegenteil zu hoffen. Sollte Ihr Gefühl für mich schwächer geworden sein? Das meinige ist nur noch stärker geworden. Sie rauben mir alle Ruhe. Ach, verschaffen Sie einem armen Herzen, das bereit ist, Sie anzubeten, ein wenig Freude, ein wenig Glück. Ist es denn so schwer, eine Antwort zu geben? Nun sind Sie mir schon zwei schuldig. N.

*

Auch dieser zweite Brief bleibt unbeantwortet — nicht ungelesen. Erst ein dritter macht tieferen Eindruck auf die Gräfin Walewska. Es ist nicht die Sprache des Herrschers, der befiehlt, sondern es ist das sehnsüchtige Verlangen nach der geliebten Frau, ohne die er nicht mehr sein kann. Er spricht zu ihrem Herzen, und dann läßt er das Wort „Vaterland" fallen, dieses für die Polin magische Wort, das alle Schranken plötzlich niederreißt.

An die Gräfin Marie Walewska in Warschau

(Palais Poniatowski, Januar 1807.)

Gräfin,

es gibt im Leben Augenblicke, in denen eine zu hohe Stellung zentnerschwer auf einem lastet. Das empfinde ich jetzt bitter. Wie kann ein liebendes Herz, das sich Ihnen zu Füßen werfen möchte, doch von höheren lähmenden Umständen in seinen heißesten Wünschen gehemmt ist, verstanden werden? O, wenn Sie wollten! — Nur Sie allein vermögen die Hindernisse aus dem Wege zu räumen, die uns noch trennen. Mein Freund Duroc soll dazu beitragen, Ihnen dieses zu erleichtern.

O, kommen Sie, kommen Sie! Alle Ihre Wünsche sollen erfüllt werden. Ihr Vaterland wird mir noch teurer sein, wenn Sie Mitleid mit meinem armen Herzen haben.   N.

*

Die junge Gräfin ist besiegt. Sie geht zu Napoleon, zwar in Tränen schwimmend, aber sie geht. Und sie lernt den Mann kennen, vor dem ihr gebangt hat, weil man ihr sagte, er sei rücksichtslos und brutal. Sie lernt ihn kennen als zärtlich besorgten Freund und Geliebten. Als sie ihn nach diesen Stunden verläßt, sind ihre Tränen versiegt. Und sein Brief am nächsten Morgen überzeugt sie noch vollends, daß Napoleon sie wirklich liebt. Blumen begleiten seine Liebesworte: Er schreibt:

An die Gräfin Marie Walewska in Warschau

(Palais Poniatowski, Januar 1807.)

Marie, meine süße Marie,

mein erster Gedanke gehört Dir. Mein einziger Wunsch ist, Dich wiederzusehen. Nicht wahr, Du kommst wieder? Du hast es mir versprochen. Wenn Du nicht kommst, dann fliegt der Adler zu Dir. Ich werde Dich beim Diner sehen. Der Freund (Duroc) sagt es. Nimm, ich bitte Dich flehentlich, diese Blumen an. Sie sollen die geheimen Vermittler unserer Gefühle sein, wenn uns die Menge umgibt. Den Blicken der Menschen ausgesetzt, werden wir uns doch verständigen können. Wenn ich meine Hand auf mein Herz lege, dann weißt Du, daß es allein für Dich schlägt. Als Antwort drückst Du Deine Blumen an Dich.

Ach, liebe mich, meine reizende Marie! Möchte Deine Hand niemals die Blumen verlassen. N.

*

Kriege und Schlachten haben den abgehärteten Soldaten die ewig neue Sprache der Liebe, ja selbst die Zeichensprache der Verliebten nicht vergessen lassen. Am Kommen der Kaiserin nach Warschau ist ihm jetzt natürlich nichts mehr gelegen. Was im Dezember Napoleon verlockend schien, kommt im Januar für ihn nicht mehr in Frage. Von nun an weiß er Josephine die Reise geschickt auszureden. Das schlechte Wetter, die Russen, seine vielen Geschäfte, die Kälte und die unwegbaren Straßen, alles ist ihm der Ausrede wert, damit Josephine ihre Absicht aufgibt. Sie wird täglich trauriger, daß sie von ihm so lange getrennt ist. Der folgende Brief Napoleons ist kaum dazu angetan, ihren Kummer zu stillen:

An die Kaiserin Josephine in Mainz

Meine liebe Freundin, Warschau, 3. Januar 1807.

ich habe Deinen Brief erhalten. Dein Schmerz rührt mich tief, doch Du mußt Dich den Ereignissen fügen. Von Mainz bis Warschau ist es ein weiter Weg. Du mußt daher warten, bis mir die Ereignisse gestatten, mich nach Berlin zu begeben. Von dort aus werde ich Dir schreiben, ob Du zu mir kommen kannst.

Obwohl der geschlagene Feind sich zurückzieht, so habe ich doch noch vieles hier zu erledigen. Ich wäre sehr dafür, daß Du nach Paris zurückkehrtest, wo man Dich braucht. Verabschiede jene Damen, die ihre persönlichen Angelegenheiten (in Mainz) zu ordnen haben. Auf diese Weise wirst Du Leute los, die Dir sicherlich nur lästig gefallen sind.

Ich befinde mich wohl. Es ist schlechtes Wetter. Ich liebe Dich von Herzen Napoleon

*

Seine Schwiegertochter Auguste ist eine eifrige Briefschreiberin. Sie unterrichtet den Kaiser von allem, was in ihrer Familie vorgeht. Vor allem aber macht sie sich die größte Sorge um ihre Verwandten in Mecklenburg-Strelitz, denn die Königin Luise, auf die Napoleon einen ganz besonderen Zorn hat, ist ihre Tante, und die alte Großherzogin von Mecklenburg-Strelitz ihre Großmutter. Napoleon verspricht Auguste indes, alles zu tun, um das Haus Strelitz zu schonen, als er ihr schreibt:

An die Prinzessin Auguste in Paris

Warschau, 6. Januar 1807.

Meine Tochter,

ich habe Ihren Brief erhalten. Über Ihre Sorge um die Bedienung des kleinen Prinzen (ihren zukünftigen neugeborenen Sohn) muß ich lachen. Machen Sie sich nur darüber keine Gedanken. Aus Liebe zu Ihnen habe ich auch befohlen, daß man das ganze Haus Strelitz schont. Ihre Großmutter wird in Ruhe gelassen. Ihre Tante, die Königin von Preußen, hat sich indes sehr schlecht aufgeführt. Heute aber ist sie unglücklich. Sprechen wir also nicht mehr davon. Melden Sie recht bald einen strammen Jungen. Oder, wenn es ein Mädchen ist, daß es ebenso reizend und gut ist wie Sie selbst.

Ihr Sie liebender Vater Napoleon

*

Josephine in Mainz will allen Anstrengungen, allem schlechten Wetter zum Trotz zu Napoleon nach Warschau. Ahnt sie den wahren Grund, warum er gerade jetzt sie nicht bei sich haben möchte? Ihr Flehen und Bitten zerschellt an dem eisernen Willen Napoleons. Brief um Brief fliegt in dieser Zeit an sie nach Mainz. Sie ist nicht zu bewegen, nach Paris zurückzukehren. Sie hofft immer noch, er werde sie plötzlich rufen lassen. Sein Brief ist positiver, gebieterischer als die früheren.

An die Kaiserin Josephine in Mainz
                          Warschau, den 7. Januar 1807.
Meine Freundin,

alles, was Du mir schreibst, rührt mich tief. Doch wegen der Kälte, der sehr schlechten Wege und der Unsicherheit auf den Heerstraßen kann ich unmöglich zugeben, daß Du Dich solchen Anstrengungen und Gefahren aussetzt. Kehre nach Paris zurück. Verbringe dort den Winter. Wohne in den Tuilerien. Empfange dort und führe dasselbe Leben, als wenn ich anwesend wäre. Ich wünsche es! Vielleicht komme ich auch bald. Du mußt auf jeden Fall darauf verzichten, in dieser Jahreszeit 300 Meilen weit durch feindliche Länder hindurch und hinter der Armee her zu reisen.

Glaube mir, es fällt mir schwerer als Dir, das Glück, Dich wiederzusehen, auf Wochen hinausschieben zu müssen. Doch die Ereignisse und der Gang der Dinge erfordern es.

Leb wohl, meine Freundin. Sei heiter und mutig.

                                    N a p o l e o n

*

Am nächsten Tag wiederholt Napoleon seine Einwände gegen Josephines Kommen. Aber er möchte sie so gern überzeugen, daß er am liebsten bei ihr wäre. Es ist auch nicht direkte Heuchelei von ihm. Zwar ist er in Marie Walewska verliebt, doch Josephine steht ihm im Herzen immer noch nahe.

An die Kaiserin Josephine in Mainz
                          Warschau, den 8. Januar 1807.
Meine gute Freundin,

soeben erhalte ich Deinen Brief vom 27. und gleichzeitig die Briefe von Monsieur Napoleon und Hortense, die dem Deinigen beilagen. Ich hatte Dich gebeten, nach Paris zurückzukehren. Das Wetter ist zu schlecht. Die Wege sind nicht sicher und abscheulich. Und die Entfernung ist zu groß, als daß ich erlauben könnte, daß Du hierherkämest, wo mich meine Angelegenheiten zurückhalten. Du brauchtest zu dieser Reise mindestens einen Monat, würdest krank ankommen und vielleicht sofort wieder abreisen müssen. Das wäre Wahnsinn! In Mainz bist Du zu

traurig. Gehe daher nach Paris, wo man sich nach Dir sehnt. Ich wünsche es. Glaube mir, ich ärgere mich mehr als Du darüber, denn ich hätte gern die langen Winternächte mit Dir geteilt. Aber man muß sich den Umständen fügen.
Leb wohl, meine Freundin. Ganz der Deine
Napoleon

*

Zwischen Freundschaft, Liebe, Politik, Schlachten und diplomatischen Verhandlungen spielt sich das Leben Napoleons in Warschau ab. Die Kontinentalsperre, die er über England verhängt hat, wirbelt bei seinen Verbündeten und in den von ihm abhängigen Staaten den größten Staub auf. Die Königin Marie Louise von Etrurien ist in Verlegenheit, welchen Anteil sie im Kriege gegen England zu nehmen hat, und schreibt ihm deshalb. Er antwortet sofort positiv:

An die Königin Marie Louise von Etrurien in Toskana

Warschau, 8. Januar 1807.
Gnädige Frau Schwester,

ich habe den Brief erhalten, worin Eure Majestät geruhen mir mitzuteilen, daß Sie den größten Anteil an meinen Erfolgen über unsere Feinde nehmen, deren Angriffspläne sowohl mich als meine Verbündeten bedrohen. Die Siege sind für uns alle von gleichem Nutzen gewesen. Die Ereignisse, die mich zum Herrn über Norddeutschland machten, haben Italien die Ruhe gesichert und die Staaten Eurer Majestät beschützt. Sie, Majestät, haben, um dem Verteidigungsplan beizutreten, keinerlei Rüstungen vorzunehmen. Sie haben Ihre Staaten nur vor jeder Handelsbeziehung zu unseren Feinden zu bewahren. England, das von allen Häfen von der Ostsee bis nach Tarent ausgeschlossen ist, darf auf keine Vergünstigung in einer Monarchie hoffen, die anzuerkennen es sich weigerte. England, das gegen Frankreich, gegen Spanien rüstet, wird bei der Tochter Seiner Katholischen Majestät (Karls IV. von Spanien) nicht neue Mittel finden, Krieg mit Spanien, Krieg mit Frankreich zu führen. Seine Katholische Majestät, dessen Beispiel Sie so gern folgen, Madame, gibt mir aufrichtige Beweise seiner Anhänglichkeit an das Bündnis. Er hat mich nie in die Lage versetzt, an der Ehrenhaftigkeit seiner Gefühle für mich zu zweifeln. Auch auf die Freundschaft Eurer Majestät konnte ich zählen, und aus dieser Überzeugung heraus beauftrage ich meinen Gesandten an Ihrem Hofe, jede Gelegenheit wahrzunehmen, um Ihnen angenehm zu sein und Ihnen immer wieder zu sagen, wie sehr ich Ihnen geneigt bin. Da Eure Majestät geruhen, mich um einen Freundschaftsrat zu bitten, so möchte ich Ihnen raten, diejenigen als Ihre treuesten Diener zu betrachten, die Sie an der gemeinsamen Sache festhalten lassen. Dadurch können Sie ihre Anhänglichkeit an Ihre Person am besten beurteilen. Und was ich am meisten wünsche, ist, daß Sie immer von Ihren wahren Freunden umgeben sein möchten.

Napoleon

*

Josephine ist noch immer in Mainz. Erst jetzt erreicht ihn ein Brief von ihr, in dem sie sich um ihn auf dem Schlachtfeld von Pultúsk sorgt, das er längst hinter sich hat. Über sein Leben in Warschau läßt er sie soviel als möglich im Unklaren, damit sie nicht etwa doch noch Lust bekäme, zu ihm zu reisen. Absichtlich schreibt Napoleon ihr, er lebe sehr zurückgezogen, obwohl er gerade in der polnischen Hauptstadt viel Gesellschaft bei sich sieht. Josephine soll sich nicht kränken, das will er vermeiden. Sie tut ihm leid.

An die Kaiserin Josephine in Mainz

Warschau, den 11. Januar 1807.

Meine liebe Freundin,

ich habe Deinen Brief vom 27. erhalten. Ich sehe daraus, daß Du Dir wegen der militärischen Ereignisse Sorge machst. Alles ist zu Ende und, wie ich Dir schrieb, zu meiner Zufriedenheit ausgefallen. Meine Angelegenheiten stehen gut. Die Entfernung ist zu bedeutend, als daß ich zugeben kann, Dich in dieser Jahreszeit so weit reisen zu lassen. Mir geht es ausgezeichnet. Nur langweile ich mich bisweilen in den langen Winternächten.

Bis jetzt habe ich nur sehr wenige Menschen bei mir gesehen.

Lebe wohl, meine Freundin. Ich wünsche Dich heiter

zu wissen. Bringe ein wenig Leben in die Hauptstadt. Wie gerne möchte ich auch in Paris sein!
Ganz der Deine   Napoleon
PS. Ich hoffe die Königin (Hortense) ist mit Napoleon nach dem Haag abgereist.

*

Josephine kann und will sich nicht trösten. Sie hat nun doch Gewißheit von dem Verhältnis Napoleons mit Gräfin Walewska. Napoleon muß noch viele solche Briefe wie den folgenden schreiben, ehe sie sich entschließt, nach Paris zu gehen:

An die Kaiserin Josephine in Mainz
(Warschau), den 16. Januar 1807.

Ich habe Deinen Brief vom 5. Januar erhalten, meine gute Freundin. Alles, was Du mir von Deinem Kummer sagst, tut mir weh. Warum Tränen? Warum Schmerz? Hast Du denn keinen Mut mehr? Bald sehen wir uns wieder. Zweifle nie an meinen Gefühlen, und wenn Du willst, daß ich Dich noch mehr liebe, so zeige Charakter- und Seelenstärke. Der Gedanke, meine Frau könnte mir mißtrauen, erniedrigt mich.

Leb wohl, meine Freundin. Ich liebe Dich, sehne mich nach Dir und wünsche Dich zufrieden und glücklich zu wissen.   Napoleon

*

Napoleon lügt nicht, wenn er Josephine immer wieder versichert, er liebe sie. Er hat sie über die Liebe zu Marie Walewska nicht vergessen. Auch nicht, als er zwei Jahre später die Erzherzogin Marie Louise heiratet. Von Warschau aus schreibt er an Josephine fast täglich, wenigstens aber jeden zweiten Tag, und er versucht alles, um sein Verhältnis zu Marie vor ihr geheimzuhalten. Manchmal aber wird ihm Josephines Haltlosigkeit zuviel, und er spricht in herrischem Ton zu ihr, wie in diesem Brief:

An die Kaiserin Josephine in Mainz
Warschau, den 18. Januar 1807.
Liebe Freundin,

ich fürchte, Du machst Dir allzu große Sorgen um unsere Trennung. Sie wird sich noch um einige Wochen hinausziehen. Auch glaube ich, daß Dich Deine Rückkehr nach Paris bekümmert. Ich verlange, daß Du mehr Charakterfestigkeit zeigst. Man sagt mir, Du weintest ununterbrochen. Pfui! Wie häßlich! Dein Brief vom 7. Januar bereitet mir Schmerz. Sei meiner würdig und zeige mehr Festigkeit. Repräsentiere mit Würde und sei vor allem heiter.

Ich befinde mich wohl und liebe Dich sehr. Wenn Du jedoch immer weinst, halte ich Dich für charakterlos. Ich mag feige Menschen nicht. Eine Kaiserin muß mutig sein.

Napoleon

*

Und am nächsten Tag wieder ein ziemlich ärgerliches Schreiben:

An die Kaiserin Josephine in Mainz

Warschau, den 19. Januar 1807.

Liebe Freundin,

ich erhalte soeben Deinen Brief. Ich hab' lachen müssen über Deine Angst vor dem Kanonenfeuer. Ich bin ganz verzweifelt über den Ton Deiner Briefe und über das, was ich von Dir höre. Ich verbiete Dir zu weinen, traurig und besorgt zu sein. Ich wünsche Dich heiter, liebenswürdig und glücklich zu sehen.

Napoleon

*

Als alles nichts hilft, flüchtet er wieder zur Ironie und gibt Josephine zu verstehen, daß er noch anderes zu tun hat, als nur daran zu denken, mit seiner Frau zusammenzusein.

An die Kaiserin Josephine in Mainz

(Warschau), den 23. Januar 1807.

Liebe Freundin,

ich erhalte soeben Deinen Brief vom 15. Januar. Ich kann unmöglich erlauben, daß Frauen eine solche Reise machen wie diese. Die Wege sind schlecht, die Straßen schmutzig und unsicher. Kehre nach Paris zurück. Sei fröhlich und zufrieden. Vielleicht bin ich auch bald dort. Ich mußte sehr lachen, als Du mir schriebst, Du habest Dir doch einen Mann genommen, um mit ihm zusammenzuleben. In meiner Unwissenheit nahm ich an, die Frau sei für den Mann da, der Mann aber fürs Vaterland, für die Familie, für den Ruhm. Verzeihe meine Unkenntnis. Von schönen Frauen kann man immer lernen.

Leb wohl, meine Freundin. Glaube mir, es fällt mir sehr schwer, Dich nicht herkommen zu lassen. Du mußt Dir indes sagen: das ist ein Beweis, wie sehr er mich liebt.

Napoleon

*

Seinen nächsten Brief an sie richtet er bereits nach Paris. Aber Josephine ist immer noch nicht von Mainz abgereist. Sie kann sich nicht entschließen, sich noch weiter von Napoleon zu entfernen. Wie so oft früher, schützt sie auch jetzt Krankheit vor, die sie an der Abreise hindert. Mit seinem Minister Talleyrand hat er Grund unzufrieden zu sein. Talleyrand intrigiert fortwährend gegen ihn, obwohl ihn Napoleon mit Würden und Ämtern auszeichnet. Im August 1807 noch macht er ihn zum Vizegroßwahlherrn und 1808 nimmt er ihn mit nach Bayonne und Erfurt. Dennoch ist Talleyrands Salon beständig ein Herd von Verrat und Intrige gegen den Kaiser. Napoleon warnt daher Josephine vor ihm. Und wenige Monate später verbannt er den Minister eine Zeitlang auf seine Güter. (Vgl. Brief vom 27. März 1807.)

An die Kaiserin Josephine in Paris

(Warschau), den 25. Januar 1807.

Meine Freundin,

mit Bedauern erfahre ich, daß Du leidend bist. Doch ich hoffe, Du bist bereits in Paris, wo Du Dich schnell erholen wirst. Auch ich bin traurig, klage jedoch nicht. Ich kann unmöglich zugeben wollen, Dich zu verlieren, indem ich Dich Anstrengungen und Gefahren aussetze, die sich weder mit Deinem Range noch mit Deinem Geschlecht vereinbaren.

Ich verbiete Dir, jemals Herrn T.(alleyrand) in Paris zu empfangen. Er ist ein schlechter Mensch. Du würdest mich sehr betrüben, wenn Du anders handeltest.

Leb wohl, meine Freundin. Liebe mich und sei tapfer.

Napoleon

*

Noch eindringlicher wird Napoleon am folgenden Tage.

An die Kaiserin Josephine in Paris
                    (Warschau), den 26. Januar 1807.

Ich habe Deinen Brief erhalten, meine liebe Freundin. Mit Schmerz sehe ich, wie traurig Du bist. Die Mainzer Brücke bringt uns einander weder näher, noch entfernt sie uns mehr voneinander. Kehre also nach Paris zurück. Ich wäre sehr böse und sehr besorgt, Dich noch länger so unglücklich und einsam in Mainz zu wissen. Begreife doch, daß ich nur das Gelingen meiner Angelegenheiten im Auge haben darf und kann. Dürfte ich dabei mein Herz sprechen lassen, so wäre ich bei Dir, oder Du bei mir, denn es wäre sehr ungerecht, wenn Du an meiner Liebe und meinen Gefühlen zweifeltest.   Napoleon

*

Endlich muß Josephine sich fügen. Sie reist von Mainz nach Paris ab. Aber sie will nicht begreifen, daß der Krieg und die Ereignisse mächtiger sind als Napoleon, der Kaiser, der es nicht in seiner Hand hat, zu ihr zu kommen, wann er will. Und so muß Napoleon immer wieder der verzagten Frau Mut zusprechen.

Sein Aufenthalt in Warschau naht seinem Ende. Die Schlacht von Eylau, jenes fürchterliche Gemetzel, wo Tausende und aber Tausende junger Menschen den Tod finden, ohne daß ein entscheidendes Resultat erzielt wird, reißt Napoleon aus dem geselligen Leben der Stadt ins Feld. Ehe er die Stadt verläßt, schreibt er ein paar Zeilen an seine junge Freundin Marie Walewska, die jetzt bei ihm im Warschauer Schlosse einige Zimmer bewohnt. Er schickt Duroc mit dem Brief zu ihr.

An die Gräfin Marie Walewska
Liebe Marie,

ich werde nur noch kurze Zeit hier sein. Die Ereignisse machen reißende Fortschritte. Trotz aller Arbeit aber bist Du täglich mehr in meinen Gedanken und in meinem Herzen. Laß mich heute Abend bei Dir in Deinem kleinen Boudoir speisen. Wenn ich nichts anderes von Dir höre, komme ich.   N.

*

Am 5. Februar verläßt Napoleon mit seiner Armee Warschau. Vor dem Abmarsch findet er noch Zeit, mit Josephine über ihren „Egoismus" zu diskutieren, in einem Brief:

An die Kaiserin Josephine in Paris
Auf dem Marsch (vermutlich vom 6. oder 7. Februar 1807).
Meine Freundin,

dein Brief vom 20. Februar hat mich sehr traurig gestimmt. Es ist schlimm, wenn man sich nicht ein wenig fügen kann. Du sagst: Dein Glück sei Dein Ruhm. Das ist nicht großmütig. Es muß heißen: Das Glück der anderen ist mein Ruhm. Das wieder wäre nicht ehelich gedacht, sondern man müßte sagen: das Glück meines Mannes ist mein Ruhm. Doch das ist wieder nicht mütterlich, es müßte heißen: Das Glück meiner Kinder ist mein Ruhm. Da nun aber das Volk, Dein Mann, Deine Kinder ohne Ruhm nicht glücklich sind, muß man ihn nicht so verachten.

Josephine, Sie haben ein vortreffliches Herz, aber eine schwache Vernunft. Sie empfinden sehr tief, können indes nicht vernünftig denken.

Genug des Streites. Ich will, daß Du froh, mit Deinem Schicksal zufrieden bist und alles tust, was ich wünsche, nicht schmollend und weinend, sondern mit freudigem Herzen und mit ein wenig innerem Glück.

Leb wohl, meine Freundin. Heute Nacht begebe ich mich zu meinen Vorposten. Napoleon

*

Es spielen sich bald, schon am 8. Februar, furchtbare Kämpfe bei Eylau ab. Napoleon verliert in dieser Schlacht fast die Hälfte seiner Truppen, aber er wirft die Russen zurück und bringt ihre weiteren Pläne zum Scheitern. Vom Schlachtfeld schreibt er persönlich noch in der Nacht:

An die Kaiserin Josephine in Paris
Eylau, den 9. Februar 1807.
Meine Freundin,

gestern hat eine große Schlacht stattgefunden. Der Sieg war mein, aber ich habe viele Leute verloren. Der Verlust des Feindes, der noch größer ist, kann mich darüber nicht trösten. Ich schreibe Dir diese paar Zeilen eigenhändig, obwohl ich sehr erschöpft bin. Doch ich möchte Dich beruhigen und Dir sagen, daß ich mich wohl befinde und Dich liebe. Napoleon

*

Am Nachmittag desselben Tages diktiert er wieder einen ausführlichen Bericht an die Kaiserin. Er beklagt hauptsächlich den Tod seines liebsten Adjutanten, des Generals Corbineau, der, erst 35 Jahre alt, bei Eylau von seiner Seite gerissen wurde. Auch die gefährliche Verwundung des Generals der Garde, Baron Claude d'Allemagne, den Napoleon seit dem ersten italienischen Feldzug kennen und schätzen gelernt hat, geht ihm nahe. Überhaupt macht ihm der mörderische Sieg bei Eylau keine besondere Freude.

An die Kaiserin Josephine in Paris

Eylau, den 9. Februar 1807, 6 Uhr abends.

Ich schreibe Dir schnell noch ein paar Worte, meine liebe Freundin, damit Du nicht beunruhigt bist. Der Feind hat die Schlacht verloren und dabei 40 Kanonen, 10 Fahnen und 12.000 Gefangene eingebüßt. Er hat fürchterlich gelitten. Auch ich habe viele Leute verloren: 1600 Tote und 3000 bis 4000 Verwundete.

Dein Vetter Tascher (de la Pagerie) befindet sich wohl. Ich habe ihn zu meinem Ordonnanzoffizier ernannt. (Er wurde nach Eylau Bataillonschef.)

Corbineau ist von einer Granate getötet worden. Ich hatte mich so sehr an ihn gewöhnt, denn er war ein sehr verdienstvoller Offizier. Sein Tod hat mich tief betrübt.

Meine Garde zu Pferd hat sich mit Ruhm bedeckt. D'Allemagne ist lebensgefährlich verwundet.

Leb wohl, meine Freundin. Ganz der Deine

Napoleon

*

Immer wieder kommt Napoleon auf die fürchterliche Schlacht zu sprechen. Er hofft nun selbst auf ein baldiges Ende des Krieges und nicht lange mehr von Paris fern zu sein. Und doch muß Josephine noch fünf lange Monate warten, ehe ihn der Krieg — und Marie Walewska freilassen.

An die Kaiserin Josephine in Paris

Eylau, den 11. Februar 1807, 3 Uhr morgens.

Meine Freundin,

ich schreibe Dir schnell ein paar Worte. Du wirst sehr besorgt gewesen sein. Ich habe den Feind in einer sehr denkwürdigen Schlacht geschlagen, aber sie hat mich viele tapfere Leute gekostet. Das schlechte Wetter veranlaßt mich, meine Truppen zu kantonieren.

Verzage nicht, ich bitte Dich. Alles das hat bald ein Ende, und das Glück, Dich wiederzusehen, wird mich bald alle Anstrengungen vergessen lassen. Übrigens habe ich mich gesundheitlich nie so wohl gefühlt als jetzt.

Der junge Tascher vom 4. Linienregiment hat sich vortrefflich gehalten. Er hat eine harte Feuerprobe bestehen müssen. Ich habe ihn zu mir gerufen und zum Ordonnanzoffizier ernannt. So hat er jetzt alle Leiden überstanden. Der junge Mann interessiert mich.

Leb wohl, meine Freundin. Tausend Küsse

Napoleon

*

Auch an Marie Walewska denkt Napoleon mitten unter den Massen von Verwundeten und Toten, mitten unter dem grenzenlosen Elend um ihn herum auf dem Schlachtfeld von Eylau. Die Gräfin hatte fast zu gleicher Zeit mit ihm Warschau verlassen und sich mit ihrer Mutter nach Wien zu Verwandten begeben. Napoleon kann nicht ohne sie sein. So weit von ihr: sie in Wien, er im Felde! Sie soll umkehren, nach Warschau. Von dort aus kann er sie schneller zu sich kommen lassen. Und so schreibt er der jungen Geliebten:

An die Gräfin Marie Walewska in Wien

(Eylau, im Februar 1807.)

Meine liebe Marie,

diese Zeilen werden lange unterwegs sein, ehe sie Dich erreichen. Wenn Deine Finger das Siegel erbrechen, wirst Du wahrscheinlich mehr über das wissen, was sich ereignet hat, als ich Dir jetzt schreiben kann. Wir haben eine große Schlacht geschlagen. Sie hat zwei Tage gedauert. Wir blieben Herren des Schlachtfeldes und — vielleicht auch Herren über das Geschick Deines Landes. Mein Herz ist in diesem Brief eingeschlossen. Dieses Herz, das nur darauf bedacht ist, Dich zur Angehörigen eines unabhängigen Volkes zu machen.

Sehnst Du Dich nach mir, meine süße Marie, wie ich mich nach Dir sehne? Ich glaube, ich habe ein wenig das Recht, es zu hoffen. Ja, ich bin dessen so sicher, daß ich Dich bitten möchte, sofort nach Warschau oder auf Dein Schloß (Kiernozia) zurückzukehren. Ich kann es nicht ertragen, Dich soweit von mir weg zu wissen.

Liebe mich, meine geliebte Marie, und glaube an Deinen
Napoleon

*

Es sind noch keine zwei Tage vergangen, so geht wieder ein Brief an Josephine nach Paris. Es ist Napoleon im Felde vor allem darum zu tun, auch seine Schwestern Karoline und Pauline, deren Männer, Murat und Borghese, am polnischen Feldzug teilnehmen, über deren Wohlbefinden zu beruhigen. Und es berührt seltsam tief bei diesem großen Menschenverbraucher Napoleon, wenn er schreibt, wie erschüttert er von all dem Leid ist, den der fürchterliche Krieg mit sich bringt:

An die Kaiserin Josephine in Paris

Eylau, den 14. Februar 1807.

Meine Freundin,

ich bin noch immer in Eylau. Das Land ist mit Toten und Verwundeten bedeckt. Das ist freilich nicht die schönste Seite des Krieges. Man leidet. Das Herz bricht einem fast beim Anblick so vieler Opfer. Mir geht es wohl. Ich habe getan, was ich wollte, nämlich den Feind zurückgeworfen und seine Pläne zum Scheitern gebracht.

Du wirst in großer Sorge sein, und dieser Gedanke macht mich traurig. Beruhige Dich, meine Freundin, und sei froh. Sage auch Karoline und Pauline, daß der Großherzog und der Fürst (Borghese) sich wohlbefinden.

Ganz der Deine   Napoleon

*

Endlich hat er nun auch bestimmte Nachricht, daß Josephine in Paris angelangt ist. Die Briefe ins Feld gehen lange, länger als die Kuriere Napoleons von der Armee bis nach Paris. Manche erreichen das Hauptquartier vielleicht überhaupt nicht und umgekehrt. Deshalb wiederholt Napoleon in den Briefen an die Kaiserin öfter seine Berichte über die Schlacht:

An die Kaiserin in Paris

Eylau, 17. Februar 1807.

Liebe Freundin,

eben erhalte ich Deinen Brief mit der Nachricht von Deiner Ankunft in Paris. Ich bin sehr froh, Dich dort zu wissen. Es geht mir gut.

Die Schlacht von Eylau war äußerst blutig und hartnäckig. Corbineau ist gefallen. Er war ein tapferer Mann. Ich hatte ihn sehr gern.

Leb wohl, meine Freundin. Es ist hier so warm wie im April. Alles taut. N a p o l e o n

*

Schließlich verläßt Napoleon Eylau am 18. Februar. Er schlägt in Landsberg sein Hauptquartier auf und schreibt wieder in der Nacht:

An die Kaiserin Josephine in Paris

Landsberg, 18. Februar, 3 Uhr morgens.

Meine Freundin,

nur ein paar Worte für Dich. Es geht mir gut. Ich bin auf dem Marsch, um meine Armee in die Winterquartiere zu bringen.

Es regnet und taut wie im April. Wir haben bis jetzt noch keinen kalten Tag gehabt.

Leb wohl, meine Freundin. Ganz der Deine

N a p o l e o n

*

Sein Marsch geht weiter. Überall, wo er Rast macht, gedenkt er der Kaiserin.

An die Kaiserin Josephine in Paris

Liebstadt, den 21. Februar 1807, 2 Uhr morgens.

Meine Freundin,

soeben erhalte ich Deinen Brief vom 4. Februar, woraus ich ersehe, daß Du gesund bist. In Paris wirst Du noch vollends Deine Ruhe und Heiterkeit wieder erlangen, und die Rückkehr zu Deinen Gewohnheiten wird Dich ganz gesund machen.

Mir geht es ausgezeichnet. Das Wetter und die Gegend sind abscheulich. Meine Angelegenheiten stehen gut. Es friert und taut abwechselnd in einem Tag. Man kann sich keinen seltsameren Winter denken als diesen.

Leb wohl, meine Freundin. Ich liebe Dich. Ich denke an Dich und wünsche, daß Du heiter, glücklich und zufrieden bist.

Ganz der Deine Napoleon

*

Auch Josephine schreibt jetzt fleißig. Paris hat ihr die Lebensfreude wieder gegeben, und niemand ist froher darüber als Napoleon. Er hat traurige Menschen nicht gern. Wenn Josephine lacht, wenn sie glücklich ist, dann ist auch er zufrieden und erträgt alle Strapazen im Felde noch einmal so gern.

An die Kaiserin Josephine in Paris

Liebstadt, 21. Februar 1807, mittags.

Meine Freundin,

eben erhalte ich Deinen Brief vom 8. Es freut mich sehr, daß Du in der Oper gewesen bist und jede Woche einmal empfangen willst. Gehe bisweilen ins Theater, aber stets in die große Loge und mit dem ganzen Hof. Große Freude hat mir auch die Nachricht von den Festen bereitet, die man Dir zu Ehren veranstaltet.

Es geht mir ausgezeichnet. Das Wetter ist noch immer veränderlich. Es friert und taut abwechselnd.

Ich habe meine Armee kantoniert, um sie ausruhen zu lassen. Sei niemals traurig! Liebe mich und glaube an meine Liebe. Napoleon

*

Seit einem Monat zieht Napoleon mit seiner Armee von Biwak zu Biwak, von Hauptquartier zu Hauptquartier. Jetzt ist er in Osterode, wo ihn die militärischen Bewegungen fast vier Wochen festhalten werden. Er hält es aber allein nicht aus. Wie einst Josephine nach Italien, so soll ihm jetzt Marie Walewska ins Feldlager nach Osterode folgen. Er hat ihr geschrieben, sobald sie von ihrer Reise aus

Wien nach Warschau zurückgekehrt ist. Nun ist Marie in aller Heimlichkeit zu ihm mitten durch marschierende Regimenter und Vorposten hindurch gekommen, nur von ihrem Bruder, dem Grafen Leczynski begleitet. Diesen Besuch der Geliebten sucht Napoleon natürlich vor Josephine soviel als möglich geheimzuhalten. Daß sie es dennoch sehr bald erfährt, dafür tragen ihre Feinde, die sie auch unter Napoleons Waffengefährten besitzt, Sorge. Sie schreiben von der Auszeichnung der Favoritin an ihre Frauen in die Heimat, und so dringt die Kunde davon auch bald zur Kaiserin. An sie schreibt Napoleon nur vom Wetter und über sein und ihr Befinden.

An die Kaiserin Josephine in Paris

Osterode, den 23. Februar (1807).

Meine Freundin,

ich habe Deinen Brief vom 10. erhalten. Mit Bedauern höre ich, daß Du ein wenig leidend warst.

Seit vier Wochen bin ich ständig bei dem entsetzlichsten und unbeständigsten Wetter im Felde. Kälte und Wärme wechseln in einer Woche fortwährend ab. Dennoch fühle ich mich sehr wohl.

Suche Dir die Zeit angenehm zu vertreiben. Mache Dir keine Sorgen um mich und zweifle niemals an meiner Liebe.

Napoleon

*

Solange Marie Walewska in Osterode bei ihm weilt, schreibt Napoleon nicht an Josephine. Dann aber packt ihn die Reue. Er will Josephine nie wissentlich weh tun.

Osterode ist durch den Krieg fürchterlich mitgenommen. Es eignet sich wenig für einen längeren Aufenthalt einer Dame. Die Gräfin Walewska verläßt daher das Hauptquartier Napoleons nach ein paar Tagen ebenso heimlich wie sie gekommen ist. Als sie fort ist, schickt Napoleon einen Brief

An die Kaiserin Josephine

Osterode, den 2. März 1807.

Meine Freundin,

ich habe Dir ein paar Tage nicht geschrieben und mache mir deshalb Vorwürfe, weil ich weiß, daß Du Dich beunruhigst. Es geht mir sehr gut. Meine Angelegenheiten sind befriedigend. Ich bin in einem armseligen Dorf, wo ich mich auch noch eine Weile aufhalten werde. Natürlich ist es keine Stadt. Aber ich wiederhole Dir: niemals habe ich mich so wohl gefühlt als jetzt. Du wirst sehen, daß ich viel dicker geworden bin.

Hier herrscht das reine Frühlingswetter. Der Schnee schmilzt. Die Flüsse tauen auf. Das freut mich.

Ich habe alles angeordnet, was Du für Malmaison wünschest. Sei froh und glücklich. Das ist mein Wille.

Leb wohl, meine Freundin. Ich küsse Dich herzlich.

Ganz der Deine   Napoleon

*

In Eylau ist auch der General Victor, Herzog von Belluno, von den Russen gefangengenommen worden. Seine Frau ist in Paris in großer Angst um ihn. Napoleon hat ihn jedoch auswechseln lassen und, um die Frau des Generals so rasch als möglich zu beruhigen, schreibt der Kaiser eigenhändig ein paar Zeilen.

An Madame Victor in Paris

Madame,   Osterode, den 8. März 1807.

ich habe Ihren Brief erhalten. Ich habe den General Victor auswechseln lassen, und Sie können damit rechnen, ihn jeden Augenblick wiederzusehen.   Napoleon

*

Inzwischen ist nun auch das Gerücht von dem Besuch der Gräfin Walewska im Hauptquartier Napoleons bis zu Josephine nach Paris durchgedrungen. Außerdem berichtet man ihr das Schlimmste über die Verluste bei Eylau, denn das Bulletin der Großen Armee ist erst am 10. März veröffentlicht worden und in Paris noch nicht angelangt. Josephine wird ganz krank von all den erschütternden Nachrichten, die sie erhält. So gut er kann versucht es Napoleon, ihr alles auszureden.

An die Kaiserin Josephine in Paris

Meine Freundin,   Osterode, 11. März 1807.

eben erhalte ich Deinen Brief vom 27. (Februar). Mit Bedauern sehe ich, daß Du krank bist. Habe Mut. Meine

Gesundheit ist gut. Meine Angelegenheiten sind zufriedenstellend. Ich erwarte den Frühling, der nicht mehr lange auf sich warten lassen kann. Ich liebe Dich und möchte Dich froh und glücklich wissen. Man verbreitet viel alberne Gerüchte über die Schlacht von Eylau. Das Bulletin wird Dir alles sagen. Die Verluste sind aber darin eher übertrieben als abgeschwächt. Napoleon

Bald erfährt Napoleon auch, daß die Intrigen in Paris um Josephine von neuem wegen ihrer Scheidung im Gang sind. Man scheut sich nicht, die arme Frau immer wieder auf ihre Kinderlosigkeit aufmerksam zu machen, und wie leicht Napoleon sich eine Jüngere nehmen könne, z. B. die Gräfin Walewska, die ihm den ersehnten Erben schenken werde. Napoleon ist aufs höchste empört und verbietet Josephine energisch, sich diesen ekelhaften Tratsch noch länger mit anzuhören.

An die Kaiserin Josephine in Paris
Osterode, den 13. (März) 1807, 2 Uhr nachmittags.

Wie ich höre, meine Freundin, fängt das dumme Gerede, das man in Deinem Salon in Mainz aufbrachte, von neuem an. Bringe diese Leute doch endlich zum Schweigen. Ich bin Dir ernstlich böse, wenn Du dieser Sache kein Ende machst. Du läßt Dich von Leuten traurig stimmen, die Dir eher Trost spenden sollten. Ich rate Dir, stark zu sein und einen jeden scharf zurechtzuweisen.

Es geht mir sehr gut. Meine Angelegenheiten stehen ausgezeichnet. Wir ruhen uns ein wenig aus und versorgen uns mit Lebensmitteln.

Leb wohl, meine Freundin, laß Dir's gutgehen.

Napoleon

Und drei Tage später erneute Beruhigungsworte für sie. Es fällt ihm wie ein Stein vom Herzen, daß Josephine wenigstens beginnt, sich abzulenken.

An die Kaiserin Josephine in Paris
Meine Freundin,   Osterode, den 15. März 1807.

ich erhalte eben Deinen Brief vom 1. März, worin Du mir mitteilst, wie sehr Dich in der Oper das Schicksal der Minerva ergriffen hat. Es freut mich, daß Du ausgehst und Dich zerstreust. Mir geht es gesundheitlich gut. Meine Angelegenheiten sind ausgezeichnet.

Schenke all den bösen Gerüchten, die man verbreitet, keinen Glauben. Zweifle niemals an meinen Gefühlen und sei ganz unbesorgt.

Ganz der Deine   *   Napoleon

Napoleon hält jederzeit streng auf Wahrung des äußeren Glanzes, auch wenn er selbst nicht in seiner Hauptstadt weilt. Die Kaiserin hat indes ein paarmal die sehr amüsanten aber nicht erstklassigen Boulevardtheater in Begleitung nur einer Hofdame und eines Kammerherrn besucht. Das findet den Tadel des Kaisers im Felde. Er schreibt:

An die Kaiserin Josephine in Paris

Meine Freundin,   Osterode, 17. März 1807.

Du darfst nicht in die kleinen Theater und noch dazu in eine einfache Loge gehen. Das schickt sich nicht in Deiner Stellung. Du darfst nur die vier großen Theater besuchen und stets nur die große Galaloge mit dem Hof einnehmen. Lebe so, wie Du es tatest, als ich in Paris war.

Meine Gesundheit ist ausgezeichnet. Das Wetter ist kälter geworden. Das Thermometer zeigt 8 Grad minus.

Ganz der Deine   Napoleon

*

Am Abend desselben Tages wieder ein Brief an Josephine. Napoleon hat den Tod seines alten Jugendlehrers Dupuis aus Brienne erfahren, den er in Malmaison als seinen Privatbibliothekar angestellt hatte.

An die Kaiserin Josephine in Paris

     Osterode, den 17. März 1807, 10 Uhr abends.

Meine Freundin,

ich erhalte soeben Deinen Brief vom 5. März und sehe daraus zu meiner Freude, daß es Dir gut geht. Auch meine Gesundheit ist gut. Seit zwei Tagen hat indes die Kälte eingesetzt. Heute Nacht fiel das Thermometer bis auf 10 Grad minus. Aber darauf haben wir einen herrlichen sonnigen Tag gehabt.

Leb wohl, meine Freundin. Tausend liebe Dinge an alle. Erzähle mir etwas über den Tod des armen Dupuis. Teile seinem Bruder mit, ich würde etwas für ihn tun.
Meine Angelegenheiten stehen ausgezeichnet.
Ganz der Deine   Napoleon

Nochmals kommt Napoleon in Osterode auf das Leben zu sprechen, das die Kaiserin in Paris während seiner Abwesenheit zu führen hat.

An die Kaiserin Josephine in Paris

Liebe Freundin,   (Osterode), den 20. März 1807.

ich habe Deinen Brief vom 13. März erhalten. Um mir zu gefallen, mußt Du in allem so leben, wie Du es tatest, als ich in Paris war. Damals besuchtest Du auch nicht die kleinen Theater oder andere Orte. Du mußt im Theater immer die große Hofloge innehaben. Du darfst nur in Deinen Gemächern empfangen und mußt regelmäßig Empfänge abhalten. Nur so kannst Du meine Billigung finden. Ein hoher Rang hat seine Unannehmlichkeiten: eine Kaiserin kann nicht dasselbe tun, was eine Frau der Bürgerkreise tut.

Tausend und aber tausend freundliche Grüße. Meine Gesundheit ist gut. Meine Angelegenheiten stehen ausgezeichnet.   Napoleon

Nicht lange hat das Pariser Leben Josephines Traurigkeit unterdrücken können. Bald ist sie wieder genau so unruhig wie früher. So unglücklich ist sie, daß sie am liebsten sterben möchte, wenn sie Napoleon nicht bald wiedersieht. Von neuem hat sie den Wunsch, zu ihm ins Hauptquartier zu kommen. Das geht natürlich nicht. Gräfin Walewska erfüllt Napoleon jetzt ganz, und in allernächster Zeit hofft Napoleon die Geliebte in ein besseres Quartier zu sich kommen zu lassen. Die arme Josephine aber vertröstet er.

An die Kaiserin Josephine in Paris

(Osterode), den 27. März 1807, 7 Uhr abends.

Dein Brief, meine liebe Freundin, hat mich sehr betrübt. Du darfst nicht sterben. Es geht Dir gut und Du kannst keinen vernünftigen Grund zu solchem Kummer haben.

Ich denke, Du kannst im Mai nach Saint-Cloud übersiedeln. Den ganzen April aber mußt Du in Paris bleiben. Ich befinde mich wohl und meine Angelegenheiten stehen gut.

Du darfst diesen Sommer nicht daran denken, zu mir zu kommen. Das ist unmöglich. Denn Du kannst nicht von Gasthof zu Gasthof, von Biwak zu Biwak reisen. Ich sehne mich genau so wie Du nach unserm Wiedersehen. Ja sogar danach, recht ruhig zu leben.

Ich wüßte andere Dinge zu tun als Krieg zu führen. Doch allem voran die Pflicht. Alles habe ich in meinem Leben meiner Bestimmung geopfert: Alles, Ruhe, Interessen und Glück.

Leb wohl, meine Freundin. Empfange so wenig wie möglich diese Frau P..... Sie gehört nicht zur ersten Gesellschaft. Das ist alles viel zu gewöhnlich und niedrig für Dich.

              Napoleon

PS. Ich habe Grund gehabt, mich über Herrn T(alleyrand) zu beklagen und habe ihn deshalb auf seine Besitzung in Burgund geschickt. Ich will nichts mehr davon hören.

*

Obwohl er weiß, daß er am nächsten Tag in das schöne Schloß Finckenstein, das dem Grafen Dohna-Schlobitten gehört, übersiedeln wird, schreibt er seiner Frau vorläufig noch nichts darüber. Nur daß er seinem Enkelkind, der Tochter des Sohnes Josephines, ihren Namen gegeben hat, teilt er der Kaiserin mit, um ihr dadurch eine besondere Freude zu machen. Um ihre Gesundheit besorgt, schreibt er:

An die Kaiserin Josephine in Paris

            Osterode, den 1. April 1807.
Meine Freundin,

soeben erhalte ich Deinen Brief vom 20. Es tut mir sehr leid, daß Du krank bist. Ich schrieb Dir, Du solltest den ganzen April in Paris bleiben und dann am 1. Mai nach Saint-Cloud gehen. In Malmaison kannst Du die Sonntage und ein oder zwei Tage verbringen. In Saint-Cloud kannst Du, wie gewöhnlich, Cour halten.

Gesundheitlich geht es mir gut. Es ist noch ziemlich kalt hier. Aber alles ist ruhig. Ich habe die kleine Prinzessin Josephine genannt. Eugen wird sehr froh sein.

Ganz der Deine   Napoleon

*

Am 2. April ist Napoleon schon in dem mit aller Bequemlichkeit eingerichteten Schloß Finckenstein. Er bewohnt dort die sogenannten Königszimmer, in denen auch einmal Friedrich der Große Gast war. Da Napoleon die Gewohnheit hat, besonders im Felde, nachts, sobald er erwacht, aufzustehen und zu arbeiten, ist es ihm in Finckenstein sehr angenehm, sich ein Kaminfeuer machen lassen zu können. Das braucht er sogar oft an kühlen Sommertagen in Paris, denn er ist gegen Kälte sehr empfindlich. Diese Bequemlichkeit in Finckenstein freut ihn so sehr, daß er sie wiederholt in seinen Briefen an Josephine erwähnt:

An die Kaiserin Josephine in Paris

Finckenstein, 2. April 1807.

Meine Freundin,

nur ein paar Worte. Ich habe mein Hauptquartier in ein wunderschönes Schloß verlegt. Es ist ungefähr so wie das Schloß (des Marschalls) Bessières' eingerichtet. Vor allem sind mir die vielen Kamine hier sehr angenehm, da ich des nachts öfter aufstehe. Dann habe ich es gern, wenn im Kamin ein Feuer brennt.

Meine Gesundheit ist ausgezeichnet. Das Wetter ist schön, aber noch kalt. Das Thermometer zeigt 4—5 Grad minus.

Leb wohl, meine Freundin. Ganz der Deine

Napoleon

*

Einige Tage später fast das gleiche. Außerdem teilt er der Kaiserin mit, wie froh er ist, daß die Türken die Engländer aus dem Mittelmeer vertrieben haben.

An die Kaiserin Josephine in Paris

Finckenstein, den 5. April 1807.

Meine Freundin,

ich erhielt Deinen Brief, worin Du mir erzählst, daß Du die Karwoche in Malmaison verbracht hast und Du Dich besser fühlst. Ich wünsche indes zu wissen, daß Du völlig wiederhergestellt bist.

Ich bin in einem sehr schönen Schloß, wo es viele Kamine gibt. Das ist sehr angenehm. Hier ist es noch kalt. Alles ist gefroren.

Wie Du erfahren haben wirst, erhielt ich aus Konstantinopel gute Nachricht. Mir geht es gut. Sonst hat sich hier nichts Neues ereignet.

Ganz der Deine   N a p o l e o n

*

Manchmal sind die Damen seines Hofes nicht zufrieden mit den militärischen Sendungen ihrer Männer. Sie wenden sich dann meist direkt an den Kaiser, um bei ihm vorstellig zu werden, daß er seinen Unterbefehlshabern weniger schwierige oder Paris nähere Kommandos verschafft. So die Gräfin Lauriston, deren Mann, General Lauriston, unter dem Vizekönig Eugen in Ragusa kämpft. Sie aber möchte ihn auf einem weniger gefährlichen Posten wissen. Napoleons Antwort an sie ist höflich, aber bestimmt. Auch eine liebende Frau vermag seine einmal getroffenen Dispositionen nicht zu erschüttern.

An Frau von Lauriston in Paris

Madame,   Finckenstein, den 5. April 1807.

soeben erhalte ich Ihren Brief vom 24. März. Die Dienste Ihres Mannes sind mir in Ragusa wertvoller als irgendwo. Ich habe ihn auf diesen bedeutenden hohen Posten gestellt, als Beweis des Vertrauens, das ich ihm entgegenbringe. Die Ereignisse gehen ihren Lauf und geben mir nicht die Macht, das zu tun, was ich gern möchte. Ich wollte Ihnen jedoch diesen Brief schreiben, um Ihnen zu sagen, wie sehr ich Ihren Mann achte und welches Vertrauen ich zu ihm habe.   N a p o l e o n

*

Inzwischen hat Josephine Napoleons strikte Ablehnung, in diesem Sommer zu ihm zu kommen, und die tadelnden Worte über ihren Verkehr mit einer gewissen Frau P. vom 27. März erhalten. Wie immer macht sie ihm über alle diese Dinge auch brieflich eine Szene. Napoleon antwortet mit Gleichmut und, wie immer, liebenswürdig versöhnend:

An die Kaiserin Josephine in Paris
Finckenstein, den 17. April 1807.
Liebe Freundin,
ich erhielt Deinen Brief vom 5. April. Es tut mir leid, daß Dich meine Worte betrübt haben. Wie gewöhnlich hat sich wieder einmal Dein kreolisches Köpfchen erhitzt und bekümmert. Sprechen wir also nicht mehr davon.
Ich fühle mich sehr wohl. Das Wetter ist indes regnerisch. Savary (Herzog von Rovigo, späterer Polizeiminister, damals Befehlshaber vor Danzig) ist bei Danzig sehr heftig an einem Gallenfieber erkrankt. Hoffentlich ist es nicht gefährlich.
Leb wohl, meine Freundin. Vieltausend liebe Dinge für Dich. Napoleon

*

Lange hält es Napoleon in Finckenstein allein nicht aus. Ende April trifft Marie Walewska eines Nachts in Begleitung ihres Bruders und unter Beobachtung der größten Vorsichtsmaßregeln bei ihm ein. Weder ihre noch Napoleons Liebe hat sich vermindert. Marie leistet ihm drei Wochen lang Gesellschaft, und er ist glücklich. Als wollte er Josephine und sich selbst im Innern über seine Untreue mit der Liebe eines anderen Mannes zu ihr trösten, neckt er sie in dieser Zeit mit der angeblichen Verliebtheit des sechzigjährigen Erzkanzlers Cambacérès. Seine Umgebung hat ihm nämlich hinterbracht, daß Cambacérès, übrigens ein wegen seiner Ritterlichkeit gegen Frauen bekannter Mann, sehr oft in der Nähe Josephines weile, öfter als es sein Dienst erheische. Napoleon aber liegt mehr daran, die Kaiserin durch diese Neckerei von ihrer Eifersucht abzubringen, als daß er selbst wirklich eifersüchtig wäre.

An die Kaiserin Josephine in Malmaison
Finckenstein, den 2. Mai 1807, 4 Uhr nachmittags.
Meine Freundin,
ich habe Deinen Brief vom 23. erhalten. Mit Freuden sehe ich, daß es Dir gut geht und Du noch immer Malmaison liebst. Man sagt, der Erzkanzler sei verliebt in Dich. Ist das ein Scherz, oder ist es wahr? Ich mußte lachen. Du würdest mir doch ein Wort darüber geschrieben haben.

Ich befinde mich wohl. Das Wetter wird schön. Endlich zeigt sich der Frühling und die Bäume beginnen auszuschlagen.

Leb wohl, meine Freundin. Tausend liebe Dinge.
Ganz der Deine   Napoleon

*

Die größte Heimlichkeit, mit der man die Anwesenheit der Gräfin Walewska in Finckenstein umgibt, ist natürlich nicht imstande, zu verhindern, daß sehr bald die genauesten Einzelheiten darüber in die Öffentlichkeit dringen. Josephine erfährt zunächst von Briefen, die Napoleon mit Frau von Walewska gewechselt hat. Dieser Briefwechsel irritiert sie. Sie ist traurig darüber. Sie möchte für ihn immer noch die einzige sein. Napoleon leugnet alles. Geschickt lenkt er sie von dem heiklen Thema ab, indem er ihr selbst eine Liebeserklärung macht. Und diese Liebeserklärung ist nicht einmal ganz unecht, denn Napoleon liebt Josephine trotz allem immer noch. Marie Walewska, die junge, die reizende, mit der er jetzt so glücklich ist, wird nie die Stelle in seinem Herzen einnehmen, die Josephine innehat. Um sicher zu sein, ob Josephine wirklich etwas Positives von Marie weiß, fragt er seine Frau scheinheilig, ob wohl die Damen, von denen sie spricht, jung und hübsch wie Rosenknospen seien. Da Josephine in ihrer gütigen Schwäche und Menschenunkenntnis sich während seiner Abwesenheit mit allen möglichen Intriganten umgibt, warnt er sie. Denn, wo er auch sich befindet, immer weiß er, was an seinem Hofe in Paris vorgeht.

An die Kaiserin Josephine in Paris

Finckenstein, den 10. Mai 1807.
Liebe Freundin,

ich erhalte soeben Deinen Brief. Was Du mir darin von Damen erzählst, mit denen ich im Briefwechsel stehen soll, verstehe ich nicht. Ich liebe nur meine kleine, schmollende, kapriziöse Josephine. Sie ist in allem, was sie tut, so anmutig, selbst wenn sie zankt. Und immer ist sie liebenswürdig, außer wenn sie die Eifersucht packt. Dann allerdings wird sie zur Teufelin.

Doch kommen wir noch einmal auf die Damen zu sprechen. Sollte ich mich wirklich mit einer von ihnen beschäftigen, so müßte sie schön wie eine Rosenknospe sein. Ist das bei den Damen, von denen Du sprichst, der Fall?

Ich wünsche, daß Du nur mit den Personen speisest, die auch zu meiner Tafel eingeladen wurden. Das gleiche gilt für Deine Empfänge. In Malmaison, im vertrauten Kreis, darfst Du niemals Gesandte und Fremde empfangen. Machst Du es anders, als ich es wünsche, so ziehst Du Dir mein Mißfallen zu. Laß Dich auch nicht zu sehr von Leuten einnehmen, die ich nicht kenne, und die nie zu Dir kommen würden, wenn ich da wäre.

Leb wohl, meine Freundin. Ganz der Deine
        Napoleon

*

Es mutet bei einem Manne, der es mit der ehelichen Treue selbst nicht genau nimmt, seltsam an, aus seinem Munde moralische Bedenken über die Lebensführung einer leichtlebigen jungen Hofdame Josephines zu hören. Und doch ist in diesem Fall auch dieses Gefühl bei Napoleon echt. Er hält darauf, daß an seinem Hofe und besonders in der Umgebung der Kaiserin, an deren Ruf und Vergangenheit schon genug Werg hängt, jederzeit der äußere Anstand gewahrt bleibe.

Eine andere Sorge ist Hortenses ältester Sohn, Napoleons Lieblingsneffe. Er hat ihn als seinen Präsumtiverben bestimmt. Dieses Kind erkrankt Ende April 1807 zuerst an den Masern, später aber an der Bräune, woran es stirbt. Napoleon hat bekanntlich seit langem in Frankreich den Impfzwang eingeführt, aber nicht immer werden die Vorschriften, besonders nicht von ungläubigen Müttern, befolgt. So fragt der Kaiser die Kaiserin besorgt, ob man den kleinen Kranken wohl auch der Impfung unterzogen habe.

An die Kaiserin Josephine in Saint-Cloud

        Finckenstein, den 12. Mai 1807.
Meine Freundin,

ich erhalte Deinen Brief vom 2. Mai. Wie ich sehe, gedenkst Du nach Saint-Cloud zu übersiedeln. Die schlechte Aufführung der Madame X .. macht mir Sorge. Kannst Du sie nicht zu einem geregelteren Leben zurückführen? Sie könnte sich doch sehr große Unannehmlichkeiten von seiten ihres Mannes zuziehen.

Wie man mir mitteilt, ist Napoleon wieder gesund. Ich begreife, welche Sorge das seiner Mutter bereitet hat. Doch die Masern sind eine Krankheit, die jeder einmal hat. Ich hoffe, er ist geimpft worden, so daß er wenigstens vor den Pocken bewahrt bleibt.

Leb wohl, meine Freundin. Es ist sehr heiß. Alles fängt an zu blühen. Ehe die Wiesen grün sind, wird es aber wohl noch ein paar Tage dauern. Napoleon

*

Der kleine holländische Kronprinz Napoleon ist nun doch gestorben. Durch seinen Tod wird die letzte Hoffnung Josephines auf die Dauer ihrer Ehe mit Napoleon vernichtet, denn dieser Sohn ihrer Tochter Hortense sollte einmal den Thron Napoleons erben. Beide, Napoleon sowie Josephine, hängen mit großer Zärtlichkeit an dem hübschen intelligenten Jungen. Sein Tod schneidet Napoleon tief ins Herz. So gut er kann, versucht er die völlig niedergedrückte Kaiserin zu trösten:

An die Kaiserin Josephine in Saint-Cloud

Finckenstein, den 14. Mai 1807.

Meine liebe Freundin,

ich begreife vollkommen den Schmerz, den Dir der Tod des armen Napoleon bereitet. Und auch Du wirst verstehen, wie sehr ich leide. Ich wünschte bei Dir zu sein, damit Du Dich Deinem Kummer nicht allzu sehr überließest. Du hast das Glück gehabt, niemals ein Kind zu verlieren. Und doch ist das eine der Bedingungen und Mühseligkeiten, die mit unserm menschlichen Elend verknüpft sind.

Hoffentlich erfahre ich bald, daß Du vernünftig gewesen bist und es Dir gut geht. Willst denn auch Du noch meinen Schmerz vergrößern?

Leb wohl, meine Freundin. Napoleon

*

Darauf trifft ein ausführlicher Brief der Kaiserin über das traurige Ereignis bei Napoleon in Finckenstein ein, und er schreibt rasch noch ein paar tröstende Worte:

An die Kaiserin Josephine in Saint-Cloud
                    Finckenstein, den 16. Mai 1807.
Meine Freundin,

ich erhalte Deinen Brief vom 6. Daraus ersehe ich bereits den ganzen Schmerz, den Du empfindest. Ich fürchte, Du bist nicht vernünftig und wirst Dich über das Unglück, das uns betroffen hat, allzusehr grämen.
Adieu, meine Freundin. Ganz der Deine
                              N a p o l e o n
*

Josephine ist auf die Nachricht vom Tode des Kleinen gleich zu ihrer Tochter Hortense nach Holland gereist. Dann lebt sie eine Zeitlang in Belgien. Sie kann sich nicht trösten. Sie weint beständig und mit ihr Hortense.

An die Kaiserin Josephine in Laeken
                    Finckenstein, den 20. Mai 1807.
Meine Freundin,

soeben erhalte ich Deinen Brief vom 10. Mai, woraus ich ersehe, daß Du Dich nach Laeken begeben hast. Ich denke, Du kannst ungefähr vierzehn Tage dort bleiben. Das macht den Belgiern Freude und zerstreut Dich ein wenig.
Mit Bedauern habe ich jedoch gesehen, daß Du gar nicht vernünftig gewesen bist. Auch der Schmerz hat seine Grenzen, die man nicht überschreiten darf. Erhalte Dich für Deinen Freund und glaube an alle meine Gefühle.
                              N a p o l e o n
*

Noch untröstlicher ist die Königin Hortense über den Verlust ihres geliebten Kindes. Tagelang liegt sie fiebernd im Bett und schreit nach ihrem kleinen toten Sohn, oder sie verfällt stundenlang in Starrheit und stilles Weinen. Als sie sich wieder etwas erholt, ist ihr Schmerz so ungeheuer, daß sie an nichts mehr Interesse hat und alle Menschen vergißt, die ihr nahestehen. Sie antwortet nicht einmal ihrem Stiefvater Napoleon auf seine Beileidsbriefe. Und er glaubt auch sie aus ihrer stumpfen Trauer herausreißen zu müssen. Er schreibt:

An die Königin Hortense von Holland in dem Haag

Finckenstein, 20. Mai 1807.
Meine Tochter,

nach allem, was ich aus dem Haag erfahre, sehe ich, daß Sie nicht vernünftig sind. Wie berechtigt Ihr Schmerz auch sein mag, er muß seine Grenzen haben. Stürmen Sie nicht auf Ihre Gesundheit ein. Zerstreuen Sie sich. Bedenken Sie, daß das Leben voll Klippen ist. Es kann die Quelle großer Leiden sein. Der Tod ist nicht das schlimmste.

Ihr Sie liebender Vater　　　　　　　　N a p o l e o n

*

Tagelang beschäftigt Napoleon die Trauer um das verlorene Kind in seinen Briefen. Er weiß nicht, wie er Josephine noch trösten soll, und so reißt ihm auch manchmal ein wenig die Geduld darüber, daß sie sich gar nicht beruhigen will, ebenso wie Hortense.

An die Kaiserin Josephine in Laeken

Finckenstein, .. Mai 1807.
Meine Freundin,

ich empfange soeben Deinen Brief aus Laeken. Mit Bedauern sehe ich, daß Dein Schmerz noch ebenso groß und daß Hortense noch nicht angekommen ist. Sie ist nicht vernünftig und verdient nicht ein bißchen, daß man sie liebt. Denn sie liebt nur ihre Kinder.

Versuche ruhiger zu werden. Man muß sich über jedes nicht wieder gut zu machende Unglück zu trösten wissen.

Leb wohl, meine Freundin. Ganz der Deine

N a p o l e o n

*

Um ein wenig auf andere Gedanken zu kommen, ist Hortense schließlich doch zu ihrer Mutter nach Laeken gereist. Aber auch hier hat sie für nichts Interesse, und beide Frauen überlassen sich immer wieder ihren Tränen. Napoleon selbst ist tief erschüttert von dieser maßlosen Trauer, doch als Mann der Tat hält er es für seine Pflicht, Frau und Tochter aus dieser geistigen Erschlaffung durch starke Worte zu reißen. So schreibt er:

An die Kaiserin Josephine in Laeken
                        Finckenstein, den 26. Mai 1807.
Meine Freundin,
   ich erhalte Deinen Brief vom 16. Ich freue mich, daß Hortense in Laeken angekommen ist. Aber ich bin sehr böse, daß sie sich immer noch in einer Art Lethargie befindet. Sie *muß* Mut haben und alles über sich gewinnen. Ich begreife nicht, warum man sie durchaus zur Kur ins Bad schicken will. In Paris wird sie sich viel besser zerstreuen und auch mehr Trost finden.
   Überwinde auch Du. Sei froh und laß Dir's gut gehen. Ich befinde mich außerordentlich wohl.
   Adieu, meine Freundin. Ich leide sehr unter Deinem Kummer und bin sehr traurig, daß ich nicht bei Dir sein kann.   N a p o l e o n

*

   Napoleon unterbricht seinen Aufenthalt in Finckenstein für drei Tage. Er begibt sich nach der Übergabe Danzigs an den Marschall Lefèbvre dorthin und nach Elbing zur Inspizierung seiner Truppen. In dieser kurzen Spanne Zeit ist Marie Walewska, die in Finckenstein geblieben ist, nicht ohne Nachricht von ihm. Gleich nach seiner Ankunft in Danzig schreibt er kurz:

An die Gräfin Marie Walewska in Finckenstein
           (Danzig, vermutlich am 1. Juni 1807.)
Meine liebe Marie,
   Danzig hat sich ergeben. Ich hoffe, ich bin der erste, der Dir diese gute Nachricht übermittelt. Ich gehe soeben nach Danzig und Elbing. Doch ich werde mein Versprechen nicht vergessen. Harre aus und sei glücklich. Ohne Zweifel zerteilen sich die Wolken. Bald werden wir wieder miteinander vereint sein. Es ist mein sehnlichster Wunsch.
   Deinen Willkommenbrief habe ich erhalten.   N.

*

   Währenddessen quälen Napoleon auch die häuslichen Sorgen. Josephine hat ein paar Tage nicht geschrieben, und während sich seine Truppen bei Heilsberg, Spandau und Deppen mit den Russen herumschlagen, zerbricht er sich in Danzig den Kopf darüber, wie er die unglückliche Hortense zur Vernunft bringen kann. An Josephine, die inzwischen wieder nach Frankreich zurückgekehrt ist, schreibt er deshalb:

An die Kaiserin in Malmaison

(Danzig), den 2. Juni 1807.

Meine Freundin,

ich erfahre soeben Deine Ankunft in Malmaison. Du hast mir nicht geschrieben. Auch Hortense schreibt mir nicht. Ich bin sehr böse auf sie. Alles, was Du mir von ihr erzählst, bereitet mir Kummer. Warum ist es Dir nicht gelungen, sie ein wenig zu zerstreuen? Du weinst! Ich hoffe, auch Du überwindest bald, damit ich Dich nicht allzu traurig bei meiner Rückkehr antreffe.

Seit zwei Tagen bin ich in Danzig. Das Wetter ist herrlich. Es geht mir gut. Ich denke viel mehr an Dich als Du an den armen Abwesenden.

Leb wohl, meine Freundin. Tausend zärtliche Dinge. Übergib, bitte, beiliegenden Brief an Hortense.

Napoleon

*

Der beifolgende Brief Napoleons an seine Tochter ist eine ernste Ermahnung, ihre Trauer endlich zu überwinden und gleichzeitig der Ausdruck seines wirklich menschlichen Empfindens mit der schwergeprüften jungen Frau.

An die Königin Hortense von Holland in Malmaison

(Danzig), 2. Juni 1807.

Meine Tochter,

in Ihrem verständlichen und großen Schmerz haben Sie mir noch nicht ein einziges Mal geschrieben. Sie haben über diesen ersten großen Verlust alles vergessen, als hätten Sie nichts anderes mehr zu verlieren. Man sagt, Sie hätten an nichts mehr Gefallen. Sie seien gegen alles vollkommen gleichgültig. Das ist nicht schön, Hortense! Sie versprachen etwas ganz anderes. Ihr Sohn war Ihnen alles. Ihre Mutter und ich bedeuten Ihnen also nichts? Wäre ich in Malmaison gewesen, so hätte ich Ihren Kummer mit Ihnen geteilt. Aber ich hätte auch verlangt, daß Sie sich wieder Ihren besten Freunden zuwendeten.

Leben Sie wohl, meine Tochter. Seien Sie wieder froh. Man muß sich fügen. Bleiben Sie gesund, damit Sie allen Ihren Pflichten nachkommen können. Meine Frau ist über Ihren Zustand furchtbar traurig. Machen Sie ihr keinen Kummer mehr.

Ihr Sie liebender Vater   Napoleon

*

An demselben Tag noch verläßt Napoleon Danzig und kehrt über Marienburg nach Finckenstein zurück. Von dort nur ein paar Zeilen an die noch immer weinende Josephine.

An die Kaiserin Josephine in Malmaison

Marienburg, 3. Juni 1807 (2 Uhr nachts).
Meine Freundin,

ich habe heute in Marienburg übernachtet und gestern Abend Danzig verlassen. Meine Gesundheit ist ausgezeichnet. Alle Briefe, die ich aus Saint-Cloud erhalte, berichten, daß Du immer weinst. Das ist nicht recht. Man muß froh und zufrieden sein. Hortense geht es noch immer nicht gut. Was Du mir über sie schreibst, erweckt Mitleid.

Adieu, meine Freundin. Glaube an alle meine Gefühle für Dich.   Napoleon

*

Bis zum 6. Juni bleibt Napoleon in Finckenstein mit Marie Walewska. Dann kehrt sie auf ihr Schloß Kiernozia zurück und er begibt sich aufs neue zu seiner Armee. Die Schlacht von Friedland, der entscheidende Tag für den ganzen Feldzug, bereitet sich vor. Tagelang biwakiert der Kaiser im Freien mit seinen Truppen. Nach der unentschiedenen Schlacht bei Heilsberg schlägt er sein Hauptquartier, ein einfaches Lagerzelt, bei Preußisch-Eylau auf und weilt noch dort, als er folgende Zeilen an die Geliebte schreibt, um sie teils über sein Befinden, teils aber auch über das Schicksal der polnischen Division, die für ihn kämpft, zu beruhigen.

An die Gräfin Marie Walewska in Kiernozia

(Preußisch-Eylau), 13. Juni 1807.
Liebe Marie,

alles ist so gekommen, wie ich es mir dachte. Wir verfolgen den Feind in Eilmärschen. Meine Truppen sind herrlich. Die polnische Division ist voll Begeisterung und Mut.

Der Tag neigt dem Ende zu, und ich kann mich ein paar Augenblicke dem Glück überlassen, an Dich zu denken.

N.

*

Die glänzende Schlacht bei Friedland hat stattgefunden. Sie ist für Napoleon wie der Tag von Austerlitz! Ein vollkommener Sieg über seine Feinde unter dem russischen Oberbefehlshaber General Bennigsen. Und noch dazu hat er ihn am Jahrestag von Marengo, am 14. Juni, erfochten! Da er abergläubisch ist, verlegt er oft gerade große Schlachten auf die Glückstage aus seiner Oberbefehlshaberzeit in Italien. Diesmal sind die Russen vollkommen geschlagen, der Feldzug ist im großen und ganzen beendet. Froh und glücklich berichtet Napoleon darüber nach Paris:

An die Kaiserin Josephine in Saint-Cloud

Friedland, den 15. Juni 1807.

Nur ein paar Worte, meine liebe Freundin, denn ich bin furchtbar müde. Seit vielen Tagen biwakiere ich im Freien. Meine Jungens (seine Soldaten) haben den Jahrestag von Marengo würdig begangen. Die Schlacht von Friedland wird für mein Volk ebenso berühmt, ebenso ruhmreich wie Austerlitz sein. Die ganze russische Armee ist in die Flucht geschlagen. Wir haben achtzig Kanonen erobert, 30.000 Gefangene gemacht oder getötet, 25 russische Generale getötet, verwundet oder gefangengenommen. Die russische Garde ist vernichtet. (Friedland ist) eine würdige Schwester von Marengo, Austerlitz und Jena. Das übrige erfährst Du aus dem Bulletin. Mein Verlust ist nicht bedeutend. Ich habe erfolgreich gegen den Feind manövriert.

Sei ohne Sorgen und zufrieden.

Leb wohl, meine Freundin. Ich steige eben zu Pferd.

N a p o l e o n

PS. Wenn dieser Brief noch vor dem Bulletin eintrifft, kann er als Voranzeige ausgegeben werden. Auch das Geschütz kann man abfeuern lassen. Cambacérès (der Erzkanzler) soll den Bericht abfassen.

*

Die Verfolgung der Russen geht weiter. Am 16. besetzen die Franzosen Königsberg, und Napoleon schreibt nochmals glückstrahlend

An die Kaiserin Josephine in Saint-Cloud

(Im Biwak bei Wehlau), 15. Juni 1807,
4 Uhr nachmittags.

Meine Freundin,

ich sandte Dir gestern Moustache (seinen Kurier) mit der Nachricht vom Siege bei Friedland. Seitdem habe ich den Feind unaufhörlich verfolgt. Königsberg, eine Stadt von 80.000 Einwohnern, ist in meinem Besitz. Ich habe dort viele Geschütze, viele Vorräte und endlich 160.000 aus England kommende Gewehre gefunden.

Lebe wohl, meine Freundin. Gesundheitlich geht es mir ausgezeichnet, obwohl ich durch den Regen und die Kälte im Biwak etwas verschnupft bin. Sei zufrieden und froh.

Ganz der Deine   N a p o l e o n

*

Die Russen fliehen, wie er sagt, in Unordnung. Napoleon aber gönnt sich weder Rast noch Ruhe. Alles drängt zum Abschluß des Waffenstillstandes. Trotz wichtiger Verhandlungen findet der Kaiser noch Zeit für Privatbriefe, sei es an die Kaiserin, an Maria Walewska oder an die immer noch verzweifelte Hortense, an die er sogar vom Schlachtfeld aus auf ihren lang erwarteten Brief antwortet.

An die Königin Hortense von Holland

(Friedland), den 16. Juni 1807.

Meine Tochter,

ich habe Ihren Brief aus Orléans erhalten. Ihr Schmerz rührt mich zwar aufs tiefste, doch wünsche ich, Sie besäßen etwas mehr Mut. Leben heißt leiden. Doch der ehrliche Mensch kämpft beständig, um schließlich Herr seiner selbst zu bleiben. Ich habe es nicht gern, wenn Sie gegen den kleinen Napoleon Louis (ihren zweiten Sohn) und gegen alle ihre Freunde ungerecht sind. Ihre Mutter und ich hofften, in Ihrem Herzen einen besseren Platz einzunehmen, als es der Fall ist.

Am 14. Juni habe ich einen großen Sieg davongetragen. Ich befinde mich wohl und liebe Sie sehr.

Leben Sie wohl, meine Tochter, und seien Sie herzlichst geküßt.

Ihr Sie liebender Vater   N a p o l e o n

*

Josephine ist um das Leben Napoleons besorgt, denn das Bulletin, das von dem großen Siege und den ungeheuren Erfolgen erzählt, ist noch nicht in Paris angekommen. Napoleon beruhigt sie mit ein paar Worten aus Tilsit, wohin ihn der Waffenstillstand geführt hat.

An die Kaiserin Josephine in Saint-Cloud

Tilsit, 19. Juni 1807.

Meine Freundin,

heute früh sandte ich Tascher (ihren Vetter) zu Dir, um Dich über alles zu beruhigen. Alles geht hier aufs beste. Die Schlacht von Friedland hat alles entschieden. Der Feind ist kopflos, verwirrt und völlig erschöpft.

Meine Gesundheit ist gut und meine Armee prächtig.

Leb wohl, meine Freundin. Sei froh und glücklich.

N a p o l e o n

*

Am 21. Juni ist der Waffenstillstand mit Rußland geschlossen. Marie Walewska hofft natürlich auch für Polen die Freiheit zu erhalten und erinnert Napoleon in Briefen nach seinem Hauptquartier Tilsit daran. Doch er weicht geschickt ihren Fragen aus, denn er hat nicht die Absicht, aus Polen ein unabhängiges Königreich zu machen, höchstens ein kleines bescheidenes Herzogtum Warschau. Er vertröstet Marie auf ein nahes Wiedersehen.

An die Gräfin Marie Walewska in Kiernozia

Tilsit, den 22. Juni 1807.

Liebe Marie,

ich erhielt Deine Briefe und will Dir Deine Fragen beantworten, wenn wir uns wiedersehen. Sobald der Frieden geschlossen ist, werde ich es so einrichten, daß ich irgendwo mit Dir zusammentreffen kann. Habe Vertrauen. Du bist mir näher und lieber denn je.   N.

*

Seine größte Sorge aber gilt immer Josephine. An dem gleichen Tag wie an Marie Walewska schreibt Napoleon auch

An die Kaiserin Josephine in Saint-Cloud

Tilsit, den 22. Juni 1807.

Meine Freundin,

ich habe Deinen Brief vom 10. Juni erhalten und sehe mit Kummer, daß Du so traurig bist. Aus dem Bulletin wirst Du nun erfahren, daß ich einen Waffenstillstand abgeschlossen habe und man wegen des Friedens unterhandelt. Sei froh und glücklich.

Ich habe Dir Borghese (den Mann seiner Schwester Pauline) und zwölf Stunden später Moustache gesandt, so daß Du aus meinen Briefen zuerst die Nachricht von dem schönen Tage von Friedland erfahren haben mußt.

Ich fühle mich sehr wohl und wünsche auch Dich glücklich zu wissen.

Ganz der Deine   N a p o l e o n

*

Endlich findet am 25. Juni, mittags 1 Uhr, die lange geplante Zusammenkunft der beiden Kaiser, des russischen und des französischen, auf dem Niemen statt. Sie währt ungefähr anderthalb Stunden. Am nächsten Tag treffen die Herrscher wieder zusammen, und diesmal kommt noch der König von Preußen, Friedrich Wilhelm III., dazu. Alexander schlägt dann sogar seine Wohnung in derselben Straße in Tilsit auf, wo Napoleon wohnt. Von dem liebenswürdigen, geschmeidigen, jungen Zaren ist der Kaiser außerordentlich entzückt, und die drei Monarchen speisen von nun an täglich miteinander. Über die erste Begegnung mit Alexander I. schreibt Napoleon:

An die Kaiserin Josephine in Saint-Cloud

(Tilsit), den 25. Juni 1807.

Meine Freundin,

ich habe soeben den Kaiser Alexander gesehen und bin sehr zufrieden mit ihm gewesen. Er ist ein sehr schöner, guter und junger Kaiser. Er hat mehr Geist, als man gewöhnlich von ihm denkt. Morgen wird er auch in Tilsit wohnen.

Leb wohl, meine Freundin. Es ist mein größter Wunsch, daß Du zufrieden bist und Dich wohlfühlst. Mir geht es gesundheitlich ausgezeichnet. Napoleon

*

Alexander und Napoleon schließen bereits in Tilsit Freundschaft, die allerdings auf seiten des Zaren nicht ganz aufrichtig ist, sondern hauptsächlich aus politischem Interesse mit dem Weltbezwinger weitergeführt wird, während Napoleon ehrlich von dem Scharm des russischen Kaisers begeistert ist. Immer wieder kommt er darauf zurück in seinen Briefen.

An die Kaiserin Josephine in Saint-Cloud

(Tilsit), den 3. Juli 1807.

Meine Freundin,

Herr von Turenne (Kammerherr Napoleons) wird Dir über alles, was sich hier ereignet, Bericht erstatten. Es geht alles ausgezeichnet. Ich glaube, ich habe Dir schon geschrieben, daß der Kaiser von Rußland stets mit großer Liebenswürdigkeit auf Deine Gesundheit trinkt. Er sowie der König von Preußen speisen täglich bei mir. Ich wünsche, daß Du glücklich bist. Leb wohl, meine Freundin. Tausend Zärtlichkeiten. Napoleon

*

Der preußische Hof ist über die ungeheuren Ansprüche, die Napoleon in Tilsit stellt, verzweifelt. Friedrich Wilhelm III. richtet durch seinen Stolz und die sichtbare unüberwindliche Abneigung gegen den Kaiser der Franzosen gar nichts aus. Napoleon vermeidet es absichtlich, mit ihm über die schwebenden Angelegenheiten zu sprechen. Als der König von Preußen Napoleon kennenlernt, schreibt er an die Königin Luise über diese erste Begegnung, er habe „das von der Hölle ausgespiehene Ungeheur" gesehen. „Es ist mir unmöglich, den Eindruck zu beschreiben, den er auf mich gemacht hat. Nein, niemals habe ich eine härtere Prüfung erfahren. Mein ganzes Innere empörte sich während dieser entsetzlichen Zusammenkunft." Napoleon wiederum verhält sich in Tilsit äußerst kühl gegen Friedrich Wilhelm und durchaus nicht entgegenkommend. In dieser verzweifelten Lage meint man in Berlin, alles Heil hänge von der Anwesenheit der Königin Luise in Tilsit ab. Ihrer wunderbaren Klugheit und Liebenswürdigkeit soll es gelingen, günstigere Bedingungen von Napoleon zu erlangen. Und so geht die schöne Königin, zwar mit Zagen im Herzen, aber doch hoffnungsvoll nach Tilsit, um für Preußen zu bitten. In der Liebe zu ihrem Lande überwindet sie den Abscheu vor Napoleon.

Als Luise in ihrer lieblichen Schönheit und doch mit wahrhaft königlicher Würde vor Napoleon erscheint, macht sie einen solchen Eindruck auf ihn, daß er sie wegen der häßlichen Worte, die er über sie in seinen Kriegsbulletins gesagt hat, um Verzeihung bittet. Er behandelt Luise von da an mit der größten Hochachtung. In politischer Hinsicht erreicht allerdings auch sie nichts in Tilsit.

Luise kommt am 4. Juli in Picktupöhnen, dem Hauptquartier ihres Mannes, an. Am nächsten Tag läßt Napoleon sie, da er selbst das neutrale Gebiet von Tilsit nicht verlassen kann, für den 6. Juli zu sich zum Diner einladen. Vor dieser Begegnung mit Preußens unglücklicher Königin schreibt der Kaiser

An die Kaiserin Josephine in Saint-Cloud

(Tilsit), den 6. Juli 1807.

Meine Freundin,

ich erhielt Deinen Brief vom 25. (Juni). Doch ich bin sehr traurig darüber, daß Du so egoistisch bist und nicht einmal durch die Erfolge meiner Waffen etwas froher wirst.

Die schöne Königin von Preußen soll heute mit mir speisen.

Ich befinde mich wohl und sehne mich unendlich nach dem Wiedersehen mit Dir. Es hängt indes alles vom Schicksal ab. Vielleicht aber trifft es schon bald ein.

Lebe wohl, meine Freundin. Tausend liebe Dinge.

N a p o l e o n

*

Auf Luise macht Napoleon nicht den erschreckenden Eindruck, den sie sich von seiner Persönlichkeit vorgestellt hat. Sie findet, „seine Gesichtszüge verkünden den denkenden Mann. Das Ganze erinnert an einen römischen Kaiser. Beim Lächeln hat er um den Mund einen schönen Zug von Güte. Überhaupt kann er sehr liebenswürdig sein". In dieser versöhnlichen Stimmung gewinnt es Preußens Königin gleich in den ersten Augenblicken der Zusammenkunft mit Napoleon über sich, von den preußischen Angelegenheiten zu sprechen. Napoleon scheint indes nicht besonders geneigt, sich mit ihr in politische Gespräche einzulassen. Er lenkt die Unterhaltung bei Tisch immer wieder auf nebensächliche Dinge. Die tiefgebeugte Königin läßt sich indes nicht beirren. Sie bittet ihn inständig, nicht jetzt von nichtigen Dingen zu sprechen. Und Napoleon hört ihr aufmerksam zu. Vielleicht wäre er der ganz weiblichen Schönheit und fraulichen Würde, die von der Königin ausstrahlen, doch erlegen, wenn nicht seine Politik sich dem gebieterisch widersetzt hätte. Er gibt sich jedenfalls an diesem Abend dem angenehmen Gefühl hin, mit einer schönen geistreichen Frau zu plaudern, ohne ihrem Zauber ganz zu verfallen. Und Luise kann aus diesem Gespräch, durch das er sich jedoch zu gar nichts verpflichtet, einige Hoffnung schöpfen. Sie irrt sich. Der Brief, den Napoleon über diese Begegnung mit Luise von Preußen an seine Frau schreibt, ist bezeichnend.

An die Kaiserin Josephine in Saint-Cloud

(Tilsit), den 7. Juli 1807.

Meine Freundin,

die Königin von Preußen hat gestern mit mir gespeist. Ich mußte mich tüchtig wehren, da sie durchaus wollte, ich sollte ihr noch einige Zugeständnisse zugunsten ihres Mannes machen. Ich war zwar galant, hielt mich aber an meine Politik. Die Königin ist sehr liebenswürdig. Alles Nähere später, denn ich kann unmöglich alles in ein paar Worten schildern.

Wenn Du diesen Brief erhältst, ist der Frieden mit Preußen und Rußland bereits geschlossen, und Jérôme als König von Westfalen mit drei Millionen Untertanen anerkannt. Dies jedoch nur für Dich.

Leb wohl, meine Freundin. Ich liebe Dich und wünsche Dich froh und glücklich zu wissen. N a p o l e o n

Längst bevor die Königin Luise nach Tilsit kam, ist das Geschick Preußens in Napoleons Kopf entschieden. „Sie kam zu spät nach Tilsit", sagte er selbst später zum General Gourgaud auf Sankt Helena. „Alles war bereits entschieden. Ich konnte Magdeburg nicht hergeben, weil ich es brauchte, um den König von Sachsen zu schützen." Und so muß Luise die bittere Enttäuschung erleben, daß der Frieden von Tilsit, der vor ihrer Ankunft zu keinem Abschluß hat kommen können, jetzt binnen vierundzwanzig Stunden unterzeichnet wird. Und zwar sind Napoleons Forderungen an Preußen weit härter als zuvor. Am 8. findet die Unterzeichnung zwischen den beiden Kaisern statt. Alexander von Rußland erkennt den Rheinbund an und verspricht seine Vermittlung in England zur Aufrechterhaltung des Weltfriedens. Am 9. unterzeichnet Napoleon auch mit Friedrich Wilhelm den Frieden. Preußen verliert außer den für das Königreich Westfalen bestimmten Staaten auch Polen, das dem König von Sachsen als Herzogtum zugesprochen wird.

An dem bedeutungsvollen Tag des 8. Juli schreibt Napoleon nur ein paar scherzende Worte über die reizende Königin von Preußen, deren Scharm er doch beinahe erlegen wäre.

An die Kaiserin Josephine in Saint-Cloud

(Tilsit), 8. Juli 1807.

Liebe Freundin,

die Königin von Preußen ist wirklich reizend. Sie entwickelt mir gegenüber ihren ganzen Liebreiz. Doch hab keine Angst. Ich bin wie ein Wachstuch, an dem alles abgleitet. Es würde mich zu teuer zu stehen kommen, wollte ich den Ritterlichen spielen.   N a p o l e o n

*

Von Tilsit begibt Napoleon sich nach Königsberg, und am 13., abends 6 Uhr, bricht er von dort nach Sachsen auf, um seinem Freund, König Friedrich August, einen Besuch zu machen und dann gleich nach Paris weiter zu reisen, wo ihn ungeheurer Jubel erwartet. Auf das Wiedersehen mit Josephine aber freut Napoleon sich am meisten. Das ist nicht der Ton eines Mannes, der bereits fest entschlossen ist, sich nach einer anderen Frau umzusehen, die ihm die Garantie zur Fortpflanzung seiner Dynastie gibt. Nachdem er sich in Dresden nach einer langen anstrengenden Reise etwas erholt hat, schreibt Napoleon:

An die Kaiserin Josephine in Saint-Cloud

(Dresden), den 18. Juli 1807, mittags.
Meine Freundin,

ich bin gestern Nachmittag um 5 Uhr wohlbehalten in Dresden angekommen, obwohl ich ununterbrochen hundert Stunden hintereinander im Wagen gesessen habe. Ich wohne im Schlosse beim König von Sachsen, mit dem ich mich sehr gut verstehe. Ich bin also schon um die Hälfte des Weges Dir nahe. Es ist leicht möglich, daß ich plötzlich wie ein Eifersüchtiger in einer schönen Nacht in Saint-Cloud einbreche. Nimm Dich in acht!

Leb wohl, meine Freundin, ich freue mich unsäglich, Dich wiederzusehen.

Ganz der Deine   N a p o l e o n

*

Der Feldzug hat Frankreichs Machtbefugnis wieder um vieles erweitert. Aus den Feinden Rußland und Preußen sind Freunde geworden. Die Hauptstaaten Deutschlands sind Napoleons Verbündete. Nur England bleibt die harte Nuß, die er noch zu knacken hat. Polen, das er zum Herzogtum Warschau gemacht, ist eigentlich für die Polen selbst und besonders für die Gräfin Walewska eine Enttäuschung. Napoleon hat ihren Wunsch nicht erfüllt. Aber Marie ist längst nicht mehr seine Freundin aus Patriotismus, sondern aus tiefer persönlicher Zuneigung. Der Gedanke an ihr Vaterland hat mit ihrer Liebe zu Napoleon nur noch sehr wenig zu tun. Jetzt wartet sie in Kiernozia nur sehnsüchtig auf einen Brief von ihm, der sie nach Paris an seine Seite ruft. Er hat es ihr versprochen, er werde sie bald nachkommen lassen. Und endlich, nachdem die Empfangsfeierlichkeiten vorüber sind und der Hof seine Sommerresidenz in Saint-Cloud wieder bezieht, schreibt der Kaiser, ohne indes Genaueres zu bestimmen, wann sie kommen soll.

An die Gräfin Marie Walewska in Kiernozia

(Saint-Cloud), 29. Juli 1807.
Meine liebe Marie,

da Du selbst Dein Land so zärtlich liebst, wirst Du verstehen, welche Freude ich empfinde, wieder daheim zu sein, nach einer Abwesenheit von nahezu einem Jahr! Die Freude wäre noch ungetrübter, wenn Du nicht so fern wärest. Doch in meinem Herzen denke ich immer an Dich, und mein Mund flüstert Deinen Namen. Deine Schutzheilige wird an meinem eigenen Geburtstag (15. August, Marientag) gefeiert, und so möchte ich Dir ein kleines Andenken an diesem Tage senden. Das ist der Hauptgrund meines Schreibens und des beiliegenden Päckchens — ich habe auch mein Bild hinzugefügt.

Du fehlst mir so sehr, Marie, daß ich den Tag mit Ungeduld erwarte, an dem ich Dich zu mir rufen werde können, den auch Du so sehnlichst herbeiwünschest. Ich hoffe und vertraue.

Auf Wiedersehen, meine süße Marie. Laß Dich von keinen bösen Ahnungen übermannen, sondern glaube an die unerschütterliche Zuneigung
           Deines   N.

Seinem Brief an Marie hat Napoleon außer dem erwähnten Bild ein wundervolles Armband mit Saphiren und Diamanten beigefügt. Aber noch das ganze Jahr 1807 vergeht, ehe sie den Geliebten wiedersieht.

*

Sozusagen als zweites Wunder der Familie Bonaparte nannte man Elisa, die Fürstin von Lucca und Piombino, die „Italienische Semiramis", sowohl als Frau als auch als Herrscherin. So gebieterisch sie sich im öffentlichen Leben und in ihrem Fürstentum zeigt, so leicht läßt sie sich allerdings auch von ihren Günstlingen beeinflussen, ganz im Gegenteil zu ihrem Bruder Napoleon, bei dem nie eine Favoritin eine Rolle spielt. Die Fürstin von Lucca beweist meist bei der Wahl ihrer Günstlinge guten Geschmack. Sie ist, wie Napoleon, freigebig und überschüttet alle, die ihr einmal nahestanden, mit königlichen Wohltaten. Im Jahre 1807 steht ein junger italienischer Aristokrat, Bartolomeo Cenami, in ihrer besonderen Gunst. Anfangs ist der schöne dreißigjährige Mann Elisas Stallmeister. Später überträgt sie ihm die Leitung des öffentlichen Unterrichts in Lucca und macht ihn zu ihrem Vertrauten und Gewährsmann in allen geheimen Angelegenheiten. Cenami genießt die Gunst Elisas bis zu seinem Tode. Er stirbt sehr jung, kaum achtunddreißig Jahre alt, als der Thron der Napoleoniden zum zweiten Mal in Trümmer geht.

Diesen Cenami schickt Elisa im September 1807 mit einer geheimen Botschaft nach Paris zu ihrem Bruder Napoleon über die Vorgänge, die sich in dieser Zeit am Hofe der Königin von Etrurien und in Palermo abspielen. Denn Elisa ist Napoleons beste Spionin und unaufhörlich bemüht, das Feuer zu schüren und ihn noch mehr, als er es schon ist, gegen die beiden Königinnen, die von Neapel und die von Etrurien, aufzubringen. Dabei versteht sie es meisterhaft, Napoleon zu schmeicheln. Keine Gelegenheit läßt sie unbenützt, ihm seinen unsterblichen Ruhm vor Augen zu führen. Besonders jetzt, nach den großen Siegen im Feldzug von 1806/07. Von ihren Gefühlen gerührt, antwortet Napoleon:

An die Fürstin von Lucca und Piombino Elisa Napoleon

Saint-Cloud, 4. September 1807.
Meine liebe Schwester,

Ihr Großstallmeister, der Senator, Herr von Cenami, überbrachte mir Ihr privates Schreiben vom 30. vorigen Monats. Die Gefühle, die Sie darin aussprechen, haben mein Inneres tief gerührt, denn ich sehe darin einen neuen Beweis Ihrer Anhänglichkeit an mich. Sicher zweifeln auch Sie weder an meiner zärtlichen Zuneigung für Sie, noch an meinem ständigen Wunsche, Ihnen Beweise davon zu geben. Herrn von Cenami will ich mit aller Auszeichnung behandeln, die er durch die Gunst verdient, die Sie ihm schenken. Je nach den Umständen, die sich dazu bieten, will ich ihn auszeichnen. Mit großem Vergnügen wiederhole ich Ihnen, meine liebe Schwester, die Versicherung meiner unerschütterlichen Freundschaft.

Ihr Sie liebender Bruder   N a p o l e o n

*

Im Dezember 1807 entscheidet sich dann auch das Schicksal der Königin von Etrurien. Marie Louise wird nach siebenjähriger Regierung aus ihren Staaten vertrieben, und der Thron von Toskana ist für Elisa frei, die schon längst damit geliebäugelt hat. Die erste strenge Maßnahme gegen Etrurien ist die Schließung seiner Häfen, besonders Livornos, auf das die Engländer ein scharfes Auge haben. Gleichzeitig ist die Verfügung Napoleons eine Strafe für die englandfreundliche Königin, die nicht lange mehr ihren Thron besitzen wird. Die Anwesenheit seiner Truppen in Livorno ist Napoleon außerdem eine Stütze für die kommenden Ereignisse.

An die Königin Marie Louise, Regentin von Etrurien

Saint-Cloud, am 16. September 1807.

Gnädige Frau Schwester und Kusine,

die ständigen Absichten Englands auf Livorno haben mich zu der Maßnahme gezwungen, diesen Hafen dem englischen Handel zu verschließen und ihn gegen die englischen Waffen zu verteidigen. In verschiedenen Zeiten des Krieges hat Livorno aus den gleichen Gründen eine französische Garnison besessen, und so ist Ihnen, Majestät, dieser Hafen erhaltengeblieben. In Ihrem Interesse und gegen unsere gemeinsamen Feinde muß ich weiter auf der Hut sein, und ich werde dabei in jeder Weise die Lage der Staaten Ihrer Majestät im Auge behalten. Es ist meine Absicht, in Livorno nur soviel Truppen zu lassen, als unbedingt gegen die Engländer und ihren Handel erforderlich sind. Auf diese Weise werden die Lasten, die durch die Anwesenheit jener Truppen hervorgerufen werden, stark verringert. Ich wünsche, daß die Truppen während ihres vorübergehenden Aufenthaltes in Livorno ebenso gut aufgenommen werden als die spanischen Soldaten, die in meinem Heere in Deutschland dienen. Die Interessen Frankreichs, Spaniens und Toskanas sind eins, und wohin meine Truppen auch gestellt werden, immer verteidigen sie die Sache Eurer Majestät ebenso wie meine eigene.

Napoleon

Er hat im Oktober auch dem Herzog Friedrich Wilhelm von Braunschweig, dem Schwiegersohn der Markgräfin Amalie Christine von Baden, seine Staaten genommen, um sie mit dem neuen Königreich Westfalen für seinen Bruder Jérôme zu vereinigen. Friedrich Wilhelm wird mit einem Jahrgehalt abgefunden. Die Markgräfin ist indes eifrig bemüht, für ihren Schwiegersohn beim Kaiser eine höhere Entschädigung zu erlangen, als der Frieden von Tilsit ihm zuspricht. Obwohl Napoleon sie, die auch die Schwiegermutter seiner Adoptivtochter Stephanie ist, wegen ihres geraden und offenen Charakters sehr hochschätzt, nützt ihre Vermittlung weiter nichts, als daß Napoleon ihr ein paar vage Versprechungen macht.

An die Markgräfin Amalie Christine von Baden in Karlsruhe

Fontainebleau, den 15. Oktober 1807.

Gnädige Frau Schwester und Kusine,

ich erhalte soeben den Brief Eurer Majestät (!) vom 26. September. Es tut mir aufrichtig leid, daß mir die Umstände nicht gestatten das zu tun, was Sie für den Herzog von Braunschweig wünschten. Ich habe meinen Minister des Auswärtigen (Talleyrand) damit beauftragt, Ihnen die Höhe der Apanage mitzuteilen, die der Herzog nach dem Vertrag von Tilsit erhalten wird. Ich hoffe indes bei anderer Gelegenheit glücklicher zu sein und Sie von dem Wunsche überzeugen zu können, mich Ihnen erkenntlich zu erweisen. Napoleon

*

Gegen andere Begünstigte seiner ehrsüchtigen aber auch intriganten Schwester Elisa ist Napoleon weniger nachsichtig als gegen den schönen Cenami. Am allerwenigsten kann er es vertragen, wenn sie sich gegen seinen Willen mit Leuten in Verbindung setzt, die ihn noch aus seiner armen Offizierszeit her kennen, vor dem 13. Vendémiaire. Zu ihnen gehört auch jener ehemalige Sansculottist Hainguerlot, von dem in dem folgenden Brief die Rede ist. Er verkehrte im Hause Lucien Bonapartes, dem Lieblingsbruder Elisas, und stand in Briefwechsel mit der Fürstin.

An die Fürstin von Lucca und Piombino Elisa Napoleon
Fontainebleau, den 13. November 1807.
Madame und liebe Schwester,
der elende Hainguerlot steht weiter im Briefwechsel mit Ihnen. Ich wünsche keinesfalls, daß Sie irgendwelche Verbindungen, sei es direkt oder indirekt, zu diesem Intriganten aufrechterhalten. Sollten Sie jedoch meinen Befehlen zuwiderhandeln, so werden Sie erstens die Ursache dazu sein, daß ich ihn verhaften und auf eine Festung bringen lasse, und zweitens verlören Sie meine Achtung. N.

*

Die Katastrophe über Etrurien ist hereingebrochen. Die Franzosen besetzen das Land. Napoleon gewährt der entthronten Königin jedoch einen ehrenvollen Abzug aus ihren Staaten und versichert sie seines Schutzes. Er selbst befindet sich seit dem 17. November in Italien und schreibt von da aus:

An die Königin-Regentin Marie Louise von Etrurien
Venedig, 5. Dezember 1807.
Gnädige Frau Schwester und Kusine,
ich erhalte soeben den Brief Eurer Majestät vom 24. November. Unter den obwaltenden Umständen kann ich verstehen, daß Eure Majestät es eilig haben, sich nach Spanien zu begeben, oder wenigstens ein Land zu verlassen, wo Sie nicht mehr mit der Würde, die Ihrem Range zukommt, bleiben können. Ich habe Befehl erteilt, daß Sie in meinem Königreich Italien oder in den Staaten Frankreichs mit allen Ehren empfangen werden, die man Ihnen schuldig ist. Wenn Eure Majestät noch vor dem 18. Dezember in Mailand oder Turin sind, hätte ich den Vorzug, Sie dort sehen zu können.

Ich schicke einen Offizier, meinen Adjutanten, General Reille, zu Eurer Majestät mit diesem Brief. Gleichzeitig hat er den Auftrag, Maßnahmen zur Sicherheit des Landes zu ergreifen und jene Männer zu entfernen, die Sie beunruhigen, denn ich höre, daß Eure Majestät es bereits für nötig erachtete, Truppen aus Livorno kommen zu lassen.

Meine Truppen müssen jetzt in Lissabon eingezogen sein und von Portugal Besitz ergriffen haben. (Am 30. November unter Junot.) * Napoleon

Auch seiner zweiten Schwester, Pauline, und deren Gatten, dem Fürsten Camillo Borghese, hat Napoleon im März 1806 ein Herzogtum verliehen. Da sich aber weder der Fürst noch die Fürstin um die Regierung des kleinen Ländchens Guastalla in Italien kümmerten, nahm er es ihnen wieder im Mai, ließ ihnen jedoch den Herzogstitel und ernannte Borghese nach der Schlacht von Friedland zum Generalgouverneur von Piemont mit der Residenz des Paares in Turin. Die Fürstin Pauline, deren Ehe mit Camillo alles andere als harmonisch ist, hält sich seit dem Herbst mit ihren beiden Liebhabern, dem Sänger Blangini und dem General Forbin, an der französischen Riviera auf. Als sie von der Ernennung ihres Gatten erfährt, verspürt sie zuerst nicht die geringste Lust, sich nach Turin zu begeben. Endlich aber entschließt sie sich dazu, um Napoleons Unwillen nicht herauszufordern. Da er jedoch beabsichtigt, daß Camillo seine Gattin im Frühjahr selbst aus Nizza abholen und mit ihr in die neue Residenzstadt einziehen soll, rät er seiner Schwester, noch mit ihrer Abreise zu warten.

An die Fürstin Pauline Borghese, Herzogin von Guastalla

Mailand, den 20. Dezember 1807.

Madame und liebe Schwester,

ich erhalte soeben Ihren Brief vom 15. Dezember aus Nizza. Wollen Sie wirklich bei dem schlechten Wetter die Reise nach Turin unternehmen? Bleiben Sie lieber den Winter über in Nizza. Pflegen Sie sich und werden Sie gesund, damit Sie im Frühjahr völlig wiederhergestellt nach Paris kommen können. Napoleon

*

Ende des Jahres weilen Napoleons Gedanken bei Marie Walewska in Polen. Er ist immer noch in Italien. Da er hofft, zu Beginn 1808 wieder in Paris zu sein, fordert er sie jetzt auf, zu kommen, denn vorläufig ist die Welt ruhig und kein neuer Krieg zu befürchten, der ihn wieder ins Feld ruft. Die militärischen Angelegenheiten gegen die englischen Truppen in Spanien werden ihn jetzt noch nicht persönlich in Madrid und Bayonne erfordern. Mit Karl IV. und dem Friedensfürsten Godoy hat er am 27. Oktober

1807 den Frieden unterzeichnet, der den Franzosen den Durchzug nach Portugal gestattet. Daß Napoleon wenige Monate später auch die spanische Dynastie stürzt und seinen Bruder Joseph auf den spanischen Thron setzt, davon hat noch niemand eine Ahnung. Vorläufig gedenkt Napoleon mit der Geliebten ein paar Monate des Jahres 1808 in Paris zu verbringen.

An die Gräfin Marie Walewska in Kiernozia

(Turin), etwa am 21. oder 22. Dezember 1807.
Liebe Marie,

ich habe ganz genau berechnet, daß Dich meine aufrichtigsten Glückwünsche zum Neuen Jahr am 1. Januar erreichen. An diesem Tage gedenke ich wieder in Paris einzutreffen. Willst Du dann zu mir kommen? Dein Bruder wird während der Weihnachtsfeiertage bei Dir sein, und Du kannst dann mit ihm reisen, wenn er nach Paris zurückkehrt. Nein, es herrscht keine ernstliche Kriegsgefahr. Hab keine Sorge. Sei ruhig und freue Dich auf unsere Wiedervereinigung. N.

*

Nach dem Feldzug in Preußen hält es Napoleon für angebracht, seinen 24jährigen Bruder Leichtfuß, Jérôme, den der Frieden von Tilsit zum König von Westfalen gemacht hat, in eheliche Fesseln zu legen. Seinen seit 1805 gehegten Traum, Frankreichs und Deutschlands Einigkeit durch Heiraten der Mitglieder seiner Familie mit denen deutscher Fürstenhäuser zu befestigen, spinnt Napoleon auch in der Verbindung dieses Bruders weiter. Bereits seit dem Preßburger Frieden schwebte ihm die Prinzessin Katharina von Württemberg als Frau für Jérôme vor. Im August 1807 endlich verwirklicht er diesen Plan und verheiratet die beiden miteinander. Und gerade diese deutsche Fürstin gewinnt mit ihrem edlen Charakter mehr als jede andere Einfluß auf den leichtsinnigen Jérôme. Sie besitzt bald sein ganzes Vertrauen und seine tiefste Zuneigung. In der Familie Bonaparte ist gewiß Jérômes Ehe die glücklichste und ungetrübteste, trotz der vielen Seitensprünge, die sich der König Lustig gestattet. Katharinas schöner Charakter und ihr echt weibliches Empfinden verschaffen ihr auch bei Napoleon die größte Achtung und Freundschaft. Vor allem aber verehrt *sie* ihn als den größten Mann der Zeit. Große Freundschaft und herzliche Zuneigung faßt sie ferner gleich zu Anfang ihres Aufenthaltes nach ihrer Hochzeit in Paris zu Napoleons Mutter, Madame Mère. Und die alte Korsin vergilt ihr diese Zuneigung mit mütterlicher Liebe. Katharina schreibt gern Briefe, besonders an ihren berühmten Schwager Napoleon. Er indes hat wenig Zeit, und so fallen seine Antworten an sie, die er sehr schätzt, fast immer kurz aus.

An die Königin Katharina von Westfalen in Kassel

Turin, den 28. Dezember 1807.

Meine liebe Schwester,

ich erhielt Ihren Brief vom 14. Dezember. Ich danke Eurer Majestät für die Übermittlung des Briefes der Kaiserin Mutter. Sie wissen, welches Interesse Sie mir vom ersten Augenblick Ihrer Bekanntschaft an eingeflößt haben. Und seit ich Sie kenne, haben alle die guten Eigenschaften Ihres Charakters meine Wertschätzung für Sie noch erhöht. Ich hoffe daher zu erfahren, daß Sie auch weiterhin glücklich und zufrieden sind. Napoleon

*

Seine Mutter hat Napoleon im Jahre 1805 zur Schutzherrin aller Wohltätigkeitseinrichtungen in Frankreich ernannt. Frau Letizia nimmt sich der Armen und Kranken mit besonderer Liebe an. Trotz ihrer angeborenen Sparsamkeit gibt sie für wohltätige Zwecke große Summen aus, erstattet aber ihrem Sohn Bericht über alles, was in den wohltätigen Stiften und Vereinen unternommen wird. Napoleon antwortet meist sehr eingehend auf diese Dinge. Als er ihr den untenstehenden Brief schreibt, befindet sich Madame Mère gerade bei ihrer liebsten Schwiegertochter Katharina in Kassel.

An Madame Mère in Kassel

Paris, den 4. Februar 1808.

Madame,

ich habe sehr aufmerksam das Protokoll des Stiftes der Barmherzigen Schwestern gelesen. Es liegt mir sehr am Herzen, die Zahl der Häuser und Personen aller dieser verschiedenen Einrichtungen sich vermehren und vergrößern zu sehen, deren Zweck es ist, die Leiden der Kranken meines Landes durch ihre Pflege zu erleichtern. Ich habe daher meinem Kultusminister meinen Willen kundgetan, die Reglements jener Einrichtungen einer Revision zu unterziehen und durch meinen Rat im Laufe dieses Jahres festsetzen zu lassen.

Ich wünsche, daß die Oberinnen der verschiedenen Häuser von der Notwendigkeit überzeugt sind, Separatstiftungen einzuberufen, soweit dies möglich ist. Sie gewinnen dadurch mehr Achtung, finden größere Leichtigkeit in ihrer Verwaltung und haben ein Anrecht auf meine besondere Protektion. Alle Häuser, die die Abgeordneten verlangt haben, jede erste Hilfe und jährliche Unterstützung, die Sie für sie als nötig gefordert haben, werden bewilligt. Ich bin sogar geneigt, ihnen neue und größere Vergünstigungen einzuräumen, sobald die Oberinnen der verschiedenen Häuser mit allen ihren Kräften und Bestreben den Wunsch meines Herzens, die Leiden der Armen zu mildern, unterstützen, indem sie sich dem Dienst der Hospitäler und der Unglücklichen mit jener Barmherzigkeit widmen, die nur unsere geheiligte Religion einflößen kann.

Ihnen, Madame, kann ich nur meine Zufriedenheit über den Eifer, den Sie beweisen und über die erneuten Bemühungen, mit denen Sie sich der Sache widmen, ausdrücken. Das alles aber kann meine Verehrung für Sie und die kindliche Liebe, die ich Ihnen entgegenbringe, nicht noch mehr verstärken.

Ihr Sie liebender Sohn • Napoleon

Elisa in Lucca erstrebt, wie erwähnt, nichts sehnlicher, als eine Gebietsvergrößerung ihres Reiches. Sie wünscht zum mindesten einen Staat zu regieren, dessen Besitz ihrer, das heißt ihrer Intelligenz würdig ist. Als Schwester des Kaisers meint sie das beanspruchen zu können. Und schließlich ist ihr Hoffen auch von Erfolg gekrönt. Napoleon ernennt sie bald zur „Generalgouverneurin der Departements von Toskana mit dem Titel Großherzogin". Felix Baciocchi hat diesmal keinen Anteil an Elisas Machtbefugnissen. Er ist nur General und wird ehrenhalber zum Senator ernannt. Ganz im Geheimen schreibt Napoleon bereits im März über alle diese Dinge:

An die Fürstin von Lucca und Piombino Elisa Napoleon
Paris, den 13. März 1808.
Liebe Schwester,

es ist meine Absicht, sobald ich die Liste der Domänen von Toskana habe, Ihnen einen schönen Besitz in diesem Lande zu geben. Er wird Ihnen 200.000 bis 300.000 Franken Einkommen netto einbringen, eine sehr schöne Zugabe zu Ihrer Zivilliste. Aber es ist besser, es noch geheimzuhalten. Da Sie in der Lage sind, das Land zu kennen, so suchen Sie sich selbst den Besitz aus, der Ihnen zusagt. Es ist hierbei nicht die Frage einer Souveränität, sondern es handelt sich um einen Privatbesitz. Sie müßten ihn so wählen, daß er die Souveränität des Landes nicht stört. Ich habe befohlen, daß man Ihnen für Ihre Tochter Besitzungen in den Staaten Parma und Piacenza im Werte von 150.000 Franken jährlichen Einkommens gibt, die im Todesfall an Sie übergehen. Außerdem gab ich Befehl zum Ankauf Ihres Hauses in Paris um 800.000 Fr., die ins Staatsschuldbuch mit 5 % zum heutigen Kurs von 85 Fr. eingetragen werden, was für Sie 48.000 Franken Rente ausmacht. Ich füge aber gern noch den Rest hinzu, um diese Rente auf 50.000 Franken zu erhöhen. Die Staatsschuldenkasse ist die sicherste Anlage. Setzen Sie sich darüber mit dem General Duroc brieflich in Verbindung. Ich habe ihn damit beauftragt. Sobald ich genau weiß, was alles zu Toskana gehört, werde ich mich damit befassen, Ihr Gebiet angemessen zu vergrößern.

Von den 150.000 Franken, die ich der Prinzessin, Ihrer Tochter, verschreibe, möchte ich, daß jedes Jahr davon 30.000 für ihren Unterhalt verwendet werden. Das Verbleibende soll in die Staatsschuldenkasse eingezahlt werden. Dazu kommen die jährlichen Zinsen, so daß Ihre Tochter, wenn sie einmal in die Lage kommt, sich zu verheiraten, außer ihrer Apanage von 130.000 Franken noch einige 100.000 Franken aus der Staatsschuldenkasse zu bekommen hat.

Es wäre angebracht, daß Prinz Felix sein Einkommen als Senator nicht beziehe. Er soll an den Schatzmeister des Senats schreiben, er fühle sich durch den Titel Senator zu hoch geehrt, als daß er auf dieses Amt verzichten wolle, doch wolle er das Senatorengehalt nicht haben, es solle der Senatskasse zugute kommen. Napoleon

VI. Die spanischen Wirrnisse

Erfurt 1808

Inzwischen vollziehen sich die Ereignisse in Spanien. König Karl IV. dankt zugunsten seines Sohnes Ferdinand ab, während Napoleons „Stellvertreter" Murat in Spanien angelangt ist und am 23. April 1808 in Madrid triumphierenden Einzug hält. Niemand weiß etwas über die Absichten des Kaisers der Franzosen. Ob er es mit der spanischen Königsfamilie ehrlich meint oder nicht. Sie sucht jedenfalls bei ihm in Bayonne Schutz, denn er ist am 17. April persönlich dort eingetroffen. Der alte spanische König behauptet vor Napoleon, er sei zur Abdankung gezwungen worden und der junge, Ferdinand VII., bittet den Mächtigen, ihm Anerkennung zu verschaffen. Napoleon hört sie beide an. Er sieht, daß seine Politik in Spanien schon größere Fortschritte gemacht, als er angenommen hat, und so zerhaut er den gordischen Knoten mit einem Schlag, indem er Karl IV. anbietet, ihm, Napoleon, die spanische Krone abzutreten. Alle drei, der König, die Königin und der Günstling Godoy sind sogar freudig damit einverstanden, denn sie gönnen auf keinem Fall die Macht dem Sohne. Ferdinand VII. wird von Napoleon zur Abdankung gezwungen, und dieser setzt im Juni seinen Bruder Joseph, der inzwischen in Italien nicht schlecht regiert hat, auf den spanischen Thron. Zwei Tage nach des Kaisers Ankunft in Bayonne geht ein Brief an die Kaiserin Josephine ab, die in langsameren Etappen ihm nachreist und vorläufig in Bordeaux ein paar Tage rastet. Später ist auch sie in Bayonne und bezieht neben dem Hause Napoleons eine kleine Villa.

An die Kaiserin Josephine in Bordeaux

Bayonne, den 17. April 1808.
Meine Freundin,

ich erhalte eben Deinen Brief vom 15. April. Was Du mir von dem Besitzer des Landhauses erzählst, hat mich amüsiert. Verbringe doch manchmal einen Tag dort.

Ich gab Befehl, daß Du vom 1. April ab während Deiner

Reise einen Zuschuß von 20.000 Franken für Deine Privatschatulle erhältst.

Ich bin in einem fürchterlichen Quartier untergebracht. In einer halben Stunde werde ich eine halbe Meile weiter in ein Landhaus übersiedeln (in das kleine Schloß Maracq bei Bayonne). Der Infant Don Carlos und fünf spanische Granden sind hier anwesend, und der Prinz von Asturien (Ferdinand VII.) ist zwanzig Wegstunden entfernt. Eben kommen der König Karl und die Königin an. Wo ich alle die Leute unterbringen soll, weiß ich nicht. Alle sind noch im Gasthaus. Meinen Truppen in Spanien geht es gut.

Ich brauchte einige Augenblicke, um Deine Scherze zu verstehen. Dann aber habe ich tüchtig über Deine Erinnerung gelacht. Ihr Frauen habt doch ein außerordentliches Gedächtnis!

Gesundheitlich geht es mir leidlich. Ich liebe Dich von ganzem Herzen. Ich wünsche, daß Du in Bordeaux zu allen Menschen sehr höflich bist, da ich selbst durch meine Geschäfte verhindert bin, Liebenswürdigkeiten zu erweisen.

Napoleon

*

Während Napoleons und Josephines Abwesenheit gibt die Königin Hortense von Holland in Paris ihrem dritten Kind, Charles Louis Napoleon, dem späteren Napoleon III., das Leben. Napoleon hat zuerst Nachricht davon erhalten und schreibt es sofort

An die Kaiserin Josephine in Bordeaux

Bayonne, den 23. April 1808.

Meine Freundin,

Hortense ist von einem Sohn entbunden worden, worüber ich mich außerordentlich gefreut habe. Es wundert mich nicht, daß Du in Deinem Brief vom 20. nichts davon erwähnst, denn die Entbindung fand in der Nacht des 20. statt.

Du kannst am 26. abreisen, in Mont-de-Marsan übernachten und am 27. hier eintreffen. Laß die Leute vom Hauptdienst schon am 25. aufbrechen. Ich habe hier für Dich ein kleines Landhaus einrichten lassen, das neben dem meinen steht. Meine Gesundheit ist gut. Ich erwarte den König Karl IV. und seine Frau.

Leb wohl, meine Freundin. Napoleon

*

Und an seine Tochter selbst schreibt Napoleon, glücklich über das frohe Ereignis:

An die Königin Hortense von Holland in Paris

Bayonne, den 23. April 1808.

Meine Tochter,

ich höre von Ihrer glücklichen Entbindung eines Knaben. Darüber habe ich mich außerordentlich gefreut. Um völlig beruhigt zu sein, brauche ich nur noch zu wissen, ob Sie sich wohlbefinden. Sehr erstaunt bin ich, daß der Erzkanzler (Cambacérès) mir in seinem Brief vom 20. nichts davon gesagt hat. Napoleon

*

Pauline Borghese, die sich mit ihrem Mann Camillo in Turin maßlos langweilt, verlangt wieder einmal die Erlaubnis von Napoleon, eine Badereise zu machen. Sie kümmert sich durchaus nicht um die väterlichen Ermahnungen des Bruders, sondern zieht vor, sich zu amüsieren und ihre Gesundheit zugrunde zu richten. Im Frühjahr 1808 ist sie indes wirklich sehr krank. Sie nimmt keine feste Nahrung zu sich, sondern lebt fast nur von Fleischbrühe. Napoleon läßt sich also erweichen und gestattet ihr die gewünschte Badereise. Da er jedoch weiß, was er vom Leben seiner Schwester zu halten hat, ermahnt er sie nochmals, vernünftig zu sein und vor allem sich keinerlei Exzessen hinzugeben.

An die Fürstin Pauline Borghese

Bayonne, 26. Mai 1808.

Madame und liebe Schwester,

ich erhielt Ihren Brief vom 18. Mai. Ich billige Ihren Entschluß, eine Kur in den Bädern von Aosta zu gebrauchen. Aber in bin sehr böse, zu erfahren, daß es Ihnen gesundheitlich so schlecht geht. Ich nehme an, daß Sie sich in jeder Weise schonen und enthaltsam leben, damit nicht etwa darin der Grund Ihres Krankseins zu suchen ist. Mit

Vergnügen vernahm ich, daß Sie so zufrieden mit Ihrer Ehrendame und Ihren piemontesischen Damen sind. Machen Sie sich beliebt. Seien Sie gegen jedermann liebenswürdig und versuchen Sie nie launisch zu sein. Vor allem aber machen Sie den Fürsten (Borghese) glücklich.   N.

*

Als die etrurische Königin mit der spanischen Königsfamilie in Compiègne, dem vom Kaiser für sie bestimmten Aufenthalt, angelangt ist, finden sie bald, daß ihnen die Luft dort nicht bekommt. Besonders König Karl klagt über das Klima von Compiègne und wünscht sich nach Nizza zu begeben. Napoleon ist sofort bereit, ihm diesen Wunsch zu erfüllen und schreibt darüber an Karls Tochter:

An die Königin Marie Louise von Etrurien in Compiègne

Bayonne, den 15. Juli 1808.

Ich erhielt den Brief Eurer Majestät vom 5. Ich habe alle Befehle für die Reise des Königs erteilt, wie es Eure Majestät wünschten. Wenn ihm wirklich in dieser Jahreszeit, der besten in Compiègne, das Klima dort nicht bekommt, so muß man, wie die Ärzte meinen, hoffen, daß der Süden ihm zuträglicher sei. Das Klima von Nizza ist mild und gut. Es freut mich sehr, zu hören, daß Eure Majestät in Fontainebleau und Compiègne mit allem zufrieden waren. Überall werden Sie die gleiche Aufnahme und die gleichen Gesinnungen finden.   Napoleon

*

Wenige Tage nach diesem Brief, am 22. Juli, verläßt Napoleon Spanien und begibt sich nach Saint-Cloud. Aber kaum ist er in Bordeaux angelangt, so erfährt er die für die Franzosen schmachvolle Kapitulation von Bailen, bei der sich besonders der General Dupont de l'Étang bloßgestellt hat und mit ihm seine Unterbefehlshaber, General Marescot, General Chabert und General Wedel. In Saint-Cloud angelangt, trifft Napoleon in größtem Zorn Vorkehrungen, daß diese Befehlshaber bestraft werden, und zwar weist er den Kriegsminister, General Clarke in Paris, an, alle diese hohen Offiziere sofort ins Gefängnis zu werfen und ihre Papiere zu beschlagnahmen. Besonders streng verfährt er gegen den Divisionsgeneral Marescot, dessen Frau Palastdame bei der Kaiserin Josephine ist. Sie muß augenblicklich den Hof verlassen. In diesem Sinne schreibt Napoleon an die Ehrendame Josephines, sie möge diese Verabschiedung veranlassen. Da es aber eine Dame ist, empfiehlt er, es so schonend als möglich zu tun.

An Frau von La Rochefoucauld, Ehrendame der Kaiserin, in Paris

Saint-Cloud, den 6. September 1808.
Madame,

der General Marescot hat sich entehrt, indem er seinen Namen zu einer gemeinen Kapitulation hergab. Ich habe mich daher gezwungen gesehen, ihn aller seiner Ämter und Würden zu entheben. Unter diesen Umständen ist es unmöglich, daß Madame Marescot Palastdame bleibt, so unschuldig diese Dame in der Sache ist und welche Dienste sie auch geleistet haben mag. Ich wünsche also, daß Sie ihr sagen, sie möchte ihren Abschied einreichen. Natürlich müssen Sie dies so schonend wie möglich tun.   N.

*

Gegen seine in Compiègne gezwungenermaßen sich aufhaltenden spanischen Gäste ist Napoleon stets von besonderem Entgegenkommen und von besonderer Höflichkeit. In Frankreich können sie reisen, wohin sie wollen. Daß sie natürlich überall von seiner geheimen Polizei überwacht werden, das sagt er in seinem Brief an die etrurische Königin nicht. Auch nicht, daß er beabsichtigt, gegen Spanien bald die schärfsten Maßnahmen zu ergreifen. Im Gegenteil, er schreibt sehr beruhigend:

An die Königin Marie Louise von Etrurien in Compiègne

Saint-Cloud, den 14. September 1808.
Liebe Frau Schwester,

ich habe den Brief Eurer Majestät vom 9. erhalten. Der König und Sie können sich überall hinbegeben, wohin es Ihnen beliebt. In meinem ganzen Lande wird man Ihnen gehorchen und Ihnen zur Verfügung stehen. Der König kann, wenn er will, entweder unter seinem wahren Namen oder inkognito reisen, kurz alles tun, was ihm angenehm ist. Will er den Winter in Nizza verbringen oder in Marseille, so kann er jederzeit nach Compiègne zurückkehren oder in einem meiner Schlösser wohnen, das seiner Gesundheit am zuträglichsten ist. Eure Majestät braucht sich über die Stipulation des Vertrages von Bayonne keinerlei Sorge zu machen. Napoleon

*

Inzwischen sind auch in Paris die letzten noch existierenden politischen Schwierigkeiten zwischen Frankreich und Preußen geregelt worden. Friedrich Wilhelm III. hat den Prinzen Wilhelm persönlich zu Napoleon gesandt, um die Verhandlungen zu führen, und die Königin Luise, die den Kaiser der Franzosen noch am 8. September 1808 in einem Brief an den Zaren Alexander „einen geschickten Lügner" genannt hat, schreibt Napoleon um dieselbe Zeit einen freundlichgesinnten persönlichen Brief, in dem sie hofft, daß die Beziehungen beider Länder von nun an nie mehr gestört werden. Napoleon antwortet ihr sehr höflich mit einer schmeichelnden Anspielung auf die Bewunderung, die er ihr seit Tilsit entgegenbringt. Denn seit dieser Zeit ist er nur des Lobes voll von ihr und sagt auch einmal zum Zaren, er glaube wohl, die Königin würde die Staatsgeschäfte besser führen als Friedrich Wilhelm III. Diese Ansicht geht auch aus dem folgenden Brief Napoleons hervor:

An die Königin Luise von Preußen in Berlin

Saint-Cloud, 14. September 1808.

Gnädige Frau Schwester,

ich beantworte den Brief, den Eure Majestät geruhten, mir bei der Ankunft des Prinzen Wilhelm zu schreiben. Über die Rückkehr Eurer Majestät nach Berlin freue ich mich besonders, weil es Ihr sehnlichster Wunsch war. Es hängt nur vom König und von Ihnen, Majestät, ab, daß unsere Länder nicht von neuem in die feindliche Gesinnung verfallen, die vor den letzten Ereignissen bestand. Mich würde das um so mehr freuen, als es sich besser mit den Gefühlen vereinbarte, die Eure Majestät mir eingeflößt haben. Napoleon

*

Am 22. September reist Napoleon von Paris nach den Rheinbundstaaten und nach Erfurt ab, wo er mit dem Zaren

Alexander, seinem neuen Freund, die berühmte Zusammenkunft zur Sicherstellung des Weltfriedens vereinbart hat. Seit dem 27. September befinden sich beide auf dem Fürstenkongreß in Erfurt, und es scheint, daß die in Tilsit geschlossene Freundschaft der beiden Herrscher immer inniger wird. Am 6. Oktober begibt Napoleon sich mit dem Zaren nach Weimar. Dort veranstaltet der inzwischen mit ihm wieder versöhnte Herzog Karl August Napoleon zu Ehren einen Ball und andere Festlichkeiten. Darüber berichtet Napoleon Josephine. Es ist übrigens bezeichnend, daß er sich mit vierzig Jahren bereits für alt hält und glaubt, nicht mehr als Tänzer mittun zu können. Doch er hat auch als Jüngerer nie recht verstanden das Tanzbein zu schwingen, wie es der elegante junge russische Zar versteht.

An die Kaiserin Josephine in Saint-Cloud

(Erfurt), den 9. Oktober 1808.

Liebe Freundin,

ich habe Deinen Brief erhalten und mit Freuden daraus ersehen, daß es Dir gut geht. Ich habe auf dem Schlachtfeld von Jena gejagt und in der Gegend, wo ich (1806) die Nacht biwakierte, haben wir gefrühstückt.

Auch dem Ball in Weimar habe ich beigewohnt. Der Kaiser Alexander tanzt, ich jedoch nicht. Vierzig Jahre sind vierzig Jahre.

Trotz einiger kleiner Unpäßlichkeiten ist meine Gesundheit eigentlich gut.

Leb wohl, meine Freundin. Ganz der Deine.

Auf baldiges Wiedersehen.   N a p o l e o n

*

Auch an Marie Walewska geht ein Brief Anfang Oktober aus Erfurt ab. Sie hat Paris verlassen, als Napoleon nach Spanien ging, und weilt jetzt noch in Polen. Ständig ist sie bemüht, den Kaiser die Angelegenheiten Polens nicht vergessen zu lassen. Nachdem sie eine Zeitlang nicht geschrieben hat, erinnert sie ihn besonders daran. Auf ihren langen ausführlichen Brief antwortet Napoleon mit ein paar tröstenden Worten:

An die Gräfin Marie Walewska in Warschau

(Erfurt, im Oktober 1808.)

Liebe Marie,

ich las Deinen Brief sehr aufmerksam. Alles, was Du mir über die gegenwärtige Lage und den Zustand Polens berichtest, hat mich lebhaft interessiert. Es hat sich hinsichtlich seiner Zukunft nichts geändert und niemand hier schneidet irgendeine Frage an über das, was besteht. Du brauchst Dich nicht entschuldigen, daß Du nicht öfter schreibst. Es ist besser so, denn ich bin ständig unterwegs. Und es bedarf keiner Worte, um mich von Deiner unveränderlichen Liebe zu überzeugen. N.

*

Napoleons Begeisterung für den jungen Zaren nimmt in Erfurt von Tag zu Tag zu. Am 12. Oktober schließt er mit ihm den Allianzvertrag gegen England ab, und beide scheiden wenige Tage später, am 14., voneinander als engverbündete Freunde. Seiner Frau berichtet Napoleon über die letzten Verhandlungen in Erfurt nichts Besonderes, als daß sie ihn sehr angestrengt haben.

An die Kaiserin Josephine in Saint-Cloud

(Erfurt), den 12. Oktober 1808.

Meine Freundin,

heute nur wenige Zeilen, da ich sehr beschäftigt bin. Das ununterbrochene Sprechen den ganzen Tag lang ist meiner Erkältung nicht gerade zuträglich. Aber es geht alles gut. Mit Alexander bin ich sehr zufrieden, und er wird es auch mit mir sein. Wenn er eine Frau wäre, ich glaube, ich würde mich in ihn verlieben.

In kurzem bin ich wieder bei Dir. Laß Dir's gut gehen, damit ich Dich dick und frisch wiederfinde.

Napoleon

*

Wenige Tage der Ruhe sind Napoleon nach Erfurt in Paris beschieden. Schon am 29. Oktober rufen ihn die kriegerischen Ereignisse in Spanien, denen sein Bruder Joseph nicht gewachsen ist, wieder nach der Pyrenäischen Halbinsel. Er übernimmt den Oberbefehl über seine Truppen und begibt sich zunächst nach Bayonne, dann nach Vitoria und schließlich zieht er, nach den Schlachten von Burgos und Somosierra und nach der Kapitulation von Madrid, am 9. Dezember in der spanischen Hauptstadt ein. Er hofft aber schon im November, daß alles in Spanien beendet sei, denn er schreibt:

An die Kaiserin Josephine in Paris

Tolosa, den 5. November 1808.

Liebe Freundin,

ich bin in Tolosa und breche nach Vitoria auf, wo ich in wenigen Stunden sein werde. Es geht mir ganz gut und ich hoffe, daß alles recht bald beendet sein wird.

Napoleon

*

Der Vielbeschäftigte hält es schon zwei Tage später für nötig, an Josephine wenigstens ein paar Zeilen über sein Befinden zu schreiben.

An die Kaiserin Josephine in Paris

Vitoria, 7. November 1808.

Liebe Freundin,

seit zwei Tagen bin ich in Vitoria. Es geht mir gut. Jeden Tag treffen Regimenter meines Heeres ein. Heute kam die Garde an. Dem König (Joseph) geht es gut. Ich führe ein sehr beschäftigtes Leben. Daß Du in Paris bist, weiß ich. Zweifele nie an meinen Gefühlen.

Ganz der Deine   Napoleon

*

Die in Spanien eingedrungenen Engländer zwingen Napoleon zur Verfolgung. Ehe er aber sein Hauptquartier auf den Höhen vor Madrid mit seiner Armee verläßt, schreibt er noch rasch ein paar Worte:

An die Kaiserin Josephine in Paris

Madrid, den 22. Dezember 1808.

Liebe Freundin,

ich bin im Begriff mein Hauptquartier zu verlassen, um gegen die Engländer zu manövrieren. Sie scheinen Verstärkung bekommen zu haben und spielen nun die Hartnäckigen. Das Wetter ist schön, ich befinde mich wohl. Sei unbesorgt. Napoleon

*

Sobald Napoleon den Oberbefehl über seine Truppen in Spanien übernommen hat, geht alles gut. Sogar die hartnäckige Englische Armee flieht vor ihm und überläßt ihre Verbündeten, die spanischen Freiheitskämpfer der sogenannten „linken Armee" unter dem Marquis de La Romana, ihrem Schicksal. Sie werden von Napoleons Truppen gefangengenommen. Dagegen aber unternimmt Charles Lefèbvre-Desnouettes, der berühmte Reitergeneral der napoleonischen Garde, einen unvorsichtigen Angriff vor Benavente. Beim Zurückschwimmen durch den Fluß wird sein Pferd getroffen und er fällt ins Wasser. Zwei Engländer retten ihn und nehmen ihn gefangen. Dieses Scharmützel kostet Napoleon ungefähr 60 seiner tapferen Gardejäger, die zum Teil verwundet, getötet oder gefangengenommen werden. Der General Lefèbvre aber entflieht glücklicherweise bald aus seiner Gefangenschaft. An Josephine schreibt Napoleon über diese Vorfälle:

An die Kaiserin Josephine in Paris

Benavente, den 31. Dezember 1808.
Meine liebe Freundin,

seit einigen Tagen verfolge ich die Engländer, die entsetzt vor mir fliehen. Um ihren Rückzug nicht um einen halben Tag zu verzögern, haben sie feigerweise die Trümmer der Armee La Romanas im Stich gelassen. Mehr als 100 Gepäckwagen sind bereits in unsere Hände gefallen. Das Wetter ist recht schlecht.

Lefèbvre ist gefangengenommen worden. Er hatte mit 300 Gardejägern ein tolles Scharmützel unternommen: diese Brauseköpfe sind durch den Fluß geschwommen und haben sich mitten in die englische Kavallerie gestürzt. Sie haben zwar viele Engländer getötet, aber auf dem Rückwege ist Lefèbvres Pferd verwundet worden; er selbst stürzte ins Wasser, die Strömung riß ihn bis ans Ufer, wo die Engländer standen, und sie nahmen ihn gefangen. Tröste seine Frau!

Lebe wohl, meine Freundin. (Marschall) Bessières (Kommandant der Reservekavallerie) marschiert mit 10.000 Reitern nach Astorga. N a p o l e o n

PS. Ein glückliches Neues Jahr für alle.

*

Am Neujahrstag 1809 verlegt Napoleon sein Hauptquartier nach Astorga, und am 3. Januar löst er die englische Nachhut im Défilée von Cacabellos auf. Erfreut teilt er es Josephine mit.

An die Kaiserin Josephine in Paris

(Astorga), den 3. Januar 1809.

Meine liebe Freundin,

soeben erhalte ich Deine Briefe vom 18. und 21. Ich treibe die Engländer hart in die Enge. Das Wetter ist kalt und streng. Doch sonst geht es mir gut.

Leb wohl, meine Freundin.

Ein recht frohes und glückliches Neues Jahr für meine Josephine.

Ganz der Deine. N a p o l e o n

VII. Vor und nach der Scheidung

Feldzug von 1809

Das Jahr 1809 soll für Josephine das unglücklichste ihres Lebens werden. Sie ist auch sonst von traurigen Ahnungen erfüllt. Denn der Krieg mit Österreich ist nur noch eine Frage der Zeit. Napoleon hat, obwohl er seine Frau über diesen neuen Feldzug zu trösten versucht, am 6. Januar in großer Eile seine Armee in Spanien verlassen, denn die Rüstungen in Wien beunruhigen auch ihn. Als er an Josephine schreibt, ist er bereits auf dem Wege nach Paris, in Valladolid.

An die Kaiserin Josephine in Paris

(Valladolid), den 9. Januar 1809.
Meine Freundin,

Moustache bringt mir soeben Deinen Brief vom 31. Dezember. Ich ersehe daraus, daß Du traurig bist und zu schwarz in die Zukunft siehst. Österreich wird mir nicht den Krieg erklären. Und wenn es das doch tut, so habe ich 150.000 Mann in Deutschland und ebenso viele am Rhein stehen. Außerdem habe ich 400.000 Deutsche zur Verfügung, um Österreich entgegenzutreten. Rußland wird mich nicht verlassen. In Paris ist man ja ganz verrückt. Alles geht doch gut.

Ich werde in Paris sein, sobald ich es für nötig halte. Aber ich rate Dir, hüte Dich vor Gespenstern! Eines schönen Tages, um zwei Uhr morgens...

Doch leb wohl, meine Freundin. Es geht mir gut, und ich gehöre ganz Dir.   N a p o l e o n

*

In Valladolid erhält er noch kurz vor seiner Abreise einen besorgten Brief von der Gräfin Walewska. Sie hat ihm zu dem großen Sieg in der Schlacht am Engpaß von Somosierra (30. November 1808) beglückwünscht, in der sich besonders die Polen ausgezeichnet haben. Gleichzeitig hat sie aber auch wieder die Gelegenheit ergriffen, ihn auf die ihr nicht besonders gut erscheinende Verwaltung des Herzogtums Warschau aufmerksam zu machen. Etwas ärgerlich antwortet Napoleon:

An die Gräfin Marie Walewska in Warschau

Valladolid, den 14. Januar 1809.

Es ist unnütz, liebe Marie, daß Du Dich so sehr wegen der Organisation Deines Landes abquälst. Was Dir jetzt, da alles noch in Vorbereitung ist, als „unvereinbare Maßnahme" erscheint, wird später sich als große Wohltat und Vorteile erweisen, wenn alles vollendet ist und in Tätigkeit tritt.

Deine Glückwünsche für den Tag von Somosierra nehme ich mit Dank entgegen. Du kannst stolz auf Deine Landsleute sein. Sie haben sich in den Annalen der Geschichte Frankreichs und Polens eine ruhmreiche Seite erworben. Ich habe einen jeden dafür belohnt.

Bald werde ich wieder in Paris sein. Sollte ich dort lange genug bleiben, so werde ich Dich bestimmt rufen lassen.

N.

*

Seit dem 23. Januar ist der Kaiser wieder in Paris. Seine Hoffnungen, daß es keinen Krieg gäbe, sind enttäuscht worden. Österreich rüstet fieberhaft und auch er ist vollkommen mit den Vorbereitungen zu dem nahebevorstehenden Krieg beschäftigt. Die jetzt in Valençay in der Verbannung lebende spanische Königsfamilie hat natürlich mit großem Interesse die Erfolge Napoleons in Spanien verfolgt, und als er wieder in den Tuilerien ist, schreibt die Exkönigin von Etrurien ihm viel Lobendes über seine Siege. Napoleon antwortet geschmeichelt auf ihren gewiß nicht ganz aufrichtigen Brief. Sein Schreiben ist jetzt nicht mehr an die Königin adressiert, sondern an:

Marie Louise von Bourbon, Infantin von Spanien

Paris, den 25. Februar 1809.

Gnädige Frau Schwester,

der Anteil, den Sie an dem glücklichen Erfolg meiner Heere in Spanien nehmen, hat mich sehr gefreut. Ich danke Ihnen für die freundschaftlichen Gesinnungen, die Sie in Ihrem Brief bei dieser Gelegenheit aussprechen. Mit Bedauern höre ich, daß die Gesundheit des Königs immer noch zu wünschen übrig läßt, doch ich denke, ebenso wie Sie, daß das Frühjahr und die Kur in Gréoux ihm wohltun werden. Napoleon

*

Was Napoleon seiner Schwester Elisa in jenem Geheimschreiben vom März 1808 versprochen hat, hält er. Am 2. März 1809 macht er Toskana zum Großherzogtum und vertraut Elisa die Regierung an. Und am 31. zieht sie, auf Napoleons Geheiß, in ihre neue Hauptstadt Florenz als Herrscherin ein. Vorher hält sie sich meist in Livorno auf. Napoleon erteilt ihr noch verschiedene Ratschläge, ehe sie die neue Regierung in Florenz beginnt. Er warnt sie vor allem vor den Toskanern. Und weil sie sich in die französischen Steuerfinanzen gemischt hat, die sie in Toskana abzuschaffen gedenkt, erteilt er ihr einen scharfen Verweis.

An Elisa, Großherzogin von Toskana in Livorno

Paris, 30. März 1809.

Liebe Schwester,

ich billige den Vorschlag der Stadt, mir in Livorno ein Denkmal zu errichten. Doch wünsche ich, daß es nur in friedlichen Zeiten errichtet werde, wenn sein Handel sich erholt und wieder aufblüht.

Sie müssen auf nichts reagieren und weder Feinde noch Freunde Frankreichs kennen. Das hieße den Haß und die Parteien wiedererwecken, wo es nicht sein darf.

Ich habe Dubois zum Polizeidirektor in Florenz ernannt. Er war Mitglied des Kassationshofes und hat lange Zeit das Amt eines Generalkommissars der Polizei in Lyon ausgefüllt. Hier ist man mit dem Staatsrat Giusti sehr zufrieden. Hinsichtlich des Marquis de Corsi, weiß ich nicht, von welchem Sie sprechen. Seien Sie vor den schmeichelnden Einflüsterungen der Toskaner auf der Hut.

Die Gesetze über die Steuern in Frankreich sind einheitlich (in allen Staaten). Niemand hat das Recht sie aufzuheben. Sie haben sich in keinerlei Weise in die Finanzen zu mischen.

Ich ernannte in Florenz zum Präfekten denselben Herrn, der es in Bordeaux war.

Es ist unbedingt nötig, daß Sie sich so schnell als möglich nach Florenz begeben.

Ihr Sie liebender Bruder　　　　　Napoleon

Wenige Tage später neue Vorschläge und neue Ermahnungen hinsichtlich ihres neuzubildenden Hofstaates:

An die Großherzogin Elisa von Toskana in Florenz

Paris, 4. April 1809.

Liebe Schwester,

ich erhielt Ihren Brief vom 24. März. Ich billige, daß der Kardinal Zondadari seinen Abschied in Siena nimmt und Ihnen als erster Almosenier zugeteilt wird. Sie müssen die Personen vorstellen, die man für Ihren Hofstaat ernennen kann.

Sie müssen auch positive Vorschläge machen hinsichtlich der Neubesetzung der Ämter der Bürgermeister von Florenz und von Livorno, ferner für die Ernennungen, die tüchtige Unterpräfekten überall vornehmen können.

Napoleon

Sehr energisch verbietet sich Napoleon die Duldung von Spielhöllen im Großherzogtum Toskana, und es ist interessant zu erfahren, welche menschlichen Motive ihn dabei leiten.

An Elisa Napoleon, Großherzogin von Toskana in Florenz

Paris, 6. April 1809.

Liebe Schwester,

sorgen Sie dafür, daß sich in Florenz keine Spielsäle auftun. Ich dulde solche weder in Turin, noch in irgendeinem anderen Orte des Reiches; sie sind der Ruin der Familien. Sie zu dulden hieße ein schlechtes Beispiel geben. Ich leide sie nur in Paris, weil man sie in dieser ungeheuren Stadt nicht zu unterdrücken vermag; außerdem dienen sie dort der Polizei auf mancherlei Weise. Es ist indes mein Wunsch, daß sich in keiner andern Stadt meines Reiches eine Spielhölle befinde!

Ihr Sie liebender Bruder　　　　　Napoleon

Napoleon tut für seine Schwester Elisa noch mehr. Er fügt ihrem Großherzogtum die Insel Elba hinzu, so daß sich ihr Herrschergebiet einschließlich Luccas und Piombinos sehr weit erstreckt. Im April teilt er ihr diese Gebietserweiterung mit:

An die Großherzogin Elisa von Toskana in Florenz

Paris, den 7. April 1809.

Liebe Schwester,

ich habe Ihren Brief vom 28. März erhalten. Ich habe Befehl erteilt, daß auch Elba in Ihr Gouvernement einbegriffen sei. Es wird der 29. Militärdivision zugeteilt sein.
Napoleon

*

Er sorgt für alles, kümmert sich um alles in dem Reiche seiner Schwester. Fast jeden Tag schreibt er ihr, obwohl er selbst alle Hände voll mit seinen Kriegsvorbereitungen zu tun hat.

An die Großherzogin Elisa von Toskana in Florenz

Paris, den 8. April 1809.

Liebe Schwester,

ich empfange soeben Ihren Brief vom 31. März. Sie erhalten unverzüglich das Dekret, das ich zur Regelung aller Angelegenheiten in Toskana verfaßte.

Dem Marineminister erteilte ich Befehl, sechs kleine Schiffe zu Ihrer Verfügung zu stellen, die zwischen Livorno und der Insel Elba den Dienst versehen.

Von den vier Kompagnien Gendarmerie, die ich nach Toskana sende, ist bereits eine in Piacenza angekommen. Ich habe befohlen, sie nach Florenz abgehen zu lassen. Ich beabsichtige dieses Hilfskorps der Gendarmen mit dem General Radet nach Rom zu schicken. Napoleon

*

Es ist selbstverständlich, daß er sich im Angesicht des nahenden Krieges hauptsächlich um die militärische Ausrüstung in Toskana kümmert, das in nächster Nähe Österreichs liegt. Eine ausführliche Instruktion geht darüber ab:

An die Großherzogin Elisa von Toskana in Florenz
Paris, den 9. April 1809.

Liebe Schwester,

der Kriegsminister (General Clarke) wird Ihnen ein Dekret übersenden, das ich für die Bewaffnung Toskanas verfaßte. Sie können sofort einen Teil der Geschütze abtransportieren lassen, die in den Schlössern von Florenz gebraucht werden, ohne indes Livorno allzu sehr zu entblößen. Es müssen mindestens sechs Geschütze in den Florenzer Schlössern und sechs im Schloß von Siena aufgestellt werden. Geben Sie Befehl, damit alle Maßnahmen, die ich in dem Dekret vorschreibe, auch sicher ausgeführt werden. Befehlen Sie, daß die Kommandanten der verschiedenen Schlösser auch darin wohnen. Kurz, sehen Sie darauf, daß der Dienst genau nach meinem Willen vor sich geht. Hinsichtlich Orbitellos fehlen mir genaue Informationen über die Bewaffnung dieser Festung. Es muß in Toskana in jedem Fort auf die Dauer ein Grundstock Garnison gehalten werden. Setzen Sie auch 60 Veteranen in jedes Fort von Florenz, als feste Posten und für den Dienst der Tore. Nach Siena schicken Sie hundert, nach Orbitello ebenfalls hundert und in jedes der drei Forts von Livorno sechzig. Auf diese Weise sind 400 bis 500 Veteranen untergebracht. Diese Anzahl würde vorläufig für den ersten Angriff eines Anschlages genügen und die Forts solange schützen, bis sie Verstärkung erhalten. Aus meinem Dekret werden Sie ersehen, daß ich dafür gesorgt habe, daß alle Franzosen in Livorno, in Siena und Florenz im Falle der Gefahr einen sichern Zufluchtsort haben. Gleichzeitig aber können dadurch jene Städte stets in Respekt gehalten werden, wie klein auch die Zahl der sich dort aufhaltenden Franzosen wäre.   Napoleon

*

Als Napoleon den vorhergehenden Brief schrieb, setzten die Feindseligkeiten zwischen Österreich und Frankreich gerade ein, und noch ehe er sich zu seiner Armee nach Deutschland begibt, erteilt er seiner Schwester genaue Verhaltungsmaßregeln.

An die Großherzogin Elisa von Toskana in Florenz

Paris, am 11. April 1809.
Liebe Schwester,

wenn das 62. Linienregiment und das 23. leichte Kavallerieregiment angekommen sind, lassen Sie sie sofort nach Bologna abgehen, denn die Feindseligkeiten stehen bevor. Der Krieg wird am 15. oder 20. beginnen. Es sind die Österreicher, die angreifen. Die Russen stehen auf meiner Seite. Ich werde in diesen Tagen zu meiner Armee in Deutschland abreisen.

Ich hatte die Bildung eines Jägerbataillons und einer Ehrengarde für Sie befohlen. Sie erwähnen aber mir gegenüber diese Formationen nicht. Übrigens werde ich Ihnen demnächst eine Halbbrigade Marschtruppen senden, die aus der Konskription von diesem Jahr bestehen und 2500 Mann stark sind. Die vier Kompagnien Gendarmerie, die ich Ihnen sende, bedeuten ebenfalls für Sie eine Verstärkung von 300 Gendarmen.   N a p o l e o n

*

Endlich reist er ab. Josephine hat ihn wieder bis Straßburg begleitet. Am 17. April schlägt Napoleon bereits sein Hauptquartier bei Donauwörth auf. Die Schlachten von Abensberg, Eggmühl und Regensburg folgen rasch aufeinander. Bei Regensburg streift den Kaiser eine Kugel an der Ferse. Es ist eine leichte Verwundung, die weiter nichts zu bedeuten hat. Nach einem Verband, den ihm sein Leibchirurg Larrey anlegt, steigt Napoleon sofort wieder zu Pferd, um die Truppenbewegungen weiter persönlich zu leiten. Zu Josephine aber sind Gerüchte von einer ernstlichen Verwundung ihres Mannes gedrungen, und sie ist in Sorge um ihn. Von Enns aus beruhigt er sie.

An die Kaiserin Josephine in Straßburg

(Enns), den 6. Mai 1809, mittags.
Liebe Freundin,

ich habe Deinen Brief erhalten. Die Kugel, die mich getroffen, hat mich nicht verwundet. Sie hat kaum die Achillessehne gestreift.

Meine Gesundheit ist ausgezeichnet und meine Angelegenheiten gehen vortrefflich.

Ganz der Deine. Napoleon

PS. Sage Hortense und dem Großherzog von Berg (Hortenses ältester Sohn Napoleon Louis) viel Liebes.

*

Der Krieg ist für Österreich äußerst verhängnisvoll. Die französische Armee unter Napoleon rückt Wien immer näher. Der Hof hat bereits Wien verlassen, nur die junge Erzherzogin Marie Louise liegt an einer Erkältung noch in der Burg im Bett, während Napoleons Kanonen schon vor den Toren der Stadt donnern. Er hat sein Hauptquartier unweit Wiens, in St. Pölten, und schreibt von dort aus:

An die Kaiserin Josephine in Straßburg

Meine Freundin, St. Pölten, den 9. Mai 1809.

ich schreibe Dir aus St. Pölten. Morgen werde ich an den Mauern Wiens stehen. Genau einen Monat nach dem Tage, an dem die Österreicher den Inn überschritten und den Frieden gebrochen haben.

Meine Gesundheit ist gut, das Wetter herrlich. Der Soldat ist guter Dinge, denn es gibt Wein hier.

Laß Dir's gut gehen. Ganz der Deine Napoleon

*

Wien kapituliert am 12. Mai und Napoleon zieht als Triumphator in die Hauptstadt der Habsburger ein. In Schönbrunn, dem Schlosse, das später seinem einzigen Sohn, dem Herzog von Reichstadt, zur Grabstätte wird, schlägt er sein Hauptquartier auf. Josephine meldet er diesen ungeheuren Erfolg in ein paar kurzen Worten.

An die Kaiserin Josephine in Straßburg

Meine Freundin, Schönbrunn, den 12. Mai 1809.

ich schicke Dir den Bruder der Herzogin von Montebello, um Dir mitzuteilen, daß ich Herr von Wien bin und hier alles gut geht. Meine Gesundheit ist ausgezeichnet.

Napoleon

*

Ein paar Tage später erfüllen ihn die Siege Eugens, des Sohnes Josephines, mit der Italienischen Armee über die

Österreicher mit besonderem Stolz. Sofort schickt er der Kaiserin seine an diese Armee gerichtete Proklamation, damit auch sie die Taten ihres Sohnes bewundere und als erste die Nachricht davon erhalte.

An die Kaiserin Josephine in Straßburg

Ebersdorf, 27. Mai 1809.
Meine Freundin,

ich lasse einen Pagen an Dich abgehen, um Dir mitzuteilen, daß Eugen mit seiner ganzen Armee sich mit mir vereint hat. Er hat das Ziel, daß ich ihm gesteckt habe, durchaus erfüllt und fast die ganze, sich vor ihm befindliche feindliche Armee vernichtet.

Ich sende Dir meine Proklamation an das Heer von Italien, woraus Du alles ersiehst.

Ich befinde mich sehr wohl. Ganz der Deine.

Napoleon

PS. Du kannst diese Proklamation in Straßburg drucken und sie auch ins Deutsche übersetzen lassen, damit man sie in ganz Deutschland verbreite. Übergib dem Pagen, der sich nach Paris begibt, eine Abschrift dieser Proklamation.

*

Der Krieg geht weiter in Österreich. In Wien hat man sich durch die Bombardierung und die Einnahme der Hauptstadt nicht schrecken lassen. Man ist keineswegs zum Frieden geneigt. Das Gros der französischen Armee überschreitet die Donau, und Marschall Lefèbvre besetzt Tirol, während von neuem der Schlachtendonner bei Eßlingen und Aspern dröhnt. Doch diese Schlacht ist für Napoleon nicht günstig. Es ist die erste Niederlage, die er in diesem Feldzug erleidet. Außerdem verliert er bei Eßlingen seinen besten Freund und Kriegskameraden, den Marschall Lannes, Herzog von Montebello. Er wird schwer verwundet und erliegt einige Tage später in einer elenden Bauernhütte bei Ebersdorf seinen Verletzungen. Eine Kanonenkugel hat ihm den rechten Oberschenkel und das linke Knie zerschmettert. Napoleon steht trauernd an seiner Bahre. Er weint tief erschüttert um den Freund, der ihn in so vielen Schlachten schon zur Seite gestanden hat. An die Witwe Lannes', die Herzogin von Montebello, die Ehrendame der Kaiserin Josephine, schreibt er schmerzzerrissen:

An die Marschallin Lannes, Herzogin von Montebello, in Paris

Ebersdorf, 31. Mai 1809.

Liebe Kusine,

der Marschall ist heute seinen Wunden erlegen, die er auf dem Felde der Ehre erhalten hat. Mein Schmerz gleicht dem Ihren! Ich verliere den ausgezeichnetsten General meiner Armee, meinen Waffengefährten, mit dem ich sechzehn Jahre lang Seite an Seite gekämpft, den ich als meinen besten Freund betrachtete. Seine Familie und seine Kinder werden immer ein besonderes Vorrecht auf meinen Schutz haben. Nur diese Versicherung wollte ich Ihnen in diesem Briefe geben, denn ich fühle wohl, daß nichts Ihren berechtigten Schmerz mildern kann.   N a p o l e o n

*

Noch am gleichen Tag schreibt Napoleon auch an Josephine über diesen großen Verlust. Sie hat die Absicht, die Kur in Plombières oder Baden zu gebrauchen. Aber wegen des Krieges rät Napoleon von dem deutschen Bad entschieden ab. Auch mit Hortense ist er nicht einverstanden, daß sie in Kriegszeiten ihre Söhne mit nach Baden genommen hat, wo sie sich seit einiger Zeit aufhält.

An die Kaiserin Jesephine in Straßburg

(Ebersdorf), den 31. Mai 1809.

Liebe Freundin,

ich erhalte soeben Deinen Brief vom 26. Ich schrieb Dir schon, daß Du nach Plombières gehen könntest, hingegen sähe ich es nicht gern, wenn Du nach Baden gingest. Es ist besser, Frankreich nicht zu verlassen. Ich habe auch den beiden Prinzen (Hortenses Söhnen) empfohlen, nach Frankreich zurückzukehren.

Der heute morgen erfolgte Tod des Herzogs von Montebello (Lannes) hat mich tief betrübt. So hat alles ein Ende!...

Leb wohl, meine Freundin! Wenn Du die arme Marschallin ein wenig zu trösten vermagst, so tue es.

Ganz der Deine.   N a p o l e o n

*

Nachdem Napoleon auf dem Semmering die Verschmelzung der Armee von Italien unter dem Vizekönig Eugen mit der französischen zu Ende geführt hat, ist er wieder in sein Hauptquartier Schönbrunn zurückgekehrt. Während Eugen bereits in Ungarn neue Siege über die Österreicher davonträgt, hält sich seine Frau Auguste von Bayern in Italien aufs tapferste. Napoleon spendet diesen beiden Lieblingskindern das größte Lob in seinem Brief. Da er an seinen Stern glaubt, ist für ihn vor allem von Bedeutung, daß Eugen den Sieg bei Raab ebenfalls am Jahrestag der Schlacht von Marengo, am 14. Juni, erfochten hat.

An Auguste Amalie von Bayern, Vizekönigin von Italien in Mailand

Schönbrunn, den 16. Juni 1809.

Meine Tochter,

ich erhielt Ihren Brief vom 2. Juni. Ich danke Ihnen für alles, was Sie mir sagen. Man hat mir erzählt, wie tadellos Sie sich während der Vorgänge in Italien gehalten und welchen Mut Sie bewiesen haben. Es freut mich sehr, daß Sie dadurch immer höher in meiner Achtung steigen.

Eugen ist in Ungarn, wo er den Feind schlägt.

Napoleon

PS. In diesem Augenblick erhalte ich die Nachricht, daß Eugen am 14., dem Jahrestag der Schlacht von Marengo, einen Sieg bei Raab in Ungarn gegen den Erzherzog Johann und den Erzherzog-Palatin errungen hat. Er hat 3000 Gefangene gemacht, mehrere Geschütze und Fahnen genommen.

*

Über den gleichen Sieg des Stiefsohnes berichtet Napoleon natürlich noch am selben Tag

An die Kaiserin Josephine in Plombières

Schönbrunn, 16. Juni 1809.

Liebe Freundin,

ich schicke Dir einen Pagen, um Dir mitzuteilen, daß Eugen am 14., dem Jahrestag von Marengo, eine Schlacht gegen den Erzherzog Johann und den Erzherzog-Palatin bei Raab in Ungarn gewonnen hat. Er machte 3000 Gefangene, nahm ihnen mehrere Geschütze, vier Fahnen und verfolgte sie weit auf der Straße nach Ofen.

Napoleon

*

Die Kaiserin ist inzwischen wieder nach Plombières zur Kur gereist. Seit Tilsit trägt Napoleon sich zum erstenmal ernstlich mit der festen Absicht, sich von Josephine wegen ihrer Kinderlosigkeit scheiden zu lassen. Und dennoch versichert er sie wieder der Unwandelbarkeit seiner Gefühle.

An die Kaiserin Josephine in Plombières

(Schönbrunn), den 19. Juni 1809, mittags.

Meine liebe Freundin,

ich empfange soeben Deinen Brief, worin Du mir Deine Abreise nach Plombières meldest. Ich sehe diese Reise gern, weil ich hoffe, sie wird Deiner Gesundheit zuträglich sein.

Eugen ist in Ungarn und befindet sich wohl. Mir geht es ausgezeichnet. Die Armee ist in gutem Zustande.

Es freut mich, daß der Großherzog von Berg (Hortenses Sohn) bei Dir ist.

Leb wohl, meine Freundin. Du kennst meine Gefühle für Josephine: sie sind unveränderlich.

Ganz der Deine

Napoleon

*

Einen Tag später schreibt der Mann mit der Doppelseele Ähnliches an die Geliebte. Marie Walewska hat sich bei Ausbruch des Krieges mit Österreich nach Warschau begeben. Poniatowski kann die polnische Hauptstadt nicht halten, und so geht die Gräfin, wie alle vornehmen Polen in dieser Zeit, mit der Regierung, unter Poniatowskis Schutz, nach Thorn. Endlich gelingt es diesem aber, die Österreicher aus Krakau zu vertreiben und dadurch Warschau zu sichern. Gräfin Walewska ist im ersten Impuls als Patriotin nach der neueroberten polnischen Stadt gereist, um Napoleon über alles zu berichten, was dort vorgeht. Er aber ist weder damit einverstanden, daß sie sich derartigen Gefahren aussetzt, noch gefällt es ihm, daß sie sich in Poniatowskis Schutz begeben hat. Dazu ist *er* da, sie zu beschützen.

An die Gräfin Marie Walewska in Krakau

Schönbrunn, 20. Juni 1809.

Liebe Marie,

ich erhielt Deine beiden letzten Briefe und las sie wie immer mit großem Vergnügen. Ich schätze, wie Du weißt, die Tapferkeit Deiner Landsleute, doch Du hättest nicht in solchen Zeiten nach Krakau gehen sollen. Dachtest Du Dir nicht, ehe Du Warschau verließest, daß, ob nah oder fern, Du Dich stets meinem Schutz anvertrauen könntest?

Bald werde ich freier sein, Marie. Dann hoffe ich Dich öfter sehen zu können. Habe Geduld. N a p o l e o n

*

Das Geschick des Hauses Habsburg liegt längst in seiner Hand, aber erst die Schlacht bei Wagram entscheidet es am 5. und 6. Juli. Doch es ist auch für Napoleon in dieser Schlacht nicht ohne empfindliche Verluste abgegangen. Einige seiner Offiziere sind verwundet, und der General Graf Lasalle büßt diesen Sieg mit dem Leben. Er war erst 34 Jahre alt. Wie in einem Bulletin berichtet Napoleon über die Vorgänge bei Wagram aus seinem Hauptquartier Ebersdorf:

An die Kaiserin Josephine in Plombières

Ebersdorf, den 7. Juli 1809.

Liebe Freundin,

ich schicke Dir einen Pagen, um Dir die gute Nachricht von den Siegen mitzuteilen, die ich am 5. bei Enzersdorf und am 6. bei Wagram davongetragen habe.

Die feindliche Armee flieht in größter Unordnung, und alles geht mir nach Wunsch. Eugen befindet sich wohl. Fürst Aldobrandini (ein junger Schwager Pauline Borgheses) ist verwundet, aber nicht gefährlich. Bessières (Marschall) ist von einer Kugel am Oberschenkel verletzt worden, doch auch seine Wunde ist ganz leicht. Lasalle ist gefallen. Ich habe ziemliche Verluste erlitten, aber einen entscheidenden und vollkommenen Sieg davongetragen.

Mehr als hundert Kanonen und zwölf Fahnen sind unser, und wir haben viele Gefangene gemacht.

Mich hat die Sonne ganz verbrannt.

Adieu, meine Freundin. Ich küsse Dich. Viele Grüße an Hortense. Napoleon

*

Zum erstenmal erzählt Napoleon in seinem Brief an Josephine von einem Gallenerbrechen, wie er es nennt. Wahrscheinlich waren es aber die ersten Anzeichen des Magenleidens, dem er später auf Sankt Helena erlag. Seine Armee verfolgt den Feind in der Richtung nach Böhmen. Er hat die Österreicher, wie er sagt, zermalmt.

An die Kaiserin Josephine in Plombières

(Ebersdorf), den 9. Juli 1809, 2 Uhr nachts.

Meine Freundin,

alles geht, wie ich es mir wünsche. Meine Feinde sind vernichtet, völlig geschlagen, in regelloser Flucht. Sie waren zwar zahlreich, aber ich habe sie zermalmt.

Heute befinde ich mich ganz wohl. Gestern hingegen habe ich, infolge der übergroßen Anstrengung etwas Galle gebrochen. Es hat mir aber nichts geschadet.

Leb wohl, liebe Freundin. Es geht mir ausgezeichnet.

Napoleon

*

Da er den Vizekönig Eugen bald in Wien erwartet, denkt er daran, seine Schwiegertochter Auguste durch diese Nachricht über das Geschick ihres Mannes zu beruhigen und schreibt:

An Auguste Amalie von Bayern, Vizekönigin von Italien

Schönbrunn, den 17. Juli 1809.

Liebe Tochter,

ich sandte Ihnen vom Schlachtfeld meinen Ordonnanzoffizier Watteville, der wahrscheinlich über die Schweiz sich zu Ihnen begab. Heute, da die direkte Verbindung wiederhergestellt ist, sende ich Ihnen nochmals einen Offizier, damit Sie nicht in Unruhe sind. Eugen ist in Preßburg und wird morgen hier in Wien sein. Es geht ihm sehr gut. Napoleon

*

Elisa in Toskana gibt ihrem Bruder erneut Veranlassung zu Tadel. Ihr herrschsüchtiger Charakter kann sich nicht damit abfinden, daß sie als Großherzogin von Toskana Befehle von einem Höheren, dem Kaiser, empfangen muß. Da sie rasch denkt, handelt sie auch rasch, nicht immer jedoch mit Überlegung. Auch sie hat Ideen und Pläne wie ihr genialer Bruder, nur sind sie den seinen oft gerade entgegen. Den Befehlen der Minister Napoleons in ihrem Reiche erteilt sie Gegenbefehle. Dann gibt es böse Briefe vom Kaiser, wie diesen:

An Elisa Napoleon, Großherzogin von Toskana

Schönbrunn, 17. August 1809.
Madame und liebe Schwester,

Sie haben wohl das Recht, gegen die Entscheidungen meiner Minister bei mir Berufung einzulegen, aber Sie haben in keiner Weise das Recht, deren Ausführung aufzuhalten. Die Minister sprechen in meinem Namen. Niemand hat die Befugnis, die Ausführung der Befehle, die sie übermitteln, zu lähmen oder abzustoppen. Geben Sie daher sofort den Entscheid des Ministers zur Ausführung zurück. Senden Sie Ihre Verteidigungsschrift ein, denn der von Ihnen erteilte Befehl in dieser Angelegenheit ist strafbar, und nach dem Gesetz könnte er zu einer Anklage gegen Sie Anlaß geben. In Frankreich ist die Gewalt eines Ministers die höchste. Ich will jedoch der Frage nicht auf den Grund gehen, denn wenn mein Minister wirklich im Unrecht wäre, so bin *ich* allein maßgebend, Sie aber haben nicht das Recht, seinen Handlungen irgendein Hindernis in den Weg zu legen. Aus diesem einzigen Grunde allein billige ich die Entscheidung des Ministers. Der Stil seines Briefes ist übrigens durchaus zulässig. Alle meine Minister schreiben so, denn alle kennen meine Wünsche in dieser Beziehung. Sie wissen genau, daß ich Ihnen nicht die kleinste Willfährigkeit gestatte. Setzen Sie sich daher nicht solchen Streitigkeiten und ähnlichen Unannehmlichkeiten aus. Sie sind Untertanin und müssen, wie alle Franzosen, den Befehlen meiner Minister gehorchen, denn ein Haftbefehl des Polizeiministers kann Sie sehr wohl treffen, und nicht nur Sie, sondern auch den ersten Prinzen von Geblüt. Und was würde aus dem Staat, wenn ein Polizeioffizier, der mit der

Ausführung eines solchen Mandats beauftragt wäre, glaubte, daß der Befehl oder Entscheid eines Ministers durch irgendeine andere Bestimmung als durch ein kaiserliches Gesetz oder Dekret ungültig gemacht werden könnte? Wenn der Abwicklungsrat Ihrem Befehl zugestimmt und nicht den des Ministers ausgeführt hat, so macht er sich im höchsten Grade strafbar. N.

*

Seit Mitte Juli weilt Gräfin Walewska bei Napoleon in Schönbrunn. Er hat sie, wie einst nach Finckenstein, unter größter Verschwiegenheit kommen lassen. Aber bald weiß es ganz Wien, daß er mit seiner Geliebten zwar nicht im Schloß lebt, aber ihr ganz in der Nähe ein kleines Haus gemietet hat. Jeden Abend steht ein Wagen mit einem unlivrierten Kutscher vor dem Haus der Gräfin, um sie heimlich zu Napoleon ins Schönbrunner Schloß zu geleiten. Er ist außerordentlich glücklich über die Anwesenheit seiner jungen Freundin. Und als sie sich bald darauf Mutter fühlt, kennt Napoleons Zärtlichkeit und Fürsorge für sie keine Grenzen. Vor Josephine sucht er indes immer noch sorgfältig dieses Verhältnis zu verheimlichen. Gerade in dieser Zeit klagt er ihr gegenüber über Langeweile und tut, als wenn er sich in Schönbrunn sehr vereinsamt fühle.

An die Kaiserin Josephine in Malmaison

Meine Freundin, Schönbrunn, den 26. August 1809.

soeben erhalte ich Deinen Brief aus Malmaison. Man hat mir berichtet, Du seiest dick, frisch und munter. Ich sage Dir, Wien ist keine unterhaltende Stadt. Ich möchte viel lieber wieder in Paris sein.

Leb wohl, meine Freundin. Zweimal in der Woche sehe ich mir ein Lustspiel an. Es ist zwar sehr mittelmäßig, aber man bringt seine Abende damit hin. Im Parterre sitzen 50 bis 60 Wienerinnen, die mir indes nicht vorgestellt worden sind.

Ganz der Deine. N a p o l e o n

*

Seit Napoleon weiß, daß auch Marie Walewska von ihm ein Kind haben wird, beschäftigt ihn die Gründung seiner Dynastie immer mehr. Dieser unumstößliche Beweis seiner

Vaterschaft gibt ihm erst die Sicherheit, daß er Nachkommen haben kann, denn beim Sohne der Eleonore Dénuelle wußte er doch nicht genau, ob er der Vater war. An einem großen Hof wie dem seinen gab es viele Liebeleien, und Eleonore war nicht eine der Prüdesten. Aber jetzt, bei Marie Walewska, braucht er keine Zweifel zu hegen. Sie liebt nur ihn allein, und er ist immer bei ihr. Natürlich ist es kein leichter Entschluß für Napoleon, sich von der Frau, von Josephine, scheiden zu lassen, die er am meisten geliebt hat. Und immer noch ist Zärtlichkeit in seinen Briefen. Es ist, als wolle er Josephine noch ein wenig für das große Leid, das sie bald erwartet, entschädigen. Aus Raab, wohin er einen Abstecher macht, schreibt er:

An die Kaiserin Josephine in Malmaison

(Raab in Ungarn), den 31. August 1809.
Meine liebe Freundin,

Seit einigen Tagen habe ich keine Briefe von Dir. Die vielen Zerstreuungen in Malmaison, die schönen Gewächshäuser und die herrlichen Gärten lassen die Abwesenden in Vergessenheit geraten. Das ist nun einmal so bei Euch Frauen. Übrigens spricht alle Welt davon, wie wohl Du Dich fühlst. Das interessiert mich besonders.

Morgen werde ich mit Eugen für zwei Tage in Ungarn zusammentreffen. Ich bin gesund. Leb wohl, meine liebe Freundin. Dein   N a p o l e o n

*

Etwas später, im September, als sich sein Aufenthalt in Schönbrunn bald dem Ende naht, da scherzt er mit Josephine wie ein Verliebter, der sie in einer der nächsten Nächte durch sein unerwartetes Erscheinen in ihrem Schlafzimmer überraschen wird.

An die Kaiserin Josephine in Malmaison

(Schönbrunn), den 25. September 1809.
Meine liebe Freundin,

ich habe Deinen Brief erhalten. Sei nicht allzu vertrauensselig. Ich rate Dir, besonders in der Nacht, auf

Deiner Hut zu sein, denn in einer der nächsten Nächte wirst Du großes Gepolter hören... Und...!

Meine Gesundheit ist gut. Ich weiß nicht, was man darüber für Gerüchte aussprengt, aber seit Jahren habe ich mich nicht so wohl gefühlt wie jetzt. Ich habe Corvisart (seinen Leibarzt) nicht ein einziges Mal zu Rate ziehen müssen.

Lebe wohl, meine Freundin. Alles geht ausgezeichnet.

Ganz der Deine   Napoleon

*

Nie verliert er neben allen Friedensunterhandlungen in Schönbrunn das kleine Land Toskana aus den Augen. Die eigenmächtigen Erlässe seiner Schwester dort bereiten ihm nicht geringe Arbeit und Sorge. Entweder tut sie in der Verwaltung zu viel des Guten oder aus Aufsässigkeit zu wenig. Es ist schließlich kein Wunder, wenn er bisweilen die Geduld verliert.

An Elisa Napoleon, Großherzogin von Toskana in Florenz

Liebe Schwester,   Schönbrunn, 5. Oktober 1809.

ich erhielt Ihren Brief vom 28. September. Sie melden mir, daß sechzig Pfarren in der Provinz Arezzo unbesetzt seien. Ich verstehe nicht, warum diese Pfarren unbesetzt geblieben sind. Ich wünsche, daß Sie sofort gute und mir ergebene Pfarrer für diese unbesetzten Ämter ernennen. Ferner berichten Sie mir, daß die herrliche Domäne der Zivilliste im Chianatal keinen Verwalter habe. Reden Sie mit meinem Intendanten der Zivilliste und lassen Sie einen fähigen Verwalter ernennen. Das überschreitet Ihre Befugnisse durchaus nicht. Die Geistlichen aber muß der Bischof ernennen, und ich wünsche, daß er dies sofort tut. Sie sagen mir, die Straßen seien in schlechtem Zustande. Sorgen Sie für ihre Instandsetzung! Ich habe für die Arbeiten dieses Jahres genug Geld bewilligt. Beseitigen Sie also schleunigst alle diese Hindernisse.   Napoleon

*

Endlich ist der Frieden von Wien am 14. Oktober unterzeichnet, und Napoleon schickt sich an, Schönbrunn zu verlassen. Beinahe wäre er noch kurz vor seiner Abreise das Opfer eines Attentats geworden. Während einer Parade in

Schönbrunn, am 12., versucht ihn der erst siebzehnjährige Erfurter Student Friedrich Stapps zu ermorden. Doch das Attentat mißglückt. Im Brief an Josephine verschweigt Napoleon diesen Anschlag auf sein Leben. Nur den Friedensabschluß meldet er ihr:

An die Kaiserin Josephine in Malmaison

Meine Freundin, Schönbrunn, den 14. Oktober 1809.

ich möchte Dir nur mitteilen, daß der Frieden vor zwei Stunden zwischen Champagny (französischer Außenminister) und dem Fürsten Liechtenstein (österreichischen Bevollmächtigten) unterzeichnet ist.

Leb wohl, meine Freundin. Napoleon

*

Seine Adoptivtochter Stephanie hat ihn gebeten, auf seiner Rückreise nach Paris in Karlsruhe am großherzoglichen Hof haltzumachen, und er antwortet erfreut.

An die Prinzessin von Baden Stephanie Napoleon

Schönbrunn, den 14. Oktober 1809.

Madame und liebe Tochter,

ich habe Ihren Brief erhalten. Wahrscheinlich reise ich übermorgen von hier ab. Es wäre mir natürlich außerordentlich angenehm, Sie auf meiner Durchreise (durch Karlsruhe) zu sehen. Doch ich habe es so eilig, daß ich nicht weiß, ob ich mich dort aufhalten werde. N.

*

Auch seine Schwester Karoline, deren Mann, den Marschall Murat und Großherzog von Berg, Napoleon im Juli 1808 zum König von Neapel erhoben hat, hätte gewünscht, nach diesem großen Siege über die Österreicher in Paris am Kaiserhof zu sein. Doch liegt das nicht im Sinn Napoleons. Er beabsichtigt noch in diesem Jahre den schweren Schritt der Scheidung von Josephine zu tun. Da ist es ihm wohl angenehmer, wenn seine Schwestern, die mit hämischer Schadenfreude diesen endlichen Sieg über die „Alte" feiern werden, fern von Paris weilen. Er entschuldigt sich indes bei Karoline wegen seiner Absage mit der schlechten Jahreszeit, die diese „Neapolitanerin", seit einem Jahr (!), nicht vertragen könne.

An Karoline Napoleon, Königin Beider Sizilien in Neapel
Schönbrunn, den 15. Oktober 1809.

Liebe Schwester,

ich habe den Frieden unterzeichnet und werde heute Nacht nach Paris abreisen. Wenn Sie nicht so weit entfernt wohnten und die Jahreszeit nicht so weit vorgeschritten wäre, hätte ich Murat veranlaßt, mit Ihnen für zwei Monate nach Paris zu kommen. Doch Sie könnten vor Dezember nicht hier sein, eine fürchterliche Jahreszeit, besonders für eine Neapolitanerin. Man muß also diese Reise nach Fontainebleau aufs nächste Jahr verschieben.

Seien Sie indes von dem Wunsche überzeugt, Ihnen stets meine Freundschaft zu beweisen.

Ihr Sie liebender Bruder   N a p o l e o n

*

Unterwegs denkt er mit großer Sehnsucht an Josephine. Er kann es kaum erwarten, sie wieder in seine Arme zu schließen.

An die Kaiserin Josephine in Malmaison
Nymphenburg, 21. Oktober 1809.

Meine Freundin,

seit gestern bin ich hier (beim König von Bayern) und befinde mich wohl. Morgen werde ich noch nicht nach Paris abreisen, sondern mich noch einen Tag in Stuttgart (beim König von Württemberg) aufhalten. Du wirst vierundzwanzig Stunden vor meiner Ankunft in Fontainebleau benachrichtigt werden. Es wird für mich ein Fest sein, Dich wiederzusehen, und mit Ungeduld ersehne ich diesen Moment.

Ich küsse Dich zärtlich.

Dein   N a p o l e o n

*

Dennoch bleibt Josephine der bittere Kelch der Scheidung von Napoleon nicht erspart. Am 15. Dezember 1809 wird sie durch einen Senatsbeschluß im Thronsaal der Tuilerien vollzogen. Am nächsten Tag verläßt die Kaiserin schmerzgebrochen Paris und zieht sich in ihr liebstes

Schloß Malmaison zurück. Bei der Scheidungszeremonie hat sie zwar großen Mut bewiesen, doch jetzt, in Malmaison, läßt sie ihren Tränen freien Lauf. Sie kann es nicht fassen, daß sie nicht mehr Napoleons Frau, nicht mehr Kaiserin an seiner Seite auf dem Throne sein soll, den sie Stufe für Stufe mit ihm erklommen hat. Und doch hat sich in Napoleons Gefühlen für Josephine nichts geändert. Nur seiner Politik mußten beide dieses große Opfer bringen. Mit Tränen in den Augen sagte Napoleon zu dem Großkanzler Cambacérès während des Scheidungsaktes: „Gott allein weiß, wie schwer meinem Herzen dieser Entschluß gefallen ist. Aber kein Opfer ist mir zu groß, wenn ich die Überzeugung habe, daß es zum Wohle Frankreichs nötig ist." Er selbst zieht sich nach der Scheidung für ein paar Tage nach Trianon zurück. In tiefer Ergriffenheit über den großen Schmerz Josephines schreibt er ihr tröstend schon am nächsten Tag nach einem Besuch bei ihr:

An die Kaiserin Josephine in Malmaison

Trianon (vermutlich am 16. Dezember) 1809, abends 8 Uhr.

Meine Freundin,

ich habe Dich heute verzweifelter gefunden, als Du sein solltest. Du hast soviel Mut gezeigt und mußt ihn jetzt auch finden, um Dein Leid zu tragen. Du darfst Dich keinem verderblichen Trübsinn überlassen, sondern mußt zufrieden sein und vor allem Deine Gesundheit pflegen, die mir teuer ist. Wenn Du mich noch liebst, so mußt Du Kraft finden, glücklich zu sein. Du kannst an meiner beständigen, zärtlichen Freundschaft nicht zweifeln und würdest die Gefühle, die ich Dir entgegenbringe, sehr schlecht kennen, wenn Du vermutetest, daß ich glücklich wäre, wenn Du unglücklich bist, und zufrieden, wenn Du nicht ruhig bist.

Lebe wohl, meine Freundin. Schlafe wohl und denke daran, daß dies mein Wunsch ist.   N a p o l e o n

*

Den Mann, der im Felde hart wie Eisen ist, erschüttert die Scheidung von der geliebten Frau bis ins Innerste. Er weint um sie, die ihm einst alles gewesen. Er, der nie eine

Minute untätig sein kann, verbringt jetzt mehrere Tage in fast lethargischer Untätigkeit. In der Jagd allein sucht er Ablenkung. Drei Tage ist alle Arbeit unterbrochen. Napoleon empfängt in Trianon nach der Scheidung weder Minister noch Sekretäre. Nur das Los seiner unglücklichen Frau beschäftigt ihn. Die Sehnsucht nach ihr wird so groß, daß er sie fast täglich in Malmaison besucht. Und wenn er sie gesehen hat, ist er fast krank vor Traurigkeit. Jeden, der Josephine besucht, fragt Napoleon, wie er sie gefunden hat. Karoline Murat hat es doch durchgesetzt, nach Paris zu kommen. Sie hat die geschiedene Kaiserin in Malmaison natürlich sofort aufgesucht. Josephine hat sich vor ihr zusammengenommen, denn sie will den Mitgliedern der Familie Bonaparte, ihren größten Feinden, nicht die Genugtuung verschaffen, sie weinen zu sehen. Deshalb ist die Auskunft über Josephine, die Karoline ihrem Bruder gibt, eine befriedigende. Dennoch erkundigt Napoleon sich auch an diesem Tag nach dem Wohlbefinden seiner geschiedenen Frau.

An die Kaiserin Josephine in Malmaison

(Trianon), Dienstag, abends 6 Uhr (19. Dezember).

Meine liebe Freundin,

die Königin von Neapel sagte mir gestern bei der Hirschjagd im Bois de Boulogne, daß sie Dich gestern um 1 Uhr mittags wohl angetroffen und auch so verlassen habe. Sage mir, bitte, was Du heute getan hast. Mir geht es ganz gut, doch gestern, als ich bei Dir war und Dich gesehen hatte, war ich ganz elend. Ich hoffe, Du gehst täglich spazieren.

Leb wohl, meine Freundin. N a p o l e o n

*

Andere Mitglieder des Hofes, wie der mit ihr befreundete Polizeiminister Savary, vor denen Josephine nicht Komödie zu spielen braucht, treffen sie in Malmaison weinend und verzweifelt. Sie berichten Napoleon von ihrer großen Trostlosigkeit. Zärtlich ist er bemüht, sie aufzurichten und ihr Mut zuzusprechen. Auch er hat seine Arbeit mit den Ministern wieder aufgenommen. Die Staatsgeschäfte lassen sich nicht aufhalten.

An die Kaiserin Josephine in Malmaison

(Trianon), 7 Uhr abends.
(Vermutlich vom 20. Dezember 1809.)

Ich erhalte soeben Deinen Brief, liebe Freundin. Savary sagt mir, daß Du fortwährend weinst. Das ist nicht gut. Hoffentlich hast Du heute spazieren gehen können. Ich habe Dir etwas von meiner Jagd geschickt. Wenn Du mir sagst, daß Du vernünftig bist und Dein Mut die Oberhand gewinnt, dann werde ich Dich besuchen.
Morgen habe ich den ganzen Tag die Minister bei mir. Lebe wohl, meine Freundin. Auch ich bin sehr traurig heute. Ich muß Dich zufrieden wissen und hören, daß Du wieder Zuversicht gewinnst.
Schlaf wohl! Napoleon

*

Da Napoleon sie am nächsten Tag nicht besuchen kann, weil er Fürstenbesuch aus Deutschland erhält, verspricht er es ihr, um sie nicht noch mehr zu betrüben, für den nächsten Tag.

An die Kaiserin Josephine in Malmaison

Trianon (21. Dezember 1809).
Meine liebe Freundin,

ich hätte Dich heute besucht, wenn ich nicht zum König von Bayern gehen müßte. Er ist soeben in Paris eingetroffen. Ich bin heute Abend um 8 Uhr bei ihm und komme gegen 10 Uhr zurück. Ich hoffe Dich morgen zu sehen und guter Dinge zu finden.
Leb wohl, liebe Freundin. Napoleon

*

Elf Tage nach der Scheidung läd er Josephine mit ihrer Tochter Hortense zu sich nach Trianon zum Diner ein. Der Zauber der immer noch anziehenden Frau wirkt so auf Napoleon, daß er sich gleich, nachdem sie am Abend gegangen ist, aus Trauer und Schmerz zu Bett begibt, um nichts anderes mehr zu hören und zu sehen. Am nächsten Tag schreibt er schon wieder:

An die Kaiserin Josephine in Malmaison

Trianon, Dienstag (vermutlich vom 26. Dezember) 1809.

Meine liebe Freundin,

als Du gestern von mir gegangen bist, habe ich mich sofort ins Bett gelegt. Jetzt begebe ich mich nach Paris. Ich wünsche, daß Du wieder froher wirst. Im Laufe der Woche werde ich Dich besuchen.

Deine Briefe habe ich erhalten. Ich werde sie auf der Fahrt im Wagen lesen. Leb wohl, meine Freundin.

Napoleon

*

Die Verwandten Josephines aus der Familie Beauharnais glauben, daß Napoleon durch die Scheidung auch zu ihnen kühler oder vielleicht gar alle Verbindungen abbrechen werde. In Wirklichkeit aber hat sich in den Beziehungen zwischen diesen Familien und dem Kaiserhof nichts geändert. Napoleon ist derselbe geblieben. Das schreibt er auch der Nichte Josephines, seiner Adoptivtochter Stephanie, die in einem Brief an ihn diese Befürchtung ausgesprochen hat.

An Stephanie Napoleon, Großherzogin von Baden,
in Karlsruhe

Paris, 26. Dezember 1809.

Liebe Tochter,

ich erhalte soeben Ihren Brief. Ich verstehe nicht, was Staatsaffairen mit der Zuneigung, die ich Ihnen entgegenbringe und die sich nie verändern werden, zu tun haben. Sie haben sehr richtig geurteilt, doch noch besser das alles nachgefühlt. Zweifeln Sie nie an meiner Freundschaft und meinem Interesse für Sie. Ich sehe durchaus keine Unschicklichkeit darin, daß Sie nach Paris kommen, um einen Monat im Karneval hier zu verbringen. Es wird mir großes Vergnügen bereiten, Sie hier zu sehen.

Napoleon

*

Als Napoleon aus Trianon wieder in die Tuilerien zurückkehrt, da fühlt er die entsetzliche Leere, die in dem großen Schloß herrscht, seit Josephine es nicht mehr mit ihrer Weiblichkeit erfüllt. Wie verlassen kommt er sich vor. Die Gesellschaft seiner Frau fehlt ihm, und er schreibt ihr traurig, besonders da er durch ihren Sohn weiß, daß auch ihre Melancholie immer stärker wird.

An die Kaiserin Josephine in Malmaison

(Paris), Mittwoch mittags, 27. Dezember 1809.
Meine Freundin,

Eugen sagte mir, daß Du gestern den ganzen Tag traurig gewesen seist. Das ist nicht recht, meine Freundin. Das ist ja das Gegenteil von dem, was Du mir versprochen hast!

Es hat mich tief bekümmert, die Tuilerien wiederzusehen. Dieses große Schloß schien mir so leer, und ich fand mich so vereinsamt darin.

Lebe wohl, meine Freundin. Laß Dir's gut gehen!

N a p o l e o n

*

Kann er sie einen Tag einmal nicht besuchen, so bedauert er es unendlich. Vor einer Sonntagsparade schreibt er noch schnell.

An die Kaiserin Josephine in Malmaison

(Paris), Sonntag (den 31. Dezember), 10 Uhr morgens.

Meine liebe Freundin,

heute halte ich große Parade ab. Ich will meine Alte Garde und mehr als 60 Artillerietrains besichtigen.

Der König von Westfalen (Jérôme) begibt sich heute in sein Königreich (Westfalen). Da wird es leer in den Tuilerien und in Paris werden. Ich bin sehr traurig, Dich nicht sehen zu können. Ist die Parade vor drei Uhr zu Ende, so besuche ich Dich. Sonst auf Wiedersehen morgen.

Leb wohl, meine Freundin.   N a p o l e o n

*

Einmal besucht Josephine in Begleitung ihres Sohnes, des Vizekönigs Eugen, den Kaiser in den Tuilerien. Immer aufs neue ist Napoleon von ihr entzückt. Er geht auf jeden ihrer Wünsche ein. Er sucht ihr den Aufenthalt in Malmaison so schön als möglich zu gestalten. Sie soll sich die herrlichsten Blumen und Gewächse anpflanzen lassen. Er kümmert sich um ihre Hofhaltung genau so wie zuvor. Er begleicht ihre Rechnungen, ihre Schulden, denn Josephine kommt mit den drei Millionen Apanage, die ihr als geschiedener Kaiserin zufließen, nicht aus.

An die Kaiserin Josephine in Malmaison

Sonntag, 8 Uhr abends, 1810
(vermutlich in den ersten Tagen des Januar 1810).

Meine liebe Freundin,

ich war sehr froh, Dich gestern gesehen zu haben, und fühle, welchen Reiz Deine Gesellschaft auf mich ausübt. Heute habe ich mit Estève (Intendant Josephines) gearbeitet. Ich habe 100.000 Franken für das Jahr 1810 zum Zwecke außerordentlicher Ausgaben für Malmaison bewilligt. Du kannst also anpflanzen lassen, was Du willst, und diese Summe ganz nach Deinem Gutdünken verwenden. Ich habe Estève beauftragt, daß er, sobald der Kontrakt wegen des Julienschen Hauses gemacht ist, 200.000 Franken auszahlt. Ich habe auch befohlen, daß Dein Rubinschmuck bezahlt und von der Intendantur abgeschätzt werde, denn ich möchte nicht von den Goldarbeitern betrogen werden. Das wird mich zusammen wohl 400.000 Franken kosten.

Ich habe befohlen, daß man die Million, welche die Zivilliste Dir noch für 1810 schuldet, Deinem Intendanten zur Bezahlung Deiner Schulden zur Verfügung stelle.

Im Tressor von Malmaison wirst Du 500.000 bis 600.000 Franken finden, die Du für Dein Silberzeug und Deine Wäsche verwenden kannst.

Ich habe ein sehr schönes Porzellanservice für Dich bestellt, aber man wird erst Deine Befehle darüber einholen, damit es recht schön werde.

Dein   Napoleon

•

Der ganze Hof und die auswärtigen Fürstlichkeiten, die als Gäste in Paris weilen, besuchen die geschiedene Kaiserin. Bei einigen ist es Neugier, bei den meisten jedoch wirkliche Sympathie und Mitgefühl mit ihrem Geschick. Da Josephine indes nicht weiß, wie sie sich diesen Besuchen gegenüber verhalten soll, holt sie erst Napoleons Ansicht darüber ein. Er hat nichts dagegen und verspricht ihr auch selbst, bald zu kommen. Seine Besuche lösen indes immer wieder einen Strom von Tränen bei Josephine aus, und sie muß ihm versprechen, das nächste Mal, wenn er bei ihr ist, ruhiger zu sein. Denn er kann keine Frau weinen sehen.

An die Kaiserin Josephine in Malmaison

(Paris), Mittwoch, 6 Uhr abends

Meine Freundin,

ich finde es nicht unschicklich, daß Du den König von Württemberg empfängst, wenn Du willst. Der König und die Königin von Bayern wollen Dich auch übermorgen besuchen.

Ich möchte sehr gern nach Malmaison kommen, aber nur, wenn Du stark und ruhig bist. Der Page, den ich Dir heute morgen sandte, sagte, er habe Dich weinen sehen.

Ich werde ganz allein essen.

Lebe wohl, meine Freundin! Zweifle niemals an meinen Gefühlen für Dich. Das wäre ungerecht und schlecht.

Napoleon

*

Inzwischen werden, nachdem Napoleon die Heiratsprojekte mit einer jungen russischen Großfürstin und einer sächsischen Prinzessin fallengelassen hat, Verhandlungen mit dem Wiener Hof um die Hand der Erzherzogin Marie Louise angeknüpft. Josephine soll den Kaiser selbst durch die Fürstin Schwarzenberg auf diese österreichische Verbindung aufmerksam gemacht haben. Es ist ihr indes unsagbar traurig zumute, den Tag seiner Wiedervermählung immer näherrücken zu sehen. Und obwohl er immer wieder versichert, wie lieb er sie noch habe, kann sie sich nicht trösten. Für beide sind die Stunden des Wiedersehens in Malmaison stets eine starke Anforderung an ihre seelischen Kräfte, denn jedesmal sind sie nahe daran, einander in die Arme zu stürzen.

An die Kaiserin Josephine in Malmaison

Trianon, den 17. Januar 1810.

Meine Freundin,

d'Audenarde (Kammerherr Napoleons), den ich Dir heute sandte, sagte mir, daß Du allen Lebensmut verloren hättest, seitdem Du in Malmaison wärest. Und doch ist dieses Schloß Zeuge unseres Glücks und unserer Gefühle gewesen, die sich niemals verändern können noch dürfen, wenigstens nicht von meiner Seite.

Ich möchte Dich sehr gern besuchen, doch muß ich erst wissen, ob Du auch stark bist und nicht schwach, denn auch ich bin ein wenig schwach und leide sehr.

Lebe wohl, meine Josephine, gute Nacht! Wenn Du an mir zweifeltest, wärest Du recht undankbar.

Napoleon

*

In dieser Zeit beweist Napoleon vor allem Josephines Tochter die größte Zuneigung und Aufmerksamkeit. Um Hortense eine besondere Freude zu machen, beschenkt er sie mit dem schönen Schloß Saint-Leu, das sie von da an meist bewohnt, wenn sie nicht in Malmaison bei ihrer Mutter weilt, deren Schicksal sie tief beklagt. Auch sie ist sehr unglücklich und hofft auf eine Scheidung von ihrem Mann, dem König von Holland. Ihre Gesundheit ist zerrüttet, so daß sie wirklich einen Landbesitz gebrauchen kann, in dem sie sich erholt. Dafür sorgt Napoleon.

An die Königin Hortense von Holland in Paris
Paris, 22. Januar 1810.

Meine Tochter,

ich habe befohlen, Ihnen Saint-Leu zu überlassen. Beauftragen Sie Ihren Gewährsmann, von diesem Landsitz in Ihrem Namen Besitz zu ergreifen und ihn in Stand zu setzen. Lassen Sie dort machen, was Sie wollen, und wechseln Sie von dem Personal diejenigen aus, die Ihnen nicht zusagen. Sie haben einen Landsitz nötig. Einen schöneren als diesen können Sie sich nicht wünschen.

Ihr Sie liebender Vater   Napoleon

*

Die herrlichen weltberühmten Gewächshäuser in Malmaison vermögen Josephine nicht alles zu ersetzen. Napoleon weiß, wie sehr sie auch unter der Trennung von allem leidet, was die Stellung als erste Frau Frankreichs und der Glanz des Thrones ihr in Paris gegeben haben. Er weiß, daß Josephine sich halbtot weint, nicht mehr bei ihm im Elysée wohnen zu dürfen. Würde er ihr das gestatten, dann könne er sie doch wenigstens öfter besuchen. Und er zieht auch diese Möglichkeit in Betracht. Ja, es werden sogar Gerüchte laut, daß er beabsichtige, nach seiner zweiten Heirat die beiden Kaiserinnen in freundschaftlicher Weise einander näherzubringen.

An die Kaiserin Josephine in Malmaison

(Paris), 30. Januar 1810.

Meine Freundin,

ich erhalte soeben Deinen Brief. Ich hoffe, der Spaziergang, den Du heute nach Deinen Gewächshäusern unternommen hast, hat Dir gutgetan.

Natürlich würde ich es gern sehen, wenn Du im Elysée wohntest. Ich würde sehr glücklich sein, Dich dann öfter besuchen zu können, denn Du weißt, wie sehr ich Dich liebe. Napoleon

*

In Wien sieht man eine Familienverbindung zwischen dem französischen Kaiserhof und der Habsburgerdynastie als das einzige Mittel zur Aufrechterhaltung des Friedens an, und so ist man am Wiener Hofe einer Heirat der Erzherzogin Marie Louise mit dem Kaiser der Franzosen nicht abgeneigt. Am 7. Februar soll der Heiratskontrakt unterzeichnet und am 16. ratifiziert werden. Darüber redet man taktloserweise auch in Malmaison vor der geschiedenen Kaiserin, die alle diese Tatsachen entsetzlich aufregen. Außerdem flüstert man ihr immer wieder zu, Napoleon werde sie ganz gewiß vergessen und sich überhaupt nicht mehr um sie kümmern, wenn erst die junge Marie Louise bei ihm sei. Dagegen aber verwahrt er sich energisch in seinem Brief.

An die Kaiserin Josephine in Malmaison

(Paris), Dienstag Mittag, 1810 (vom 1. oder 2. Februar).

Meine liebe Freundin,

ich höre, daß Du traurig bist. Das ist nicht recht. Du hast also kein Vertrauen zu mir. Alle Gerüchte, die man ausstreut, erschrecken Dich. Das heißt mich schlecht kennen, Josephine! Ich bin Dir sehr böse, und wenn ich nicht bald erfahre, daß Du froh und zufrieden bist, werde ich Dich tüchtig ausschelten.

Leb wohl, meine gute Freundin.   Napoleon

Die Infamien um Josephine hören nicht auf. Man hat sie versichert, der Kaiser wolle sie nach seiner Heirat in die Verbannung schicken. Für immer! Darauf hat Napoleon sofort ihre Sachen nach dem Elysée befördern lassen, um ihr zu beweisen, wie unsinnig all das Geschwätz um sie herum ist. Als sie am nächsten Tag im Elysée eintrifft, besucht er sie sofort. Vorher schreibt er ihr:

An die Kaiserin Josephine in Malmaison

(Paris), Sonnabend, 6 Uhr abends, 1810 (2. Februar).

Meine Freundin,

ich habe Eugen gesagt, daß Du lieber auf das Geschwätz einer großen Stadt hörst als auf meine Worte. Du darfst nicht gestatten, daß man Dir Ammenmärchen erzählt, um Dich zu betrüben.

Ich habe Deine Sachen nach dem Elysée bringen lassen. Du kannst ständig nach Paris kommen, mußt aber ruhig und zufrieden sein und volles Vertrauen zu mir haben.

Napoleon

Napoleon hat die Absicht, ein paar Tage beim Marschall Bessières zu verbringen, dessen Besitzung er sehr liebt. Er hat auch Josephine eingeladen, dahin zu kommen, aber sie wendet ein, es ginge doch wohl nicht, daß er, so kurz vor seiner zweiten Vermählung, mit ihr unter einem Dache übernachte.

An die Kaiserin Josephine im Elysée

(Paris), 19. Februar 1810.

Meine Freundin,

ich habe Deinen Brief erhalten. Ich möchte Dich sehr gern sehen, aber Du kannst recht haben mit Deinen Bedenken: es mag vielleicht nicht schicklich sein, daß wir während des ersten Jahres unter einem Dache wohnen. Bessières' Landsitz ist jedoch zu weit entfernt, als daß man des Abends wieder zurückkehren könnte. Außerdem bin ich auch ein wenig erkältet und weiß noch nicht bestimmt, ob ich hingehe.

Leb wohl, meine Freundin. Napoleon

*

Inzwischen ist in Paris und Wien endgültig über das Schicksal der jungen Marie Louise verfügt worden, ohne sie sonderlich um ihre Neigung oder Abneigung zu fragen. Man verlangt nur Fügsamkeit von ihr, und die gewährt sie. Der Ehevertrag ist am 16. Februar in Wien ratifiziert worden. Napoleon schickt darauf den General Lauriston mit zwei eigenhändig geschriebenen Briefen nach Wien, die er mit Hilfe seines Sekretärs Méneval einigermaßen leserlich zusammengebracht hat. Einer ist für den Kaiser Franz, der andere für Marie Louise selbst bestimmt. Den sachlichen Verhandlungen möchte Napoleon gern eine persönliche Note geben. Man fühlt, er ist sichtlich bemüht, die junge Erzherzogin glauben zu machen, daß nicht nur die Politik ihn geleitet habe, sie zur Frau zu begehren. Und obwohl dieser erste Brief Napoleons an Marie Louise im Staatsstil geschrieben ist, kann man ihm doch eine gewisse Herzlichkeit nicht absprechen. Es ist die offizielle Liebeserklärung des Herrschers, aber gleichzeitig auch des Mannes, der sich wohl bewußt ist: hier muß er sich erst die Zuneigung eines jungen Mädchens erwerben, das ihn vorher weder liebte noch achtete, ja, das ihn haßte. Deshalb schreibt Napoleon fast werbend:

An Ihre Kaiserliche Hoheit, die Erzherzogin Marie Louise von Österreich in Wien

Rambouillet, den 23. Februar 1810.

Liebe Kusine,

die glänzenden Eigenschaften, die Ihre Person auszeichnen, haben in Uns den Wunsch aufkommen lassen, Ihnen zu dienen und Sie zu ehren. Wir wenden Uns an den Kaiser, Ihren Vater, mit der Bitte, Uns das Glück Eurer Kaiserlichen Hoheit anzuvertrauen. Dürfen Wir hoffen, daß Sie die Gefühle, die Uns zu diesem Schritt veranlassen, gnädig aufnehmen? Dürfen Wir Uns dem angenehmen Gefühl überlassen, daß Sie nicht nur aus Pflicht und kindlichem Gehorsam zu dieser Verbindung entschlossen sind?

Wenn Eure Kaiserliche Hoheit nur einen Funken von Zuneigung für Uns übrig haben, so wollen Wir dieses Gefühl sorgfältig pflegen und es Uns zur höchsten Aufgabe machen, Ihnen immer und in allem zu gefallen. Und eines Tages werden Wir glücklich sein, daß es Uns gelungen ist, Ihnen sympathisch zu sein. Das ist Unser einziges Bestreben und deshalb bitten Wir Eure Hoheit, Uns geneigt zu sein.

Darüber bitten Wir Gott, liebe Kusine, daß er Sie in seinen heiligen Schutz nehme.

Ihr guter Vetter   Napoleon

*

Am gleichen Tage teilt Napoleon auch seiner Mutter mit, daß der Ehevertrag zwischen Wien und Paris abgeschlossen worden ist.

An Madame Mère in Paris

Paris, den 23. Februar 1810.

Madame und liebe Mutter,

ich beeile mich, Ihnen mitzuteilen, daß der Vertrag in bezug auf den Ehekontrakt zwischen mir und der Erzherzogin Marie Louise, Tochter des Kaisers von Österreich, am 16. in Wien ratifiziert wurde. Ich wollte nicht länger damit warten, es Ihnen mitzuteilen.

Ihr Sie liebender Sohn   Napoleon

*

In diesen schicksalsvollen Tagen des Februar gedenkt der Kaiser der verlassenen Josephine im Elysée, die traurig und niedergeschlagen ist. Er hatte sich am 20. und 21. doch entschlossen, beim Marschall Bessières im Schloß Grignon zu wohnen und hätte es gern gesehen, wenn die Kaiserin zum Diner gekommen wäre, allerdings unter der Voraussetzung, daß sie nicht dort übernachte. Aber sie kommt nicht, weil sie der Welt nicht Gelegenheit zum Gerede geben will.

An die Kaiserin Josephine im Elysée

(Paris), Freitag (23. Februar), 6 Uhr abends, 1810.

Meine Freundin,

bei meiner Rückkehr übergab mir Savary (Polizeiminister) Deinen Brief, aus dem ich mit Bedauern sehe, wie traurig Du bist. Ich bin sehr froh, daß Du den Brand nicht gesehen hast.

In Rambouillet hatte ich sehr schönes Wetter, Hortense sagte mir, Du hättest die Absicht gehabt, zum Diner bei Bessières zu erscheinen und am Abend wieder nach Paris zurückzukehren. Es tut mir nur leid, daß Du Deinen Plan nicht ausführtest.

Leb wohl, meine Freundin. Sei heiter und denke, daß Du mir damit am meisten gefallen kannst. N a p o l e o n

*

Der neue Hof der zukünftigen jungen Kaiserin bringt natürlicherweise Veränderungen in der Besetzung der Hofämter mit sich. Manche Dame aus der Umgebung Josephines, die nun bestimmt wird, ihrer Nachfolgerin zu dienen, hält aus innerem Gefühl zu der Verstoßenen, wie ihre langjährige Ehrendame. Sie verlangt vom Kaiser den Abschied, als Marie Louise erwartet wird. Auch auf diese Einzelheiten des Hoflebens findet Napoleon Zeit, persönlich zu antworten, und sein Brief ist durchaus nicht Schema.

An Frau von La Rochefoucauld,
Ehrendame der Kaiserin Josephine

Paris, 24. Februar 1810.

Madame,

ich war mit Ihren Diensten als Ehrendame in meinem Palast sehr zufrieden. Ich bedaure es zwar sehr, kann aber die Gründe nur billigen, die Sie bewegen, an dem neuen Hofe das Amt einer Ehrendame nicht mehr bekleiden zu wollen. Es wäre mir indes äußerst unangenehm, wenn Sie sich dadurch veranlaßt sähen, in meine Freundschaft für Sie den geringsten Zweifel zu setzen. Im Gegenteil, ich möchte Ihnen gern meine Zufriedenheit beweisen und vor allem Ihnen in jeder Weise angenehm sein. N a p o l e o n

*

Am 27. Februar schickt Napoleon seinen Freund und Vertrauten, seinen liebsten Waffengefährten, den Marschall Berthier, Fürsten von Neuchâtel, an den Wiener Hof. Er soll feierlich um die Hand Marie Louises anhalten und ihr gleichzeitig einen zweiten Brief überbringen, der das Datum vom 25. trägt. Diesmal verspricht Napoleon seiner jungen Braut, alles daranzusetzen, sie glücklich zu machen. Der Brief wird ihr dann am 8. März überreicht. Auch sein Bild kündigt Napoleon ihr an. Es ist mit Brillanten besetzt und hat einen Wert von 600.000 Franken.

An Ihre Kaiserliche Hoheit die Erzherzogin Marie Louise in Wien

Paris, 25. Februar 1810.

Gnädige Frau Schwester,

die Gewährung meiner Bitte, mich mit Ihnen durch die Ehe zu verbinden, ist ein sehr kostbarer Beweis von Achtung und Wertschätzung, den mir Seine Majestät, der Kaiser, Ihr Vater, gegeben. Ihre eigene Einwilligung in eine Verbindung, die mich mit der aufrichtigsten Freude erfüllt und mein ganzes Leben verschönern wird, weiß ich unendlich zu schätzen. Mit Ungeduld erwarte ich den Augenblick, der sie schließen soll. Es ist mein höchstes Bestreben, Sie in Ihrer Ehe glücklich zu machen. Und in dieser Hinsicht sind meine Wünsche um so aufrichtiger, als auch mein eigenes Glück fest mit dem Ihrigen verknüpft sein wird. Ich habe den Fürsten von Neuchâtel, meinen außerordentlichen bevollmächtigten Gesandten, beauftragt, Ihnen mein Bild zu übergeben, und bitte Sie, es als Beweis der Gefühle entgegenzunehmen, die tief und unauslöschlich in mein Herz eingegraben sind.

Ich bin, liebe Frau Schwester, Ihr Sie liebender Bruder

Napoleon

*

Kaum ist dieser Brief geschrieben, so fliegt schon am nächsten Tag wieder einer nach Wien. Napoleon hat erfahren, daß Marie Louise sich bei einem offiziellen Diner in der Hofburg mit seinem Gesandten Otto ziemlich lange unterhielt. Aus diesem Gespräch ging hervor, daß sie Napoleon nicht so abgeneigt sei, wie er berechtigt war anzunehmen. Sie hatte sich im Gegenteil sehr lebhaft bei Otto erkundigt, was der Kaiser für ein Mensch sei, ob er dies oder jenes liebe oder nicht, und ihre Naivität, ihr frisches, heiteres Wesen hatten den französischen Gesandten sehr begeistert. Sein Bericht beglückt Napoleon außerordentlich. Er setzt sich sofort hin und schreibt an Marie Louise, er erfahre soeben, wie fabelhaft und vollkommen sie sich benommen habe. Von dem Vertrauen, das sie ihm entgegenbringe, sei er tief gerührt, vor allem aber habe er sich über das Gute gefreut, das Otto ihm von ihren persönlichen Eigenschaften zu berichten wisse. Am liebsten möchte er ihr selbst seine Huldigungen, seine Hoffnungen und die Zärtlichkeiten seines Herzens zu Füßen legen. Jedenfalls, wenn ihr Glück von der Aufrichtigkeit seiner Zuneigung abhinge, dann könne niemand glücklicher sein als Marie Louise. Dieser Gedanke mache ihn außerordentlich froh.

Das ist nicht die Sprache eines offiziell und höfisch Werbenden. Napoleon setzt sich bereits über Tradition und Zeremoniell hinweg. Marie Louise gefällt ihm nach allem, was er von ihr hört. Nach der Prokuratrauung in Wien erhält sie wieder ein Schreiben von ihrem zukünftigen Gatten. Jetzt ist er schon schwärmerischer. Wenn es nach ihm ginge, schreibt er unter anderem, reiste er sofort im gestreckten Galopp ab und läge ihr huldigend zu Füßen, noch ehe man in Paris wüßte, daß er es verlassen hätte. Leider dürfe das nicht sein. Wie schade! Durch solche Briefe, die anders klingen als die herkömmlichen Brautwerberbriefe an Kaiserstöchter, erobert Napoleon allmählich das Herz der jungen Marie Louise.

Sie ist inzwischen am 13. März von Wien abgereist. In Braunau, dem letzten Ort, der sie noch an die Heimat erinnert, empfängt sie bereits wieder einen Brief Napoleons. Hier nimmt die Braut Abschied von ihrer österreichischen Umgebung und wird von ihrem neuen französischen Hofstaat begrüßt.

Napoleon erwartet sie sehnlichst. Er schreibt immer verliebter, immer zärtlicher. Er denkt nur an sie und an das Glück, mit ihr vereint zu sein. Jetzt ist sie ja schon seine angetraute Frau. Er hat das Recht, von seiner Liebe zu sprechen. Dennoch nennt er sie noch Madame und Majestät. Seinen zweiten Brief nach Braunau erhält sie nicht mehr, wie er gehofft hat. Nun aber kommt sie ihm immer näher. Er zählt die Tage, die Stunden, die Minuten. Wie lange noch! Es kommt ihm wie eine Ewigkeit vor, bis er das Glück hat, sie in seine Arme zu schließen. Er kann es kaum erwarten, auch von ihr zu hören, daß sie ihm zugetan ist. Und dann schließt er seinen Brief mit dem feierlichen Versprechen, sie immer zu lieben.

Als Napoleon Marie Louises Bild erhält, eine besondere Aufmerksamkeit der Kaiserin von Österreich, ihrer Stiefmutter, ist er von der gesunden Frische der jungen Prinzessin entzückt. Marie Louise ist gewiß keine Schönheit. Er hat das auch nicht erwartet, aber für den nahezu Vierzigjährigen ist sie doch äußerst anziehend mit ihren neunzehn Jahren. Unzählige Male betrachtet Napoleon das Bild. Besonders erfreut scheint er über die Habsburgerlippe zu sein. Die ist ihm wahrscheinlich die beste Garantie für die Rasse, deren Kinderreichtum weltbekannt ist.

Seine Ungeduld, Marie Louise bald in Fleisch und Blut vor sich zu sehen, wird jedenfalls durch das Bild noch größer. Um die junge Frau auch über seine Treue zu beruhigen, denn möglicherweise hat man Marie Louise verschiedene Klatschereien zugetragen, schreibt er ihr, sie werde es gewiß nicht bereuen, ihn geheiratet zu haben, denn sie solle in ihm einen Gatten finden, der sie anbetet, dem aber vor allem daran läge, sie glücklich zu machen. Sie brauche nicht zu befürchten, daß er seine Rechte als Mann fordere, wenn sie ihm nicht selbst von Herzen zugetan wäre. „Ich denke", schließt er, „Sie sind nun nicht mehr weit von Frankreich. Ich erwarte Sie mit unbeschreiblicher Ungeduld."

VIII. Das junge Eheglück

Seit dem 10. März ist in Compiègne alles zum Empfang der jungen Herrscherin bereit. Der ganze Hof ist dort versammelt. Seit Tagen befindet Napoleon sich in einem Zustand höchster Erwartung. Am 24. schreibt er den letzten Brief an die immer Näherkommende. Er selbst hält es indessen nicht länger mehr im Schlosse aus. Trotz strömenden Regens eilt er der so sehnlichst Erwarteten bis Courcelles entgegen. Marie Louise hat ihm aus Stuttgart, wie immer von jeder Station, geschrieben. Von Berthier und Karoline Murat, die sich mit auf der Reise befinden, hat er so viel Gutes und Reizendes über seine zukünftige Frau gehört, daß es ihn sehnlichst nach ihr verlangt. Er ist ganz entzückt von der Zärtlichkeit, die aus Marie Louises Briefen an ihn spricht, wenn sie auch noch schüchtern und zurückhaltend in ihren Ausdrücken ist. Diese kaum erwachte Zuneigung berauscht ihn. In seinem letzten Brief bedauert er, nicht der Page sein zu können, der ihr den Huldigungsgruß überbringen darf. Verliebt wie ein Zwanzigjähriger schreibt er, er möchte niederknien vor ihr, ihre schönen Hände in den seinen, sie mit Küssen bedecken. Und, um ihr eine ganz besondere Freude zu machen, schickt er ihr den Fürsten Schwarzenberg und die Gräfin Metternich, damit Marie Louise das Gefühl habe, schon in Straßburg in der Heimat zu sein.

*

Endlich ist Marie Louise da! Napoleon selbst führt sie von Courcelles in höchster Eile nach Compiègne. Er ist außerordentlich glücklich mit ihr. An seinen Schwiegervater, den Kaiser Franz, schreibt er schon zwei Tage später: „Sie erfüllt alle meine Hoffnungen und wir hören nicht auf, uns gegenseitig unsere zärtlichste Liebe zu beweisen." Am 1. April findet dann die bürgerliche Trauung in Saint-Cloud statt, und am 2. vereinigt die Kirche, das heißt Kardinal Fesch, Napoleons Onkel, als kaiserlicher Großalmosenier, Napoleon und Marie Louise vor der Welt als Mann und Frau. Da die Großherzogin von Toskana noch nicht zu den Hochzeitsfeierlichkeiten nach Paris abgereist ist, teilt er seiner Schwester die Nachricht seiner Vermählung brieflich mit.

An Elisa Napoleon, Großherzogin von Toskana, in Florenz
Paris, den 3. April 1810.
Meine liebe Schwester,
ich beeile mich, Ihnen meine Vermählung mit der Erzherzogin Marie Louise von Österreich mitzuteilen. Die Bande des Blutes und die Anhänglichkeit, die Sie mir stets bewiesen haben, sind für mich eine Garantie, daß Sie das lebhafteste Interesse an einem für die kaiserliche Familie so interessanten Ereignis nehmen. Sie zweifeln gewiß nicht an dem Vergnügen, das es mir bereitet, zu allem, was Ihnen angenehm ist, beizutragen. Mit Freuden ergreife ich diese Gelegenheit, Sie aufs neue meiner zärtlichsten Freundschaft zu versichern, mit der ich bin, meine liebe Schwester
Ihr Sie liebender Bruder Napoleon

*

Mit seinem Bruder Louis auf dem holländischen Thron hat Napoleon gerade in dieser Zeit die größten Unannehmlichkeiten. Es fehlt Louis vollkommen das Verständnis für die Weltpolitik des Kaisers. Er ist zwar ein milder, aber kein kluger und befähigter Herrscher. Er sieht nur Holland, Frankreich kommt für ihn nicht in Frage. Der offizielle Bruch der beiden Brüder steht nahe bevor, besonders, da Louis immer wieder von Abdankung redet, weil Napoleon sich seit dem Frühjahr 1810 mit der Absicht trägt, Holland Frankreich einzuverleiben. Im März desselben Jahres kommt indes wieder eine Versöhnung zwischen beiden zustande. Napoleon gibt nach und schreibt in einem Briefe vom 13. März unter anderem an Louis: „Meine ganze Politik drängt mich zur Vereinigung Hollands mit Frankreich... Da ich aber sehe, daß Ihnen das so großen Kummer macht, so beuge ich zum erstenmal meine Politik vor dem Wunsche, Ihnen einen Gefallen zu tun." Eine Bedingung aber knüpft Napoleon noch daran: Louis soll von nun an wieder in Frieden mit Hortense in Holland leben. Die junge Königin scheidet auf Napoleons Befehl von Saint-Leu unter einem Strom von Tränen. In Holland leben die beiden Gatten indes nie mehr in einem und demselben

Schloß, obwohl Napoleon, der bürgerlich denkende Ehemann, immer noch Hoffnung hat, daß auch diese Ehe einmal zufriedenstellend sein werde.

An Hortense Napoleon, Königin von Holland,
in Amsterdam

Compiègne, den 16. April 1810.

Meine Tochter,

ich erhielt Ihren Brief und freue mich, daß Sie wohlbehalten mit Ihren Kindern angekommen sind. Morgen reise ich nach Antwerpen ab, wo ich am 1. Mai eintreffen werde. Dort hoffe ich von Ihnen Nachricht zu erhalten. Wie man mir versichert, sind Sie mit dem König und mit Holland zufrieden. Das freut mich außerordentlich.

Ihr Sie liebender Vater   N a p o l e o n

*

Als Marie Louise in Paris einzog, hat es Josephine über sich gewonnen, das Elysée zu verlassen und sich nach ihrem Schloß Navarra zurückzuziehen. Aber ihre Traurigkeit ist dort noch größer geworden. Navarra war sehr vernachlässigt und viel zu groß für einen Menschen, der die Einsamkeit nicht gebrauchen konnte. Daher kehrt Josephine schon nach ein paar Wochen wieder in ihr geliebtes Malmaison zurück. Dort hat sie wenigstens den Trost, Napoleon öfter zu sehen. In dem von ihm erwähnten „häßlichen" Brief, worin sie ihn sehr offiziell „Sie" und „Sire" nennt, hat sie die Befürchtung ausgesprochen, daß er sie in seinem Glück nun wohl ganz vergessen und wünschen werde, sie möge Navarra als dauernden Aufenthalt wählen. Gleichzeitig versichert sie ihm, sie wolle auf alles verzichten, nur nicht auf seine Freundschaft. In ihrem großen Leid schreibt sie schmerzlich resigniert: „Ich habe ein großes Opfer gebracht, und täglich fühle ich mehr, wie ungeheuer es ist. Dieses Opfer aber soll so sein, wie man es von mir verlangt: vollkommen... Ganz im Geheimen will ich Sie lieben und an den Gefühlen zehren, die Sie mir einst entgegenbrachten... Nur um *eine* Gnade möchte ich Sie bitten: suchen Sie mich... bisweilen zu überzeugen, daß ich immer noch ein Plätzchen in Ihrem Herzen und einen großen Anteil an Ihrer Achtung und Freundschaft habe... Das wird meinen ungeheuren Schmerz ein wenig lindern, ohne Ihr neues Glück zu stören. Das möchte ich auf keinen Fall." Darauf antwortet Napoleon:

An die Kaiserin Josephine in Navarra

Compiègne, den 21. April 1810.

Meine Freundin,

ich erhalte soeben Deinen Brief vom 18. April. Er ist in einem sehr häßlichen Tone geschrieben. Ich bin immer derselbe, meine Gefühle sind unveränderlich! Was kann Dir nur Eugen gesagt haben? Ich habe Dir nicht geschrieben, weil Du mir nicht geschrieben hattest, und weil es mein größter Wunsch ist, Dir in jeder Beziehung angenehm zu sein.

Mit Freuden höre ich, daß Du nach Malmaison gehst und zufrieden bist. Ich werde es erst sein, wenn Du mir schreibst und ich Dir wieder geantwortet habe. Mehr sage ich nicht, bis Du diesen Brief mit dem Deinigen verglichen hast. Dann magst Du selbst urteilen, wer von uns beiden der bessere Freund ist, Du oder ich.

Lebe wohl, meine Freundin. Bleibe gesund und sei gerecht gegen mich und Dich. N a p o l e o n

*

Wie sehr Josephine an Napoleon hängt und wie innig sie innerlich mit ihm verbunden ist, beweist ihre reuevolle und zärtliche Antwort auf den obigen Brief, die wir als Charakteristikum beigeben wollen.

Die Kaiserin Josephine an den Kaiser Napoleon.

Vermutlich vom 21. oder 22. April 1810 aus Navarra.

Liebster Freund,

tausend, tausend innigen Dank, daß Du mich nicht vergessen hast. Mein Sohn brachte mir Deinen Brief. Mit welchem Eifer habe ich ihn gelesen und doch — wie lange brauchte ich dazu! Jedes Deiner Worte entlockte mir Tränen, aber sie waren süß! Ich habe meine ganze Liebe wiedergefunden, und sie wird ewig währen. Es gibt Gefühle, die das Leben selbst sind und nur mit diesem enden können!

Ich wäre verzweifelt, wenn Dir mein Brief vom 19. mißfallen hätte. Ich erinnere mich wirklich nicht genau der von mir darin gebrauchten Ausdrücke, aber ich weiß, welches qualvolle Gefühl sie mir diktierte: es war der Kummer darüber, daß Du mir nicht geschrieben hattest.

Als ich Malmaison verließ, schrieb ich Dir, und wie oft habe ich seitdem wieder an Dich schreiben wollen! Aber ich fühlte die Ursache Deines Schweigens und fürchtete, durch einen Brief lästig zu fallen. Der Deinige ist Balsam für mich gewesen! Sei glücklich! Sei es so sehr, wie Du es verdienst! Dies ist mein innigster Herzenswunsch. Auch Du hast mir ein gut Teil Glück gegeben, ein Glück, das ich lebhaft empfunden. Nichts ist mir wertvoller als ein Beweis Deines Gedenkens an mich.

Lebe wohl, mein Freund. Ich danke Dir ebenso innig, wie ich Dich immer lieben werde.　　　　　　J o s e p h i n e

*

Am selben Tage, als er mit seiner jungen Frau die Reise an die französische Nordküste und nach Belgien antritt, sendet er rasch noch ein paar tröstende Worte an die geschiedene Kaiserin, damit sie nicht das Gefühl haben soll, er vernachlässige sie um der Jüngeren willen. Da sie am 15. Mai wieder nach Malmaison kommt, verspricht er ihr, an diesem Tage in Paris zu sein.

An die Kaiserin Josephine in Navarra

　　　　　　　　　　Compiègne, den 28. April 1810.
Meine Freundin,

ich erhielt Deine beiden Briefe. Ich werde Eugen schreiben. Für die Heirat Taschers (Josephines Vetter) mit der Prinzessin von der Leyen habe ich Anordnungen gegeben.

Morgen gehe ich nach Antwerpen, um meine Flotte zu besichtigen und verschiedene Arbeiten zu befehlen. Am 15. Mai bin ich wieder zurück.

Eugen sagte mir, Du wolltest ins Bad reisen. Tue, was Dir gefällt. Höre nicht auf den Klatsch in Paris. Es ist alles nicht wahr und von dem wirklichen Sachverhalt sehr weit entfernt. Meine Gefühle für Dich sind unveränderlich, und es ist mein größter Wunsch, Dich glücklich und zufrieden zu wissen.

Leb wohl, liebe Freundin.　　　　　　N a p o l e o n

*

Seine Rückkehr aus Belgien verzögerte sich indes etwas. Doch sein erster Besuch gilt wirklich der Verlassenen, die nun wieder für einige Zeit in Malmaison lebt.

An die Kaiserin Josephine in Malmaison

(Ungefähr Ende Mai 1810.)

Ich erhalte soeben Deinen Brief, meine Freundin. Eugen wird Dir über meine Reise mit der Kaiserin berichten. Es ist mir sehr lieb, daß Du die Bäder gebrauchen willst; ich hoffe, sie werden Dir gut tun.

Ich möchte Dich sehr gern sehen. Wenn Du Ende des Monats in Malmaison bist, werde ich Dich besuchen, denn ich gedenke am 30. (Mai) wieder in Saint-Cloud zu sein.

Meine Gesundheit ist ausgezeichnet; es fehlt mir nur, Dich zufrieden und gesund zu wissen. Teile mir den Namen mit, den Du auf Deiner Reise tragen möchtest.

Zweifle nie an der ganzen Wahrheit meiner Gefühle für Dich; sie werden bis ans Ende meines Lebens immer die gleichen sein, und Du wärest sehr ungerecht, wenn Du daran zweifeltest. Napoleon

*

Mitten in Napoleons junges Eheglück wirft die Abdankung und Flucht seines Bruders Louis grelle Lichter des Bruderzwistes. In der Nacht vom 2. zum 3. Juli hat der König von Holland Thron und Reich verlassen, weil er in Napoleons Politik den Untergang seines Reiches sah. Sein kurzes Königtum hat ihm nichts als Enttäuschungen gebracht. Sowohl in seiner Politik als auch in seiner Ehe ist er gescheitert. Im Kampfe mit dem mächtigen Bruder ist sogar Louis' an sich schwache Gesundheit noch mehr erschüttert worden. Er muß eine Kur gebrauchen. Da er den Thron nicht länger mit Würde behaupten zu können glaubt, überläßt er ihn Hortenses Sohn, dem kleinen Herzog von Berg, mit ihr als Regentin. Sie befindet sich um diese Zeit gerade zur Kur in Plombières und hat keine Ahnung von der Flucht ihres Mannes. Auch in den Tuilerien weiß man lange nicht, wohin Louis seine Schritte gelenkt hat. Napoleon gerät in die größte Wut über die Tat seines Bruders und läßt sofort, am 9. Juli, die Einverleibung Hollands mit dem Reiche dekretieren. Auf diese Weise beraubt er seinen Neffen des Thrones. Später bereut er zwar diesen Schritt, doch es ist zu spät. So führt die Hartnäckigkeit des schwächsten der Brüder Napoleons zu einem der schwersten Mißgriffe des Kaisers der Franzosen. Um Hortenses willen ist Napoleon indes froh, daß sie Louis nun für immer los ist. Er schreibt darüber:

An die Kaiserin Josephine in Aix-les-Bains

Meine Freundin,   Rambouillet, den 8. Juli 1810.

ich habe Deinen Brief vom 3. Juli erhalten. Du wirst Eugen gesehen, und seine Gegenwart wird Dir wohl getan haben. Mit Vergnügen habe ich gehört, daß Dir die Bäder gut bekommen. Der König von Holland hat abgedankt und, der Verfassung gemäß, die Regentschaft der Königin überlassen. Er hat Amsterdam den Rücken gekehrt, aber den Großherzog von Berg dort gelassen.

Ich habe Holland Frankreich einverleibt. Das Gute daran ist, daß die Königin frei wird. Das unglückliche Mädchen wird mit ihrem Sohn, dem Herzog von Berg, nach Paris kommen und nun erst vollkommen glücklich sein.

Meine Gesundheit ist gut. Ich bin hier auf einige Tage zur Jagd. Ich würde mich herzlich freuen, Dich diesen Herbst zu sehen. Zweifle nie an meiner Freundschaft; sie verändert sich nicht!

Bleibe gesund, sei fröhlich und glaube an die Wahrheit meiner Gefühle!   N a p o l e o n

*

Auch an die Tochter geht ein Brief ab, die inzwischen bereits offiziell von allem unterrichtet ist. Er schickt ihr Lebrun, Herzog von Piacenza, als Gouverneur von Holland.

An die Königin Hortense in Plombières

Meine Tochter,   Rambouillet, 13. Juli 1810.

ich erhalte soeben Ihren Kurier vom 11. Aus Ihrem Schreiben ersehe ich, daß Sie die Briefe aus Holland erhalten haben. Vom König hat man keinerlei Nachricht. Man weiß nicht, wohin er gegangen und begreift nichts von dieser Schrulle. Der Herr Erzschatzmeister (Charles Lebrun) muß in Amsterdam eingetroffen und das Dekret der Einverleibung dort bereits bekannt sein. Ich sende Ihnen die Briefe, die Sie meines Erachtens an den Präsidenten der

Gesetzgebenden Körperschaft und an den Präsidenten des
Regierungsrates schreiben müssen. In diesen Briefen geben
Sie den Herren keine Titel.   N a p o l e o n

*

Anstatt den flüchtigen König mit seiner ganzen Macht
zu verfolgen, sorgt Napoleon sich um ihn und läßt überall
Nachforschungen anstellen, wo Louis sich befinden könnte,
nicht etwa, um ihn zu bestrafen, sondern hauptsächlich,
um seine Mutter, Frau Letizia, zu beruhigen, deren Lieblingssohn Louis stets gewesen ist. Als er ihn endlich in
Teplitz entdeckt, teilt Napoleon ihr das sofort mit, ja er
findet sogar eine Entschuldigung für ihn.

An Madame Mère in Paris

                         Saint-Cloud, 20. Juli 1810.

Madame,

ich beeile mich Ihnen mitzuteilen, daß der König von
Holland sich zur Kur in Teplitz in Böhmen befindet. Da
Sie wahrscheinlich außerordentlich in Sorge um ihn gewesen sind, verliere ich keinen Augenblick, Ihnen diese Nachricht zu Ihrer Beruhigung zu geben. Sein Verhalten kann
nur mit seiner Krankheit erklärt werden.

Ihr Sie liebender Sohn   N a p o l e o n

*

Fast das ganze erste Jahr der Ehe Napoleons mit Marie
Louise bleibt die geschiedene Kaiserin Josephine von Paris
fern, entweder in Bädern, auf Reisen oder in Navarra.
Auf einer dieser Reisen nach dem berühmten Badeort
Aix (les Bains) in Savoyen kommt Josephine auch durch
Genf und hält sich dort, weil es ihr so gut gefällt, im
Schloß Prangins auf. Ist sie fern, so bemüht sich Napoleon
sichtlich, ihr, wann und wo er kann, Nachrichten über ihre
Kinder, besonders über Hortense, zu geben.

An die Kaiserin Josephine in Aix in Savoyen

                         Saint-Cloud, 20. Juli 1810.

Meine Freundin,

ich habe Deinen Brief vom 14. Juli erhalten. Ich freue
mich außerordentlich, daß Dir die Kur gut bekommt und
daß Du Genf liebst. Ich meine Du tätest gut, Dich ein paar
Wochen dort aufzuhalten.

Mir geht es recht gut. Nur das Verhalten des Königs von Holland hat mich außerordentlich betrübt. Hortense wird bald nach Paris kommen. Der Großherzog von Berg ist bereits unterwegs. Ich erwarte ihn morgen.
Adieu, meine Freundin. Napoleon

Napoleons Glück mit der jungen Erzherzogin erreicht den höchsten Grad, als Marie Louise merkt, daß sie Mutter wird. Endlich erfüllt sich sein Wunsch, rechtmäßige Nachkommen zu haben. Dieser Wunsch, den er vierzehn Jahre lang vergebens gehegt hat! Napoleon befindet sich durch diese Gewißheit in einem schwer zu beschreibenden Taumel und es ist nicht erstaunlich, daß er sein großes Glück auch der armen Josephine sofort mitteilt, die jahrelang in den Bädern die Kuren gebrauchte, um ihm diesen Wunsch zu erfüllen — aber vergebens.

An die Kaiserin Josephine in Aix in Savoyen
Saint-Cloud, den 14. September 1810.
Ich erhalte soeben Deinen Brief vom 8. September, meine Freundin, und erfahre mit Freuden, daß Du Dich wohl befindest. Die Kaiserin ist tatsächlich im vierten Monat ihrer Schwangerschaft. Sie befindet sich wohl und ist mir sehr zugetan. Den beiden kleinen Prinzen Napoleon geht es gut; sie sind im Parke von Saint-Cloud im italienischen Pavillon untergebracht.
Ich befinde mich recht wohl. Mein größter Wunsch ist, Dich glücklich und zufrieden zu wissen. Wie man sagt, hat jemand von Deiner Umgebung auf einer Gletschertour das Bein gebrochen.
Lebe wohl, meine Freundin. Zweifle niemals weder an dem Interesse, das ich Dir entgegenbringe, noch an den Gefühlen, die ich für Dich hege. Napoleon

In einem andern Brief an die Kaiserin nach ihrer Rückkehr nach Navarra drückt er seine Hoffnung auf einen Sohn aus.

An die Kaiserin Josephine in Navarra
(Paris), Dezember 1810.
Ich erhalte soeben Deinen Brief. In der Heirat der Frau von Mackau mit Vattier sehe ich nichts Unpassendes,

wenn sie ihr zusagt. Der General ist ein sehr tapferer Mann. Mir geht es gut. Ich hoffe stark auf einen Jungen, und werde es Dich sofort wissen lassen.

Leb wohl, meine Freundin! Ich bin erfreut, daß Frau von Arberg (Ehrendame Josephines) Dir Dinge gesagt hat, die Dir Freude machen. Wenn Du mich besuchst, wirst Du mich mit den gleichen Gefühlen für Dich wiederfinden.

N a p o l e o n

*

Marie Louises Stiefmutter, die Kaiserin Marie Ludovika von Österreich, eine große Napoleonhasserin vor der Heirat ihrer Stieftochter, hatte sich im Laufe der Ereignisse in ihren Ansichten über den „Korsen" ziemlich gewandelt. Aus der Feindin des „Abenteurers" ist zwar gerade keine Freundin, aber doch eine Fürsprecherin bei den Unterhandlungen über diese Ehe geworden. Sie sandte dem ungeduldigen Bräutigam, wie erwähnt, sogar ein Bild Marie Louises aus ihrem Privatbesitz, damit er wenigstens wisse, wie seine zukünftige Frau aussähe. Als Revanche verlangte sie auch eins von ihm. Sofort läßt Napoleon sich von Isabey malen und sendet ihr dieses Bild mit ein paar Schmeicheleien für sie selbst.

An Maria Ludovika, Kaiserin von Österreich, in Wien

Paris, 16. Dezember 1810.

Gnädige Frau Schwester,

Eure Kaiserliche Majestät hatten die Güte, sich meinetwegen eines Ihnen lieben Bildes zu berauben, knüpften jedoch daran eine Bedingung, die zu erfüllen ich mich beeile. Ich hoffe Eure Majestät sind mit der Ähnlichkeit zufrieden. Erlauben Sie mir, gleichzeitig diese Gelegenheit zu benützen, Sie von neuem meiner Wertschätzung und ausgezeichneten Hochachtung zu versichern, mit der ich bin

Eurer Majestät guter Bruder   N a p o l e o n

*

Elisa in Toskana hat sich wieder einmal in den Angelegenheiten mit der Kirche nicht richtig benommen. Seit dem Sommer 1809 ist Papst Pius VII. der Gefangene Napoleons, nachdem er am 11. Juni den Bann gegen ihn ausgesprochen hatte. Zwar bot ihm Napoleon an, nach Rom zurückkehren zu können, wenn er sich verpflichte, die öffentliche Ruhe nicht zu stören, die Regierung Napoleons in den Kirchenstaaten anzuerkennen und sich ausschließlich um die Angelegenheiten der Kirche zu kümmern. Pius setzt dem begreiflicherweise Widerstand entgegen, als er, wie Napoleon selbst sich ausdrückt, „bemerkte, daß die Welt sich auch ohne ihn bewegte". Er sandte mehrere Breve an die erzbischöflichen Kapitel von Florenz und Paris, um die Verwaltung der Diözesen während der Erledigungen bischöflicher Sitze zu stören. Seine rechte Hand, Kardinal Pietro, schickt überall, wo Diözesen frei sind, apostolische Vikare hin. Über diese Streitereien gibt Napoleon seiner Schwester in Florenz genaue Instruktionen.

An Elisa Napoleon, Großherzogin von Toskana

Paris, 1. Januar 1811.

Madame und liebe Schwester,

ich bin sehr unzufrieden, daß Sie den Domkapiteln von Florenz und anderen Geistlichen gestatten, Briefe vom Papst zu empfangen. Auch, daß sie Ihnen die Briefe nicht versiegelt überbringen, wenn sie sie erhalten. Sie sollten diejenigen Mönche, die Briefe empfangen haben, verhaften und in die Festung einsperren lassen, weil sie nicht dazu ermächtigt waren, ehe sie die Briefe dem Staatsrat vorgelegt hatten.

Treffen Sie die schärfsten und wirksamsten Maßnahmen, damit die Feuerbrände des Aufruhrs, die der Papst überallhin schleudert, nicht auch in Toskana sich verbreiten.

N.

*

Am nächsten Tag noch ein zweiter, aber viel schärferer Brief über das gleiche Thema:

An Elisa Napoleon, Großherzogin von Toskana, in Florenz

Paris, den 2. Januar 1811.

Liebe Schwester,

der Kultusminister übermittelt mir einen Brief des Erzbischöflichen Kapitels von Florenz, worin steht, daß ein angeblicher Brief des Papstes ihnen verbiete, den Erzbischof Osmond die Amtsgewalt zu verleihen. Ich bin äußerst überrascht, daß Sie nicht größere Wachsamkeit entwickelten und von diesen Machenschaften nicht unterrichtet sind oder ihnen nicht vorgebeugt haben. Jetzt bleibt Ihnen nichts weiter übrig, als diesen Mangel an Aufmerksamkeit durch die strengsten Maßnahmen wieder gutzumachen. Lassen Sie sofort diejenigen Geistlichen des Kapitels verhaften, die sich böswillig zeigten. Lassen Sie sich vor allem den Brief des Papstes zeigen. Er ist absolut wertlos, denn nach dem Reichsgesetz und den Gesetzen des alten Toskanas ist es den Domkapiteln und Bischöfen verboten, ein Breve vom Papst zu empfangen, ehe es dem Staatsrat vorgelegen hat. Ohne diese Formalität ist jedes Breve des Papstes null und nichtig. Sollten Sie schließlich auf Widerstand beim erzbischöflichen Kapitel stoßen, so bevollmächtige ich Sie, es abzusetzen und seine Güter zu beschlagnahmen. Napoleon

*

Diesem Schreiben folgt ein zweites mit genauesten Instruktionen über die Bewaffnung in Toskana im Fall eines Krieges.

An Elisa Napoleon, Großherzogin von Toskana

Paris, 2. Januar 1811.

Madame und liebe Schwester,

aus Ihren Situationsplänen ersehe ich, daß Ihre Truppen viel zu viel verstreut sind. Meiner Ansicht nach sollten Sie einige Kräfte nach Florenz zurückrufen. Unterrichten Sie den Vizekönig (Eugen) von der Lage Ihrer Angelegenheiten in Toskana. Ich habe ihn ermächtigt, falls Sie Verstärkung brauchen, Ihnen über Ancona, Rimini und Bologna Truppen zu senden. Setzen Sie diese Regimenter nicht unnötigerweise in Bewegung, rufen Sie aber auf alle Fälle alle Truppen, die Sie in der Gegend von Orbitello stehen haben, zurück und verstärken Sie Florenz durch zwei Bataillone.

Wie ich bemerke, haben Sie überhaupt keine Kavallerie.

Ich nehme an, daß das Florenzer Schloß sich in gutem Zustand befindet und es Kanonen und Munition besitzt.

Ziehen Sie in Florenz das ganze 112. Regiment zusammen. Ferner nehme ich an, Sie besitzen ein paar Feldgeschütze, die Sie zur Not mit requirierten Pferden bespannen könnten, im Fall ein Ereignis eintreten sollte. Schreiben Sie auch an Miollis, er möchte Ihnen 200 Pferde senden, wenn Sie sie brauchen sollten. N.

*

Die aufsässigen Geistlichen in Elisas Staaten verbannt Napoleon nach der Insel Elba, die ihm ein paar Jahre später selbst zum Exil werden sollte. Napoleons Wut und sein Zorn über die ganze Angelegenheit sind so groß, daß er sich nicht scheut, ihm in den schärfsten Worten Ausdruck zu verleihen und sogar Pius VII. in seinem Breve als Ignoranten bezeichnet.

An dieselbe

Madame und liebe Schwester, Paris, 8. Januar 1811.

ich habe Ihren Brief vom 28. erhalten. Sie haben recht getan, den Klosterbruder Muzzi zu verhaften. Auch mir scheint die Insel Elba sehr geeignet. Schicken Sie die andersdenkenden Pfaffen alle dorthin, sorgen Sie jedoch dafür, daß sie nicht in Porto Ferraio oder in Porto Longone bleiben, sondern in die Dörfer verbannt werden. Ich nehme an, Sie haben dem Advokaten Valentini verboten, mit dem Papst zu korrespondieren. Auch die Priester des Domkapitels müssen verhaftet werden, die sich übel aufführen. Ferner soll das aus 36 Mitgliedern bestehende Kapitel auf 20 reduziert werden. Ich vermute, Sie haben das Breve des Papstes an das Kapitel erhalten, das man mir soeben überbringt. Es setzt aller Ignoranz und Absurdität die Krone auf. N.

*

Der 20. März 1811 ist wohl für Napoleon der glücklichste Tag seines Lebens. Sein Sohn ist geboren! Der erste Schrei dieses langersehnten Kindes reißt den Kaiser aus den Armen der glücklichen Mutter an die Wiege. Außer sich vor Entzücken, daß das Kind lebt, ruft Napoleon aus: „Er lebt! Er lebt! Der König von Rom!" denn diesen hohen Titel hat er ihm verliehen, neben den Namen Napoleon Franz Karl. Überglücklich über dieses frohe Ereignis schreibt er es Josephine. Um aber auch ihr, die um dieses Kindes willen ihr Glück geopfert hat, etwas, was sie erfreut, über ihren eigenen Sohn zu sagen, den sie beide lange als Napoleons Erben betrachtet haben, lobt er Eugen am Schlusse des Briefes ganz besonders.

An die Kaiserin Josephine in Navarra

Paris, den 22. März 1811.

Meine Freundin,

ich habe Deinen Brief erhalten und danke Dir dafür. Mein Sohn ist dick und befindet sich wohl. Ich hoffe, es wird etwas Rechtes aus ihm. Er hat meine Lunge, meinen Mund und meine Augen. Hoffentlich erfüllt er seine Bestimmung.

Mit Eugen bin ich immer sehr zufrieden. Niemals hat er mir auch nur den kleinsten Kummer bereitet.

N a p o l e o n

*

Napoleons jüngste Schwester, Karoline, hat sich in Neapel inzwischen zu einer nicht ungeschickten Königin entwickelt. Ehrgeizig, wie alle Bonaparte, hat sie, wenn Murat durch Kriege und Feldzüge abgehalten war, sich um die Regierungsgeschäfte zu kümmern, die Staatszügel in die Hand genommen. Der Kaiser ist vielleicht mit ihr zufriedener als mit anderen Familienmitgliedern auf den ihnen verliehenen Thronen. Er zeichnet Karoline bei jeder Gelegenheit aus. Nicht nur, daß er sie seiner Braut bis Braunau entgegensandte, um Marie Louise bis nach Paris Gesellschaft zu leisten, sondern der ganze Hofstaat der jungen Kaiserin wird nach der Wahl der Königin von Neapel zusammengesetzt. Marie Louise steht anfangs der berückenden Liebenswürdigkeit ihrer hübschen Schwägerin skeptisch gegenüber, schließlich versteht es aber Karoline, auch die neue Kaiserin zu gewinnen. Sie ist bei jeder Reise Marie Louises und Napoleons dabei, und als sein Sohn geboren ist, bittet er sie als einzige unter seinen Schwestern zur Patin des Kindes. Bereits im März hatte er sie dazu aufgefordert, doch Karoline, die gerade einen neuen Geliebten, den jungen Adjutanten ihres Mannes, La Vauguyon, hatte, entzog sich damals dieser Einladung des Kaisers und schützte Krankheit vor. Jetzt, im April, kommt Napoleon nochmals auf seinen Wunsch zurück, und zwar in den schmeichelhaftesten Worten für seine Schwester.

An Karoline Napoleon, Königin beider Sizilien, in Neapel

Paris, den 20. April 1811.

Liebe Schwester,

ich möchte, daß Sie an allen für mich glücklichen Ereignissen teilnehmen und wünsche Sie zur Patin meines Sohnes, dessen Geburt mich mit unsagbarer Freude erfüllt hat. Hoffentlich gestattet das körperliche Wohlbefinden Eurer Majestät, sich bald nach Paris zu den Tauffeierlichkeiten zu begeben. Ich habe sie auf den 2. Juni festgesetzt. Sollte indes die Hoffnung auf Ihr Kommen zunichte werden, so fordere ich Sie auf, eine Ihnen angenehme Persönlichkeit mit Ihrer Vertretung zu betrauen. Es wäre mir sehr angenehm, wenn diese neue Verbindung meines Sohnes und meiner Schwester die Zuneigung, die Sie dem König von Rom entgegenbringen, noch stärker knüpfte.

Empfangen Sie die Versicherung der zärtlichsten Zuneigung und der größten Hochachtung, mit denen ich bin
Eurer Majestät guter Bruder   N a p o l e o n

*

Wenn Napoleon von Paris abwesend ist oder auch nur auf einem seiner Sommersitze weilt, so muß ihm die Gouvernante seines Sohnes täglich Nachricht von dem Befinden des geliebten Kindes geben, und nie verfehlt der Kaiser ihr für alles zu danken, was sie dem kleinen König von Rom Liebes tut. Vor seiner Reise nach Cherbourg mit Marie Louise schreibt Napoleon:

An die Gräfin Montesquiou-Fézensac, Gouvernante der Kinder Frankreichs

Rambouillet, 17. Mai 1811.

Madame,

die Briefe, die Sie mir gestern und heute über den kleinen König geschrieben haben, erfreuten mich sehr. Dank dem Vertrauen, das ich zu Ihnen habe, bin ich nicht im geringsten beunruhigt. Ich hoffe, mich in vierzehn Tagen von seinen Fortschritten überzeugen zu können, denn ich beabsichtige eine Reise nach Cherbourg zu machen, die so lange dauern wird.   N a p o l e o n

*

Im Juni, zur Taufe des Königs von Rom, kehrt er mit Marie Louise wieder nach Paris zurück. Er hat diese Reise hauptsächlich unternommen, um seinen Kriegshafen Cherbourg zu besichtigen, denn von hier aus gedenkt er seine Flotte gegen England in den geplanten Seekrieg zu senden. Außerdem wollte er die junge Kaiserin mit der schönsten Provinz Frankreichs, der Normandie, bekanntmachen. Kaum ist er wieder in Paris, so gibt ihm Josephine Grund zur Unzufriedenheit. Ihre Schulden wachsen immer höher an, und Napoleon muß ein ernstes Wort mit der Verschwenderin reden. Er schilt sie wie ein Schulmädchen aus und ist doch so nachsichtig wie ein Vater mit einem unvernünftigen Kind.

An die Kaiserin Josephine in Malmaison

Trianon, den 25. August 1811.
Liebe Freundin,

ich habe soeben Deinen Brief erhalten und sehe mit Freuden, daß Du Dich wohl befindest. Ich bin für einige Tage in Trianon. Dann gedenke ich nach Compiègne zu gehen. Meine Gesundheit ist ausgezeichnet.

Bringe Deine Angelegenheiten in Ordnung, gib nicht mehr als 1,500.000 Franken aus und lege jährlich ebensoviel zurück. In zehn Jahren gibt das eine Ersparnis von fünfzehn Millionen für Deine Enkelkinder, denn es ist ein schönes Gefühl, wenn man ihnen etwas hinterlassen und ihnen nützlich sein kann. Statt dessen hast Du, wie man mir sagt, Schulden. Das ist sehr häßlich. Kümmere Dich um Deine Angelegenheiten und gib nicht jedem, der etwas haben will. Wenn Du mir Freude machen willst, so tue alles, damit ich bald erfahre, daß Du einen großen Reserveschatz hast. Bedenke doch, welch schlechte Meinung ich von Dir bekäme, wenn ich wüßte, daß Du bei drei Millionen Einkommen noch Schulden machtest.

Lebe wohl, meine Freundin, bleibe gesund.

Napoleon

•

Josephine ist traurig wegen dieser Zurechtweisung und recht deprimiert. Sie legt sich ins Bett und weint. Gleich ist Napoleon besorgt um sie. Es tut ihm leid, daß er ihr Vorwürfe gemacht hat. Er schreibt deshalb sofort:

An die Kaiserin Josephine in Malmaison
Freitag, acht Uhr abends (August), 1811.
Liebe Freundin,

ich sende Dir jemand, um mich nach Deinem Befinden zu erkundigen, denn Hortense sagte mir, Du habest gestern im Bett gelegen. Ich war recht ärgerlich auf Dich wegen Deiner Schulden. Ich will nicht, daß Du Schulden hast. Im Gegenteil, ich hoffe, daß Du jedes Jahr eine Million für Deine Enkeltöchter zu ihrer Mitgift zurücklegst!

Zweifle indes niemals an meiner Freundschaft für Dich und mache Dir deswegen keine Sorgen.

Leb wohl, meine Freundin; melde mir, daß Du wieder wohlauf bist! Man sagt, Du würdest so dick wie eine normannische Bäuerin. Napoleon

*

Im Herbst begibt Napoleon sich aufs neue zu einer Besichtigung seines Heeres und seiner Flotte nach den Nordwestküsten. Er will die Befestigungen von Montreuil, sein Lager in Boulogne, die Flotte in Calais, Dünkirchen und Ostende, die Geschwader vor Vlissingen und endlich den prachtvollen neuen Hafen von Antwerpen in Augenschein nehmen. Vor allem aber auch das erst kürzlich einverleibte Holland besuchen. Zum erstenmal trennt er sich für vierzehn Tage von seiner jungen Frau, denn Marie Louise begleitet den Kaiser nur bis Brüssel und begibt sich dann nach dem Schloß Laeken. Napoleon schreibt ihr täglich, obwohl ihm die Manöver der vor Boulogne kreuzenden englischen Flotte genug zu tun geben. Vor allem liegt ihm das Wohl seines kleinen Sohnes am Herzen, den sie in der Obhut seiner Gouvernante zurückgelassen haben. Dennoch kümmert Napoleon sich um die geringsten Einzelheiten seiner Pflege, seiner Erziehung und sogar der Ernährung. Er will ihn vor allem nicht verweichlicht haben.

An die Gräfin Montesquiou-Fézensac, Gouvernante der Kinder Frankreichs, in Paris
Antwerpen, den 20. September 1811.
Madame,

mit Freuden ersehe ich aus Ihren verschiedenen Briefen, daß der König (von Rom) sich wohlbefindet. Da Sie nicht in Meudon (einem der Sommerschlösser) gewesen sind, so vermute ich, daß die Ärzte dagegen waren. Es erscheint mir indes seltsam, daß dieses so günstig gelegene Haus nicht gesund sein soll. Vielleicht sind die Ärzte allzu ängstlich. Ich wünsche von ihnen, daß sie stets dieses eine Ziel vor Augen haben: bei Zeiten für die Entwicklung einer kräftigen Körperkonstitution des jungen Königs durch eine strenge Lebensweise zu sorgen! Übrigens verlasse ich mich in dieser Beziehung vertrauensvoll auf Sie, Madame.

             N a p o l e o n

*

Mit seinem Lieblingsbruder Joseph steht Napoleon, seit er ihn auf den spanischen Thron gesetzt hat, nicht mehr im gleichen guten Einvernehmen wie früher. Joseph ist den schwierigen finanziellen, kriegerischen und politischen Verhältnissen seines Landes nicht gewachsen. Er begeht Fehler über Fehler, und es gelingt ihm keineswegs, Spanien zu pazifizieren. Er versteht es auch nicht, sich bei seinem Volk Ansehen zu verschaffen. Da er all das fühlt, trägt er sich seit dem Jahre 1811 mit dem Gedanken, abzudanken. Doch Napoleon gewährt ihm diesen Wunsch nicht. Joseph wird aufs neue auf seinen Thron geschickt, nachdem er persönlich in Paris beim Kaiser vorstellig geworden war. Das Elend in Spanien ist jedoch so groß, daß der König alles hergeben, alles verpfänden muß, in Paris für eine Million Besitztum, in Madrid alle Diamanten, denn der Kaiser hält ihn knapp und zahlt ihm die monatliche Rente schon seit dem Juli nicht aus. Als ihn Josephs Frau, die Königin Julie, die sich Ende Dezember 1811 noch in Paris aufhält, daran erinnert, antwortet Napoleon:

An die Königin Julie von Spanien

            Paris, 4. Dezember 1811.

Madame und liebe Schwester,

 ich erfahre soeben, daß der König von Spanien (Joseph) mit verschwenderischer Freigebigkeit fortfährt, in Paris Leuten, die ihm absolut nichts mehr nützen, große Gehälter auszuzahlen, was mit seiner Lage durchaus nicht im Einklang steht. Und das nur, weil ich ihm weiter seine Apanage von einer Million als französischen Prinzen bezahle!

Solange Sie sich in Paris befinden, will ich diese Million an Sie durch den Finanzminister auszahlen lassen. Doch ich wünsche, daß alle Gehälter für Personen, von denen Sie in Paris keinen Nutzen haben, abgeschafft werden. Man versichert mir, es seien auf diese Weise 50.000 Taler unnütz ausgegeben worden. Es wäre indes viel besser gewesen, man hätte dieses Geld dem König nach Madrid gesandt, da er doch alle Augenblicke von mir welches verlangt. N.

*

Die Freigebigkeit Napoleons gegen seine Minister, Generale und hohen Würdenträger ist bekannt. Durch Talleyrands Hände z. B. flossen Unsummen an Dotationen, und das Vermögen des sehr reichen aber äußerst verschwenderischen Ministers vergrößerte sich auch durch die hohen Summen, die der Skrupellose aus den Händen fremder Fürsten bei Gelegenheit eines vorteilhaften Vertrages zu empfangen pflegte. Dennoch ist Talleyrand sehr oft in Geldverlegenheit, und der Kaiser muß immer einspringen, um die liederlichen Finanzen seines ersten Ministers wieder in Ordnung zu bringen. So auch in dem Fall, den der folgende Brief behandelt. Ein jüngerer Vetter des Ministers, Graf August Talleyrand, wollte sich verheiraten. Um diese Heirat zu ermöglichen, lieh Talleyrand ihm 200.000 Franken, verlangte jedoch Wechsel dafür als Garantie. Diese Papiere behielt er indes nicht in seinem Tresor, sondern gab sie weiter. Weder der Minister, noch sein Vetter waren am Fälligkeitstermin in der Lage, sie einzulösen. August Talleyrand wäre, wenn sie zu Protest gingen, „entehrt gewesen", wie Napoleon an den Erzkanzler schreibt und hinzufügt: „Solche kaufmännischen Geschäfte dürfen zwischen Ehrenmännern nicht gemacht werden." Sofort aber springt er ein. Er weiß, in welcher Lage sich Talleyrand befindet. Er ist gezwungen, sein Palais zu verkaufen und der Kaiser hat es erworben, um ihm zur Regelung seiner Finanzen behilflich zu sein. Da die Kaufsumme von 2,200.000 Franken vom Finanzminister noch nicht ausbezahlt worden ist, so läßt Napoleon die erwähnte Wechselschuld davon abziehen, und dem jungen Grafen Talleyrand, dessen Frau sich verzweifelt an Napoleon gewendet hat, ist geholfen.

An die Gräfin August de Talleyrand in Paris

Paris, den 26. Dezember 1811.
Madame,

ich erhalte soeben Ihren Brief, woraus ich ersehe, in welcher Verlegenheit Sie sich befinden. Ich gebe sofort dem Grafen Deformon, dem Intendanten meiner Privatgüter, Befehl, daß er 200.000 Franken von der Summe, die er dem Fürsten von Benevent schuldet, zur Einlösung der Wechsel verwende, die Ihr Gatte unvorsichtigerweise unterschrieben hat. Meinen Erzkanzler (Cambacérès) beauftrage ich, ein schiedsrichterliches Urteil zu erlassen, damit diese Handelspapiere in Familienpapiere umgewandelt werden. Suchen Sie ihn zu diesem Zweck selbst auf.

Ich freue mich außerordentlich, diese Gelegenheit gefunden zu haben, nicht nur etwas Gerechtes zu tun, sondern auch Ihnen gefällig zu sein. N a p o l e o n

*

Das zweijährige Familienglück mit Marie Louise droht durch einen neuen großen Krieg gestört zu werden. Im Norden ballen sich bereits im Frühjahr 1812 die Wolken zusammen und die Welt hallt wider von Kriegsgeschrei, das diesmal von dem Zaren Alexander ausgeht, dem die Familienallianz Napoleons mit Österreich nicht paßt. Er hat sich jetzt ganz den Engländern angeschlossen, und Napoleon ist gezwungen, zur Sicherung des Weltfriedens und seines Kontinentalsystems ein starkes Heer zu rüsten, das er, um den Zaren zur Vernunft zu bringen, nach Rußland selbst führt. Seine Abreise von Paris ist für den 9. Mai bestimmt. Die Kaiserin Marie Louise begleitet ihn bis nach Dresden zu jener glänzenden Fürstenversammlung, bei der fast alle gekrönten Häupter Europas und die ganze österreichische Verwandtschaft Marie Louises erscheinen. Nicht nur, um mit seinen Verbündeten in diesem Feldzug den Kontakt aufzunehmen, versammelt Napoleon in Dresden die Fürsten und Könige um sich, sondern auch, um der Welt zu zeigen, daß er durch seine Heirat mit der Kaisertochter nun endgültig in die Gemeinschaft dynastischer Herrscher als ihresgleichen aufgenommen ist.

Ehe er die Tuilerien verläßt, gedenkt er noch einmal der treuesten Freundin, der Gräfin Marie Walewska. Seit

Napoleons Vermählung mit der Erzherzogin hat sie in Paris fern vom Hofe in aller Stille gelebt. Ab und zu nur sieht sie den einstigen Geliebten, um ihm ihren Sohn Alexander zu bringen, der neun Monate früher, als der König von Rom, in Warschau zur Welt kam. Aus Liebe ist längst eine zärtliche Freundschaft geworden. Auch Marie Walewska kann sich, wie Josephine, nicht über undankbares Vergessen von seiten des Kaisers beklagen. Vielleicht hat er nie aufgehört, sie zu lieben, wie er nie aufhörte, Josephine und später Marie Louise zu lieben. Im Schloß Brétigny, bei der Fürstin Jablonowska, hat Marie Walewska den alten polnischen Patrioten Kosciuszko begrüßt und ist selbst von den polnischen Landsleuten stürmisch gefeiert worden, als Kosciuszko sie in aller Öffentlichkeit durch eine Schärpe in den polnischen Landesfarben auszeichnete, die er ihr persönlich um den Arm legte. Dieses Ereignis wird in ganz Paris besprochen. Auch dem Kaiser kommt es zu Ohren. Als er Marie zum letzten Mal bittet, in den Tuilerien mit ihrem kleinen Sohn zu erscheinen, da vergißt er auch nicht, es zu erwähnen, denn er weiß, wie stolz die Gräfin auf alles ist, was ihre polnische Heimat betrifft.

An die Gräfin Marie Walewska in Paris

(Saint-Cloud), 5. Mai 1812.

Marie,

man hat mir erzählt, was sich in Brétigny am Samstag ereignete. Ich betrachte es als eine zwar verspätete, doch wohlverdiente Anerkennung Deiner Bemühungen um Dein Vaterland. Ich werde mit Dir noch darüber sprechen, ebenso über andere Angelegenheiten von Interesse. Vielleicht morgen (Dienstag), wenn Dir daran liegt, mich noch vor meiner bevorstehenden Abreise nach Dresden zu sehen. Betritt die Tuilerien durch die kleine Tür am Seineufer. Ich habe Befehl erteilt, daß man Dich direkt zu mir führt.   N.

IX. Das Katastrophenjahr 1812

Der Aufenthalt in Dresden gestaltet sich sowohl für Napoleon als auch für Marie Louise zu dem Glänzendsten, was die Höfe bis dahin an Pracht und Aufwand gesehen hatten. Napoleons Genie, seine ganze Persönlichkeit strahlen eine derartige Macht aus, daß viele seiner Feinde als Freunde von ihm gehen. Nie schien seine Größe unbesiegbarer, sein Stern heller zu leuchten, als in jenen Dresdener Tagen. Nur der halsstarrige Zar läßt sich nicht blenden. Er will den Krieg. Am 29. Mai heißt es daher Abschied nehmen. Napoleon begibt sich von Dresden zu seiner Armee nach Ostpreußen, Marie Louise ein paar Tage später nach Prag, wo sie nochmals mit ihren Eltern zusammentrifft. Jeden Tag schreibt ihr Napoleon. Auch Marie Louise schreibt, doch ihre Briefe brauchen länger, ehe sie ihn erreichen. Schon ist er ungeduldig, wie einst bei Josephine, wenn er keine Nachricht erhält. Da, als er in Posen anlangt, treffen gleich mehrere auf einmal ein. Zum erstenmal ist die junge Kaiserin von ihrem Mann, den sie jetzt wirklich liebt, für längere Zeit getrennt. Sie ist traurig und sehnt sich nach ihm. Auch Napoleon leidet unter der Trennung von der jungen Frau. Doch es ist nicht mehr das heiße Verlangen des Generals Bonaparte nach der Geliebten, das aus den Briefen des Kaisers an Marie Louise spricht. Es ist die gütige, sorgende Liebe des Gatten, wenn er schreibt, sie solle nicht traurig sein, sie wisse ja, wie hart es ihm ankomme, sie nicht mehr zwei- oder dreimal am Tage zu sehen. Und auch, daß er sie liebe, das wisse sie. In drei Monaten, hoffe er, sei sowieso alles zu Ende, und dann wäre er wieder bei ihr. Seine ganze Zärtlichkeit für sie glaubt er in seiner Muttersprache, der Sprache der Liebe, am besten auszudrücken: Addio, mio dolce amore! Addio!

*

Nächst Marie Louise gehört seine Liebe und Sorge dem kleinen König von Rom. Die Entwicklung des geliebten Kindes, ob es schon Zähne hat, ob es dicker und größer geworden ist, beschäftigt ihn auch jetzt, mitten in den schwierigsten und zeitraubendsten Vorbereitungen für den Krieg in Königsberg, von wo aus er schreibt:

An die Gräfin Montesquiou-Fézensac, Gouvernante der Kinder von Frankreich

Königsberg, den 16. Juni 1812.
Frau Gräfin von Montesquiou,

ich empfange soeben Ihren Brief vom 6. Juni. Ich kann Ihnen über die Fürsorge, die Sie dem König von Rom angedeihen lassen, nur meine größte Anerkennung ausdrücken. Hoffentlich teilen Sie mir bald mit, daß die ersten vier Zähne durchgebrochen sind. Für die Amme habe ich alles bewilligt, was Sie von mir erbaten. Sie können ihr diese Versicherung geben. Napoleon

*

Auch für den andern Knaben, den Sohn seiner Stieftochter Hortense, den er einst zu seinem Erben bestimmt hatte, ist sein Interesse nicht erloschen. Er ist an einer Erkältung erkrankt und gesundet glücklicherweise sehr bald. Obwohl Napoleon bereits mit seinen Kriegsoperationen begonnen hat und auch die Überängstlichkeit der Mutter kennt, die in jeder kleinen Unpäßlichkeit ihrer Kinder eine sich entwickelnde Krankheit sieht, unterläßt er es doch nicht, Hortense ein paar Worte des Trostes zu schreiben.

An die Königin Hortense von Holland in Paris

Witebsk, 29. Juli 1812.
Meine Tochter,

mit Bedauern ersehe ich aus Ihrem Brief vom 11., daß Napoleon krank war. Und nun erfahre ich aus Ihrem Schreiben vom 14., daß er außer Gefahr ist. Das freut mich außerordentlich. Ich habe übrigens mit seiner Genesung gerechnet, denn ich weiß, wie rasch eine Mutter geneigt ist, sich aufzuregen.

Ihr Sie liebender Vater Napoleon

*

Napoleon hat zwar gehofft, den Feldzug gegen den Zaren nach kurzer Zeit in ein paar siegreichen Schlachten beenden zu können, doch Marie Louise muß noch lange in Paris warten, ehe er zurückkehrt. Sie lebt nach ihrer Rückkehr aus Prag ziemlich zurückgezogen in Paris, abgesehen von den vorgeschriebenen Empfängen, Spielabenden, Theaterbesuchen usw., die sie der Etikette halber einhalten muß. Täglich schreibt sie dem Kaiser ins Feld. Ja, er wünscht oft zweimal am Tage von ihr und von seinem Sohn Nachricht, den er in keinem seiner Briefe vergißt zu erwähnen. Er selbst schickt der Kaiserin fast täglich eine Stafette. In kurzen Worten berichtet er meist das Wesentlichste über sich. Marie Louise weiß auf diese Weise immer, wo er sich befindet. Er schickt ihr Bulletins und Tagesbefehle. Er berichtet von seinen Märschen, manchmal auch über eine Schlacht, nicht immer der Wahrheit gemäß, denn er will sie nicht ängstigen. Nie eine Klage in seinen Briefen über die Beschwerden und das Elend, das die ganze Armee und mit ihr Napoleon selbst auf ihren Märschen erleidet. Höchstens erwähnt er ab und zu die trostlose Lage. Mitten in den schwierigsten und gefährlichsten kriegerischen Situationen denkt er immer an Marie Louise und an seinen Sohn. Er sehnt sich nach ihnen. Er sorgt sich um sie. Sie soll nicht weinen. Sie soll schlafen und sich nicht um ihn grämen. Nichts aus ihrem Leben entgeht Napoleon im Felde. Denn jede Woche geht ein Kurier aus Paris an den Kaiser nach Rußland mit Briefen ab, die ihm berichten, was die Kaiserin in den verflossenen sieben Tagen unternommen hat. Doch immer weiter entfernt sich sein Hauptquartier von Paris. Immer größer wird die Entfernung, die die Kuriere zurückzulegen haben. Immer weiter locken die Russen die französische Armee ins Land. In Wilna hofft Napoleon auf sie zu stoßen und ihnen die erste größere Schlacht zu liefern. Doch sie sind nicht mehr zu sehen. Der Vormarsch in die russische Steppe beginnt. Noch ist es Sommer, noch geht alles gut. Die erste bedeutende Schlacht, nach vielen kleineren und blutigen, ist die bei Smolensk im August. Napoleon befehligt sie persönlich. Er zwingt die Russen unter Barclay de Tolly und Bagration zum Rückzug. Hier empfängt er das Bild seines Sohnes, das Isabey für ihn gemalt und ihm gesandt hat. Das Kind ist nun anderthalb Jahre alt, ein schönes gesundes Baby mit großen blauen Augen. Lange und glücklich betrachtet es der Kaiser. Alle Müdigkeit nach dem harten Kampf ist verflogen und froh schreibt er an Marie Louise darüber, wie glücklich er über dieses Bild ist: „Küsse meinen kleinen Sohn zweimal. Addio mio bene."

*

Am nächsten Tag schreibt er darüber auch noch an die Gouvernante, um ihr zu danken, weil sie ja eigentlich dafür sorgt, daß das liebe Kind so herrlich gedeiht:

An die Gräfin von Montesquiou in Paris

Madame, Smolensk, den 23. August 1812.

ich habe das Bild des Königs von Rom erhalten und finde es außerordentlich ähnlich. Bei dieser Gelegenheit möchte ich Ihnen meine Genugtuung und Zufriedenheit über die gute Pflege aussprechen, die Sie meinem Sohn angedeihen lassen. N a p o l e o n

*

Nach Smolensk ist der Weg nach Moskau frei! Die Russen ziehen sich immer weiter zurück. Bei Borodino kommt es zu einer mörderischen Schlacht. Die Verluste sind fürchterlich. Die Armee leidet Hunger, auch Napoleon leidet unter dem grenzenlosen Elend. Er ist oft krank, erkältet, und ein unangenehmes Blasenleiden hindert ihn am Reiten und am langen Sitzen im Wagen. Er muß oft zu Fuß neben seiner Garde hergehen. Aber in seinen Briefen an Marie Louise schweigt er darüber. Nur von seinen Siegen und ein wenig von den Verlusten meldet er ihr vom Schlachtfeld Borodino aus.

Er hat die Russen geschlagen. Sie waren 120.000 Mann stark. Ein heißer, furchtbarer Kampf. Aber um zwei Uhr nachmittags war der Sieg sein. Mehrere Tausend Gefangene und 60 Kanonen waren sein Lohn. Die Verluste der Russen belaufen sich indes, seiner Meinung nach, auf mindestens 30.000 Mann! Schließlich muß er aber doch zugeben, daß auch er genug Tote und Verwundete zu verzeichnen hat. Auch ein General ist gefallen: Colincourt, der Gouverneur des Pagenkorps. Napoleon selbst geht es gut, wenigstens gesundheitlich. Das heißt, so schreibt er an Marie Louise. In Wirklichkeit leidet er wie alle unter dem furchtbaren Elend und den Strapazen des Feldzuges.

*

Um ihm eine besondere Freude zu machen, hat nun auch Marie Louise ihm ein Bild des kleinen Prinzen gesandt, das Gérard malte. Der glückliche Vater stellt es sofort vor seinem Zelt auf, damit es seine Garde und alle Soldaten bewundern können. Napoleon dankt Marie Louise in mehreren Briefen für dieses Geschenk, das ihn vor Moskau erreicht. Nachdenklich steht Napoleon vor diesem Bilde seines Sohnes und sagt: „Ja, wenn er jetzt schon fünfzehn Jahre alt wäre, dann könnte er persönlich hier an meiner Seite stehen." Vor sechzehn Jahren heiratete er Josephine, die ihm diesen Sohn hätte schenken sollen!

Bald darauf, am 14. September, zieht Napoleon in Moskau ein. Doch am nächsten Tag schon steht die schöne Stadt in Flammen. Die Russen selbst verbrannten es, um die Franzosen durch die gewaltige Feuersbrunst zu vernichten. Napoleon ist außer sich über einen solchen Vandalismus. Er will es nicht glauben, daß das alles auf Befehl des Zaren, jenes edlen, von ihm einst so hochgeschätzten Alexander geschehen sein soll. An seine Frau schreibt er aus dem brennenden Moskau, das 500 der herrlichsten Paläste in sich schließt, in höchster Empörung über „diese Halunken", die sogar die Feuerspritzen mitnahmen oder vernichteten. Am meisten aber bedauert er in seinem Brief die armen schuldlosen Einwohner, die nun in Verzweiflung und Elend auf der Straße liegen. Auch die Plünderung der Soldaten ist nicht aufzuhalten. Dieser Verlust, prophezeit Napoleon, ist für Rußland ungeheuer und der russische Handel wird dadurch einen harten Stoß erhalten.

*

In den ersten Tagen wohnt Napoleon im Kreml, dann eine Zeitlang im Schloß Petrowskoje, und am 18. September bezieht er aufs neue den Kreml. Von hier aus schickt er den General Lauriston mit Friedensvorschlägen an den Zaren. Doch Kutusow hält den Friedensboten gefangen und der Brief Napoleons gelangt erst viel später an Alexander. Die letzten Schlachten haben Napoleon ungeheure Verluste gebracht. Viele seiner besten Heerführer sind gefallen oder verwundet. Bei Valutina-Gora werden dem die 3. Division des 1. Armeekorps befehligenden General Gudin beide Beine weggeschossen und nach zwei Tagen erliegt er seiner schweren Verletzung. Er ist einer unter vielen. Napoleon gedenkt dennoch seiner in bewegten und fürsorglichen Worten an die Witwe.

An die Gräfin Gudin in Paris

Moskau, den 15. Oktober 1812.

Gnädigste Frau Gräfin Gudin,

ich teile Ihren ganzen Schmerz. Es ist ein großer Verlust für Sie. Ebenso für mich. Sie und Ihre Kinder sollen stets ein Anrecht auf meine Hilfe haben. Der Staatssekretär wird Ihnen eine Urkunde für eine Pension von 12.000 Franken übersenden, die ich Ihnen aus dem Staatsschatz bewillige. Und der Intendant meines außerordentlichen Privatschatzes wird Ihnen den Erlaß übermitteln, durch den ich für jedes Ihrer unmündigen Kinder eine Schenkung von 4000 Franken mit dem Titel Baron bewillige. Erziehen Sie sie in den Gefühlen, die ihres Vaters würdig sind.

Napoleon

*

In Moskau vergeht kein Tag, an dem er nicht seines Sohnes in Briefen an Marie Louise oder an des Kindes Erzieherin gedenkt. Seine Dankbarkeit dieser Frau gegenüber, die es auf sich genommen hat, das kostbarste Kleinod, seinen einzigen Sohn, zu behüten und ihn mit ihrer Liebe zu umgeben, ist grenzenlos.

An die Gräfin Montesquiou-Fézensac in Paris

Moskau, den 16. Oktober 1812.

Frau Gräfin von Montesquiou,

ich habe Ihren Brief vom 28. September erhalten. Mit Dank empfange ich die mir von Ihnen ausgesprochenen Liebenswürdigkeiten. Nicht Sie, sondern ich bin Ihnen den größten Dank schuldig für die Sorge und Aufopferung, mit der Sie den kleinen König betreuen. Dafür bin ich Ihnen unendlich dankbar. Mit Freuden höre ich von seinen Fortschritten und den Hoffnungen, zu denen er berechtigt.

Napoleon

*

Ganz Paris ist über die schreckliche Nachricht vom Brande von Moskau in Aufregung geraten. Es werden Gerüchte laut, der Kaiser befände sich bereits seit Ende September auf dem Rückmarsch. Aber erst am 19. Oktober verläßt Napoleon mit seiner Garde Moskau, um die sterbende Große Armee zurück nach Smolensk in die Winterquartiere zu führen. Immer schwieriger wird der Marsch. Bei Wiasma stehen ihm wieder die Russen gegenüber, die ihn hartnäckig verfolgt haben. Es sind die schlimmsten Tage für die Franzosen, und Napoleon schreibt fünf Tage nicht an Marie Louise. Erst von Wiasma gehen Briefe am 1. und 2. November an sie ab. Er nähert sich Polen und ist froh, bald in Ruhe zu kommen. Der kleine Sohn seiner Schwiegertochter Stephanie von Baden ist gestorben, und Napoleon denkt mitten in dem ungeheuren Elend, das ihn umgibt, an den Schmerz der jungen Mutter über diesen Verlust. Er selbst ist ja der zärtlichste Vater.

„Ja", sagt er, in einem Brief an Marie Louise, „es ist ein sehr großes Unglück, besonders für eine Mutter." Und, als dächte er an die vielen jungen Söhne, die der Krieg den Müttern raubt, versichert er, er werde, sobald er seine Winterquartiere bezogen habe, Frieden machen, um sein Versprechen zu erfüllen. Er sehnt sich wahnsinnig nach seiner Frau und seinem Sohn. Doch die Trennung von diesen beiden geliebten Wesen kann nicht mehr lange sein. Jeden Tag kommt er ihnen näher. Jeder Tag bringt ihm die Hoffnung auf Ruhe, in der er Marie Louise schreiben, ausführlich schreiben kann. Inzwischen schickt er ihr und seinem Söhnchen drei Küsse.

Er vergißt auch die schwergeprüfte Adoptivtochter Stephanie nicht. Sie soll wenigstens ein paar Trostworte haben von ihm, der selbst des Trostes über seine dahinsiechende Armee bedürfte.

An Stephanie Napoleon, Großherzogin von Baden

Paris, 20. Dezember 1812.

Meine liebe Tochter,

ich erhalte Ihren Brief vom 20. November. Zweifeln Sie nicht an meiner Teilnahme an dem schweren Verlust, den Sie erlitten. Aber Sie sind tapfer und vernünftig. Und ich hoffe, das kommende Jahr wird Ihnen ein wenig Trost bringen. N.

*

Während der Kaiser sein hungerndes Heer nach Smolensk führt, geschieht in Paris im Oktober ein Handstreich, der beinahe gelungen wäre. Man hat das Gerücht von Napoleons Tode in der französischen Hauptstadt ausgestreut. Seine Feinde benutzen diese Gelegenheit, um das Kaiserreich zu stürzen. Doch der Streich mißlingt. Der Hochverräter, General Malet, wird gefangengenommen, und Napoleons Thron ist gerettet. Erst am 6. November erfährt er selbst von diesem Attentat auf dem Marsche durch einen Kurier Marie Louises. An diesem Tage geht der Kaiser zu Fuß neben seiner Armee her, wie er es öfter in diesem Feldzuge tut, wenn ihm vom langen Sitzen im Wagen oder vom Reiten die Beine kalt und steif geworden sind. Er überläßt dann seinen Platz einem seiner ermüdeten Marschälle oder Generäle, denn mancher hat auf dem Rückmarsch sein ganzes Gepäck, seinen Wagen oder seine Pferde verloren. Napoleons erster Gedanke bei dieser Nachricht von dem Attentat ist die Sorge um Marie Louise. Nichts über sich selbst. Nichts, was sie über seine persönlichen Leiden und Beschwerden und die seiner Gefährten beunruhigen könnte. Nur immer wieder die rührende Hoffnung und der Trost, daß er ihr näher kommt, bald wieder ganz bei ihr sein wird. Aber das Attentat Malets hat ihn doch außerordentlich aufgeregt, wie aus dem Briefe an Marie Louise vom 7. November 1812 hervorgeht.

Er ist furchtbar wütend über seine Beamten und Staatsmänner, die es nicht verhindern konnten, das Hulin ermordet wurde, vor allem aber beunruhigt es ihn und gibt ihm zu denken, daß die Kaiserin mit ihrem Sohn doch eigentlich ohne Schutz in Paris ist, wenn er nicht bei ihnen weilt. Er versucht daher Marie Louise, „deren Charakterstärke er ja kennt", Mut zuzusprechen, indem er ihr schreibt, nun werde er morgen schon in Smolensk sein, also weit mehr als 100 Meilen Paris näher! Und ihre Briefe sind jetzt nur noch zwölf statt siebzehn Tage unterwegs! Wenn er in den Winterquartieren ist, sogar nur noch acht Tage! Aber vor allen Dingen ist ja seine große Liebe mit ihr. Daran soll sie nie zweifeln.

*

Smolensk! Das ersehnte Smolensk ist die größte Enttäuschung für das verkommene, ausgehungerte Heer der

Franzosen. Alles ist von den bereits durchmarschierten Truppen aufgezehrt. Napoleon muß also weiter mit seinen nur noch in Lumpen gehüllten Soldaten, den traurigen Überresten der Großen Armee, die er erst vor wenigen Wochen so stolz in dieses verheerende Wagnis geführt hatte. Die Russen sind ihnen immer hart auf den Fersen. Aber es gelingt Napoleon und seinen Marschällen schließlich, unter den fürchterlichsten Anstrengungen den größten Teil des Heeres bis an die Beresina zu bringen. Der Übergang über den großen Fluß wird ihnen zum Verhängnis. Die Große Armee ist vernichtet! Bis Smorgoni hat der Kaiser alle Beschwerden des fürchterlichen Rückzuges mit seinen Soldaten geteilt. Jetzt hält es ihn nicht länger mehr beim Heere. Die letzten Ereignisse in Paris haben ihm zu denken gegeben. Paris, die Sicherheit seiner Frau und seines Sohnes fordern seine Anwesenheit in der Hauptstadt. Und so entschließt er sich zur schleunigen Abreise. Mit nur wenigen Begleitern verläßt er in Smorgoni seine Armee, deren Oberbefehl er seinem Schwager Murat übergeben hat. In einem Schlitten reist er mit Caulaincourt und dem Mamelucken Rustam Tag und Nacht wie ein Wahnsinniger. Kaum gönnt er sich ein paar Stunden Rast. Ein Flüchtender im strengsten Inkognito. In Warschau, in einer bitterkalten Winternacht, wird plötzlich der französische Gesandte de Pradt von der Ankunft des Kaisers im Hotel Angelski benachrichtigt. Napoleon ist inkognito abgestiegen. Er hat es eilig, er muß am nächsten Tag wieder aufbrechen. Die Gegend ist gefährlich. Überall schwärmen Kosaken. Der Kaiser kann leicht gefangen werden. Dennoch verläßt er Polen nicht, ohne Marie Walewska in ihrem Schlosse Walewicze ganz im geheimen einen Besuch abgestattet zu haben. Er braucht Trost in seinem Unglück und er weiß, die treue Freundin sorgt sich um ihn maßlos. Er hat ihr so lange nicht geschrieben. Aber das Wiedersehen kann nur für Augenblicke sein. Nach kurzem Verweilen eilt Napoleon über Dresden nach Paris, wo er am 18. Dezember völlig unerwartet bei Marie Louise eintrifft.

*

Während Murat in Rußland für Napoleon kämpft, führt Karoline in Neapel die Regentschaft. Noch weiß Napoleon nicht, daß auch sein tapferster Reitergeneral ihn im Stich gelassen und plötzlich den Oberbefehl in Wilna niedergelegt und das Heer verlassen hat. Noch rechnet der Kaiser mit Verstärkungen durch die Truppen des Königs von Neapel, die er besonders an der Etsch nötig braucht, denn er weiß nicht, wie sich Österreich im nächsten Krieg verhalten wird. Vorsicht ist immerhin geboten. Er schreibt daher Anfang des Jahres 1813:

An Karoline Napoleon, Königin beider Sizilien, in Neapel
Paris, den 4. Januar 1813.
Liebe Schwester,

ich teile Ihnen meine Rückkehr mit und auch, daß ich dem König den Oberbefehl über die Armee (in Rußland) übergeben habe.

Die Umstände erfordern von mir die Zusammenziehung eines Observationskorps in Italien, mit dessen Oberbefehl ich den General Bertrand, den Gouverneur der Illyrischen Provinzen, betraue. Sie müssen unbedingt binnen 24 Stunden ein aus vier Eskadronen bestehendes Kavallerieregiment abgehen lassen, jede Eskadron zu 250 Mann, also das Regiment 1000 Mann stark. Um es auf diese Stärke zu vervollständigen, müssen Sie aus Ihren anderen Regimentern das Fehlende ergänzen. Achten Sie jedoch darauf, nur schöne, kräftige Männer und gute Pferde auszuwählen. Dem fügen Sie eine Kompanie leichter Artillerie mit ihren Pferden bei. Ich liefere dazu die Geschütze und die Bespannung. Ferner lassen Sie ein aus zwei Bataillonen bestehendes Regiment leichter Infanterie abgehen, wobei Wert darauf gelegt wird, daß es nur Leute nicht unter 22 Jahren sind. Die Bataillone müssen so komplettiert sein, daß sie eine Truppenstärke von mindestens 1800 Mann bilden. Schicken Sie diese Truppen nach Verona. Ich brauche 40.000 Mann an der Etsch. Es muß aber sofort, ohne Verzug geschehen.

Schicken Sie mir einen Situationsplan Ihrer Truppen, Ihres Materials, Ihrer Bespannungen usw.

Sorgen Sie dafür, daß Ihre Kavallerie und Ihre Infanterie mit Chirurgen und allem, was man im Kriege braucht, versehen wird. Achten Sie auch darauf, daß alle Pferde älter als fünf Jahre sind. Napoleon

Seit Ende des Jahres 1812 macht ihm der Gesundheitszustand seiner Schwester Pauline die größten Sorgen. Seit Monaten hält sich die Fürstin Borghese dauernd im Süden, teils in Aix, teils in Hyères, Nizza oder Gréoux auf. Vergebens suchte sie Heilung. Ihre Hysterie verschlimmert sich von Jahr zu Jahr. Napoleon hat erfahren, daß ihr Leibarzt, Dr. Peyre, Tag und Nacht um sie sein muß und sie sich in einer Sänfte spazieren tragen läßt, so geschwächt ist sie. Napoleon sieht sich veranlaßt, ihr einen guten Rat zu geben.

An Pauline Napoleon, Fürstin Borghese in Hyères

Fontainebleau, den 27. Januar 1813.
Liebe Schwester,

ich erhalte Ihren Brief vom 20. Januar. Mit großem Bedauern höre ich von dem schlechten Zustand Ihrer Gesundheit. Sie hätten gewiß besser getan, nach Paris zu kommen, anstatt sich durch die Hoffnungen Ihrer Ärzte von einem Bad zum andern schleppen zu lassen. Es wäre auch besser gewesen, nach Nizza statt nach Hyères zu gehen. Gegen Nizza habe ich nichts einzuwenden.

Ihr Sie liebender Bruder N.

X. Die Erhebung der Völker 1813

Inzwischen haben sich die Ereignisse in Deutschland so gestaltet, daß die Franzosen die meisten von ihnen besetzten Städte und Festungen räumen müssen, denn die Russen dringen immer weiter siegreich ins Land. Preußen bereitet seine Erhebung vor, das französische Joch abzuschütteln. Im Februar schließt es das Schutz- und Trutzbündnis von Kalisch mit Rußland, und die Franzosen müssen nun Berlin räumen. Überall finden Truppenbewegungen statt. Da man auch in Westfalen nicht mehr sicher ist, hat die Königin Katharina, Jérômes Gattin, beschlossen, sich nach Paris in Napoleons Schutz zu begeben. Dieser Schritt findet wohl seine Billigung, aber er hat seinem Bruder darüber genaue Instruktionen erteilt, die Jérôme natürlich nicht alle beachtet hat. Und so ist der Kaiser etwas ärgerlich, als er seiner inzwischen in Compiègne eingetroffenen Schwägerin schreibt:

An die Königin Katharina von Westfalen in Compiègne
Trianon, den 17. März 1813.
Meine liebe Schwester,
   mit Freuden erfahre ich Ihre Ankunft in Compiègne. Ich dachte mir, daß der König Sie nicht früher abreisen ließe, als bis das Gros der feindlichen Armee in Berlin oder Dresden eingetroffen sei. Ich hatte ihm darüber meine Ansicht ganz positiv mitgeteilt und ihm gesagt, nur im Fall der Kaiser Alexander oder sein Oberbefehlshaber Kutusow in Berlin angekommen seien. Er (Jérôme) hat Sie aber schon abreisen lassen, als nur erst die leichte Kavallerie dort war. Ein paar Tage Verzögerung wären immerhin von Nutzen gewesen, denn für die 32. Militärdivision war diese Zeit (der Reise der Königin) höchst besorgniserregend. Ja, sogar hier in Paris war man in Sorge (um Sie).
   Unter den gegenwärtigen Umständen halte ich es für besser, Eure Majestät bleiben vorläufig in Compiègne, da Sie Ihre Ankunft in Paris noch nicht angekündigt haben. Ich hoffte selbst in einigen Tagen nach Compiègne gehen

zu können. Da sich jedoch diese Reise verzögert hat, so sehe ich nichts Unpassendes darin, daß Sie Ihren Hofstaat in Compiègne lassen und sich hierher mit einem Teil Ihres Ehrendienstes begeben.

Ich bitte Eure Majestät, nicht an dem Vergnügen zu zweifeln, das es mir bereitet, Sie zu sehen. Ferner bitte ich Eure Majestät, an die Freundschaft zu glauben, die ich Ihnen entgegenbringe. Napoleon

*

Es stehen für Napoleon schwere Zeiten bevor. Er läßt sich in nichts in seiner Politik beirren. Weder die väterlichen Ratschläge des Kaisers Franz, noch die Bitten Marie Louises, doch bald Frieden zu schließen, den sie alle so nötig haben, nützen etwas. Napoleon ist durchaus nicht wie ein Geschlagener aus Rußland zurückgekehrt, eher wie ein Triumphator. Sein Kriegsmut ist nicht gebrochen, seine Arbeitskraft eher noch erhöht. Sein Wille bekämpft alles. Nicht einen Augenblick Zeit verliert er. Der Feldzug von 1813 soll die Scharte in Rußland wieder gutmachen. Eine neue große Armee wird erstehen, und im Frühjahr gedenkt er mit ihr nach Deutschland zu ziehen. Aber Deutschland wartet nicht bis Napoleon losschlägt. Das ganze deutsche Volk steht wie ein Mann auf. Im März überreicht der preußische Gesandte von Krusemarck in Paris die Kriegserklärung Friedrich Wilhelms III. und des Zaren Alexander. Der Krieg von 1813 beginnt. In der festen Überzeugung, die schwachen russisch-preußischen Truppen bald entscheidend schlagen zu können, ist Napoleon am 15. April zu seiner Armee abgereist. Weinend hat Marie Louise von ihm Abschied genommen. Er hat sie noch am 30. März, am Geburtstag seines Sohnes, zur Regentin von Frankreich während seiner Abwesenheit ernannt, teils um Dingen vorzubeugen, wie sie beim Attentat Malets geschehen waren, teils aber, und vielleicht sogar hauptsächlich, um dem Kaiser von Österreich und Metternich zu schmeicheln, damit sie nicht so leicht von Frankreich sich abwenden sollen. Aber auch Metternich pocht auf seine Politik. Er hat keine Lust, im Strahlenschein Rußlands zu erscheinen, beabsichtigt auch durchaus nicht die völlige Niederlage Napoleons, denn Kaiser Franz liegt ja nichts daran, sein eigenes Kind dem Verderben zu weihen. Aber

Metternich möchte den Frieden auf der Basis der Wiederherstellung der früheren Grenzen Frankreichs, und das liegt wieder nicht im Sinn Napoleons. So gehen die Dinge ihren Gang. Napoleon denkt, wenn er einmal die Preußen und Russen besiegt hat, wird Österreich schon wissen, zu wem es gehört. Und so reist er ab mit der Überzeugung eines baldigen günstigen Endes dieses Feldzuges. Ihm fällt diesmal der Abschied von Marie Louise und seinem Sohn sehr schwer. Jeden Tag schreibt er ihr in den ersten Wochen. Täglich erhält sie seine Instruktionen, was sie als Regentin zu tun hat, und täglich antwortet sie durch ihren Sekretär Méneval auf alle Fragen des Staates. Nur die Privatbriefe schreibt sie selbst. Sie muß auch alle acht Tage dem „Papa Franz" schreiben. So nennt Napoleon den Kaiser von Österreich in seinen Briefen aus den Tagen des Völkerringens von 1813.

Nachdem er gleich noch am Abend seiner Abreise von der ersten Raststation aus geschrieben hat, reist er ohne Aufenthalt vierzig Stunden hintereinander — allerdings in seinem sehr bequemen Reisewagen — direkt nach Mainz. Dort findet er schon am nächsten Tag einen Brief von der Kaiserin vor und antwortet ihr überglücklich, daß sie so gut und lieb ist. Sie läßt ihn nicht tagelang auf Briefe warten, wie einst Josephine. Marie Louise schreibt ihm alles, was sie tut und denkt. Sie schreibt auch, wie Napoleon ihr in seinen Briefen empfiehlt, jede Woche einmal an „Papa Franz" und teilt ihm militärische Einzelheiten über Napoleons Heeresstellungen mit. Sie vergißt auch nie, den Kaiser von Österreich immer wieder daran zu erinnern, wie sehr ihr Gatte an ihm hängt und ihn achtet. Währenddessen sitzt Napoleon oft ganze Tage im Sattel, mit Truppenbesichtigungen und Festungsbefestigungen beschäftigt. Aber die Sehnsucht nach Weib und Kind verläßt ihn nicht. Seinen kleinen Sohn, der nun schon zwei Jahre und ein reizendes Kind geworden ist, möchte er so gern herzen und küssen und mit Marie Louise sein, „mit ihr sein Leben verbringen, das ihm zur süßen Gewohnheit geworden ist".

Er bleibt noch ein paar Tage in Mainz. In Weimar hat es Straßenkämpfe gegeben. Man hat ein preußisches Husarenregiment aufgelöst und an die fünfzig Mann, darunter „einen Adjutanten Blukers" (Blüchers) gefangengenommen. Es ist nicht der Mühe wert davon zu reden, aber er schreibt es doch an seine „gute Marie Louise", bis er größeres und welterschütterndes zu melden hat.

*

Ehe Napoleon Mainz verläßt, hat er manches über die Haltung Österreichs erfahren. Es werden bereits Gerüchte laut, daß sich sein Schwiegervater unter dem Einfluß der Metternichschen Politik gegen ihn wenden werde, wenn er nicht bald Frieden schließe. Und Marie Louise führt einen aufregenden Briefwechsel darüber mit ihrem Vater. Immer wieder sagt man ihr, Napoleon wolle den Frieden nicht, er sei unvernünftig. Und immer verteidigt er sich ihr gegenüber in seinen Briefen. Er will schon Frieden schließen, aber nicht unter den vorgeschlagenen Bedingungen. Noch vor seiner Abreise aus Mainz wundert er sich in einem Brief vom 24. April 1813 an die Kaiserin, daß Papa Franz sagt, der Friede hinge nur von ihm (Napoleon) ab. Und dabei hat er seit Monaten keine Antwort auf seine Fragen erhalten, ob Rußland sich auf Verhandlungen einlassen will oder nicht. Aber solange Rußland sich nicht entscheidet, kann er nicht Frieden schließen. Es sei also nur böser Wille und Verleumdung, wenn man sagt, *er* wolle nicht. Das soll Marie Louise nur getrost Papa Franz schreiben: „wenn man mir Bedingungen auferlegt, ohne zu verhandeln, wie bei einer Kapitulation, da hat man sich arg verrechnet." Ihr Vater möge sich nur vorsehen, daß man nicht auch ihn noch mit in den Krieg zieht. Denn Napoleon glaubt immer noch fest an Österreichs Bündnis. Es kann ja nicht sein, daß der Vater dem Lande und Gatten seines eigenen Kindes übelwill. Und wiederum muß ja auch Marie Louise verstehen, daß „ihr Land", ihre Untertanen, die Franzosen, sich keine schimpflichen Bedingungen auferlegen lassen können, zumal er ja „eine Million Menschen" unter Waffen stehen hat. „Ha", meint Napoleon siegessicher, „ich werde noch viel mehr haben, so viel ich will." Wenn die Franzosen erst erfahren, daß Österreich sie den Engländern ausliefern will, dann wird erst recht ihr Patriotismus entfacht werden. Und dann verläßt Napoleon Mainz und begibt sich voller Hoffnungen zu seiner Armee nach Sachsen.

Marie Louises Rolle als Vermittlerin zwischen ihrem

Mann und dem Vater wird immer verzwickter und schwieriger. Sie kann sich nicht denken, daß ihr Vater aus politischen Gründen ihre ganze Zukunft und die seines Enkels aufs Spiel setzen will. Auch Napoleon glaubt es noch immer nicht. Haben Kaiser Franz und Metternich nicht erst diese Verbindung zustande gebracht, damit Österreich und Frankreich miteinander in Frieden leben können? Mit einer Naivität, die aber vielleicht gerade so großen Genies nie fehlt, vergißt Napoleon ganz, wie wenig ausschlaggebend gerade Familienverbindungen in der Politik seit Jahren gewesen sind. Er, der sonst in allen Staats- und Kriegsangelegenheiten so Klarsehende, denkt, die Ehe mit der Kaisertochter werde ihn vor einer feindlichen Stellungnahme Österreichs gegen ihn schützen, und ein Metternich werde sich dadurch in seiner zielbewußten Politik beeinflussen lassen! Der Feldzug beginnt indes glänzend. Am 2. Mai siegt Napoleon über Russen und Preußen bei Lützen. Dennoch machen ihm die Österreicher Sorgen, und er schreibt darüber wieder an Marie Louise, diesmal aus Borna, am 5. Mai, von wo aus er seinen Gegner immer weiter verfolgt. Da aber „Papa Franz" ihm seine Hilfstruppen entzogen hat und es ganz danach aussieht, als ließe er sich auf die Seite der Verbündeten ziehen, rät Napoleon der Kaiserin, sich den österreichischen Botschaftssekretär Floret zu einer Audienz kommen zu lassen. Sie soll ihm sagen, er möge selbst dem Kaiser von Österreich schreiben, daß ihr Mann zu allem fähig sei. Vor allem aber soll Papa Franz nicht immer auf das „Gegacker" der Kaiserin, seiner Frau, hören. Sie ist die schlimmste Franzosenhasserin, ist es immer gewesen und hat nur gute Miene zum bösen Spiel gemacht, als Marie Louise heiratete. Jetzt aber ist in Ludovika der alte Haß gegen den „Usurpator" wieder erwacht, und sie läßt nicht Ruhe, den Kaiser Franz zu beeinflussen. Marie Louise soll auch nicht dem französischen Botschaftssekretär verheimlichen, daß Napoleon, wenn Österreich überschwenkt, noch vor September in Wien sein werde — mit seinem großen Heere. Diese Drohung, meint er, werde schon wirken. Er sieht jetzt das alles kommen und ist bereit.

Und es ist, als wenn Napoleon recht behalten soll, daß er stark und mächtig bleibt, denn der Sieg heftet sich weiter an seine Fersen. Er besetzt am 8. Mai Dresden, das Zar Alexander I. und König Friedrich Wilhelm III. eilig verlassen haben. Sie ziehen sich immer weiter hinter die Elbe zurück. Jetzt höhnt Napoleon in dem Briefe an Marie Louise über die „Mama Beatrice", so nennt er die Kaiserin Ludovika in Wien, die wahrscheinlich seine triumphale Ankunft in Dresden sehr enttäuscht hat. In einem andern Brief aus Dresden nennt Napoleon Metternich nichts als einen Intriganten, der den Papa Franz irreführe. Er aber, droht er wieder, wird in Italien unter dem Vizekönig Eugen 100.000 Mann aufstellen. Dann soll Österreich zittern. So gehen die Briefe über die Haltung Österreichs zwischen Marie Louise und Napoleon hin und her. Der Sieg von Lützen scheint Metternich nicht allzu sehr zu erschüttern. Er wartet ab.

*

Nicht immer ist Napoleon mit dem zufrieden, was Marie Louise als Regentin in Paris tut. Vor allem soll sie nicht schon vorher ihren Hofdamen und Kammerherren alle Nachrichten ausplaudern, die sie von ihm vom Kriegsschauplatz erhält. Erst muß das alles offiziell im „Moniteur", dem Regierungsblatt, erscheinen, ehe darüber gesprochen werden darf.

An Marie Louise, Kaiserin-Königin und Regentin, in Paris
                                    Dresden, den 11. Mai 1813.
Madame und liebe Gattin,

ich habe die Gepflogenheit, niemals etwas von den Nachrichten, die ich erhalte, dem Hof mitzuteilen. Ich denke, auch Sie sollten es so halten. Die Nachrichten, die bei Ihnen von der Armee eintreffen, müssen zuerst im „Moniteur" veröffentlicht werden. Nur mit den Ministern können Sie darüber sprechen, wenn Sie gerade in dieser Zeit einen Rat abhalten. Das hindert natürlich nicht, daß, wenn es Nachrichten von besonderem Interesse sind, Sie darüber auch in der Unterhaltung mit den Hofleuten reden können. Vorlesen aber dürfen Sie niemals etwas.   N.

*

Und dann kommt Bautzen. Wieder eine siegreiche Schlacht für Napoleon. Es ist heiß zugegangen. Er hat wieder in diesem mörderischen Krieg einen guten Freund und einen der besten Feldherrn und Waffengefährten verloren. Bei Lützen wurde Marschall Bessières einen Tag vor der Schlacht durch eine Kanonenkugel während eines kleinen Gefechtes beim Dorfe Rippach getroffen. Das Geschoß zerschmetterte die linke Hand des Marschalls, durchschlug den Körper und führte seinen Tod herbei. Napoleon sah den Schwerverwundeten, aber er konnte die furchtbaren Qualen des alten Waffengefährten nicht lange ertragen. Er mußte gehen, sonst wäre er in Tränen ausgebrochen. An Bessières' Witwe aber schrieb er tröstend, ihr Mann sei ohne zu leiden gestorben.

An die Marschallin Bessières, Herzogin von Istrien, in Paris

Kolditz, den 26. Mai 1813.

Madame und liebe Kusine,

Ihr Gatte ist auf dem Felde der Ehre gefallen. Der Verlust ist für Sie und Ihre Kinder gewiß sehr groß, aber für mich ist er es noch viel mehr. Der Herzog von Istrien hat den schönsten Tod, den es gibt, erlitten. Er ist ohne zu leiden gestorben. Sein Ruhm ist fleckenlos. Und das ist das schönste Erbe, das er seinen Kindern hinterlassen konnte. Meine Protektion ist ihnen sicher: auf sie wird meine Zuneigung übergehen, die ich für ihren Vater empfand. Möge Ihnen, Madame, dies ein Trost sein, um Ihren Schmerz ein wenig zu lindern, und zweifeln Sie nie an meinen Gefühlen für Sie.   N.

•

Bei Bautzen trifft Napoleon ein noch größerer Schlag. Eine Kugel reißt seinem Großmarschall Duroc, dem Herzog von Friaul, den Bauch auf, während er mit dem Kaiser und seinem Stab auf einem Hügel die Kämpfe um Bautzen beobachtet. Die Eingeweide treten zerfetzt an mehreren Stellen heraus. So wird Duroc an Napoleon vorüber in eine Bauernhütte getragen. Erschüttert steht der Kaiser am Abend dieses Tages bei dem Sterbenden. Es ist keine Hoffnung mehr. Er schließt ihn noch einmal in seine Arme, Tränen füllen seine Augen,, dann geht er tieftraurig aus der Hütte und sagt: „Es ist schrecklich! Schrecklich! Mein guter Duroc, mein lieber Duroc! Ach, welcher Verlust!" An die Witwe des Großmarschalls aber schreibt er erst

Anfang Juni, als er etwas ruhiger geworden ist. Nur zu Marie Louise klagt Napoleon über den unersetzlichen Verlust, den er durch Duroc erlitten. Er war seit zwanzig Jahren sein Freund, und niemand kann ihn ihm ersetzen.

Die großen Verluste und der Tod unter den besten seiner Freunde hinterlassen in Napoleon noch lange schwere Gedanken. Die Verfolgung des Feindes geht indes weiter nach Schlesien, bis endlich die Russen und Preußen nach einer Waffenruhe verlangen. Und da Napoleon immer noch nicht weiß, was mit Österreich wird, das seine Armeen in Böhmen immer mehr verstärkt, willigt er trotz aller Gegenreden seiner Marschälle in den Waffenstillstand von zwei Monaten ein, die er in Dresden zuzubringen gedenkt. Er hofft sogar auf Frieden, der in Prag geschlossen werden soll.

Jetzt gedenkt er auch der Witwe seines Freundes Duroc, für die er bereits durch Cambacérès 100.000 Franken Jahresrente aus dem Herzogtum Friaul hat anweisen lassen. Ihre Tochter erhält das Doppelte. In seinem Brief schreibt er:

An Madame Duroc, Herzogin von Friaul, in Paris

Hainau, 7. Juni 1813.

Madame,

Sie wissen, wie tief mich der Tod des Großmarschalls erschüttert hat. Seine Tochter kann meiner dauernden Protektion sicher sein. Ich habe es ihr bereits dadurch bewiesen, daß ich ihr das Herzogtum Friaul überschrieb und ihre Interessen wahrte. Sie Ihrerseits, Madame, können auf meine ganze Zuneigung zählen. Ich habe nur den einen Wunsch, Ihnen bei jeder Gelegenheit zu beweisen, welches Interesse ich an der Familie des Großmarschalls nehme.

N.

*

Aus demselben Hauptquartier geht noch ein kleiner Privatbrief an die Erzieherin seines Sohnes in Paris ab, und auch in diesem berührt Napoleon den schmerzlichen Verlust, der ihn betroffen hat.

An die Gräfin Montesquiou-Fézensac in Saint-Cloud
                              Hainau, den 7. Juni 1813.
Frau Gräfin von Montesquiou,
  es freut mich außerordentlich, daß mein Sohn wächst und seine Entwicklung so gut vorwärtsschreitet. Ich kann Ihnen nur meine Zufriedenheit mit allem, was Sie für seine Erziehung tun, aussprechen. Der Tod des Herzogs von Friaul hat mich äußerst schmerzlich berührt. Seit zwanzig Jahren war es das erstemal, daß er nicht voraussah, was mir Freude machte.   N a p o l e o n

Und wieder muß er an diesem Tage Marie Louise tadeln. Aber es ist wohl auch ein klein wenig Eifersucht dabei, wenn er schreibt:

An Marie Louise, Kaiserin-Königin und Regentin,
      in Saint-Cloud
                              Hainau, 7. Juni 1813.
Madame und liebe Freundin,
  ich habe den Brief erhalten, in welchem Sie mir mitteilen, daß Sie den Erzkanzler empfangen haben, während Sie noch im Bett lagen. Ich wünsche, daß Sie unter keinen Umständen und unter keinem Vorwande jemand, wer es auch sei, empfangen, während Sie im Bett liegen. Dies ist nur Damen gestattet, die das dreißigste Lebensjahr überschritten haben.   N a p o l e o n

Am liebsten möchte Napoleon Marie Louise bei sich in Dresden haben. Aber das geht vorläufig nicht. Als Regentin und seine Stellvertreterin kann sie Paris nicht verlassen. Überdies erwartet Napoleon Metternich in Dresden. Das wird sehr scharfe Auseinandersetzungen geben. Am 24. Juni trifft dieser wirklich ein, und dann erfolgt in den nächsten zwei Tagen der Zusammenprall zwischen dem kühlen österreichischen Diplomaten und dem vor Zorn schäumenden Kaiser der Franzosen im Marcolinischen Palais. Napoleon wirft vor Wut seinen Hut auf die Erde. Metternich denkt nicht daran, ihn aufzuheben. „Sie wollen also Krieg", schreit Napoleon, „gut, Sie sollen ihn haben." Und dann fügt er bitter hinzu, er habe einen ungeheuren

Fehler mit der österreichischen Heirat begangen. „Dieser Fehler kann mich meinen Thron kosten, doch ich werde die Welt unter seinen Trümmern begraben!" Mit diesen Worten verabschiedet er Metternich, der mit einem überlegenen Lächeln das Palais verläßt. Als der Marschall Berthier ihm im Vorzimmer begegnet und fragt, ob er mit dem Kaiser zufrieden gewesen sei, antwortet Metternich ironisch: „O, ja, sehr! Denn ich habe deutlich gesehen, er ist ein verlorener Mann."

Von dieser Unterredung hört natürlich Marie Louise, wenn sie auch nicht erfährt, daß Napoleon von seinem Fehler in bezug auf die Heirat gesprochen hat. Die Friedensunterhandlungen, die Napoleon hofft, daß sie Anfang Juli in Prag beginnen sollen, kommen in keiner Weise vorwärts. Er schimpft in seinen Briefen an Marie Louise fürchterlich über Metternich, den Intriganten, der sich den Russen verkauft. Nun, wenn sie ihm schmähliche Bedingungen aufzwingen wollen, wird er eben doch, trotz aller Verwandtschaft, mit Österreich Krieg führen. Endlich aber ist der Prager Friedenskongreß doch für Mitte Juli anberaumt. Aus Freude darüber läßt Napoleon, der nun ein wenig mehr Zeit hat, sofort Marie Louise nach Mainz kommen. Er hält es einfach vor Sehnsucht nicht mehr aus und läßt sogar wichtige Verhandlungen aufschieben. Danach sieht es nicht so aus, als bereue Napoleon wirklich diese Heirat. Die Kaiserin soll am 24. Juli in Mainz eintreffen, in Begleitung der Herzogin von Montebello, zweier Hofdamen, eines Palastpräfekten, zweier Kammerherren, zweier Pagen, einem Arzt, zweier roten Frauen, zweier schwarzen Frauen und ihrer Tischbedienung. Also mit einem ganzen Troß.

Napoleon selbst eilt wie ein Verliebter nach Mainz und ist bereits einige Tage früher als sie dort, denn er schreibt an seine Schwester, weil sich die toskanische Geistlichkeit widerspenstig, wie immer, benimmt:

An Elisa Napoleon, Großherzogin von Toskana, in Florenz

Mainz, am 21. Juli 1813.

Liebe Schwester,

mit Erstaunen sehe ich, daß man in Florenz dem vom Bischof ernannten Pfarrer Widerstand entgegensetzt.

Treffen Sie die härtesten Maßnahmen, um diesen religiösen Widerstand gleich anfangs zu ersticken. Schicken Sie alle Individuen, die sich schuldig gemacht haben, nach der Insel Elba. N.

*

In Mainz verbringt Napoleon mit Marie Louise schöne, glückliche Tage, trotz den Kriegssorgen, die um ihn sind. In ihrer Nähe ist er heiter und zufrieden, und läßt sie keinen Augenblick von seiner Seite. Es ist so bezaubernd, wenn sie bei ihm ist, und er verspricht ihr, längstens in vier Wochen wieder ganz bei ihr in Paris zu sein. Nach ein paar kurzen Tagen müssen sie voneinander Abschied nehmen. Denn der Krieg geht weiter. Napoleon ist von seinen Bedingungen nicht abgegangen. Sein außerordentlicher Gesandter Caulaincourt in Prag hat demnach nichts für den Frieden ausrichten können, weil Metternich seinerseits auf den natürlichen Grenzen Frankreichs weiterbesteht. Weder Napoleon noch Marie Louise können jetzt mehr im Unklaren sein, welche Stellung Österreich einnimmt. Aber Napoleon tröstet sie in seinen Briefen. Sie soll nicht allzu traurig sein über den Vater, der jetzt auf dem Schlachtfeld ihm gegenüberstehen wird. Franz ist von seinen Staatsmännern hintergangen worden. Das steht für Napoleon fest. Und so schlagen Franzosen und Österreicher sich aufs neue, wie schon 1809, als erbitterte Feinde. Bei Zittau steht Napoleon dem General Neipperg gegenüber. Er meldet Marie Louise, der er auch jetzt jeden Sieg über die eigenen Landsleute berichtet: „Ich habe ihn aus dem Gebirge verjagt." Napoleon ahnt nicht, daß derselbe Mann, den er jetzt besiegt, ihn ein Jahr später aus dem Herzen Marie Louises für immer verdrängt.

Napoleon zieht in Dresden als Sieger über die verbündete Armee ein, die von Kaiser Alexander und dem König von Preußen persönlich befehligt wird. Sie müssen sich eiligst zurückziehen, und Napoleon schreibt über diesen großen Sieg bei Dresden sehr befriedigt an Marie Louise. Obwohl es ihre eigenen Leute sind, die er besiegt hat, so freut sie sich doch außerordentlich über diese Nachricht, denn nun wird ja bald Frieden. Und wieder versucht sie zwischen Vater und Gatten zu vermitteln. Sie hat auch immer Angst, es könne nach diesem Kriegsglück ihres

Mannes ein Rückschlag mit Niederlagen kommen. Doch Napoleon tröstet sie und sagt, seine Truppen seien dem Feinde in jeder Beziehung überlegen. Er werde ihn schneller schlagen als er vermute. Es ist indes das letzte Lächeln der Kriegsgöttin für Napoleon. Seine stark gelichtete Armee verlangt neue Rekruten. Und diesmal ist es Marie Louise selbst, die als Regentin im September vom Senat die nötigen Aufgebote für Napoleon verlangen muß. Seltsame Verquickung der Ereignisse: Sie ist gezwungen, gegen den eigenen Vater Truppen auszuheben. Wie sie sich dabei im Senat verhalten soll, das schreibt Napoleon im folgenden Brief an sie vor, in dem er ihr auch die zu haltende Rede schickt:

An Marie Louise, Kaiserin-Königin und Regentin, in Paris

Dresden, den 27. September 1813.
Madame,

Sie werden im Senat den Vorsitz führen. Halten Sie beifolgende Rede. Der Kriegsminister wird seinen Bericht erstatten und die Orateure des Staatsrates legen den Senatsbeschluß für die Aushebung der Konskribierten vor. Sie selbst begeben sich mit allem aufzubietenden Pomp in der Staatskarosse in den Senat, wie es Brauch ist, wenn ich in die Gesetzgebende Körperschaft fahre.   N.

PS. Da die Rede chiffriert werden mußte, wird sie der Herzog von Bassano (Maret) entziffern lassen und sie dem Erzkanzler (Cambacérès) senden, der sie Ihnen übergibt.

*

Trotz ungeheuren Anstrengungen und immer neuen Truppen vermag Napoleon den gewaltigen Heeren und den Freiheitsbewegungen der Verbündeten nicht mehr standzuhalten. Seine Briefe an Marie Louise sind weniger siegesgewiß. Wochenlang vor dem großen Völkerringen bei Leipzig, wo Napoleon unterliegt, erhält sie nur spärlich Nachricht. Vom 5. bis 25. Oktober schweigt er ganz, und dann erwähnt er von der furchtbaren Niederlage überhaupt kein Wort, als er ihr aus Gotha schreibt, er werde in wenigen Tagen in Mainz sein, also nicht mehr weit von ihr. Alles übrige habe sie ja aus seinen Bulletins erfahren. Wozu sie noch mehr aufregen, als sie es schon ist.

An diesem 25. Oktober schreibt er auch an seine leidende Schwester Pauline in Paris. Sie hat ihm kurz vor der Schlacht bei Leipzig ihren finanziellen Beistand angeboten, denn sie ist sehr reich und ihr gutes Herz immer hilfsbereit. Napoleon antwortet ihr dankbar, doch vorläufig hofft er, noch durchzukommen.

An die Fürstin Pauline Borghese in Paris
Gotha, den 25. Oktober 1813.
Liebe Schwester,
ich habe Ihren Brief vom 13. Oktober erhalten. Meine Ausgaben sind dieses Jahr ungeheuer gewesen und werden im nächsten Jahr noch bedeutender sein. Ich nehme das Geschenk, das Sie mir machen wollen, an. Der gute Wille meines Volkes und die mir daraus erstehenden Hilfsquellen sind jedoch derart, daß ich genügend Mittel zu haben glaube, um den ungeheuren Ausgaben, welche die Feldzüge von 1814 und 1815 erfordern werden, die Stirn zu bieten, was auch kommen mag. Wenn die Koalition Europas gegen Frankreich sich aber noch über diese Zeit hinaus erstrecken, und wenn ich nicht die Erfolge erzielt haben sollte, die ich von dem Mute und dem Patriotismus der Franzosen berechtigterweise erwarte, dann will ich gern von Ihrem Geschenk und von den Gaben meiner Untertanen Gebrauch machen.
Ihr Sie liebender Bruder   N a p o l e o n

*

Napoleon ahnt nicht, was ihm noch alles bevorsteht in diesen zwei Jahren. Nun befindet er sich wieder auf dem Rückzug, wieder geschlagen, wie nach dem Feldzug von Rußland. Und dennoch kämpft er immer noch wie ein verwundeter Löwe. Noch einmal schlägt er die Austro-Bayern unter Wrede bei Hanau am 30. Oktober. Sie waren 60.000 Mann stark. Er hat sie schön „verhauen", schreibt er an die Kaiserin. „Die Narren, die wollten mir den Rückzug abschneiden." Die Franzosen ziehen sich über den Rhein zurück. Wenige Tage später ist Napoleon in Mainz. Ihm scheint es, man rege sich in Paris über diesen verlorenen Feldzug vielzusehr auf. Wozu das Alarmgeschrei? Das verdreht der Regentin nur den Kopf. Und er tröstet seine Frau in den letzten Briefen, daß er nun bald wieder bei ihr sei. Dann will er ihnen schon zeigen, daß er noch immer der Gebieter ist.

*

Während der vielen Aufregungen und Gefahren der letzten Tage beschäftigen Napoleon in Mainz die kleinsten Kinderstubenangelegenheiten in Saint-Cloud. Sein Sohn ist beim Klettern von einem Stuhl gefallen, was die gewissenhafte Gouvernante sofort dem Kaiser berichtet. Die wenigen Worte, die er ihr darauf antwortet, hören sich an wie von einem guten Bürger, der sich eben nur auf einer Urlaubsreise befindet und nun froh ist, wieder zu den Seinen zurückzukehren.

An die Gräfin Montesquiou-Fézensac, Gouvernante der Kinder von Frankreich, in Saint-Cloud

Mainz, 3. November 1813.

Madame,

ich erhalte soeben Ihren Brief vom 19. Oktober. Mit großer Freude hörte ich, daß der Fall des kleinen Königs keine schlimmen Folgen hatte. Man erzählt mir so viel Gutes von ihm, daß mein Verlangen, ihn zu sehen, immer stärker wird. Ich bin Ihnen zu immer größerem Dank verpflichtet.   N.

*

Der Tod des polnischen Helden Joseph Poniatowski, der mit seinem Pferd auf dem Rückzug in der reißenden Elster ertrank, veranlaßt Napoleon in Mainz noch kurz vor seiner Abreise nach Paris an die Schwester des Fürsten in Warschau zu schreiben.

An die Gräfin Tyszcewicz, geb. Fürstin Poniatowski, in Warschau

Mainz, 6. November 1813.

Gnädigste Frau Gräfin Tyszcewicz,

der Verlust, den wir erlitten haben, ist außerordentlich. Fürst Poniatowski hat den Heldentod erlitten, nachdem er mir die wertvollsten Dienste geleistet hatte. Ich ernannte ihn zum Marschall von Frankreich. Sie selbst werden stets bei mir Schutz und das größte Interesse finden. Meinen Staatssekretär beauftragte ich, Ihnen die Urkunde für eine Pension von 50.000 Franken zu übermitteln und Ihnen die Beförderungspatente sowie alle Auszeichnungen, die ich Ihrem Bruder verlieh, zu senden. Napoleon

*

Auch noch eine Familienangelegenheit hat er in Mainz zu klären. Sein Bruder Louis hatte es bereits zu verschiedenen Malen versucht, sich ihm zu nähern und sich ihm in den schweren Zeiten zur Verfügung zu stellen, aber Napoleon hatte sein Anerbieten ausgeschlagen, denn Louis, der sich fortwährend beklagte, auf einem Thron sitzen zu müssen, strebt jetzt nach nichts anderem, als wieder König von Holland zu sein. Besonders nach der Niederlage von Leipzig ist Louis überzeugt, der Kaiser werde den holländischen Thron lieber in den Händen seines Bruders sehen, als in denen der Verbündeten. In diesem Sinne schreibt er einen dritten Brief an Napoleon nach Mainz. Um sofort zur Verfügung zu stehen, wenn man seiner bedürfe, war er bis nach Pont-sur-Seine, dem Wohnsitz seiner Mutter, gereist. Dort erhält Madame Mère die Antwort Napoleons auf Louis' Brief, nicht er selbst. Napoleon schreibt zwar versöhnend, nicht aber, wenn Louis auf den Thron Anspruch mache. „Lieber", sagte der Kaiser später, „möchte ich Holland wieder unter der Herrschaft des Hauses Oranien sehen als unter der meines Bruders." Und in diesem Sinn schreibt er:

An Madame Mère in Pont-sur-Seine

Mainz, den 6. November 1813.

Madame und geliebte Mutter,

durch den Telegraphen erfahre ich, daß Louis bei Ihnen abgestiegen ist. Ich sende Ihnen die Abschrift seines Briefes an mich.

Wenn Louis als französischer Prinz kommt und als solcher in der Nähe des Thrones leben will, so wird er mir willkommen und das Vergangene soll vergessen sein. Ich habe ihn als Kind erzogen und ihn mit Wohltaten überhäuft. Als Dank dafür hat er an allen Höfen Europas über mich Schmähschriften verbreitet. Aber noch einmal will ich ihm verzeihen. Sie wissen, ich bin nicht rachsüchtig,

Wenn aber Louis, wie es aus seinem Brief zu befürchten ist, kommt, um Holland zurückzuverlangen, so zwingt er mich, aufs strengste gegen ihn zu verfahren. Ich werde genötigt sein, gegen ihn Stellung zu nehmen und ihn durch den Erzkanzler in Gegenwart des Senatspräsidenten, des Großrichters und des Sekretärs der Familie einen Landesverweis zu erteilen. Und fügt er sich dennoch nicht den Gesetzen des Staates, so wird er als Rebell behandelt.

Es zeugt wahrhaftig von wenig Edelmut, daß er mir immer von neuem Schwierigkeiten bereitet und mich zwingt, so gegen ihn zu verfahren, gerade in einer Zeit, wo so viel auf mir lastet und mein Herz viel mehr des Trostes als erneuten Kummers bedarf! Holland ist auf Grund des Staatsgesetzes französisch, französisch für immer! Keine menschliche Gewalt kann es Frankreich entreißen! Wenn daher Louis immer noch mit denselben Hirngespinsten im Kopfe zu mir kommen sollte, bitte ich Sie, mir den Kummer, ihn als Rebell verhaften lassen zu müssen, zu ersparen. Er soll Paris verlassen und sich still und ungekannt in einen Winkel Italiens zurückziehen. Er war ja in der Schweiz. Warum ist er dort nicht geblieben?

Wie groß auch sein Haß gegen mich ist, so kann ich doch unmöglich glauben, daß er so schlecht und so wenig für seine Kinder sorgt, ferner daß er mir in meiner Lage, wo ganz Europa sich gegen mich erhebt, wo mein Herz schon von so viel Leid und Sorgen niedergedrückt ist, noch den Schmerz bereitet, so strenge mit ihm verfahren zu müssen.

Ich beende meinen Brief mit der wiederholten Versicherung, daß ich alles Vergangene vergessen will, wenn Louis ganz einfach als französischer Prinz dem gefährdeten Throne zu Hilfe kommt, um die Interessen seines Vaterlandes, seiner Familie und seiner Kinder zu verteidigen. Dann würde ich auch niemals von dem in den letzten zehn Jahren zwischen uns Vorgefallenen sprechen, noch mich dessen erinnern, sondern ihn mit den gleichen Gefühlen in meine Arme schließen, die ich für ihn empfand, als er noch ein Kind war.

Ihr Sie liebender Sohn   N a p o l e o n

Louis fühlte sich durch dieses Schreiben sehr gekränkt und zog sich wieder nach Solothurn in der Schweiz zurück.

Aber Ende des Jahres war er aufs neue bereit, dem Bruder in seinem Unglück beizustehen.

•

Am Morgen des 9. November 1813 hört man im Schloßhof von Saint-Cloud Pferdegetrappel, und im nächsten Augenblick liegt Marie Louise in den Armen Napoleons, der, wie immer, unverhofft eingetroffen ist. Das Wiedersehen mit Frau und Kind läßt ihn eine Weile seine Kriegssorgen vergessen. Seine Kraft scheint ungebrochen. Und die Rede, die er bald darauf im Senat hält, macht nicht den Eindruck, als habe das Jahr 1813 die Weltmacht Napoleons erschüttert. Und doch ist es so. Er allein glaubt noch an seine Macht, während von allen Seiten sich die Völker von ihm zu befreien suchen.

Auch in Italien versuchen die Österreicher wieder Fuß zu fassen. Ihre Truppen kommen Bologna immer näher. Die Briefe der Großherzogin von Toskana an Napoleon werden beschlagnahmt. Murat marschiert gegen Rom, ohne daß man seine Absichten kennt. Die Engländer haben sich durch einen Überfall des Hafens von Viareggio bemächtigt und sind bis Lucca vorgedrungen. In Livorno haben sie die unzufriedene Bevölkerung, die stark unter Napoleons Kontinentalsperre zu leiden hat, aufgewiegelt, und englische Schiffe bedrohen die Stadt. Bei alledem verliert Elisa ihren klaren Kopf nicht und erweist sich als würdige Schwester Napoleons. Den Kommandanten von Viareggio läßt sie zum Tode verurteilen, verwandelt aber nachher seine Strafe in Verbannung nach Elba. An ihren Bruder kann sie endlich auf sicherem Wege einen Brief am 10. November schicken und ihm schreiben, daß sie alle Maßnahmen getroffen habe, Florenz vor einem Handstreich zu schützen. Der Fürst, ihr Gatte, wird sich in Lucca solange halten, bis ihn höhere Mächte zwingen, es zu verlassen. Sie selbst werde Toskana nur dann verlassen, wenn der Feind Florenz besetzt. Auf diesen Brief antwortet Napoleon:

An Elisa Napoleon, Großherzogin von Toskana, in Florenz
Liebe Schwester,   Saint-Cloud, den 18. November 1813.

ich habe Ihren Brief vom 10. d. M. erhalten. Ich schreibe Ihnen heute über die bedeutenden Truppenkräfte, die ich in Italien vereinigt habe. Schicken Sie sofort die Kroaten, mit denen Sie unzufrieden sind, nach Korsika. Organisieren Sie das 3. und 4. Bataillon vom 112. Regiment. Die Kadres gelangen von der Großen Armee nach Toskana. Doch ich glaube, es wird nicht viel sein, was ankommt. Füllen Sie sie mit den Konskribierten auf, die für dieses Regiment nach Toskana im Anmarsch sind und jetzt Turin passiert haben müssen.

Ich habe an den König von Neapel (Murat) geschrieben, daß ich ihm den Herzog von Otranto (Fouché) schicke. Schreiben Sie ihm auch Ihrerseits.

Auf keinen Fall, selbst wenn der Feind am Mincio eintreffen sollte, dürfen Sie Toskana verlassen. Der Feind kann keine bedeutende Bewegung unternehmen, solange er vom Vizekönig (Eugen) in Schach gehalten wird und er keine große Schlacht gewonnen hat. Ihr Rückzug nach Neapel wird jederzeit gesichert sein.

In diesem Augenblick sind 16.000 Mann in Alessandria eingetroffen. Napoleon

PS. Es wäre angebracht, wenn das Schiff, das die Kroaten nach Korsika transportiert, deren Gewehre zurückbrächte, Man kann sie verwenden wie man will.

*

Diesem Brief folgen noch am gleichen Tage zwei andere an die Schwester, um sie über ihre Lage zu beruhigen.

An Elisa Napoleon, Großherzogin von Toskana, in Florenz

Liebe Schwester, Saint-Cloud, 18. November 1813.

machen Sie in Italien bekannt, daß man nichts zu fürchten habe und ich das Land nicht im Stich ließe. Der Fürst von Eßlingen (Davout) begibt sich mit 3000 Mann von Toulon nach Genua. Verbreiten Sie aber das Gerücht, daß er mit 20.000 Mann im Anmarsch sei und eine Reservearmee von 100.000 Mann sich in Alessandria und in Toulon zusammenziehe. N.

An Elisa Napoleon, Großherzogin von Toskana, in Florenz

Liebe Schwester, Saint-Cloud, 18. November 1813.

Sie müssen unbedingt zwei bewegliche Kolonnen bilden und sie nach dem Departement am Rubikon (Fiumicino) senden, um die Schurken zu unterwerfen und dem Departement die Zähne zu zeigen.

Schreiben Sie an die Königin und den König von Neapel (Karoline und Joachim Murat) und machen Sie ihnen klar, daß der König mit 25.000 Mann an den Po marschieren muß.

Ich ziehe eine Reservearmee von 25.000 Mann in Turin zusammen und ein starkes Korps zieht die Riviera entlang, um sich von Toulon nach Genua zu begeben. N.

*

Napoleons Vertrauen auf die starke Armee Eugens in Italien ist unerschütterlich und Elisas Zuversicht in die Macht ihres Bruders vorläufig noch groß. Allerdings nicht mehr lange, denn auch sie ist dem Strome nicht mehr gewachsen, der in Italien ebenso wie in anderen Staaten die Spuren napoleonischer Größe verwischt. Napoleon läßt keinen Augenblick das gefährdete Toskana aus den Augen und tut alles, um Elisas kleines Heer so gut es geht zu verstärken.

An Elisa Napoleon, Großherzogin von Toskana, in Florenz

Paris, 4. Dezember 1813.

Liebe Schwester,

inliegend finden Sie ein Dekret, durch das ich Sie ermächtige, dem 13. Husarenregiment eine 5. Eskadron hinzuzufügen. Komplettieren Sie diese Eskadron sofort durch die französischen Konskribierten. Setzen Sie französische Offiziere an die Spitze. Kaufen Sie in Florenz Pferde und halten Sie so rasch wie möglich diese 120 Mann gut beritten, gut gekleidet und gut ausgerüstet bereit, um sie sofort dahin schicken zu können, wo sie gebraucht werden. Die Hauptsache ist, daß diese Eskadron aus Franzosen gebildet ist. Es ist möglich, daß Sie in dem ausländischen Regiment gediente Kavallerieoffiziere finden, die französischer Abstammung sind. Die können Sie nehmen. N.

*

Während er im Kampfe gegen ganz Europa steht und wie ein Wunder neue junge Truppen aus der Erde zu stampfen scheint, vergißt er auch jene alten Waffengefährten nicht, die seine Kriege mit ihrem Leben bezahlten. Vor sieben Monaten hatte er der Witwe des Marschalls Bessières seinen Beistand versprochen, wenn sie in Not sein sollte. Jetzt kommt sie zu ihm, denn der Marschall hat seiner Familie große Schulden hinterlassen. Sie ist Napoleons weitgehendster Unterstützung sicher, denn er antwortet sofort. Wenn auch sachlich im Stil, ist seinem Brief doch anzumerken, wie sehr ihn diese Sache beschäftigt.

An die Marschallin Bessières, Herzogin von Istrien, in Paris

Paris, den 5.. Dezember 1813.

Liebe Kusine,

ich erhielt Ihren Brief. Sie haben recht, mir Ihr Vertrauen zu schenken. Ich habe sofort meinem Palastmarschall den Befehl erteilt, mir über Ihre Angelegenheiten Bericht zu erstatten. Sobald dies geschehen, will ich die nötigen Maßnahmen treffen, alles zu regeln und Ihre Lage zu verbessern. Beauftragen Sie Ihren Vater oder jemand, der über Ihre finanziellen Angelegenheiten Bescheid weiß — (doch ohne daß die Gläubiger der Erbschaft davon erfahren) —, meinen Großmarschall aufzusuchen, um ihm die nötigen Auskünfte zu geben. N a p o l e o n

XI. Im Kampf um Thron und Reich 1814

Die Frankfurter Friedensunterhandlungen waren genau so gescheitert wie der Kongreß in Prag. Napoleon hatte „keine Vernunft angenommen", und als er schließlich geneigt war, einen annehmbaren Frieden zu schließen, war es zu spät. Es blieben ihm nur drei Monate Zeit, seine Kriegsvorbereitungen zu treffen. Früher, als er vermutete, rückte der Feind Frankreich näher. Preußen und Russen marschierten über Belgien und Lothringen ein, und Schwarzenberg überschritt von der Schweiz her die französische Grenze. Napoleon traf seine Maßnahmen. Vor allem galt es in dieser Lage die Kaiserin und seinen Sohn zu schützen. Ein zweites Mal setzt er Marie Louise als seine Regentin und Stellvertreterin ein. Er vertraut sie dem Schutze der Nationalgarde an und gibt ihr seinen Bruder Joseph als ersten Berater. Sie und der König von Rom sollen davor bewahrt bleiben, in die Hände der Verbündeten zu fallen, das ist seine größte Sorge. Zwei Tage später, nachdem er seine wichtigsten Papiere verbrannt hat, die ihm im Falle eines Unglücks bei seinen Feinden schaden können, nimmt er in der Nacht zum 25. Januar 1814 Abschied von Frau und Kind. Es ist das letzte Mal, daß er sie beide sieht.

Er geht sehr zuversichtlich ins Feld. Mit der Ernennung seines Bruders Joseph zum Generalleutnant des Reiches hat er ihm gleichzeitig die Verteidigung von Paris anvertraut, das heißt, Napoleon hält eine solche gar nicht für nötig, denn soweit wird es nicht kommen. Er hat ja eine junge schöne Armee. Mit ihr wird es ihm gelingen, den Marsch der Feinde auf die Hauptstadt aufzuhalten, die sich begreiflicherweise in großer Erregung befindet. „Sind die Leute in Paris wirklich so ängstlich?" fragte er noch kurz vor seiner Abreise seine Adoptivtochter Hortense. „Sieht man wirklich schon die Kosaken hier? Nun, vorläufig sind sie ja noch nicht da, und wir haben unsere Soldatenehre nicht verloren."

Die ersten Briefe Napoleons an Marie Louise von der Front sind tröstend. Er sucht sie von der schrecklichen Unruhe und furchtbare Angst, die sich ihrer bemächtigt, zu befreien. Seine Sachen stehen nicht schlecht, wenn sie auch schwierig und verwickelt sind. Sie soll nur den Kopf oben behalten und nicht verzagen. Und die anfänglichen Siege geben Marie Louise neuen Mut. Die bevorstehende Eröffnung des Kongresses von Châtillon durch Metternich, auf dem Caulaincourt bemüht ist, den Thron Napoleons zu retten, bestärkt sie in ihrer Hoffnung auf ein gutes Gelingen. Alles, was ihr Napoleon schreibt, klingt so zuversichtlich. Besonders, wie aus einem der drei Briefe vom 7. Februar hervorgeht, die er an diesem Tage aus Nogent-sur-Seine an sie schreibt, daß er die Feinde wieder weiter von Paris zurückgeworfen hat. Im übrigen schreibt er wenig über die militärischen Ereignisse. Meist spricht er vom Wetter, von seiner ausgezeichneten Gesundheit und von den Dingen, mit denen Marie Louise sich in Paris die Sorgen vertreiben soll. Erst am 10. Februar, nach der Schlacht von Champaubert, berichtet er etwas Näheres über seine Erfolge. Er erzählt ihr, wie viele Kanonen er den Feinden genommen, wie viele Generale er gefangengenommen, und sie soll nicht vergessen, das Geschütz des Invalidendomes zur Freude dieses Tages lösen zu lassen. Es sind kurze, tagebuchartige Berichte, die er fast täglich sendet. Bei Château-Thierry ist wieder ein großer Tag für ihn, und er empfiehlt ihr, besonders froh und glücklich über diesen Sieg zu sein. Das Glück scheint sich wieder an seine Fersen zu heften, denn auch die Schlachten bei Montmirail am 12. Februar und bei Montereau am 17. verlaufen äußerst günstig für ihn. Aber er ist nach diesen gewaltigen Anstrengungen so müde, daß er vom 17. zum 18. Februar in der Nacht acht Stunden hintereinander schläft. Marie Louise wird wieder etwas ruhiger. Er macht ihr auch Hoffnung auf einen baldigen Frieden. „Ich hoffe", schreibt er ihr am 18. Februar aus Nangis, „wir werden ihn in wenigen Tagen haben, aber einen dauernden Frieden, der meiner und Frankreichs würdig ist." Und jeder Brief schließt mit Küssen für sie und seinen Sohn, den er nie vergißt.

Während Napoleon wie ein Löwe in Frankreich seinen Thron verteidigt, spielt sein Schwager Murat in Italien ein doppeltes Spiel der Politik. Seit dem verlorenen Feldzug von 1813 befestigte sich Murats Plan mehr und mehr, von

Napoleon abzufallen, sich den Österreichern, den Verbündeten zu nähern. Er hoffte dadurch nicht nur Neapel zu behalten, sondern einst Herrscher über ganz Italien zu werden. Und auch Karoline, Napoleons Schwester, die bis dahin ganz napoleonisch gesinnt war, neigt jetzt zum Bunde mit Österreich. Im Februar 1814 bricht sie allen Verkehr mit dem Kaiserhof in Paris ab. Während Murat die unüberlegte Heißblütigkeit und die Eitelkeit des Südländers zum Handeln treiben, wird Karoline nur durch kalten berechnenden Ehrgeiz zum Abfall von Napoleon veranlaßt. Und Murat hat nicht die Kraft in der Bahn einzuhalten, auf der ihn seine Frau mit immer wachsender Energie vorwärtstreibt. Ende des Jahres 1813 schickte der Wiener Hof ihm den Grafen Adam Neipperg, um mit ihm ein Bündnis abzuschließen. Man verspricht Murat alle seine Wünsche zu erfüllen, wenn er der Koalition beitrete. Diesen Verlockungen kann der Gascogner nicht widerstehen. Am 11. Januar 1814 unterschreibt Murat seinen endgültigen Abfall von Napoleon, dem er seinen Thron und alles verdankt, was er besitzt. Denn einst war er nur ein einfacher Gastwirtssohn gewesen. Aber die Österreicher müssen bald einsehen, daß sie in dem schwachen Murat nur einen halben Bundesgenossen gewonnen haben, denn er schwankt immer zwischen ihnen und Frankreich hin und her und weiß nicht, zu wem er sich halten soll. Die Erfolge seines Schwagers in Frankreich steigern seine Wankelmütigkeit. Er versucht, zum großen Verdruß seiner neuen Bundesgenossen, eine Schlacht zwischen neapolitanischen und französischen Truppen zu vermeiden, um im Notfall bei einem endgültigen Siege Napoleons doch wieder durch diesen gestützt zu werden. Oft überfällt ihn die Reue und er möchte zu Napoleon zurück. Sein und Karolines Verhalten empören Napoleon aufs höchste und er schreibt ihnen beiden am 17. Februar vom Schlachtfeld aus Briefe, die sie sich gewiß nicht hinter den Spiegel steckten. Der an die Königin von Neapel lautet:

An Karoline Murat, Königin von Neapel

Liebe Schwester, Nangis, 17. Februar 1814.

Ihr Gatte ist ein außerordentlich tapferer Soldat auf dem Schlachtfelde, aber feiger als ein Weib oder ein Mönch, wenn er den Feind nicht vor sich sieht. Er besitzt keinen Funken moralischen Muts. Man hat ihm Angst gemacht, und er hat nicht gewagt, das für einen Augenblick zu verlieren, was er nur durch mich und mit mir haben kann. Geben Sie ihm seine Dummheit ordentlich zu verstehen! Als er die unter meinem Befehle stehende Armee verließ, sah ich alle die schlechten Ratschläge, die man ihm geben würde, voraus. Ich freue mich jedoch über das, was er mir durch Sie sagen läßt. Wenn er aufrichtig bekümmert ist, so soll er die Gelegenheit abwarten, wo er mir beweisen kann, daß er mehr feig als undankbar gewesen ist. Noch kann ich ihm das Schlechte, das er mir zugefügt hat, verzeihen! Napoleon

*

Aus Paris schreibt ihm Marie Louise allen möglichen Hofklatsch, um den er sich auch noch kümmern muß, während die Ereignisse um ihn herum rasende Fortschritte machen und die letzten Hoffnungen auf Frieden schwinden. Geduldig antwortet Napoleon auf alles, worüber sich ihr kleines Herz in so großer Zeit beklagt. Besonders, daß einige Hofdamen sie verlassen haben. Gleichzeitig aber empfiehlt er ihr dringend, die wichtigen Dinge des Krieges über diesen Kleinigkeiten nicht zu vergessen und an ihren Vater immer wieder zu schreiben, er möge ein wenig auf ihrer Seite stehen und nicht nur auf die Russen und Engländer hören. „Übrigens", meint, er, „Papa Franz liebt ja die Russen gar nicht. Er vermeidet es ja, mit Alexander zusammenzukommen." Wie sehr täuscht sich Napoleon. Über den Hoftratsch aber schreibt er auch noch:

An die Gräfin von Montesquiou-Fézensac, Gouvernante des Königs von Rom

Bézut-Saint-Germain, 4. März 1814.

Madame,

ich habe Ihren Brief erhalten. In der gegenwärtigen Situation, glaube ich, sollten Sie mit der Königin (Karoline) von Neapel weder korrespondieren, noch ihr Nachrichten über meinen Sohn zukommen lassen.

Mit großem Bedauern vernahm ich die Gerüchte, die man über Madame Anatole (de Montesquiou, ihre Schwiegertochter), und über die Herzogin von Padua ausstreut. Das beste Mittel, ihnen keinen Glauben zu verschaffen, ist, ihnen keine Bedeutung beizumessen. Es sind jene Gerüchte, die rascher über schöne Frauen verbreitet werden als man sie glaubt, wenn sie derartig absurd sind. Die Herzogin von Padua hätte Paris nicht verlassen sollen. Es gehört zu den Pflichten einer Palastdame, in so kritischen Zeiten bei der Kaiserin zu sein. Eine große Anzahl hat diese Pflicht verletzt. Mir scheint, man hat in Frankreich alles vergessen, was Anstand und Ehre erfordern.

Mit Freuden höre ich, daß der kleine König seinen Schnupfen los ist. N.

*

Blücher gibt ihm keine Ruhe, obwohl er seinen Marsch auf Paris durch Napoleons Vorrücken einstweilen hat unterbrechen müssen. Die Verfolgung der Preußen und Russen geht also weiter. Bei Bar-sur-Seine und Saint-Tarre erleidet Macdonald Niederlagen, während Corbineau es am 5. März gelingt, Reims wiederzunehmen. Endlich wieder ein großer Sieg Napoleons am 6. und 7. März bei Craonne über die Russen unter Woronzow. Er ist hoffnungsvoll und glücklich, und schreibt Marie Louise, auch sie soll es sein und nicht verzagen. Die Siegesnachrichten haben die Bevölkerung von Paris etwas zuversichtlicher gemacht. Napoleon läßt seine Truppen an die Aube vorrücken, aber die Lage wird immer schwieriger.

Vom 11. bis 13. März hat er sein Hauptquartier in Soissons. Die Dinge, die inzwischen unter Josephs Leitung in Paris vorgehen, behagen Napoleon nicht. Marie Louise beklagt sich besonders über ihn, weil er ihr vorschreiben will, wie sie sich zu verhalten habe, auch in ihrem Privatleben. Napoleon warnt sie vor seinem Bruder. Sie soll sich in nichts von ihm beeinflussen lassen und seine allzu vertraute Gesellschaft meiden. Besonders aber soll sie ihm nie so viel Vertrauen schenken, daß sie ihn ihres Vaters Briefe lesen läßt, wie sie es eben jetzt getan hat. Diese Mitteilungen seien nur für ihn, Napoleon, bestimmt. Dann nimmt er sich in dem Briefe an Marie Louise vom 12. März aus Soissons kein Blatt vor den Mund und sagt geradezu, daß alle Menschen ihn verraten.

Sollte das auch mit Joseph der Fall sein? Es ist die Eifersucht, die aus Napoleons Worten spricht, wenn er an seine Frau in dieser Zeit der weltumwälzenden Geschehnisse schreibt: „Hüte Dich vor dem König. Er hat einen schlechten Ruf in bezug auf Frauen. Dieses Benehmen hat er sich in Spanien angewöhnt." Aber Napoleon ist der Treue Marie Louises sicher. Sie beruhigt ihn auch sofort und sagt, sie sähe nun Joseph viel seltener.

*

Ehe Napoleon Soissons verläßt, um sich nach Reims zu begeben, wo er mit den Preußen unter dem in den Diensten der Verbündeten stehenden französischen General Saint-Priest eine Schlacht zu schlagen gedenkt, schreibt er noch einen recht besorgten Brief an seine Schwiegertochter Auguste, die Frau Eugens. Sie sieht in Mailand einer erneuten Niederkunft entgegen und möchte lieber nach Paris kommen, weil sie glaubt, dort sicherer zu sein. Denn in Italien wütet der Krieg. Wie sehr verkennt sie die Lage. Paris ist ja gefährdeter in diesem Augenblick als jede andere Stadt. Napoleon hat ihr daher abgeraten, weil er sie nicht der Gefahr aussetzen wollte. Nun aber, da, wie er meint, alle Gefahr von seiner Hauptstadt abgewendet ist, hält er es natürlich für besser, wenn sie in Paris als in Mailand ist. Auguste ist anfangs über seine Absage etwas betroffen und schreibt es ihm, weshalb er ihr jetzt eine ganz kleine Lektion erteilt, als er antwortet:

An die Prinzessin Auguste, Vizekönigin des Königreichs Italien, in Mailand

Soissons, 12. März 1814.
Liebe Tochter!

Ich erhalte soeben Ihren Brief. Da ich Ihre Empfindlichkeit und Ihr lebhaftes Temperament kenne, bin ich nicht erstaunt, wie betroffen Sie sind. Ihrem Charakter nach zu urteilen, glaube ich, wird es für Sie sehr übel sein, in einem Lande, in dem der Krieg wütet, mitten unter Feinden Ihre Niederkunft zu halten. Es ist daher am besten, Sie kommen nach Paris. Ich habe Sie dazu nicht früher aufgefordert, weil Paris gefährdet war und ich einsah, daß damit nichts gewonnen gewesen wäre, denn, ob Sie den Aufregungen in Paris oder in Mailand ausgesetzt waren, blieb sich gleich. Nun aber, da die Gefahr von Paris abgewendet ist, glaube ich es von größtem Vorteil für Ihren Zustand, wenn Sie die Reise hierher unternehmen. Sehen Sie also Ihr Unrecht ein, ich aber mache nur Ihr Herz dafür verantwortlich, Sie zu bestrafen.

Ihr Sie liebender Vater   Napoleon

*

Napoleon baut allzusehr auf sein Siegerglück und seine Waffen, seine Armee, die schöner und stärker ist denn je. Er verläßt sich ganz auf sie. Er hat den Frieden nicht angenommen. Am 19. März bricht plötzlich der Kongreß in Châtillon ab. Und am 20./21. März findet die Schlacht bei Arcis-sur-Aube statt, wo seine Truppen gegen die dreifache Übermacht der Österreicher unter Schwarzenberg Wunder an Tapferkeit verrichten, aber nicht siegen. Noch einmal versucht er Franz zu einem annehmbaren Frieden zu bewegen, indem er durch Marie Louise schreiben läßt, er solle doch einsehen, daß es keinen Zweck hätte, Frankreich der Unersättlichkeit Englands zu opfern. „Schreibe ihm", empfiehlt er ihr, „daß er den Frieden auf der Basis von Frankfurt schließt. Der ist dauerhaft und der einzige, der mit den Interessen seiner Monarchie konform geht." Marie Louise tut, wie ihr geheißen, aber man hört natürlich nicht auf sie. Napoleon kämpft weiter und hat noch verschiedene Erfolge über die Feinde zu verzeichnen. Aber er irrt sich über ihre Bewegungen, besonders über die des Feldmarschalls Blücher. Während Napoleon nach der Marne marschiert, ist der Weg für Blücher und Schwarzenberg, dessen Nachhut er zu bekämpfen meint, im Nordosten nach Paris frei. Blücher rückt mit Eilmärschen heran und steht plötzlich vor den Toren der Hauptstadt. Er hat durch einen Brief Marie Louises an Napoleon, den er aufgefangen, erfahren, wo sich der Kaiser befindet und wohin er sich zu begeben gedenkt. Paris ist verloren!

In Eilmärschen eilt Napoleon von Troyes herbei, als er die Nachricht erhält. Es ist zu spät. Als er ankommt, ist Paris bereits übergeben. Marmont, sein Freund aus der Leutnantszeit, den er zum Marschall und Herzog gemacht, hat die Übergabe ohne Schwertstreich unterzeichnet. In der Schlacht vor Paris sucht Napoleon vergebens im Kugelregen den Tod. Umsonst. „Gott will es nicht", sagt er, „ich habe noch eine Mission zu erfüllen." Alle seine Gedanken sind darauf gerichtet, wie er Marie Louise, die Hilflose, und ihren Sohn retten kann. In den kurzen Briefen aus jenen Tagen, die nach der Einnahme folgen, zeigt Napoleon seine Seele. Wie mag Louise unter diesem Ereignisse leiden. Welche Qualen mag sie ausstehen!

Sie hat inzwischen schon vor der Übergabe die Hauptstadt verlassen. Der Regentschaftsrat hatte in Anbetracht der großen Gefahr, in der die Kaiserin und der König von Rom schwebten, am 28. beschlossen, sie mit dem Erzkanzler Cambacérès nach Rambouillet zu schicken. Und am 29. geht sie, mit Besorgnis im Herzen. Ob wohl Napoleon mit diesem Schritt einverstanden sein wird? Sie weiß es nicht. Seit seinem letzten Brief ist keine Nachricht mehr von ihm zu ihr gelangt. Die Verbündeten fangen die Briefe auf.

In Paris wird eine provisorische Regierung eingesetzt. Napoleon muß abdanken, und am 4. April unterzeichnet er die erste Abdankungsurkunde zugunsten seines Sohnes unter der Regentschaft Marie Louises. Inzwischen hat er versucht, ihr mehrmals zu schreiben. Ein Brief vom 3. April ist nur maßlose Sorge um sie und seinen Sohn. Er fürchtet, alle die Aufregungen könnten ihrer Gesundheit schaden. „Um so schlimmer für mich!" seufzt er. „Habe Mut und versuche standhaft zu bleiben." Nach langem Warten treffen endlich diese Briefe Napoleons bei ihr ein. Und am 8. schreibt er ihr ausführlich. Wie die andern, so ist auch dieser aus Fontainebleau. Er enthält Anweisungen, wohin sie sich begeben soll. Anfangs hat Napoleon gedacht, sie könne zu ihm nach Fontainebleau kommen und dann mit ihm weiterreisen, wahrscheinlich nach Elba. Aber noch sind die Sachen nicht geklärt. Rußland will für ihn die Herrschaft in Elba und für Marie Louise Toskana. Das hätte ihr, meint Napoleon in seinem Brief, die Möglichkeit gegeben, mit ihm in Elba zusammenzusein. Aber Schwarzenberg hat sich dem im Namen des Kaisers Franz widersetzt. „Es scheint", sagt Napoleon, „daß Dein Vater unser erbittertster Feind ist." Napoleon kann vorläufig auch für sie nichts entscheiden. Man muß die Abwicklung der Verhandlungen über seine definitive Abdankung abwarten. Nur furchtbar traurig ist er, daß er Marie Louise nichts anderes bieten kann, als mit ihm sein Mißgeschick zu teilen. Und zum erstenmal spricht er in seinem Briefe davon, daß es eigentlich für ihn am besten sei, aus dem Leben zu gehen. Nur der Gedanke, daß dadurch sich ihr Geschick doppelt schlimm gestalten würde, hält ihn davon ab.

Am 11. unterzeichnet er den Verzicht für sich und seinen Sohn auf den Thron Frankreichs. Noch am selben Tag schreibt er darüber an seine Frau, daß sie mit ihrem Sohn zwar nicht Toskana, aber Parma, Piacenza und Guastalla erhält. Das wird ihr ungefähr vier Millionen Rente einbringen. Geradezu tragisch ist es, wie er versucht, die Sache in ein komischvorteilhaftes Licht für Marie Louise zu setzen. „Denn", fährt er fort, „Du hast dann wenigstens einen Hofstaat und ein schönes Land, wenn Dich der Aufenthalt auf meiner Insel Elba langweilt oder ich Dir selbst langweilig werde, denn das kann leicht passieren, wenn ich noch älter werde und Du noch jung bist." Am gleichen Tage empfängt er von ihr selbst sehr schlechte Nachrichten. Sie ist krank und das „zerreißt ihm das Herz". Er schreibt sofort am gleichen Tag noch einen zweiten Brief. Er will mit ihr bis Parma reisen, dann soll sie eine Badekur in Lucca gebrauchen. Er selbst sei voller Mut und Zuversicht. Ach, er gäbe so gern die Hälfte seiner Gesundheit her, nur um sie selbst wieder froh und gesund zu machen.

Am nächsten Tag wieder ein Brief. Er verspricht ihr, die gemeinsame Reise in die Verbannung so langsam als nur möglich machen zu wollen, damit ihre schwache Gesundheit nicht darunter leide. Er freut sich, sie nun bald wieder in seine Arme schließen zu können. In Briard hofft er mit ihr zusammenzutreffen, und dann weiterzureisen. Dieses schrieb Napoleon um 10 Uhr morgens des 12. April.

In der darauffolgenden Nacht aber scheint ihn sein Mut doch verlassen zu haben. Er liegt lange schlaflos und brütet über sein Geschick. Alles ekelt ihn an, das ganze Leben. Er greift nach dem kleinen Säckchen, das er in den letzten Schlachten immer bei sich getragen hat, für den Fall, daß er in die Hände des Feindes geriete. Es enthält Gift. Sterben! denkt er. Das ist das beste. Doch der Tod will ihn auch jetzt nicht. Das Gift, das er nimmt, wirkt nicht. Es ist vielleicht durch die Länge der Zeit unwirksam geworden. Er muß und soll leben.

*

In dieser Nacht wartet in Napoleons Vorzimmer Marie Walewska vergebens auf ein Zeichen von ihm, damit sie ihm Lebewohl sagen kann, ehe er sich in die Verbannung begibt. Sie ist bei ihm, in seiner Nähe, in seinem grenzenlosen Unglück, während die andere, seine Frau, sich immer weiter von ihm entfernt. Für Marie Walewska ist Napoleon noch immer der Mann, den sie in ihrem jungen Leben geliebt hat, für den sie alles opferte, dem sie ihr ganzes Leben hätte weihen mögen, wenn er es gewollt hätte. Sie fühlt: im Unglück, in seiner grenzenlosen Verlassenheit bedarf er eines Trostes. Und so wartet sie die ganze Nacht, bis er sie rufen wird. Aber Napoleon ruft sie nicht. Er holt sich bei ihr keinen Trost. Und als der Morgen des 13. April anbricht, geht Marie Walewska, ohne den Freund noch einmal gesehen zu haben.

Man hat es dem Kaiser wohl gesagt, daß die Gräfin so lange gewartet hat, und als er erfährt, sie habe traurig und niedergeschlagen Fontainebleau verlassen, da tut es ihm unendlich leid, sie nicht empfangen zu haben. „Ach Gott, wie wird sich die arme F   erniedrigt fühlen, daß ich sie nicht empfing!" sagt er zu   inem Kammerdiener Constant. „Sagen Sie ihr, es tue mir unendlich leid. Doch ich habe so viele Dinge hier im Kopf drin", und er schlägt sich mit der Hand an die Stirn.

Nein, Marie Walewska fühlte sich nicht gedemütigt. Sie weiß, Napoleon hat sie nicht vergessen. Sie hat so unendliches Mitleid mit ihm. Sie ist so traurig über sein Unglück. Und so schreibt sie ihm, was sie ihm nicht sagen konnte, nämlich, daß sie ihn in Elba besuchen werde. Ihr Brief ist am 15. April in seine Hände gelangt. Am 16. schon antwortet er der einstigen Geliebten in dankbar-herzlichem Ton. Und auch er hofft auf ein Wiedersehen mit ihr in Elba.

An die Gräfin Marie Walewska in Paris

(Paris, 16. April 1814.)

Marie,

ich habe Ihren Brief am 15. erhalten. Die Gefühle, von denen Sie erfüllt sind, erschüttern mich; sie sind Ihrer schönen Seele und Ihrer Herzensgüte würdig. Wenn Sie Ihre Angelegenheiten geregelt und nach den Bädern von Lucca oder Pisa reisen, so wird es mich außerordentlich freuen, Sie und Ihren Sohn wiederzusehen. Meine Gefühle für dieses Kind werden stets die gleichen sein. Bleiben Sie gesund, machen Sie sich keine Sorgen, denken Sie gern an mich und zweifeln Sie nie an mir.   N.

*

Nach jener Krise des Lebensüberdrusses findet Napoleon seine ganze Energie wieder. Aber dieser Selbstmordversuch hat ihn doch körperlich ziemlich geschwächt, so daß sich seine endgültige Reise in die Verbannung noch ein paar Tage verzögert. Am 14. und 15. schreibt er an Marie Louise noch von ihrem nahen Zusammentreffen auf der Fahrt nach der „Insel der Ruhe", dem „Asyl des Friedens", wie er die Insel Elba nennt. Der Maler Isabey bringt ihm ein schönes Bild von ihr mit dem kleinen König nach Fontainebleau. Darüber ist Napoleon sehr glücklich. Daß aber Marie Louise die fremden Herrscher, Alexander und den König von Preußen empfangen muß, das stört ihn. Gegen Alexander hat er zwar nichts, denn der junge Zar ist ritterlich und taktvoll. Er wird Marie Louise nichts über ihren Mann sagen, was sie kränken könnte. Aber Friedrich Wilhelm III.? Dieser haßt ihn bitter. Jedenfalls bedauert Napoleon Marie Louise unendlich, daß sie das alles zu ertragen hat. Nun, alles wird vorbei sein, wenn sie wieder bei ihm ist, in Elba, „wo ich glücklich sein werde, wenn Du die Große Welt vergessen kannst". Das schreibt er ihr am 15. April.

Doch es kommt anders als er hofft. Am 16. trifft Marie Louise in Rambouillet mit ihrem Vater zusammen. Seine Briefe haben sie zu spät erreicht. Sie konnte nicht, wie er wollte, zu ihm nach Fontainebleau, um mit ihm gemeinsam abzureisen. Und als sie jetzt ihren Vater fragt, ob sie zu Napoleon nach Elba reisen dürfe, gibt Kaiser Franz eine ausweichende Antwort. Ihre Gesundheit erfordere zuerst ein Ausruhen in Wien oder eine Badekur in Aix, dann werde man sehen. Franz schreibt sogar an Napoleon, weil Marie Louise es will, um seine Erlaubnis für diese Badekur und Wiener Reise einzuholen, und Napoleon ist überzeugt, daß Kaiser Franz und alle andern nur für Marie Louise das Beste wollen. Da sich auch noch sein Leibarzt, Doktor Corvisart, der Meinung angeschlossen hat, daß das Klima von Elba vorläufig für Marie Louises Gesundheit nicht zuträglich sei und er vorschlägt, sie solle sich erst in Aix erholen, so antwortet Napoleon im guten Glauben auf Marie Louises Briefe, in denen sie ihn über alle diese Dinge aufklärt!

An die Kaiserin Marie Louise in Rambouillet

Fontainebleau, 8 Uhr abends (17. April 1814).

Meine gute Louise,

ich habe Deinen Brief erhalten. Dein Schmerz vergrößert den meinigen. Mit Freuden sehe ich, daß Corvisart Dir Mut macht. Ich bin ihm unendlich dankbar dafür. Durch dieses edle Verhalten rechtfertigt er ganz und gar die Meinung, die ich von ihm hatte; sage ihm das in meinem Namen. Er soll mir öfter einen kleinen Bericht über Deinen Gesundheitszustand schicken. Suche so bald als möglich nach Aix zu gehen, dessen Bäder Dir, wie man mir sagte, Corvisart verordnet hat. Bleibe gesund, bewahre Deine Gesundheit für.... (unleserlich) und für Deinen Sohn, der Deiner Fürsorge bedarf!

Ich reise nach der Insel Elba und werde Dir von dort aus schreiben. Ferner werde ich alles tun, daß Du bald nachkommen kannst.

Schreibe mir oft! Adressiere Deine Briefe an den Vizekönig (Eugen) und an Deinen Onkel (den Großherzog von Toskana), wenn er, wie man sagt, zum Großherzog von Toskana ernannt wird.

Lebe wohl, meine gute Louise Marie, mein Leben gehört nur Dir. Einen Kuß für meinen Sohn.   N a p o l e o n

*

Am 19. April ist er immer noch in Fontainebleau und schreibt an Marie Louise vier Briefe. Sie alle drehen sich um den einen Gedanken: daß sie krank ist, daß sie sich ja schonen soll und ihn immer lieben möchte.

Am 20. endlich muß er Fontainebleau verlassen. Er nimmt bewegten Abschied von der Alten Garde, die ihn nahezu zwanzig Jahre lang in alle Schlachten begleitet hatte. „Ich gehe", sagt er zu den Soldaten, „Ihr aber, meine Freunde, dienet weiter Frankreich. Sein Glück war mein einziger Gedanke, und meine Wünsche werden es stets begleiten. Lebt wohl, meine Kinder. Ich möchte Euch alle ans Herz pressen. Laßt mich wenigstens Eure Fahne küssen." Der General Petit ergreift die Fahne und nähert sich dem Kaiser. Napoleon umarmt den General mit Tränen in den Augen und drückt die Fahne an seine Lippen. Die Stille dieser Szene wird nur durch das Aufschluchzen der alten Soldaten unterbrochen, die ihren Kaiser jetzt für immer scheiden sehen, ihren „kleinen Korporal", den sie auch im Unglück noch lieben.

Ehe Napoleon Fontainebleau verläßt, denkt er noch einmal an Marie Louise. Er schreibt diesen Brief sogar ganz eigenhändig und übergibt ihm seinen Palastpräfekten Beausset, der ihn der Kaiserin überbringen soll. Doch Beausset kann Marie Louise nicht mehr erreichen. Sie ist bereits von Rambouillet abgereist, und so behält er ihn.

An die Kaiserin Marie Louise in Rambouillet
Fontainebleau, 20. April 1814, 9 Uhr morgens.
Meine gute Freundin,
ich reise ab und werde in Briard übernachten. Morgen früh will ich weiterreisen und erst in Saint Tropez haltmachen. Beausset, der Dir diesen Brief übergibt, wird Dir sagen, daß ich mich wohlbefinde. Ich hoffe, daß Deine Gesundheit es gestatte, mir bald nachzukommen. Montesquiou (der Sohn der Erzieherin des Königs von Rom), der heute morgen um 2 Uhr abgereist ist, muß bereits bei Dir angekommen sein. Seit gestern habe ich keine Nachricht von Dir, aber ich hoffe, daß der Palastpräfekt mich noch heute Abend wieder einholt und mir solche bringt. Leb wohl, meine gute Louise! Du darfst stets von dem Mute, der Ruhe und der Freundschaft Deines Mannes überzeugt sein.   N a p o l e o n
PS. Einen Kuß für den kleinen König.

*

Metternich liegt daran, die Kaiserin und den König von Rom so schnell als möglich aus Frankreich zu entfernen, denn er weiß, das französische Volk hegt noch immer große Sympathien für den Sohn Napoleons, und es ist nicht ausgeschlossen, daß ein Staatsstreich zu seinen Gunsten oder wenigstens der Versuch dazu gemacht wird. So reist Marie Louise, während Napoleon seine Fahrt nach der Insel der Verbannung antritt, unter dem Schutze ihres

Vaters mit dem kleinen König nach Wien. Man bietet alles auf, ihr die Reise durch die Schweiz und Tirol so angenehm wie möglich zu machen. Sie soll den Mann vergessen, der ihr täglich schreibt, der nur an sie denkt und hofft, sein Unglück an ihrer Seite leichter tragen zu können. Auch sie schreibt ihm oft und ist auf der ganzen Reise sehr niedergeschlagen. Am 27. April kommt Napoleon in Fréjus an. Seine Reise ist zum Teil recht übel verlaufen. Bis Avignon ging es gut. Die französische Bevölkerung zeigte sich bis dahin dem gestürzten Helden immer noch anhänglich und wohlwollend. Die Franzosen haben Mitleid mit Napoleons Unglück. Von Avignon aber muß er die grausame Erfahrung aller Entthronten machen, daß Volksgunst vergänglich ist. Man zeigt sich sehr feindlich gegen ihn, man beschimpft ihn. Um der Volkswut zu entgehen, muß er sich sogar verkleiden und die Uniform des österreichischen Kommissars anziehen, der ihm beigegeben ist. Der Brief, den Napoleon an Marie Louise schreibt, verheimlicht ihr auch die Schmach nicht.

An die Kaiserin Marie Louise

Fréjus, 27. April 1814, 3 Uhr nachmittags.
Meine gute Louise,

ich bin in Fréjus angekommen. Bis Avignon bin ich mit dem Geiste, der unter der französischen Bevölkerung herrscht, sehr zufrieden gewesen, aber von da an hat man sich sehr grausam gegen mich gezeigt. Die Mitteilungen der Kommissare haben mich außerordentlich befriedigt, besonders die des österreichischen Generals (Koller). Sage das Deinem Vater. In zwei Stunden fahre ich nach der Insel Elba, von wo aus ich Dir nach meiner Ankunft schreiben werde.

Meine Gesundheit ist trotz allem gut; ich würde mich jedoch nicht so wohl fühlen, wenn ich wüßte, daß mich meine Freundin nicht mehr liebte. Gib meinem kleinen Sohn einen Kuß! Die Prinzessin Pauline, die ein zwei Stunden von hier entferntes Schloß bewohnt, will mir durchaus auf Elba Gesellschaft leisten, aber sie ist so krank, daß ich fürchte, sie wird die Überfahrt nicht aushalten.

Dein treuer Gatte   N a p o l e o n

Am nächsten Tag verläßt Napoleon bei wunderbarem Seegang den Hafen von Fréjus und gelangt nach ein paar Tagen heil und gesund in sein kleines Inselreich. Er hat noch einen letzten Brief an seine Frau auf französischem Boden geschrieben, während sie ihre Reise nach Wien fortsetzt. Doch nicht alle Briefe gelangen in ihren Besitz, wie auch die ihren nicht alle Napoleon erreichen. Gleich nach seiner Ankunft am 4. Mai in Porto Ferraio geht ein Brief an sie ab, worin er ihr seine Ankunft auf der Insel meldet. Er findet Elba sehr hübsch, nur die Wohnverhältnisse entsetzlich primitiv. Doch das soll alles in kurzer Zeit anders werden. Jetzt beschäftigt ihn vor allem die Sorge um sie. Er hat keine Nachricht von ihr seit Fréjus erhalten. „Das ist mein größter Kummer alle Tage." Marie Louise ist fern, aber seine Gedanken sind immer bei ihr.

Von Anfang an ist Napoleon bemüht, für die sehnlichst Erwartete und seinen kleinen Sohn ein Heim zu schaffen. Schon vier Tage nach seiner Ankunft kann er ihr schreiben, daß er etwas Hübsches gefunden habe, wo sie alles Traurige der letzten Monate vergessen und mit ihm für immer vereint sein wird.

An die Kaiserin Marie Louise

Meine gute Louise, Porto Ferraio, 9. Mai 1814.

General Koller, der mich bis hierher begleitet hat und mit dem ich außerordentlich zufrieden gewesen bin, kehrt wieder zurück. Ich beauftrage ihn mit diesem Brief. Ich bitte Dich, an Deinen Vater zu schreiben, daß er irgend etwas tue, um diesem General, der sich außerordentlich freundlich gegen mich benahm, eine Anerkennung zuteil werden zu lassen.

Ich bin seit fünf Tagen hier. Ich lasse eine sehr hübsche, gesundgelegene Wohnung mit einem Garten vorrichten, die ich in drei Tagen beziehen werde. Meine Gesundheit ist vortrefflich. Die Einwohner scheinen gute Menschen zu sein, und das Land ist ganz angenehm. Es fehlt mir nur eins: von Dir etwas zu hören und zu wissen, ob Du Dich wohlbefindest! Du hast mir seit dem Brief nach Fréjus nicht wieder geschrieben.

Lebe wohl, meine Freundin! Küsse meinen Sohn.

Napoleon

Inzwischen ist Marie Louise in Schönbrunn angelangt. Ihre Gesundheit ist wirklich geschwächt. Das Wiener Klima bekommt ihr auch nicht sonderlich gut, und Doktor Corvisart, der sie nach Wien begleitet hat, rät immer dringender zur Kur nach Aix in Savoyen. Marie Louise wünscht es selbst. Sie hofft von dort aus nach Parma und dann sofort zu Napoleon nach Elba reisen zu können. Im Juni darf sie schließlich unter dem Namen einer Herzogin von Colorno reisen. In Aix ist es herrlich. Marie Louise erholt sich zusehends. Sie hat gute Gesellschaft. Alles Leid der letzten Wochen scheint von ihr gewichen.

Währenddessen wartet Napoleon in Elba sehnsüchtig auf ein Lebenszeichen von ihr. Die Briefe kommen nur zum Teil in seine Hände. Schließlich bleiben sie ganz aus. Bis zum 18. August hat er nur zwei von ihr erhalten, sie aber hat ihm mehr als zwölf geschrieben. Alle andern sind entweder verlorengegangen oder abgefangen und geöffnet worden. Jedenfalls erwartet er sie nun bestimmt für September zur Weinlese, wie er in seinem Brief vom 18. August aus Elba schreibt. Seine Mutter ist bereits in Elba, und Pauline Borghese, seine Schwester, wird demnächst erwartet. Marie Louise soll nur recht bald kommen. Am 15. August ist ihr Namenstag gewesen. „Ich wünsche Dir ein recht frohes Fest. Aber", fügt er hinzu, „beschwere Dich über das Verhalten mir gegenüber. Einer Frau und ihrem Sohn zu verbieten, mir zu schreiben, das ist ganz infam! Addio, mio bene."

*

Marie Louise hat ihm geschrieben. Am 31. Juli schon teilte sie ihm mit, ihre Zeit in Aix sei nun bald zu Ende. Sie müsse indes noch einmal nach Wien zurück, weil ihr Vater es so wünsche. Dann aber käme sie sehr bald nach Elba. Ihren Brief schließt sie mit Versicherungen der Liebe und Treue. Das Schreiben übergibt sie dem Palastpräfekten Bausset zur Beförderung. Da sie aber nicht sicher ist, ob Napoleon ihren Brief erhält, schreibt sie zehn Tage später, am 10. August, gleich noch einen durch einen anderen Vermittler. Auch dieser enthält ihre Zusage, bald zu ihm zu kommen. Dieser Brief gelangt endlich in die Hände Napoleons. Er ist mit Nr. 15 numeriert. Napoleon bestätigt ihn am 28. desselben Monats. Nun muß Marie Louise ja bald kommen. Er zweifelt keinen Augenblick daran, denn sie hat ihn noch nie belogen. Sie hat immer die Wahrheit gesagt.

*

Doch mit Marie Louise ist inzwischen, seit sie in Aix war, eine große Veränderung vorgegangen. Metternich hat dafür gesorgt, daß sie sich nicht langweilt. Unter den Offizieren ihrer Umgebung befindet sich auch der General Adam Graf Neipperg. Er hat die Aufgabe, die junge Exkaiserin, die nun Herzogin von Parma ist, zu unterhalten — und zu bewachen. In seiner Gesellschaft fängt Marie Louise an, den Verbannten in Elba zu vergessen. Es liegt ihr plötzlich gar nicht mehr so viel daran, Napoleon zu besuchen. Anfangs hatte sie sogar den Gedanken, es heimlich zu tun, wenn man es ihr nicht gestatten werde. Jetzt aber ist plötzlich eine Wendung in ihren Absichten eingetreten. Im September schreibt sie ihrem Vater bereits ganz offen: „Seien Sie überzeugt, lieber Papa, daß ich heute weniger denn je Lust zu dieser Reise (nach Elba) habe. Ich gebe Ihnen mein Ehrenwort, sie nicht ohne Ihre Erlaubnis zu unternehmen."

So vergehen für Napoleon auf Elba die Tage im Warten und Hoffen. Die Politik Metternichs und der nun bereits starke Einfluß des Generals Neipperg auf Marie Louise verdrängen den Kaiser aus ihrem Herzen. Seinen Sohn halten die verbündeten Mächte von ihm fern. Eine einzige Frau, die ihn liebt, vergißt ihn nicht: Gräfin Marie Walewska. Sie treibt die Sehnsucht Anfang September zu ihm, und auch ihren kleinen Sohn Alexander bringt sie mit. Als sie kommt, glauben die Elbaner, es sei Marie Louise mit dem König von Rom, die heimlich, ohne Wissen ihres Vaters, nach Elba fuhr. Die Zeitungen sprechen bald von diesem geheimnisvollen Besuch, und auch Marie Louise erfährt davon. Sie schreibt Napoleon nun nicht mehr. Man sagt, sie habe sich gekränkt gefühlt. In Wirklichkeit aber ist ihr dieser Vorwand ganz recht, denn Neipperg interessiert sie jetzt mehr als Napoleon.

Auch seine Sehnsuchtsschreie gelangen nicht mehr zu ihr. Am 10. Oktober versucht er es noch einmal durch den Großherzog von Toskana, Marie Louises Onkel, Briefe von ihr zu bekommen und die seinen an sie gelangen zu lassen.

Er schreibt einen flehentlichen Brief an den Großherzog, doch seine Bitte wird nicht gehört. Der Brief bleibt unbeantwortet wie alle andern. Napoleon schickt sich allmählich in sein Los. Das heißt, er hofft, Marie Louise bald in Frankreich wiederzusehen. Denn er denkt natürlich nicht daran, sein ganzes Leben auf der kleinen Insel Elba zu verbringen.

Vielleicht hätte Josephine mit ihm die Verbannung geteilt, wenn der Tod sie nicht schon im Juni 1814 ereilt hätte. Napoleons Unglück brach ihr fast das Herz. Zu ihrer Tochter Hortense sagte sie weinend: „Nun ist er unglücklich. Man hat ihn verbannt ohne seine Frau. Ich will zu ihm gehen!" Aber Napoleon rief sie nicht. Er wollte nur Marie Louise. — Josephine starb mit dem Namen „Napoleon-Marie Louise" auf den Lippen. So verliert Napoleon fast zu gleicher Zeit die beiden Frauen, die sein Leben reich und schön gestaltet haben. Die eine durch den Tod, die andere durch das Leben und die Politik.

Am 26. Februar 1815 führt er den sorgfältig vorbereiteten Plan, nach Frankreich zurückzukehren, aus. Er verläßt mit seiner Garde Elba, aber erst auf dem Schiff, der „Inconstant", erfahren die alten Soldaten, wohin es geht: Nach Paris! Am 1. März landet er im Golf von Juan, und dann geht es im Triumphmarsch nach der Hauptstadt.

Wie eine Bombe platzt die Nachricht von der Entweichung Napoleons aus Elba in den Wiener Kongreß. Als es Marie Louise erfährt, kann sie sich nicht enthalten zu sagen, daß „er doch eigentlich höchst inkonsequent und leichtfertig handle". Seine Rückkehr kann ihr jetzt nur unangenehm sein, denn ihr Herz ist nicht mehr frei, und wenn er sie zwingen würde, zu kommen, wäre das für sie höchst peinlich. Sie hält daher mehr denn je zur Politik ihres Vaters. Zwar erhält sie verschiedene Schreiben von Napoleon, doch sie antwortet nicht. Am 8. März schreibt er ihr zum erstenmal aus Grenoble und bittet sie, am 21. in Paris zu sein, wo er sie und seinen Sohn mit Freuden empfangen werde. Am 11. schickt er ihr mit einem zweiten Brief seine berühmte Proklamation an die Franzosen vom 1. März aus dem Golf von Juan. Fast jeden Tag schreibt Napoleon in Sehnsucht an seine Frau. Marie Louise übergibt die meisten seiner Briefe ungeöffnet den Ministern des Kongresses.

Damit sagt sie deutlich, daß sie seine Angelegenheiten nicht mehr interessieren, nichts mehr angehen.

Am 20. März ist Napoleon wirklich wieder Herr über Frankreich. Sein erster Gedanke ist, das seiner Louise mitzuteilen. Und so schreibt er kurz aber freudig:

An Marie Louise, Kaiserin-Königin

Paris, 27. März 1815.

Liebe Freundin,

ich bin Herr über ganz Frankreich. Das ganze Volk und die ganze Armee sind in heller Begeisterung. Der sogenannte König (Ludwig XVIII.) ist nach England geflüchtet. Ich erwarte Dich im April mit meinem Sohn. N.

*

Auch dieser Brief bleibt unbeantwortet von ihr wie alle, die noch folgen. Auch die verschiedenen Herren aus seiner Umgebung, die er an sie schickt, kommen unverrichteter Sache zurück. Entweder werden sie von den Österreichern überhaupt nicht über die Grenze gelassen oder sie können keine Audienz bei Marie Louise erlangen. Metternich fertigt sie kurzer Hand ab. Der letzte Brief Napoleons vom 5. April ist wie ein Schrei aus größter Not, erschütternd die Tragik, die diese wenigen Zeilen in sich bergen.

An die Kaiserin Marie Louise in Wien

Paris, den 4. April 1815.

Meine gute Louise,

ich habe Dir so oft geschrieben. Ich habe Dir vor drei Tagen Flahault gesandt. Ich schickte Dir einen Mann (Herrn von Montrond, einen Freund Talleyrands), um Dir alles zu sagen. Meine Angelegenheiten stehen sehr gut. Ich werde vergöttert und bin Herr über alles. Nur Du fehlst noch, meine gute Louise — und mein Sohn. Komme sofort! Komme! Ich erwarte Dich in Straßburg. Der Überbringer dieses Briefes wird Dir erzählen, welcher Geist jetzt in Frankreich herrscht. Leb wohl, meine Freundin.

Ganz der Deine N.

*

Nichts! Kein Lebenszeichen mehr von ihr, der so heiß Ersehnten. Der Platz an Napoleons Seite auf dem Thron, den er sich neuerobert hat, bleibt leer! Verlassen ist er von der Frau, die ihm den Thronerben geschenkt, die er nur, um dieses Kind zu bekommen, geheiratet hat. Nun ist er wieder ohne den Träger seiner Dynastie. Dieser Sohn, den er sich so sehnlichst wünschte, er ist nicht mehr sein Sohn. Bald verliert Napoleon zum zweitenmal seinen Thron. Waterloo begräbt ihn unter den Trümmern des Schlachtfeldes, und dem Kaiser der Franzosen bleibt nichts, als eine ferne Insel, an deren Felsen die Wogen des Ozeans zerschellen. Von dort her kommen keine Briefe mehr von oder zu ihm. Die Engländer unterbinden ihm jede Korrespondenz mit den Seinen. Nur heimlich, wenn einer von seinen Getreuen Gelegenheit hat, aus Europa Nachrichten zu bekommen, erfährt der gefangene Kaiser etwas von ihnen und sie von ihm. Seine Schwester Pauline und die Mutter bemühen sich vergebens, mit ihm die Gefangenschaft zu teilen. Als er seinen letzten Feldzug antrat, hat Pauline ihm einen Teil ihrer Juwelen mitgegeben, für den Fall, daß er sie brauche. Aber sein Wagen war bei Waterloo in die Hände des Feindes gefallen. Man hört nichts wieder von Paulines Schmuck.

Einen letzten Gruß erhält diese Lieblingsschwester von dem sterbenden Napoleon durch einen Brief, den er dem General Montholon am 17. März 1821, sieben Wochen vor seinem Tode an Pauline diktiert. Der aus Longwood zurückkehrende korsische Geistliche, Abbé Buonavita, überbringt das Schreiben der Fürstin Borghese in Rom. Napoleons Zustand wird immer kritischer und die falsche Behandlung seines Magenkrebses als chronische Leberentzündung trägt dazu bei, daß er schon mit 52 Jahren aus dem Leben scheidet. Der treue Gefährte seiner Gefangenschaft schreibt schmerzerfüllt alles, was ihm Napoleon auf seinem Krankenlager diktiert, und fügt noch seine eigenen Betrachtungen über das Leiden hinzu, das er hauptsächlich, aber fälschlicherweise, dem mörderischen Klima der Insel zuschreibt.

An die Frau Fürstin Pauline Borghese in Rom

Madame, Longwood, den 17. März 1821.

der Kaiser Napoleon beauftragt mich, Eurer Hoheit über den beklagenswerten Zustand seiner Gesundheit Bericht zu erstatten. Die Leberkrankheit, mit der er seit Jahren behaftet, und die in Sankt Helena epidemisch ist und meist tödlich verläuft, hat seit sechs Monaten erschreckende Fortschritte gemacht. Die Erleichterung, die ihm die Behandlung des Doktors Antommarchi verschaffte, war nicht von langer Dauer. Seit Mitte vorigen Jahres sind verschiedene Rückfälle eingetreten und täglich geht es mit dem Kranken mehr abwärts. Napoleon ist außerordentlich schwach. Kaum vermag er eine Wagenfahrt von einer halben Stunde zu ertragen, obgleich die Pferde im Schritt gehen. Im Zimmer kann er nicht ohne Stütze gehen. Zu diesem Leberleiden gesellt sich noch eine andere Krankheit, die ebenfalls auf der Insel einheimisch ist. Die Därme sind stark und gefährlich erkrankt. Der Verdauungsapparat hat seine Arbeit eingestellt. Der Magen wirft alles wieder aus, was er aufnimmt. Seit langem kann der Kaiser weder Brot, noch Fleisch, noch Gemüse essen. Nur etwas eingekochter Fruchtsaft hält ihn noch aufrecht. Graf Bertrand hat im September an Lord Liverpool geschrieben, damit man gestatte, daß Napoleon in ein anderes Klima gebracht werde. Außerdem hat er ihm nahegelegt, wie nötig es wäre, daß Napoleon Mineralwasser bekäme.

Ich habe Herrn Buonavita eine Abschrift dieses Briefes (an Lord Liverpool) anvertraut. Der Gouverneur Hudson Lowe hat es nicht erlaubt, daß er an die Regierung gesandt wurde, nur weil ich Napoleon den Titel „Kaiser" gegeben habe. Herr Buonavita reist heute nach Rom ab. Er hat die grausamste Erfahrung mit dem hiesigen Klima gemacht. Der einjährige Aufenthalt in Sankt Helena wird ihn zehn Jahre seines Lebens kosten. Der Brief, den Doktor Antommarchi ihm für Seine Eminenz den Kardinal Fesch (Paulines und Napoleons Onkel) übergeben hat, wird Eurer Hoheit weitere Einzelheiten über die Krankheit des Kaisers berichten. Die Londoner Presse veröffentlicht fortwährend Briefe aus Sankt Helena, wahrscheinlich, um ganz Europa damit zu imponieren. Napoleon rechnet damit, daß Eure Hoheit einigen hohen englischen Persönlichkeiten seine wahre Lage mitteilen. Er stirbt ohne Hilfe auf diesem schrecklichen Felsen. Sein Todeskampf ist furchtbar.

*

Pauline empfing diesen Brief erst zwei Monate nach dem Tode ihres Bruders, am 11. Juli. Sie wußte noch nicht, daß Napoleon längst ausgelitten hatte. Ihr erster Gedanke war, zu ihm zu eilen, um ihm wenigstens die letzten Stunden seines Lebens noch ein wenig zu erleichtern. Sie war selbst elend und siech, dennoch schreckte sie die lange Reise nicht. Sie schrieb sofort persönlich an Lord Liverpool zu diesem Zweck. Zu spät! Das Heldendrama hatte seinen Abschluß gefunden. Abgeschieden von der Welt, von seiner Familie, seinen Freunden hatte Napoleon, das größte Genie des Jahrhunderts, sein Leben ausgelebt.

Namenverzeichnis der Briefempfängerinnen

A.

Amalie Christine, Markgräfin von Baden. Brief 1806: S. 140; Brief 1807: S. 204.

Auguste Amalie, Vizekönigin von Italien, geb. Prinzessin von Bayern, Gattin Eugens von Beauharnais, Schwiegertochter Napoleons. Briefe 1806: S. 115, 116, 118, 119, 124, 129, 130; Brief 1807: S. 161; Briefe 1809: S. 237, 240; Brief 1814: S. 330.

Baciocchi, siehe: Elisa.

B.

Baden, siehe: Amalie Christine; Stephanie.

Bayern, siehe: Auguste; Karoline Friederike.

Beauharnais, siehe: Auguste; Hortense; Josephine; Stephanie.

Bessières, Madame, Herzogin von Istrien, Gattin des Marschalls Bessières. Briefe 1813: S. 309, 322.

Bonaparte, Letizia, Mutter Napoleons. Brief 1785: S. 10; Briefe 1789: S. 11, 14; Briefe 1805: S. 96—97; Briefe 1807: S. 208, 209; Briefe 1810: S. 258, 272; Brief 1813: S. 317.

Bonaparte, siehe: Elisa, Hortense, Josephine, Julie, Karoline, Pauline.

Borghese, siehe: Pauline.

Bressieux, Madame Caroline de, geb. du Colombier, Jugendfreundin Napoleons. Brief 1804: S. 88; Brief 1806: S. 119.

Brueys, Madame, Gattin des Admirals Brueys. Briefe 1798: S. 68, 69.

C.

Clary, Madame Cathérine Marcelle. Brief 1795: S. 20.

Clary, siehe: *Julie*, Königin von Spanien.

D.

Duroc, Madame, Herzogin von Friaul, Gattin des Marschalls Duroc. Brief 1813: S. 310.

E.

Elisa Napoleon, Fürstin von Lucca und Piombino, Großherzogin von Toskana, Gattin des Fürsten Felix Baciocchi, Schwester Napoleons. Briefe 1805: S. 97—100; Briefe 1806: S. 116, 117, 121—125, 130; Briefe 1807: S. 201, 202, 204—205, 209, 210; Briefe 1809: S. 229—233, 241, 242, 244; Briefe 1810: S. 266; Briefe 1811: S. 275—277; Briefe 1813: S. 312, 319—321.

F.

Ferdinand von Preußen, Prinzessin. Brief 1806: S. 136—137.

G.

Gudin, Gräfin, Gattin des Generals Gudin. Brief 1812: S. 293—294.

H.

Hatzfeld, Fürstin von. Brief 1806: S. 137.
Hessen, Erbprinzessin von. Briefe 1806: S. 141, 142.
Hortense, Königin von Holland, geb. von Beauharnais, Gattin Louis Bonapartes. Adoptivtochter und Schwägerin Napoleons. Briefe 1806: S. 125, 126, 132; Briefe 1807: S. 188, 190, 193, 194; Brief 1808: S. 215; Briefe 1810: S. 254, 267, 271; Brief 1812: S. 290.

J.

Josephine, Kaiserin der Franzosen, Gattin Napoleons. Brief 1795: S. 23; Briefe 1796: S. 24—56; Briefe 1797: S. 58—69; Briefe 1800: S. 69—71; Brief 1801: S. 73; Briefe 1803: S. 74—76; Briefe 1804: S. 85—87, 89; Briefe 1805: S. 99—115; Briefe 1806: S. 131—136, 138, 139, 141—155; Briefe 1807: S. 160, 162, 164 bis 168, 169—187, 188—190, 192—200; Briefe 1808: S. 213, 214, 218—223; Briefe 1809: S. 227, 233—240, 242—244, 245, 246 bis 250; Briefe 1810: 251—254, 255—257; 258, 268, 269—271, 272—273; Briefe 1811: S. 278, 280, 281.
Julie, Königin von Spanien, geb. Clary, Gattin Joseph Bonapartes. Brief 1811: S. 282, 283.

K.

Karoline Friederike Wilhelmine, Königin von Bayern. Briefe 1806: S. 117, 149.
Karoline Napoleon, Königin beider Sizilien. Brief 1809: S. 246, Brief 1811: S. 278—279; Brief 1813: 298; Brief 1814: 327—328.
Katharina, Königin von Westfalen, geb. Prinzessin von Württemberg, Gattin Jérôme Bonapartes. Briefe 1807: S. 207, 208; Brief 1813: S. 303.

L.

Lannes, Madame, Herzogin von Montebello, Gattin des Marschalls Lannes. Brief 1809: S. 236.
La Rochefoucauld, Frau von, Ehrendame der Kaiserin Josephine. Brief 1808: S. 217; Brief 1810: S. 259.
Lauriston, Frau von, Gattin des Generals Lauriston. Brief 1807: S. 182.
Luise, Königin von Preußen, Gattin Friedrich Wilhelms III. Brief 1808: S. 218.
Luise, Herzogin von Weimar, Gattin Karl Augusts. Brief 1806: S. 139, 140.

M.

Marie Karoline, Königin von Neapel. Briefe 1803: S. 77, 78; Briefe 1805: S. 89—95.
Marie Louise, Kaiserin der Franzosen, Gattin Napoleons, geb. Erzherzogin von Österreich. Briefe 1810: S. 257, 260; Briefe 1813:

S. 306—308, 311, 319; Briefe 1814: S. 335—340; Briefe 1815: S. 343.

Marie Louise, Königin von Etrurien, geb. Infantin von Spanien. Briefe 1807: S. 163, 164, 203, 205; Briefe 1808: S. 216—218; Brief 1809: S. 228.

Marie Louise, Königin von Spanien, Gattin Karls IV. Brief 1806: S. 128.

Maria Ludovika, Kaiserin von Österreich, Gattin Franz' I. Brief 1810: S. 274.

Montesquiou-Fézensac, Gräfin, Gouvernante des Königs von Rom. Briefe 1811: S. 279, 281; Briefe 1812: S. 290, 292, 294; Briefe 1813: S. 311, 316; Brief 1814: S. 328.

Muiron, Bürgerin, Gattin des Oberst Muiron, Adjutanten des Generals Bonaparte. Briefe 1796: S. 56, 57.

N.

Napoleon, Kaiser der Franzosen. Ein Brief Josephines an ihn, 1810: S. 268.

P.

Pauline Napoleon, Fürstin Borghese, geb. Bonaparte, Schwester Napoleons. Briefe 1803: S. 79—81; Briefe 1804: S. 81, 82; Brief 1807: S. 206; Brief 1808: S. 215; Briefe 1813: S. 299, 315; Brief 1821: S. 344—346.

Permon, Frau Panoria, Freundin der Mutter Napoleons. Brief 1795: S. 15—17.

S.

Stephanie, Prinzessin, spätere Großherzogin von Baden, geb. de Beauharnais, Gattin des Großherzogs Karl. Briefe 1806: S. 126, 127, 129; Briefe 1809: S. 245, 250; Brief 1812: S. 295.

T.

Talleyrand, Gräfin August. Brief 1811: S. 283—284.

Tyszcewicz, Gräfin, geb. Fürstin Poniatowski. Brief 1813: S. 316 bis 317.

U.

Unbekannte Dame. Brief 1800: S. 72.

V.

Victor, Madame, Gattin des Generals Victor. Brief 1807: S. 176.

W.

Walewska, Gräfin Marie, Freundin Napoleons. Briefe 1807: S. 156 bis 160, 168, 171, 172, 189, 190, 194, 200, 207, 209, 219, 220; Briefe 1809: S. 228, 239; Brief 1812: S. 285; Brief 1814: S. 334,

Watrin, Frau verwtw., Gattin des Generals Watrin. Brief 1803: S. 78.

Westfalen, siehe: Katharina.

Württemberg, siehe: Auguste Amalie.

Verzeichnis der benutzten Briefsammlungen

Correspondance de Napoléon Ier. 32 tom. 8. Paris 1858—1870.

Lettres inédites de Napoléon Ier. (An VIII—1815) Publiées par Léon Lecestre. 2 tom. 8. Paris 1897.

Lettres inédites de Napoléon Ier. Collationnées sur les textes et publiées par Léonce de Brotonne. 8. Paris 1898.

Supplément à la Correspondance de Napoléon. Publié par le Baron Albert Du Casse. 8. Paris 1887.

Le registre de l'île d'Elbe. Lettres et ordres inédits de Napoléon Ier. Publiés par Léon Gabriel Pélissier. Paris 1897.

Lettres, ordres et décrets de Napoléon Ier, en 1812—1814, non insérés dans la Correspondance. Recueillis et publiés par le Vicomte Emmanuel Henry de Grouchy .Paris 1897.

Lettere inedite di Giuseppina e di Napoleone. In: Miscellanea napoleonica. Serie V. Roma 1898.

Cent quatre-vingt trois lettres inédites de Napoléon. (Année 1806.) Publiées par Frédéric Masson. In: Miscellanea napoleonica. Serie VI. Roma 1899.

Dernières lettres inédites de Napoléon Ier. Collationnées sur les textes et publiées par Léonce de Brotonne. 2 tom. 8. Paris 1903.

Mémoires et Correspondance de l'impératrice Josephine. 8. Paris 1820.

Lettres de Napoléon à Joséphine. 2 tom. 8. Paris 1833.

Lettres écrites pendant la Campagne d'Italie: Berthier à Joséphine. In: Souvenirs et mémoires. Paris, 15 Juillet 1898.

Briefe Napoleons I. Auswahl aus der gesamten Korrespondenz des Kaisers. Hrsg. v. F. M. Kircheisen. Stuttgart 1907 (1912).

Napoléon inconnu. Papiers inédits (1786—1793). Publ. par F. Masson et G. Biagi. 2 tom. 8. Paris 1895.

Prince Eugène, Mémoires et Correspondance politique et militaire. 10 tom. 8. Paris 1856—1860.

Mémoires et correspondance politique et militaire du roi Joseph. 10 tom. 8. Paris 1853—1854.

Correspondance de Marie Louise. 1799—1847. 8. Vienne 1887.

Briefwechsel der Königin Katharina und des Königs Jérôme von Westfalen, sowie des Kaisers Napoleon I. mit dem König Friedrich von Württemberg. 3 Bde., 8⁰. Stuttgart 1886—1887.

Lettres inédites du Baron G. Peyrusse. 1809 à 1814. Paris 1894.

G. Valbert, Lettres intimes de l'Impératrice Marie Louise. In: Revue des Deux Mondes. 57ème Année. Tom. 82. Paris 1887.

Lettres inédites de Napoléon Ier à Marie Louise. Ecrites de 1810 à 1814. Publiées par Louis Madelin. Paris 1935.

Ferner verweise ich auf die Bibliographie des Napoleonischen Zeitalters von F. M. Kircheisen, Berlin 1908, und auf meine Arbeiten zur napoleonischen Geschichte, in denen alle übrigen Quellen angegeben sind.

Inhaltsverzeichnis

Vorwort . . . . 5—8
I. Vom Militärschüler bis zum Oberbefehlshaber . . 9—62
II. Der Konsul . . . . 64—82
III. Der Kaiser . . . . 85—100
IV. Feldzüge gegen Österreich und Preußen 1805 bis 1806 . . . . 103—144
V. Politik, Krieg, Liebe und Freundschaft in Polen 1807 . . . . 147—210
VI. Die spanischen Wirrnisse. Erfurt 1808 . . . . 213—223
VII. Vor und nach der Scheidung, Feldzug 1909 . . . 227—262
VIII. Das junge Eheglück . . . . 265—285
IX. Das Katastrophenjahr 1812 . . . . 289—299
X. Die Erhebung der Völker 1813 . . . . 303—323
XI. Im Kampf um Thron und Reich 1814—1815 . . . 325—346
Namenverzeichnis der Briefempfängerinnen . . . . . 347—349
Verzeichnis der benutzten Briefsammlungen . . . . . 350—351

www.ingramcontent.com/pod-product-compliance
Lightning Source LLC
Chambersburg PA
CBHW051206300426
44116CB00006B/454